本卷学刊出版得到首都师范大学文学院专项经费资助

燕京创意文化产业学刊

2015年卷（总第6卷）

主　编　包晓光
副主编　罗　贇

中国社会科学出版社

图书在版编目（CIP）数据

燕京创意文化产业学刊.2015年卷：总第6卷/包晓光主编.
—北京：中国社会科学出版社，2016.7
ISBN 978-7-5161-8419-6

Ⅰ.①燕…　Ⅱ.①包…　Ⅲ.①文化产业—北京市—丛刊
Ⅳ.①G124-55

中国版本图书馆CIP数据核字（2016）第138263号

出 版 人	赵剑英
责任编辑	安　芳
责任校对	周　昊
责任印制	李寡寡

出　　版	中国社会科学出版社
社　　址	北京鼓楼西大街甲158号
邮　　编	100720
网　　址	http://www.csspw.cn
发 行 部	010-84083685
门 市 部	010-84029450
经　　销	新华书店及其他书店

印刷装订	北京君升印刷有限公司
版　　次	2016年7月第1版
印　　次	2016年7月第1次印刷

开　　本	710×1000　1/16
印　　张	27
字　　数	443千字
定　　价	89.00元

凡购买中国社会科学出版社图书，如有质量问题请与本社营销中心联系调换
电话：010-84083683
版权所有　侵权必究

学术顾问　陆贵山　李醒尘

编委会　包晓光　祁述裕　李怀亮　向　勇
　　　　洪泉湖(台湾)　陈　瑛　张朝霞
　　　　徐国源　李康化　陈信凌　赵玉忠
　　　　董庆文(美国)　秦　勇　凌　燕
　　　　杨　霞

目　录

前言 ……………………………………………………………… (1)

卷首特稿

中国传统文化的魅力与局限 ………………………… 陆贵山 (3)
台湾文创产业发展的策略与成效
　　——以莺歌陶瓷博物馆为例 ………………… 洪泉湖 (16)

文化创意产业

促进互联网金融与北京文化创意产业的对接 …… 何　群　刘　珊 (33)
智慧旅游
　　——中国开拓入境旅游市场的重要途径 …………… 郭　靖 (46)
出版视野下的旅游攻略网站研究 ……………… 安小兰　徐　婧 (58)
文化政策与文化法规比较研究 ………………………… 赵玉忠 (69)
我国文化产业治理体系的质性分析 …………………… 朱锦程 (75)
"用"与"权"
　　——"巧权力"理论新解 …………………………… 冯若谷 (83)

传媒文化研究

"书香社会"：中国网络文学出版新追求 ……………… 包晓光 (94)
媒介融合：认知、动力和权力 ………………………… 张加春 (102)
网络舆论监督："第五权力"的有限效果论 …………… 党生翠 (111)

"协管"与"玩家":美国政府的新媒体角色及其启示 .... 郑以然（119）
"资源基础理论"视野下地方报业资源战略研究
　　——以钱江报系媒体电商业务为例 .... 黄　淼（127）
未来五年广电媒体发展形势预期与政策研究 .... 常　昕（133）
"互联网+"时代民族地区电视媒体产业升级发展探析
　　——以内蒙古广播电视台为例 .... 马　骐　周大伟（150）
抗日战争时期《新疆日报》的抗战新闻报道与中华民族
　　集体历史记忆的边疆书写 .... 李宏刚（159）
与"大数据"共舞
　　——电视媒体如何理解和转化大数据驱动力 .... 刘　星（171）
试论公共空间艺术机构在地影响力模式的
　　可行性 .... 崔亦丹　颜　煌（182）
改进突发事件报道　提升行业软实力
　　——以《中国交通报》报道"东方之星"客轮翻沉事件
　　为例 .... 连　萌（192）

广告与营销

危机四伏的中国广告业 .... 祝　帅（199）
互联网思维下广告信息传播营销模式探讨
　　......... 陈　瑛　施旺才　郭小龙（210）
被玩坏的新《广告法》
　　——评析对新《广告法》的误读 .... 杨　乐（220）

新型城镇化与文化创意产业

现代农业与创意产业结合路径研究 .... 王紫薇（229）
古镇文化资源开发与产业化发展研究
　　——以大汶口古镇为例 .... 郭　嘉（238）
农业文明发展出路的探索者
　　——专访大汶口古镇项目负责人赵宗琦
　　......... 李　倩　张思莹　王芮琪（247）

文化、生态、农业现代化对提升旅游产业人口
　　就业水平的协同作用研究……………………沈　虹　张德培（256）
运河文化景观再现与城市可持续发展
　　——以台儿庄古城重建为例……………………………唐月民（265）
从度戒仪式看瑶族区域的文化旅游开发
　　——以江华瑶族自治县河路口镇牛路村
　　　　为例………………………………………胡　靓　徐海龙（272）

境外文化创意产业

台湾创意生活产业之特色文化体验
　　——以北投文物馆为例…………………………………李玉雁（281）
从台湾的"社区总体营造"到大陆的"乡村实践"：空间改造与人
　　"文化主体性"激发的互动研究…………………………李　艳（289）
文化创意产业视野下的传统艺术传承与开发
　　——以台湾传统艺术中心为例…………………………罗　赟（300）
日本"全球重要农业文化遗产"的现状与经验…………………杨　慧（306）
曼谷唐人街的节庆文化建设与旅游推广研究…………………宋　帆（313）
韩国流行音乐产业的发展及启示………………………………贾　佳（325）

文化创意产业与新媒体教育

文化产业管理专业阅读书目体系构想
　　——以首都师范大学文化产业管理专业为例…………秦　勇（339）
增权理论视角下的工人互联网教育项目效果探析……………高传智（344）

创意孵化器

基于创意阶层的众创空间的发展及转型分析…………………裴菁宇（353）
思维在线直播演唱会商业新模式探析…………………………潘杨燕（361）
首都休闲文化管理与"美丽乡村"建设研究
　　——以八达岭长城文化带为例…………………………王米琪（368）

出版企业"微店"分销渠道分析 …………………………… 李红澄（380）
当前城市社区文化建设状况调查
  ——以青岛社区为例 ………………………………… 白　杰（387）
国产网络自制剧发展现状与未来前景
  ——基于网络剧《匆匆那年》与《盗墓笔记》的
   价值链分析 …………………………………… 李　贺（394）
跨文化传播视角下的中国网络字幕组研究 …………… 张思楠（403）

编后语 …………………………………………………………（413）
《燕京文化创意产业学刊》2016 年卷
 （总第 7 卷）稿约 ………………………………………（415）

前　言

　　清点时下主流媒体反复言说的热词，"供给侧改革"是一个出现时间较短、热度颇高的一个说法。主流媒体的声音往往代表政府的想法，所以，"供给侧改革"这个有些经济学家味道的说法，可能预示了我国"十三五"时期甚至更长一个阶段的改革的方向与重点，因此，特别值得关注。

　　厘清"供给侧改革"的内涵与外延，我们发现，"学究"气的表述后面蕴含着的道理其实颇为严峻。什么叫"供给侧"？说白了就是商品与服务的生产方、提供方。与"供给侧"相对的是"消费侧"或"需求侧"，也就是接受、使用那些商品与服务的方面。显然，"供给侧"与"需求侧"谁都离不开谁，二者互相依存，是对立统一的关系。

　　如果把主体"人"代入"供给侧"与"需求侧"，"供给侧"是"生产者""服务者""制造者"一方，"需求侧"也就是"消费者"和"使用者"一方。这里的主体可以从多个层面来理解，比如从宏观、中观、微观方面，可以将"供给侧"理解为社会生产各行业、企业、从业者三个方面；可以将"需求侧"理解为国家与行业组织消费、团体消费、个人消费。但是，不管从哪个层面来看，最终的基础性的层面都要最终落实到劳动者或消费者个人身上，不管是"供给侧"还是"需求侧"，都是如此。

　　既然"供给侧"要"改革"，就说明"供给侧"有问题、有改革的必要，非改不可。中国改革开放三十多年来，"供给侧"最本质性的变化就是逐渐把命运交给市场（虽然不是所有和全部），由市场决定生产什么、生产多少、怎么生产。中国"供给侧"——行业、企业、从业者对利润的追求所创造的巨量货品，使"中国制造"举世皆知。然而，在人们为此兴奋不已的时候，"供给侧"的问题日益显见。随着这些问题的尖锐化，人们开始检讨和反思问题，媒体上出现越来越多的关于这些问题的表述。

比较自觉地反思生产——"供给侧"问题，21世纪初期就开始了。比如那时的"三角债"就是一个非常著名的说法，它使中国国企举步维艰，陷入债务的怪圈，不少企业发不出工资，只好用产品充抵，发给工人去卖。面对危机，中国政府积极推动以建立现代企业制度为追求的"供给侧"改革，通过"债转股"、企业兼并重组等方式，为企业解套。记得像东北那样的老工业基地，不少国营大型企业纷纷倒闭，企业"富余人员"纷纷下岗，自谋生路。可以说那是一个充满转型痛苦的时期，劳动者作为生产者和消费者承受了双重的苦难，不少家庭生活拮据。如果夫妻双职工都下了岗，其生活的困苦可想而知。

2002—2012年，中国经济发展很快，GDP增长速度在世界新兴经济体中名列前茅，"中国制造"为世界各国人民，特别是发达国家的人民带来了实实在在的好处。但是"中国制造"背后的问题并没有消失，在某些方面反而更加突出。当时的一个著名提法是"可持续发展"，后来还提出了"生态文明"的思想，应该说这些"热词"代表了新的反思深度。回头看看当时中国国民经济的"供给侧"，我们每年生产的钢铁、煤炭、水泥产量都接近天文数字，化石资源产地发生的各种矿难司空见惯，对不可再生资源的疯狂无序的掠夺在造就一批批富豪的同时，也带来了日益严重和普遍的生存环境问题。显然，那时人们就痛苦地意识到，这种经济增长模式不能再持续下去了。尽管如此，中国经济的庞大体量以及国际经济既定秩序的不合理性，使中国经济的自主转型变得非常困难。事实上，这个时期发端于美国、波及全球的次贷危机，进一步加剧了中国"供给侧"的问题，4万亿的投资刺激计划，在保持增长的同时也强化甚至扩大了"供给侧"与"需求侧"的矛盾。

2012年之后，一些曾经著名的"热词"逐渐从媒体和人们的视听中消失，其中"和谐"的淡出特别引人注目。实际上，"和谐"是人们的普遍理想，《共产党宣言》中描述的共产主义社会就是一个和谐社会。在和谐社会里，供需是平衡的，没有不足也没有浪费，一切都恰到好处。但是，中国国民经济的现实远非如此，"供给侧"与"需求侧"的矛盾正在使我们远离"和谐"，所以"和谐"虽然是一个美好的愿景，但是在当下却掩盖和模糊了人们对问题与矛盾的认知。所以，"和谐"消失之后，

前言

"问题"就浮出水面,不能不想办法解决。

与"供给侧改革"配套的说法还有"三去一降一补",内容是"去产能""去库存""去杠杆""降成本""补短板",其矛头都是相对于"供给侧"的,这说明"供给侧改革"当前要做的就是这"三去一降一补"。应该说"三去一降一补"目标明确,有针对性,但如何落实是个难题。以房地产业为例,大家都知道房地产开发是地方政府收入的重要来源,是开发商谋取巨额利润的事业,将房价保持在一个较高水平上,同时其上下波动又让供需双方能够接受或忍耐,符合政府、开发商和业主的利益。所谓"断崖式"下跌,是政府、开发商、业主都不愿意看到的。但是,对于降低住房库存来说,只有两个途径:一个是提高消费者对住房的购买力,另一个是将房价降低到足够多的消费者能够购买的水平上。在目前来看,一般劳动者虽然对住房有强烈的消费欲望,但其收入增长乏力,很难为高库存埋单。以北京为例,2015年城乡居民平均可支配收入为4.8万元,一个三口之家其家庭年可支配收入不足15万元。北京目前五环外的自住房或两限房价格基本都在每平方米两万元以上。以这样的收入购买70平方米的自住房,不吃不喝也至少需要10年。目前,中国经济正处在下行区间,世界经济复苏乏力,难以指望居民购买力有明显的提高。因此,"去库存"是一个两难课题。

所谓"去产能",当然是指去除那些过剩的、落后的、与需求脱节的产能。实际上,改革开放以来,去产能的工作一直断断续续在做。比如我们还记得,当纺织业出现过剩的时候,要限产压锭;当煤炭业过剩的时候,要关闭非法小煤窑;当钢铁业过剩的时候,要关闭一些落后的钢铁企业。凡此种种都属于"供给侧"的主动调整。过剩的、落后的产能生产出难以消化的高库存,所以,过剩产能与过量库存是一个问题的两个方面,其背后起支撑作用的是大量低端劳动资本以及占有这些资本的利益攸关方。因此,"去产能"与"去库存"一样,是一个两难课题。

"杠杆"是一种工具,人们运用杠杆往往是为了省力,即以小博大、四两拨千斤。在经济活动中运用杠杆追求利益最大化是比较常见的经济行为。一般来说,"杠杆"往往掌握在权力机关手里。比如政府掌握行政、税收等政策杠杆;银行等金融机构掌握金融杠杆;企业掌握成本价格杠杆。一般民众四两拨千斤的投资行为也具有杠杆化的色彩,但是这种杠杆往往是权力机关精心设计的工具,对老百姓来说,与其说是一种投资,不如说是一种购买，是"需求侧"的投机行为。杠杆是一个好东西，但是如果杠杆使用不当，撬动了本不应该撬动的东西，或者权力过于痴迷杠杆的力量，一味地投机取巧，那么杠杆的作用就变坏了。比如美国次贷危机揭露出来的对金融衍生工具的滥用，就是一种坏的杠杆化。在我国，某些实体企业将银行贷款用于投资股票、证券、房地产业的急功近利的行为，实际上就是一种过度的杠杆化，对经济健康发展的危害不可低估。"供给侧改革"要"去杠杆化"，说明我国实体经济的杠杆率偏高，如果实体经济中的骨干行业企业过度依赖融资投资产生的巨额回报，那么经营风险就会成倍上升，资金链的断裂必然会极大地拖累中国的实体经济。但是，"去杠杆"说起来也不容易，如何监管金融机构与企业间的关系与行为，也是一个不小的难题。

其实，说到底，"供给侧改革"就是要使"供给侧"的"供给"行为更加理性，更加守规矩、更加精细化。对于那些过剩的、冗余的、落后的，甚至坏死的"供给侧"怎么办呢？这就要用到另一个时下流行的官方"热词"："壮士断腕"。"壮士断腕"是一种超经济的非市场的政府行为，就像生命体一样，当"供给侧"的某些组织坏死的时候，不得不下狠心断然去除掉这些威胁到整个机体生命的组织。"壮士断腕"实际上是不得已而为之，因为每一次"断腕"都必然会带来或大或小的痛苦，有些痛苦是很难承受的，所以，我们说"壮士断腕"也是一个两难课题。

与"三去"相比，"一降一补"更加符合传统经济学规律。如果说"三去"是减法，那么，"一降一补"就是加法。千方百计降低"供给侧"的生产和流通成本，就会提高"供给侧"的生产效率和效益。降低成本是商品经济社会产生以来企业生产的不懈追求，成本竞争是推动科技创新和技术进步的强大动力。因此，"供给侧"总是要千方百计地寻求降低生产成本之道。实践表明，降低成本的方法有很多。比如劳动力密集型企业通过廉价劳动力来获取超额利润，这种做法用一个流行"热词"来说就是所谓的"人口红利"，随着中国劳动力成本的升高，这种做法正在逐步变得困难起来，但是，与发达国家劳动力价格相比，我国的劳动力价格仍然普遍偏低。所以，笔者并不赞成中国的"人口红利"已消失的说法，实际上廉价劳动力仍然是某些行业或企业利润的重要来源，这一点只要看一看春运期间全国劳动力人口流动的海量规模就一目了然了。当然，有些行业的超额利润是通过享有垄断地位来实现的，不容置疑的垄断性保证了它的"通吃",从而获得丰厚的行业利益。某些企业的超额利润是通过弄虚作假获得的,对这些生产厂家来说,降低生产成本已经演化成了欺骗行为。通过垄断或造假来回避降低成本的难题都非经济发展的正途,唯一健康发展的道路还是通过科技创新与技术装备水平的提升来增强企业的竞争力。

改革开放三十多年来,我国已经初步建成了社会主义的市场经济体系。与西方发达国家经济体系相比,我国的市场经济体系还存在许多"短板",比如城乡经济发展水平的差距、东西部的差距、城市基础设施建设的差距等。这些有形的差距可以通过"补短板"的方式不断缩小乃至解决。近年来一个最成功的实例就是中国的高铁建设,通过高投入、高新科技创新、科技成果高转化率,中国高铁已经成为"中国创造"的名片,"短板"成功转化为优势。可以预见,随着国家对科技创新支持力度的加大,类似的短板成功转化为优势的事例还会更多。

尽管如此,问题的关键仍然是——那个最根本的"短板"到底是什么,我们将如何解决?俗话说"没有规矩,不成方圆",在笔者看来,虽然经过了三十余年的努力,中国社会主义市场经济体系得以建立,但是,这个市场体系还很不健全,要将其概括为"短板",那就是——"有市场,不规矩"。所谓"规矩",实际上就是市场经济活动应该遵循的法则、伦理、游戏规则。高库存、高产能、高杠杆的背后隐藏着的是对市场法则、伦理、游戏规则的无视。没有规矩的市场盛行的是丛林法则和习惯力量,这样的力量传导到"供给侧",结果必然是生产的无序和供给的失衡。在笔者看来,投资固然是政府"补短板"的重要杠杆和手段,充分发挥投资的拉动作用是不可缺少的。但是,政府更为重要的使命是对市场经济法则、伦理、游戏规则的守护、维持和建设。如果这一点做得不充分、不持久、不到位,那么,"壮士断腕"的无奈之举就会频频发生。

2016年是"十三五"计划的开局之年,在世界经济增长乏力、中国的改革开放步入"深水区"的局面下,如何深化社会主义市场经济改革,保证国民经济健康稳定发展,关系到全体中国人民的福祉。只有坚持社会主义市场经济的法则、伦理、游戏规则,逐步消除市场中的习惯力量,中国的经济才能真正企稳向好。

卷首特稿

中国传统文化的魅力与局限

陆贵山

摘要：中国古代传统文化历史悠久，积淀而成的独特魅力可以概括为如下几个方面：对世界和自然的朴素的总体性把握；宝贵的民本思想；系统的礼治思想；亲和有序的伦理道德思想。局限性也显而易见，主要表现在如下几个方面：人治的思想和体制；向后看的历史观；淡漠认知理性和科技理性；缺乏思想力量和创造精神。面对中国古代传统文化，我们理应抛弃那些缺乏思想力量和创造精神的负面因素，抓住历史机遇，积极进取，把中华古国建成先进的现代化国家。

关键词：中国传统文化　魅力　局限

总体而言，中国古代文化是主流的、占统治地位的"正题"，新文化运动对其发起批判和冲击，实际上是做了一个"反题"，中国化马克思主义将两者的"正题"和"反题"进行了宏观辩证的综合，完成了一个"合题"，即实现了"正""反""合"的有机统一。中国化的马克思主义文化既吸收了中国古代文化的正面元素，又扬弃了中国古代文化的负面元素；既吸收了新文化运动的正面元素，又克服了批判中国古代文化的激进倾向，把中国古代文化传统和新文化运动传统的、合理的、先进的思想成分集于一身，开始建构成具有时代感和民族特色的新文化。本文所论内容主要指中国古代的传统文化。

一　中国传统文化的魅力

（一）对世界和自然的朴素的总体性把握

《易经》的乾卦中最先提出"元亨利贞"的卦词。对这个卦词的解释众说纷纭，颇有歧义。大多数人所能接受的说法是认为代表乾卦的四种基本性质。"元",大哉乾元,万物资始,乃统天下,万物始生,得其元始之序;"亨"为交感亨通,万物之长;"利"为美利,义之和也,各正性命,持盈保泰,维持一种高度的和谐状态;"贞"为正固、坚定、诚信,万物之成。从人事上说,"元亨利贞"分别代表仁、礼、义、智,被称为"四德"。蕴含万物创始的伟大天圆,亨通顺利,祥和有益,贞正坚固。作为第一卦的乾卦是创造万事万物的初始和动力,统领着天道自然,万物化成,是世界的本源。

比较通俗的解释是:天的运行康泰良好,君子应该效仿天而自强不息;地的形势取法坤相,君子应该效仿地而厚德载物。天地相配,乾坤互补,刚柔相济,健顺相喻。天坚强劲健,人应该像天那样坚强。所谓地势博大无垠,人要像大地那样仁爱,有孕育包容万物之胸怀和气度。《易经》中的这两句金玉良言:"天行健,君子以自强不息;地势坤,君子以厚德载物",体现了中华民族的精神和灵魂。古代圣贤特别强调"合和"或"中和"。谓"中也者,天下之大本也;和也者,天下之达道也。致中和,天地位焉,万物育焉"①。

老子把"道"确立和推崇为具有母源性的概念,认为"道""为万物之始也","万物之母也"②,是天地万物的根本,支配着世间万物的变化发展。《老子》第二十五章云:"有物混成,先天地生。"第四十二章:"道生一,一生二,二生三,三生万物。""道"产生原初混沌的元气,生出万物,并成为万物的主宰。老子把自然视为规范万物的最高原则。认为"人法地,地法天,天法道,道法自然"③。以老庄为代表的道家思想认为,人、地、天、道,这四域中,人居其一,主张"物无贵贱","天地与我并生,万物与我为一"。老子的人与自然"齐一论"的思想,作为生态学的先驱,具有超前意识,为今人提供了宝贵的理论资源。

如果说老子的生态学思想偏重于"自然中心论",孔子的仁学思想则偏重于"人类中心论"。以孔子为代表的儒家学说特别强调人在宇宙中的崇高地位和价值。人"受命于天",故能凌驾于自然之上,成为万物之灵、万物的尺度。老子反对以人为中心,而主张以自然为中心,否定孔子

---

① 《中庸》。
② 《老子》第一章。
③ 《老子》第二十五章。

把人从自然中剥离出来并推崇为自然的主宰。老子提出人只不过是自然的一部分，不能凌驾于自然之上，要顺应自然，呵护人的自然本性，返璞归真，回归自然。老子所说的自然的内涵包括两个层面的含义：一是指外在于人的自然界；二是指人自身的自然本性。如果说孔子所倡导的是社会伦理人，而老子所主张的则是自然人；如果说孔子所心仪的是偏重于"人类中心论"，老子所钟情的却是偏重于"自然中心论"。时下全球学者正在进行的关于"人类中心论"和"自然中心论"的论争，原来可以追溯到几千年以前的古代中国，早在中国的春秋时代，已经产生了偏重于"人类中心论"和偏重于"自然中心论"的两大观念系统，我们真应当为我们的古代圣贤感到骄傲和自豪。

（二）宝贵的民本思想

中国古代文化蕴藏丰富的民本思想，充满执着的人文精神。以民为本的价值诉求，像一根红线，贯穿于中国古代先哲的论述之中。古代圣贤都主张"以民为本"，"人为天下贵"[1]，认定"夫民，神之主也"[2]；"民者，君之本也"[3]；"民为邦本，本固邦宁"[4]；主张敬鬼神而远之，人乃万物之灵。孔子说："鸟兽不可与同群，吾非斯人之徒与而谁与？"[5] 孟子指出，人天生有仁、义、礼、智四端，是高于禽兽的根本原因。人贵而物贱的思想是儒家人文精神的精髓。孔孟由此提出"泛爱众而亲仁"[6]，"仁者爱人"[7]，主张圣人君子应当以"仁"为本。孔孟主张以天下为己任，济世救民。孟子提出"民为贵、社稷次之，君为轻"这样最宝贵的思想。《礼记·礼运篇》宣示"大道之行也，天下为公"。荀子认为"人有气有生有知，亦且有礼，故最为天下贵"[8]。董仲舒也说，"天地之精，所以生

---

[1] 《荀子》。
[2] 《左传》。
[3] 《春秋》。
[4] 《尚书》。
[5] 《论语·微子》。
[6] 《论语·学而》。
[7] 孟子：《离娄下》。
[8] 荀子：《王制》。

物者，莫贵于人"①，"人超然万物之上而最为天下贵也"②。朱熹认为由于人的气禀不同，"精英者为人，渣滓者为物"。这些"以民为本"的思想产生了广泛而深远的影响。

老子把"小国寡民"作为自己的社会政治理想。他亲、爱"寡民"，强调君主们应当"无为而治"，不要残酷地敲诈、盘剥和掠夺百姓，给小民以生息养身的机会。老子认定，权力和"仁义"都是所谓"圣人"压迫百姓的器具，都是酿成人的生存危机的根源。由于"上诚好知而无道，则天下大乱矣"。因此主张"攘弃仁义"。从实质上说，老庄反对孔子的仁义和仁治都是为了亲民爱民，保护民生的利益不被滋扰和侵犯，同样体现出以民为本的思想。表面上拒斥仁义，实质上更加呵护小人物的生存和命运，这是倡导另外一种形态的更深层面的仁义。

（三）系统的礼治思想

中国古代的礼治思想，《礼记》中有较为完整的表述。孔子推崇"礼治"，并与其"仁政思想"结合为一体。中国古代统治者以"礼"治理社会，规范人伦秩序。一般以周礼为范本。起初和神权、族权相联手，后来成为掌控国家政权的一种统治方式。

"礼治"不是"法治"。"礼治"遵循道德传统，"法治"是自上而下的政令。"法治"和"礼治"曾经进行过相当长期的论争，但未能成为主流。其实，"礼治""德治"和"法治"也不是完全对立的。"礼治"实质上是一种"人治"，是人以礼而治。孔子靠"礼"实施他的"仁政"。"仁者爱人"并非泛爱所有的人，而是爱"合礼"的人。"合礼"即合于等级制的"礼"。"礼"有和善的一面，也有残酷的一面。西周以来形成的乡土社会的一套以维护宗法等级制度为核心的礼制，维护以血缘为纽带的家族内部关系，加固世袭特权。孔子通过"礼治"实施仁政的儒家的道德规范，被封建统治者长期奉为正统思想。应当说，"孔圣人"所主张的"仁者爱人"，作为一种"为民""亲民"的信仰是真诚的。孔子把"知识"作为践行"仁"的工具不是非人的，而是造福于人的。他不时流露出仁爱之情和恻隐之心。他取鱼钓而不网；不射宿鸟；马厩起火时，不

---

① 董仲舒：《春秋繁露·人副天数》。
② 董仲舒：《春秋繁露·天地阴阳》。

问马的存亡，只关心人的生死。他到处游说，规劝"圣君""明主""贤人"们施行仁政，抚爱人民。但孔子所采用的是通过等级制度，把人们定格于一个等级森严的社会结构和人伦体制中。任何人都要安于其位，不得擅离，严禁对天子礼仪的冒犯和僭越。

如何对待仁治和仁义，孔子和老庄的见解是不同的。孔子把仁义解释为"兼爱无私"，庄子批驳说"夫兼爱，不亦迂乎！"庄子不迷信古人的说教："古之人与其不可传也死矣，然而君之所读也，古人之糟魄已夫！"老子认为，运用仁义对百姓进行教化，是违反他们的自然本性和天然禀赋的，无休止地滥施仁义，如同用胶漆、绳索一样束缚和禁锢人的天生的自由本性。然而自然本性是无法改变的，只有"攘其仁义，而天下之德始玄同矣"①，认定"无仁义而修，无功名而治"，"此天道之道圣人之道也"。他们的不同解析表现出真理的复杂性和具体性，对仁义的不同见解的合理性和局限性，因此，不宜抽象化和绝对化地理解仁治和仁义的内涵和意义。老子笼统地反对仁义和仁治似有失偏执。孔子主张仁义和仁治是真诚的，是信仰的和践行的。虽然他周游列国宣扬仁义和仁治并未取得理想的实绩，却始终如一。不少爱民的圣人和君主也是崇尚仁义和仁治的，并博取了普通老百姓的拥戴。对燧人氏、伏羲氏、神农氏、黄帝、尧舜、大禹以仁义治理天下一概加以贬抑，岂不辜负了先人的辛劳和美意。只有对那些标榜仁义实则不仁义的伪善者，才是应当否定的。老子对假仁假义的批判是深刻的、犀利的。老子的"无为而治"的政治主张，表面上反对孔子的仁义和仁治，实质上是为了维护下层的弱势的小人物，指控统治者对老百姓的苛刻的压榨和盘剥，无疑是一种义举，实际上是一种更朴素、更实在的仁。

（四）亲和有序的伦理道德思想

以孔子、孟子为代表的儒家的伦理道德思想，是礼治思想在伦理道德领域中多层面的具体表现。儒家伦理道德学说的主要内容和思想精华，被不同时代的贤人概括为"三纲"：君为臣纲，父为子纲，夫为妻纲；"四维"：礼、义、廉、耻；"五常"：仁、义、礼、智、信；五伦：君臣有义，父子有亲，夫妇有别，长幼有序，朋友有信；"八德"：孝、悌、忠、

---

① 《庄子》《胠箧》。

信、礼、义、廉、耻，还倡导温、良、恭、俭、让。其中以忠、孝、仁、义为人伦的核心和道德的灵魂。孝是忠的基础。"立身"者既要"事亲"，又要"事君"，对家父尽孝，对皇帝效忠，做到忠孝两全。从历史到现在，"忠"的概念内涵，发生了转义性的巨大变化。"忠"，除延续"忠"于"君主""领袖"的含义外，还赋予忠于祖国、忠于人民、忠于民族、忠于事业、忠于信仰、忠于操守、忠于职责等重要意义。"忠诚""忠贞""忠信"成为崇高的道德境界。

忠孝仁义的正面意义，是中华传统伦理道德文化的宝贵精神财富，理应得到承接和弘扬。（1）"克己奉公"的精神。"兴天下人民之大利"[1]乃是道德境界的最高表现，"仁人志士"一直倡导和践行这种人生境界。孔子曰："有杀身以成仁，无求生以害仁"[2]，孟子曰："生，我所欲也；义，我所欲也。两者不可得兼，舍生而取义也"[3]。范仲淹表白"先天下之忧而忧，后天下之乐而乐"；杜甫咏叹"安得广厦千万间，大庇天下寒士俱欢颜"；孙中山力倡"天下为公"，都追求国家利益、群体利益和他人利益的至上原则。中国传统道德中追求崇高的精神境界，把"富贵不能淫，贫贱不能移，威武不能屈"的"大丈夫"精神和"天下有道，以道殉身；天下无道，以身殉道"的殉道献身精神，以及"为天地立心，为生民立命，为往圣继绝学，为万世开太平"的理想精神，其核心思想都是要求人们以国家、民族和人民的正义事业作为伦理道德行为的最高境界。（2）仁爱精神。孔子以"仁"作为伦理道德的核心内容，把"爱人"作为"仁"的根本要求。倡导"己欲立而立人，己欲达而达仁"，"博施济众者，可谓仁矣"[4]。（3）自我修身精神。儒家学派树立了修身的"三纲"，即"大学之道，在明明德，在亲民，在止于至善"；"八目"，即"古之欲明明德于天下者，先治其国、欲治其国者，先齐其家，欲齐其家者，先修其身，欲修其身者，先正其心，欲正其心者，先诚其意、欲诚其意者，先致其知，致知在格物"[5]。他们认为，道德修养是人们共同的立身之本，上自天子以至于庶人，皆以修身为本。儒家的伦理学

---

[1] 《墨子·经上》。
[2] 《论语·雍也》。
[3] 《孟子·滕文公上》。
[4] 《论语·述而》。
[5] 《礼记·大学》。

说不仅充分肯定了道德修养的极端重要性，还为指导人们进行道德修养提出了许多可行的修养方法，诸如"立志""学习""克己""内省""慎独"等。表现出中华民族追求人际关系的和谐性，增强了中华民族的亲和力、向心力和凝聚力。

二　中国传统文化的局限

（一）人治的思想和体制

中国古代的人治思想和体制是根深蒂固的。长时期的君主制、等级制、中央集权制、封建宗法制，铸塑了统治者的权贵思想、指令意识和被统治者的奴隶意识、服从意识和权力依附意识。仁、义、礼、刑都变成了统治者的特权。所谓"礼不下庶人，刑不上大夫"。"道德仁义，非礼不成；教训正俗，非礼不备；分争辩讼，非礼不决；君臣、上下、父子、兄弟非礼不定。"[1] 孔子主张"仁者爱人"，但又强调"民可使由之，不可使知之"[2]，"唯上知与下愚不移"[3]，坚持一种严格的等级制度，任何人都要各安其位，不得擅离，严禁对天子礼仪的冒犯和僭越。可见，孔子所指的仁人是不包括"下愚"和"小民"的。儒家视界内的天下只不过是一家一姓之天下，所谓"普天之下，莫非王土；率土之滨，莫非王臣"[4]。"天子作民父母，以为天下王。"[5] 孟子赞"人皆可以为尧舜"[6]，又曰："劳心者治人，劳力者治于人……此天下之通义也。"[7]"君子之德，风也；小人之德，草也。"[8] 孔孟都把劳力者视为被统治、被治理的对象。人治和治人的政治思想伦理文化体制，酿成了中国以"官本位"为核心、以"权力中心主义"为灵魂的痼疾，这种政治体制和政治文化强化了整个社会对权力的迷信和崇拜，助长了官员的权力权威意识和大众对权力的依附意识，有碍社会的良知、真理、公道和正义的培育和实施，对人和社会的

---

[1]《礼记》典礼上第一。
[2]《论语》泰伯篇第八。
[3]《论语》阳货篇第十七。
[4]《孟子》万章章句上第四章。
[5]《尚书》洪范。
[6]《孟子》第六篇告子章句下第二章。
[7]《孟子》滕文公章句上第二章。
[8] 同上。

健康发展都是极其不利的。

我们注意到，老子的非官制、非人治的非理性主义思想体现出一种自然的人民意识、纯真的民主意识和朴素的自由思想。老子认为，最好的管理方式是"无为而治"，"处无为之事，行不言之教"，不要屈从于圣人的仁治。这种"无为而治"，实际上是顺其自然、任其发展的"不治"。老子说："不上贤，使民不争；不贵难得之货，使民不为盗；不见可欲，使民不乱。是圣人之治也，虚其心，实其腹，弱其志，强其骨，恒使民无知、无欲也，使夫知不敢、弗而为已，则无不治矣。"① 老子认为："无为而无不为，将欲取天下也，恒无事。"② "我无为也，而民自化；我好静，而民自正；我无事，而民自富；我欲不欲，而民自朴。"③ 实际上，不仁和不义、"乱"和"患"都是被称为"圣人"的当权者们"治"出来的。"故大道废，案有仁义。知慧出，案有大伪。六亲不和，案有孝慈。邦家昏乱，案有贞臣。"④ "道德不废，安取仁义？性情不离，安用礼乐？五色不乱，孰应六律？""毁道德以为仁义，圣人之过也。"⑤ "圣人"把"仁义""知识""智慧"和"礼教"当作"治人""治世"的手段，造成了百姓的苦难。因此他主张"攘弃仁义"。庄子指出："攘其仁义，而天下之德始玄同矣。"⑥ 主张"无仁义而修，无功名而治"，"此天道之道圣人之道也"。只有"夫恬淡寂，虚无无为，此天地平，而道德之质也"⑦。

在"人治"和"无为而治"的关系问题上，孔子和老庄的思想都是既有合理性，又有局限性的。随着人类历史的持续发展和社会的不断进步，人的文明程度，人独立于自然、超越自然和利用自然的程度日新月异。人的自然本性也在不断地被历史化和社会现代化。因此，凝滞地固守淳朴的自然状态是不可能的。社会历史发展的过程中，也会必然地、不可避免地出现一些不文明的负面现象，甚或违反人性的丑恶现象和异化现象。没有必要的有效的治理是不行的。真诚的仁义和仁政所体现的"人治"是不可或缺的。孔子的"人治"和"仁政"思想是具有合理因素的；

---

① 《老子》第三章。
② 《老子》第四十八章。
③ 《老子》第五十七章。
④ 《老子》第十八章。
⑤ 《庄子》马蹄。
⑥ 《庄子》《胠箧》。
⑦ 《庄子》刻意。

老子反对违反人的自然本性的"无为而治"所体现出来的朴素的人民性、民主性和自由性也是有意义的。如果孔子的"人治"和"仁政"融入老子的"无为而治"所体现出来的人民性、民主性和自由性，并加以综合和优化，对建构现代社会的管理方式和治理方式是具有借鉴意义的。

（二）向后看的历史观

中国古代先哲的历史观多半都是向后看的，这种向后看的历史观铸成了超稳定的社会历史结构和思想文化结构。孔子主张"克己复礼为仁"，"克己复礼，天下归仁焉"，令人们"非礼勿视，非礼勿听，非礼勿言，非礼勿动"[①]，都要"齐之以理"，"约之以礼"，恪守周礼古训，避免离经叛道。这种向后看的历史观和被体制化、被人格化了的"仁政"延续了漫长的历史时期，一直成为中华民族的主流思想和制度。

这种向后看的历史观维护和延缓了农耕社会小生产的宗法制，阻碍了社会的进步和历史的发展。老子所倡导和建构的是一种自然人与自然界的亲和性关系。这种关系力图躲避社会体制和外部各种强制性因素的束缚和滋扰，具有牢固的自治性和封闭性。老子建构的这种自然形态的人文思想，在远古的时空条件下，无疑是具有历史的合理性和正义性的。然而，这种古老的生存方式和人与自然的原始关系，必然面临着被改变的命运，尤其受到现代工业革命的猛烈冲击。我们看到，只有在尚未被机器的触角所指染的深山老林和蛮荒区域，作为一种地缘文物一息尚存。我们只有从绿色的生态文学和描写社风民俗的寻根文学中，才能看到淳朴的自然人和清纯的自然界以及两者相交融所构成的审美关系。

马克思在描述印度的封闭、贫困、落后的田园公社时写道："我们不应该忘记，这种有损尊严的、停滞不前的、单调苟安的生活，这种消极被动的生存，在另一方面反而产生了野性的、盲目的、放纵的破坏力量，甚至使杀生害命在印度斯坦成为一种宗教仪式。我们不应该忘记，这些小小的公社带着种姓划分和奴隶制度的污痕；它们使人们屈服于外界环境，而不是把人提高为环境的主宰；它们把自动发展的

[①] 《论语》颜渊篇第十二。

社会状态变成了一成不变的自然命运,因而造成了对自然的野蛮的崇拜。"①"从人的情感上来说,亲眼看到这无数辛勤经营的宗法制的祥和无害的社会组织一个个土崩瓦解,被投入苦海,亲眼看到它们的每个成员丧失自己的古老形式的文明又丧失祖传的谋生手段,是会感到难过的;但是我们不应该忘记,这些田园风味的农村公社不管看起来怎样祥和无害,却始终是东方专制制度的牢固基础,它们使人的头脑局限在极小的范围内,成为迷信和驯服工具,成为传统规则的奴隶,表现不出任何伟大的作为和历史首创精神。"②

工业的现代化是一柄双刃剑。它既推动了历史的发展,改变了世界的面貌,创造了社会的物质财富,提高了大众的生活质量,改善了人们的生活方式;同时也带来这样那样的负面因素,如环境污染、两极分化、欲望膨胀、拜金主义、道德滑坡、价值失衡,等等。尽管如此,绝不能因为这些负面因素的存在和滋长,否定工业化和现代化的伟大的历史作用。理应从历史的观点看待社会的进步,不能只从道德的观点来评价和指责历史发展过程中所出现的一些弊端。工业现代化的历史功绩是首位的、主流的,大方向和大趋势是正确的。可以缅怀历史,回忆历史传统中那些使人感到温暖的东西,作为治理当代社会的资源。应当把属于历史的东西还给历史,但不必迷信过去或诅咒历史,甚或把历史拉向倒退。

(三) 淡漠认知理性和科技理性

中国古代先哲比较重视道德理性,而比较淡漠认知理性和科技理性。孔子倡导"知"和重视"知行"关系。"知之为知之,不知为不知。是知也""学而不思则罔,思而不学则殆""敏而好学""听其言,观其行""知者不惑",这些表述偏重于体验和感悟,多半徜徉在人伦和伦理范畴。老子强调对自然的整体把握。人的行为不能违反自然规则、自然本性、自然生态。老子对"道"没有清晰的界定。他认为,道是一种决定一切、包容一切、涵盖一切、高于一切的"大"的东西,是不可言说、无法言说的"混沌"的东西。自然之道和道的自然是万物之母,天地之心,无边无界、无限无极、无形无声,似虚若有,恍惚隐微,冥暗不明,但

---

① 《马克思恩格斯选集》第 1 卷,人民出版社 1995 年版,第 765—766 页。
② 同上书,第 765 页。

"其中有象","其中有物","其中有情";自然之道外化为有形世界。老子对自然的道和道的自然的认知,告诉人们存在着一个外在于自身的客观第一性的东西,"孔德之容,唯道是从"①,"人法地,地法天,天法道,道法自然"②。老子的这些思想对人类敬畏自然、尊道尚德、规范自己的行为,都具有重要的积极意义。

然而,人们总不能被动地屈从于自然,为了利用自然,合理地开发自然,从自然获取必要的生存资源,不能不主动地认识自然生态,遵循自然规律,发挥认知理性和科技理性的作用,达到自己的目的。然而,孔子、老子、庄子,对认知理性和科技理性竟然采取鄙薄和轻视的态度。其中老子和庄子的非认知理性和非科技理性的主张显得更加突出。老子竟然倡导"绝圣弃知""绝学无忧",让人们"复归于婴儿",认为"民多利器,而邦家滋昏,民多智能,而奇物滋起",说什么"为道者非以明民也,将以愚之也,民以难治也,以其知也"。这些观点带有浓郁的愚民主义彩色,极大地囿限了人的智能和科学精神的发展。老子贬抑"五色""五味""五音",说什么"五色使人目盲""五味使人口爽""五音使人耳聋"③。庄子认定"失性有五":"五色乱目""五声乱耳""五臭熏鼻""五味浊口""五曰趣舍滑心,使性飞扬","此五者,皆生之害也"④。在庄子看来,离朱迷乱五色,混淆文彩;师旷纵情五声,放任六律;曾参和史鰌标榜仁义,沽名钓誉;杨朱和墨翟多言逞能,奸诈诡辩,都是违反人天然本性的"旁门左道"⑤。老子认为,"绝圣弃知,而民利百倍。绝仁弃义,而民复孝慈。绝巧弃利,盗贼无有","见素抱朴,少私寡欲,绝学无忧"⑥。"不出于户,以知天下;不窥于牖,以知天道。其出也弥远,其知弥少。是以圣人不行而知,不见而明,弗为而成。"⑦ 老子力倡"清虚无为""心斋""坐忘"。"若一志,无听之以耳而听之以心,无听之以心而听之以气!听之于耳,心止于符。气也者,虚而待物者也,唯道集虚,虚者,

---

① 《老子》第二十一章。
② 《老子》第二十五章。
③ 《老子》第十二章。
④ 《庄子》天地。
⑤ 《庄子》骈拇。
⑥ 《老子》第十九章。
⑦ 《老子》第四十七章。

心斋也。"① 老庄的非理性主义的智慧都淹没在浑然一体、集虚无形的大道之中。孔子比较重视知识，但多半注重人身修养、仁者礼教、人文智慧和道德理性，同样忽视工艺技能和科技理性，如主张"君子不器"，即不接触机械器物，把从事农、工、商各界的人贬为"下达"，是"下愚"们的行当，为上流社会所鄙夷。

轻视认知理性和科技理性的作用，特别是不看重体现生产力发展水平和标志的生产工具的不断更替和创新，拘泥和满足于古老传统的农耕手段和生产方式的简单延续，是造成中国宗法制社会长期停滞不前的重要原因，不可能推动社会的进步和历史的发展。

（四）缺乏思想力量和创造精神

中国历史上拥有优秀的、昂扬奋进的人文精神，但中国古代的"和合文化"表现不出足够的推动历史前进的驱动力。其中一些有益的人文思想，君主或士人们多半述而不作，表现不出实践理性和改革创新的精神和力量。被传统的礼教、仁爱、权力依附关系所塑造出来的百姓，过于拘礼守德、安身护生、听天由命，表现不出刚健、威武、奋勇的精神素质。器物质量的低下、人的素质的孱弱和封建王朝的腐败，承受不住任何具有野性的、强大的外部侵略者的冒犯、践踏和蹂躏。每当异族的铁蹄踏遍中原或外族的洋枪洋炮袭击京城，在人民头上作威作福的当权者往往不堪一击，逃之夭夭，以求苟安；或置普通老百姓的生死和苦难于不顾，割地赔款，丧权辱国。晚清王朝以来的中华民族屈辱史，与中国古代传统文化的软弱性和局限性息息相关。

中国古代以"和合文化"为根基的静态文化、柔和文化、弱美文化、水性文化不可能表现出强大的、雄健的、锋锐的思想力量和实践力量，不可能表现出改造现实、变革社会的坚强的决心和意志。几千年一贯制的生活方式、生产方式、分配方式、交换方式，把人们局限于一个凝成的狭小的生活空间，安于停滞的、低水平的稳定与和谐。这种经过世代相因袭不断延续和加牢凝固的历史惰性，铸成一种没有生气和活力的习俗和风尚。特别是到了腐朽的晚清王朝，人文氛围令人窒息，极大地禁锢了中华民族的生命力和发展前景。

---

① 《庄子》人世间。

我们理应义无反顾地抛弃中国传统文化中那些缺乏思想力量和创造精神的负面因素，抓住历史机遇，积极进取，用先进思想武装"站起来了"的中国人民，以"敢为天下先"的意志和勇气，争先恐后，追求卓越，"为有牺牲多壮志，敢教日月换新天"，把中华古国建成先进的现代化国家，使中华民族巍然屹立于世界的东方。

（陆贵山：中国人民大学教授）

台湾文创产业发展的策略与成效

——以莺歌陶瓷博物馆为例

洪泉湖

摘要：莺歌是台湾陶瓷生产的重镇，发展至今已有200年以上的历史。但几度盛衰后，陶瓷业于20世纪80—90年代以后，再度趋于没落。但由于它的底蕴丰厚，政府乃于2000年建置莺歌陶瓷博物馆，整修陶瓷老街，企盼能以此带动陶瓷文创产业的发展，进而推展文化观光。陶博馆的成立，基本上可以说是成功的，本文的研究动机，即在探索其成功的策略；但它也可能面临困境，本文也拟加以探讨。本文采用深度访谈法，以期能从馆方的访谈中，了解第一手资料，以弥补或印证相关文献之不足。访谈的问题，主要聚焦于陶博馆在典藏与展示、品牌之建立、行销与通路，以及教育与推广这四大面向的经营发展策略作为。至于陶博馆与陶瓷老街的互动，以及双方对莺歌陶瓷文创产业发展之想望与作为，则限于篇幅，仅能大略提及，盼日后能另文探讨之。

关键词：文创产业　新博物馆理论　地方博物馆　品牌建立　行销通路

前　言

所谓文化创意产业，常以"创意产业"（creative industries）名之。英国将文创产业界定为："源于个人创造力、技能与财富，透过智慧财产权的开发与应用，而有潜力创造财富与就业的产业"[1]；韩国则界定为："文化商品的生产、流通和消费等，及与其相关服务的事业"；联合国则

---

[1] Throsby, David (2008). "Modelling the Cultural Industries", *International Journal of Cultural Policy*, 14 (3), pp. 217–232.

定义为："结合创作、生产与商业的内容，同时这内容在本质上是具有无形资产与文化概念的特性，并获得智慧财产权的保护，而以产品或服务的形式来呈现。"在台湾地区，则将文创产业定义为："源自创意或文化背景，透过智慧财产之形成与运用，具有创造财富与就业机会之潜力，并促进全民公民美学，使国民生活环境提升之产业。"[①]

至于文化创意产业的内容，依我国 2010 年通过"文化创意产业发展法"的规定，共分十五加一项：（1）视觉艺术产业；（2）音乐及表演艺术产业；（3）文化资产应用及展演设施产业；（4）工艺产业；（5）电影产业；（6）广播电视产业；（7）出版产业；（8）流行音乐及文化内容产业；（9）广告产业；（10）产品设计产业；（11）视觉传达设计产业；（12）设计品牌时尚产业；（13）建筑设计产业；（14）创意生活产业；（15）数位内容产业；（16）经中央主管机关指定之产业。因最后一项为未定内容，因此文创产业的内容通常被称为十五加一项。本文所称陶瓷工艺或陶瓷博物馆，即属于上列第四项工艺产业类的文创产业。[②]

由于莺歌是台湾陶瓷工艺的重镇，发展陶瓷产业已有 200 年以上的历史（可溯及清嘉庆初年），素来有"台湾景德镇"之称。因此，它的发展兴衰，可作为台湾陶瓷产业的代表。而于 2000 年成立的莺歌陶瓷博物馆（和陶瓷老街），则又可视为莺歌陶瓷产业发展的新里程碑。尤其近二十年来，休闲时代来临，文化观光的兴盛，以及两岸交流的开放，对台湾的文化（文创）产业带来生机，也带来困境。因此，莺歌陶瓷博物馆的发展策略为何？经营成效如何？所面临之困境与展望又如何？就成为很值得研究的议题。

本文采用深度访谈法，访谈对象为莺歌陶瓷博物馆之中级干部及莺歌陶瓷老街的陶瓷业经营者，共 8 人。在访谈之前，先备妥访谈大纲和访谈同意书，访谈时则在受访者同意下进行录音，以便整理成逐字稿，并向其声明保护其隐私权及文稿修改权，且请求于有必要时进行二度访谈，以增强访谈稿之确定性与深度。

[①] 彭俊亨、吴政峰、王俊元：《政策扩散下的创新治理：台湾工艺研究发展中心之经验与启发》，《国家与社会》2010 年第 8 期。
[②] 《2013 台湾文化创意产业发展年报》，台北"文化部"。

一 相关理论与文献探讨

(一) 新博物馆理论

近二三十年来,博物馆学方面出现了所谓"新博物馆理论"。所谓"新博物馆",是指有别于旧博物馆只强调其专业人员所从事之搜集、典藏、纪录、保存、展示、诠释等工作,而新博物馆则更关怀地方社区。[①] 这可以举两个例子来做说明:一是生态博物馆(Ecomuseum),旨在强调博物馆的社区参与,以传承在地的集体记忆,认为博物馆应走出中央集权、由上而下的运作模式,而应走入民间,与当地相结合,甚至反映当地文化,增进在地民众对在地文化的认同与珍惜,因而促进了文化的世代传承。[②] 二是社区博物馆(Community Museum),旨在强调社区民众的参与,它是一所没有门墙之隔的博物馆,它可以将活动伸展到馆外社区,也可以把社区的民众请进来,它把居民当作营运的核心,它可以从社区获得人力、财力、物力等资源,而社区则把博物馆当作学习、休闲与娱乐的文化中心。[③]

此外,还有一种"类博物馆"(similar-museum)的理论,认为地方的各种文化场馆,如民俗文物馆、乡土文化馆、个人工艺馆、个人纪念馆、摄影作品馆、客家文化馆、原住民文物馆、眷村故事馆、高雄英国旧领事馆等,也都是一种"博物馆",而这些地方文化场馆,也可以在某一主轴的串联下,形成一个"博物馆群"。甚至某些具有文化意义的开放空间,如台东的卑南文化公园、台南的安平古堡、台湾古城墙遗迹与亿载金城、淡水的红毛城及老街等,也是一种"博物馆"。这样,博物馆的意义扩大了,性质就有些改变了。[④]

---

① Vergo, P. (1989). *The New Museology*. London: Reaktion.
② Hudson, K. (1992). "The Dream and the Reality", in *Museums Journal*, April, pp. 27 - 31. Riviere, G. H. (1985). "The Ecomuseum: an Evolutive Definition", in *Museum*, 148, pp. 182 - 183.
③ 吕理政:《变迁社会中的博物馆》,《文化驿站》1998年第7期;曾信杰:《一个好厝边——谈博物馆的社区公关》,《科技博物》2014年第5期;陈国宁:《社区博物馆的营运管理》,载《文化视窗》1999年第10期;庄欣宜:《台湾地方文化馆政策形成与规划探究》,台湾艺术大学艺术与文化政策管理研究所硕士论文。
④ 苏明如:《从社会教育到社群自理:探讨高雄市博物馆暨地方文化馆》,载《科技博物》2014年第18期;林素惠:《博物馆意义的转变:当代艺术家的个人博物馆》,载《中国技术学院学报》2008年第27期。

不过，尽管博物馆的意义有所改变，但博物馆的基本理念是不会变的。黄光男指出，博物馆的原始目的是展览，为了展览，它当然还需进行搜集、典藏、研究和教育推广等工作，博物馆的这些功能大体上是不变的。不过，展览其实也还不是真正的目的，博物馆的更高层次目的，是在推广美学教育。施瑞尔（M. Scheirer）认为博物馆的展示必须具有审美性、教育性、戏剧性、联结性等意义，布尔查（G. E. Burcaw）认为它必须具有审美性、娱乐性、事实性、观念性，也都是这个道理。

至于在博物馆的活化与永续经营方面，吴淑华提到特展的重要。因为一般常态展，由于展期较长，容易使观众失去新鲜感，所以博物馆必须补入各式特展，以争取不断的客源。[①] 笔者也认为特展是博物馆的行销利器，用以不断吸引观众入馆参观。翁骏德则从办理与展示相关的活动，如演讲会、文化节、工作坊、体验活动等，让观众感觉到近接展览的丰富、趣味和创新。钟珞筠也认为博物馆的活化策略，应从"博物馆与社区居民、观众的联结""博物馆与驻馆艺术家的合作"等方面加以落实。[②]

最后，必须一提的是博物馆与教育。教育是博物馆的重要功能之一，博物馆透过展示、解说、演讲、工作坊等，不但可以增加参观者或其他民众的艺术知识，而且也可以培育他们的美感情操。[③]

（二）文化（文创）产业进入博物馆

就我国的文化创意产业发展法而言，作为手工艺产业之一的陶瓷博物馆，本身就是一项文化（文创）产业。博物馆作为文化展示的空间，提供知识教育的内容，是已具有"知识产值"和"美感经济"的价值；它在休闲旅游的时代，则具有文化观光的产业群聚效应；而在智慧财产权的时代，则更具有"智慧财产""文化商品授权"的作用。再者，就古根汉博物馆的

---

① 曾信杰：《博物馆治理：民众参与暨社会责任》，林咏能编《21世纪博物馆的价值与使命》，华腾全球数位文化公司。
② 钟珞筠：《以当代艺术活化博物馆的策略研究——以美国嘉德纳博物馆艺术家驻馆计画为例》，林咏能编《21世纪博物馆的价值与使命》，华腾全球数位文化公司。
③ 翁骏德：《博物馆展示与活动的结合：以国立科学工艺博物馆运动科学展为例》，《科技博物》2007年第11期；张宝钏：《博物馆的新视野：以淡水古迹博物馆经营作为地方发展触媒之探究》，林咏能编《21世纪博物馆的价值与使命》，华腾全球数位文化公司；陈勇辉：《BOT架构下的博物馆教育经营管理策略》，林咏能编《21世纪博物馆的价值与使命》，华腾全球数位文化公司。

效应而言，博物馆的规划与建置，更带动了都市更新与区域发展的经济效果，也是城市观光的重要品牌。① 尤其在文创产业成为各国主要文化经济项目而纷纷抢先发展的今天，博物馆的商品授权复制、商品贩卖、特展收入、观光促进等，已使博物馆与文创产业几乎结合为一体了。

由于博物馆的角色功能有所转变，博物馆不再只是文化资产的保存者、传承者与发扬者，而且应具有教育参观民众、休闲娱乐、创造价值、促进文化观光、彰显城市意象、活化文化资产等诸多功能，因此须透过创意思维、人才培育、产业合作、品牌行销等诸多方式，才能达成这些目标。换句话说，文化（文创）产业若能进入博物馆，或博物馆能推动与它相关的文化（文创）产业，则方能实现它诸多新的目标。②

以"国立"故宫博物院为例，近年来故宫博物院积极发展文化创意产业，以"Old is New"，"形塑典藏新活力，创造故宫新价值"为营运方向，以专业化、产业化、科技化、年轻化为诉求，目的就是要"打造台北为世界级的观光景点"。为了达到此一目标，故宫甚至于2008年新增"文创行销处"，负责开发文创商品，其开发策略包括推展图像与品牌授权应用、设计创意餐饮、开发制作文创商品、培育文创设计人才、提供学习探索媒体等。③

博物馆应如何发展文创产业？学界各从不同角度来加以论述。Black从观众服务的角度切入，认为发展文创产业可将博物馆观众转变成使用者，促进观众的关注和喜爱。Fellows从文化经济面切入，认为博物馆既然需要经济的收入，那么自然应利用入场费、导览费、场所出租、活动收益、文化商品发等方式来增加收入。黄光男则强调行销的重要。④ Durey则从资源整合的角度，主张博物馆应筹办巡回展，复制品开发、加强接待、举办体验学习等。⑤

---

① 林倩绮：《博物馆在城市发展中的产经角色》，林倩绮编《2012新北市博物馆产业国际论坛会议实录》，第1—14页。
② 黄俊夫：《博物馆从事文化创意产业之可行性初探——以国立故宫博物院与国立科学工艺博物馆为例》，《科技博物》2015年第19期。
③ 黄美贤：《博物馆整合发展观光休闲与文化创意产业之策略探讨——以国立故宫博物院为例》，《观光餐旅休闲永续发展与创新教育国际学术研讨会论文集》，新北市德霖技术学院。
④ 黄光男：《博物馆展览理念与规画》，《台湾艺术大学书画艺术学刊》2006年第1期。
⑤ 黄美贤：《博物馆发展文化创意产业之关键成功因素》，《艺术教育研究》2015年第29期。

二 莺歌陶瓷文创产业的发展

(一) 发展过程

莺歌陶瓷产业发展的最早记录，应是1804年（清嘉庆九年）泉州人吴鞍渡海来台，在莺歌附近的龟山盖窑制陶。到1853年前后，转至莺歌尖山埔地区设窑，此一阶段的产品多为普通的日用陶器。1951年以后，由于日本与中国大陆贸易阻隔，造成碗盘严重缺货，引发陶瓷业发展商机，因而莺歌窑厂由20多家增至50家。1962年，台湾陶瓷产业首度参加万国博览会，从此打开外销之路。这是莺歌陶瓷业的第二次荣景，1970年前后，由于新式烧窑技术的引进，莺歌陶瓷借由量产而成为莺歌的主要产业，而尖山埔地区已无法容纳新式窑厂，陶瓷业逐渐移向中正路、文化路一带发展。但到了20世纪八九十年代以后，由于代工制出现，产业外移，中正路与文化路一带的产业又逐渐凋零。[①]

2000年，莺歌陶瓷老街（尖山埔路）的重建规划与县立莺歌陶瓷博物馆的成立，又为莺歌陶瓷产业带来生机。此一时期莺歌的陶瓷产业，除了建置高品质的公共设施、更新硬体设备外，更强调商品设计与品牌建立，甚至透过文化观光的行销，把莺歌建构成国际知名的陶瓷产业文化基地。[②]

颜亮一等根据主题环境的变化，也把莺歌陶瓷产业的发展，分为三期：日本殖民时期（1895—1945年），是以文化路作为窑业、农业、矿业、煤炭业聚集运送的枢纽，文化路成为莺歌的社会控制中心；战后时期（1945年至20世纪80年代初期），是莺歌陶瓷生产的现代化与权力核心外移的时代，中正路、文化路成为新社窑厂的首选之地，但由于火车站的位移，文化路失去了作为政治权力核心的地位反告失落；工厂外移与两岸交流时期（20世纪80年代初期至90年代初期），是新型窑炉、大型工厂出现的时期，同时小型工厂甚至个人的艺术工作室也纷纷出现在尖山埔路、文化街一带。但随着陶瓷的进口、工资提升、环保意识提高等因素，陶瓷产业又开始外移至海外，中正路、文化路的店家又开始凋零，而尖山

[①] 颜亮一、许肇源、林金城：《文化产业与空间重构：塑造莺歌陶瓷文化城》，《台湾社会研究季刊》2008年第71期。

[②] 游冉琪：《地方行销提振地方竞争力——莺歌陶博馆点土成金的故事》，《研考双月刊》2006年第30期。

埔路则逐渐成为商业区。

（二）产业特色

莺歌陶瓷产业由于发展历史较久，形成以下几种产业特色：①

（1）在技术传承方面，发展出完整的制陶技术传承，包括中国传统的徒手成型法，日本传统的辘轳技术，以及现在的机械制陶技术。

（2）在窑炉形式方面，有早期的包仔窑、蛇窑、登窑，以及现代的四角窑、梭窑、瓦斯窑、电窑和隧道窑等。

（3）在陶瓷釉药方面，除了传统的灰釉、铅釉，还使用现代的长石釉、熔块釉，以及高技术的还原釉等。

（4）在产品种类方面，包括日用陶瓷、建筑陶瓷、卫陶瓷、艺术陶瓷和工业陶瓷等。

此外，莺歌还有一个陶瓷博物馆，作为莺歌陶瓷产业的地标，同时也是莺歌陶瓷产业从事行销、推广、教育、活动的一个中心。再者，莺歌陶瓷老街商圈的成立，不但是业界的结盟，也是文化观光的焦点，对于莺歌陶瓷的行销、教育和推广，都具有相当的贡献。

也有学者认为，莺歌陶瓷文创产业的另一项特色，是业者勇于接受挑战及创新的精神。面对中国大陆陶瓷业的挑战，部分业者持续从事产品的研发工作，有些窑场则建立解说制度，以强化对消费者的服务。而陶艺教室、陶艺家工作坊的成立，则奠定了陶艺永续发展的根基。

三　莺歌陶瓷博物馆的经营策略与成效

一般而言，博物馆的主要功能有搜集、典藏、展览、教育与研究等，但它的经营策略可从以下四个面向加以说明。

（一）典藏与发展

在2000年莺歌陶瓷博物馆成立之初，即将其任务与愿景设定为地方

---

① 傅茹璋：《新经济时代地方文化产业发展之研究——以莺歌陶瓷文化产业为例》，《规划学报》2002年第29期；游冉琪：《地方行销提振地方竞争力——莺歌陶博馆点土成金的故事》，《研考双月刊》2006年第30期。

化和国际化。地方化是指要以陶博馆为核心，加上陶瓷公园，让地方人士充分参与莺歌陶瓷产业发展，以加强社区与文化的认同；所谓国际化，则要设法将莺歌陶瓷推展到国际，让国际人士认识莺歌陶瓷艺术与陶瓷产业。基于这样的理念，莺歌的典藏与展示，包括常设展和特展，既让在地陶艺家申请设展，同时也欢迎各国陶艺家来展出。近年来更设置国际艺术村，让各国陶艺家来台驻村，与在地陶艺家切磋陶艺，并申请展出。

在典藏和展示的具体做法方面，本文之受访者表示：

> 我们典藏的做法有几种，有一种是透过我们的典藏策略去收购一些我们没有的东西，譬如说一个博物馆你在建构一个脉络的时间轴，假设我说民艺陶是什么时间到什么时间，我们做这样的研究，哪一段的东西我们没有，哪一段的我们有，那有多少，透过这个我们可以去做一些收藏。
>
> 还有一部分的典藏是包括驻村、捐赠，透过一些展览的捐赠作品，但不是捐我们就收耶！它需要透过一个委员会去审查，这个是典藏品还是非典藏品。另外如果是透过展览捐赠的就比较 OK，它有一定的水准，但是还是要透过委员会再审一次，进典藏库才变收藏。那有些就变成展示备品，再来就是教育用品，所以它有这样的一个等级分类。包括国际驻村创作结束以后，也都是送委员会去做审查。

至于在展示方面，陶博馆也相当积极，而且是在地、国际陶艺家一并重视：

> 陶瓷博物馆这几年大概做两个，我们把陶瓷先分类，一个叫陶瓷艺术，一个是陶瓷产品，产品是以消费者为出发的一个设计商品，它是市场取向的。一种是陶艺品，陶艺品我就要创作，就是抒发个人情绪、人文意念的一个表达。所以像陶艺的竞赛我们有两个，一个是新北陶艺奖，是全国的一个竞赛，另外一个是台湾陶瓷双年展，这两年一次，这是国际的一个竞赛。我们又分为策展的竞赛跟作品的竞赛。

(二) 品牌的建立

所谓"品牌"，Kotler 认为是企业对消费者的一种承诺，确认其商品的特征、品质和服务。Kapferer 认为品牌定位是产品识别与价值标示，是生产者积极、主动地与消费者的沟通，同时用以展现其产品优势的宣告。这里牵涉两个问题，第一个问题是：莺歌陶博馆本身是否就是一个品牌？如果是，那它的品牌定位是什么？它是如何建立的？第二个问题是：莺歌陶博馆所典藏和展示的陶瓷作品，是如何定位它的品牌的？还有，它所贩售的衍生性商品，有所谓的品牌吗？

关于"莺歌陶博馆"是否就是一项"品牌"？本文的受访者大多数肯认它是一项"品牌"，因为它的建筑颇具特色，它每年举办陶瓷展和陶瓷嘉年华文化活动，甚至接受或邀请各国陶艺家来台举办特展，又邀请国际艺术家驻村，因此已逐渐打响知名度，成为"具有国际知名度的专业博物馆"之地位。受访者分别说：

> 这个陶博馆的收藏，后来定位在两个领域，一个是台湾民艺陶瓷，也就是台湾日用陶瓷，二个典藏的目标是当代陶艺创意的呈现。你可以看我们博物馆功能里面，就有当代陶艺创意的呈现，台湾民艺陶瓷的整理收藏，另外它赋予一个教育使命。
>
> 我们定位了陶博馆，它是收藏台湾民艺陶磁。因为你要去告诉人家，要去讲故事，所以也定位它是一个教育的博物馆。教育使命它其实是一个互动性的，所以我们那时候定的目标，它是一个教育平台。
>
> 有了目标之后再去规划，你会希望你这个博物馆的品牌是什么，是可亲近的、可触摸的，它是接近人的生活核心，所以它带入了一个文化休闲、文化观光的一个理念在里面，也就是说我们品牌的建立是从这样一个概念里面去延伸的。
>
> 我们到国外，像我们前两年有一个台湾彩绘陶瓷展，我们到德国、西班牙展览，我们很难得地跟了他国的国立的博物馆签一个国立博物馆的交流协议。
>
> 我们行销到国外不是说只有展览，我们还有国际竞赛展，我们会有两年一次的国际双年展。

至于它所典藏与展示的陶博作品，以及它所开发贩售的陶瓷文化商品，又如何建立其"品牌定位"？本文受访者如此陈述：

就是我们主推的，就是我们之前有莺歌烧、新品展，这些展览是产品类的展览，不是艺术类，就产品类的一些入选，它就有资格在这里贩售，所以它等于是我们在集结铺设一个通路平台，跟我们展示结合在一起，这比较偏向在陶瓷产品的贩售。

我们陶博馆为了厂商，我们现在还有一个莺歌烧品牌，它一年分四季在做认证，我们会开评审会，它必须是大莺歌地区在地生产的商品，才能获得认证。也就是以政府的力量来协助工作室和一些陶艺创作者，把他们的商品以品牌化的方式一起推销出去，当然也算是一个国家级的认证。

我们的文化商品不是说你要来卖就可以卖的，它必须要经过一个类似评选会，就是跟我刚刚讲莺歌烧品牌一样。商品店没有一定是以陶为主，当然大部分是陶的创作，那我们也鼓励其他的创作。

我们商品店除了一些专刊，一些陶瓷方面的艺术品，还有一些其他的文创商品，现在比较开发的是属于比较通用设计，因为现在政府很强调通用设计。通用设计开发倾向包括到一些特殊的族群，譬如说乐龄族群、听障者、弱势族群的一些商品，不管它是什么材质，就是基本上它都能进入新北市各博物馆的卖店，我们会多多支持这样的创作。

我们文化商品除了厂商自己送过来之外，还有一个就是每一年陶瓷新品奖的比赛，入选就算是得奖，入选才有被展览的机会，才有机会进到我们的卖店，那进到卖店会是一些比较实用性的商品，譬如说这一次有牙间刷、壁咚盐椒罐。

我们的文化商品项目最主要的一些是比赛得奖的，再来就是我们莺歌烧认证，再来就是经过评选会，就每一年都会上网公告，大概一年评选二次左右，然后不限品项。

综合受访者的意见，显示莺歌陶博馆的文化商品（包括陶瓷作品和衍生性文化商品）的品牌定位，是透过下列的标准而建立的：一是推动莺歌烧，透过审查机制而获得认证；二是举办新品展，也是透过审查而得奖者，也算有了品牌；三是鼓励设计师的参与，发表有设计理念的文化商品；四是透过参加国际展览而获得肯定。

(三) 行销与通路

在管理学上，行销和通路其实是两回事，行销是指生产者或业者如何透过包装、平面广告、电子广告、网络平台、活动办理等，把有关商品的特色、用途、价格等信息，快速而普及性地传播出去；至于通路，则通常是指商品透过某些渠道而销售出去的途径，例如商场、超市、零售商、专卖店、量贩店、学校、公司、百货公司、书局，乃至广播电台、电视购物频道和网络购物平台等。

不过，如果谈"行销组合"，则会把通路也放进去，成为行销的一部分。所谓"行销组合"，是McCarthy（1981）所提倡的，也即指"产品"（product）、通路（place）、价格（price）和推广（promotion）四大行销策略的组合，简称4PS。而Bitner和Booms（1981）则针对服务业的特性，在4PS之外，再加上3PS，即过程（process）、人员（personnel）和实体呈现（physical evidence）。就莺歌陶博馆的属性来说，其实是7PS都可以用来论述它的行销策略的，不过本文之重点，主要放在陶博馆的广告海报、新闻媒体、网络平台、活动办理、广播电台、学校等。那么，受访者对陶博馆的行销与通路，如何陈述呢？

> 我们试过很多行销的手法，媒体新闻稿、网络行销Facebook大部分都有做，在台湾我觉得口碑行销是最重要的。
>
> 我觉得在行销时要思考一下你的客群是什么，是一次性的观众还是重复性的观众，重复性的观众是忠实族群，你必须要去培养你的会员观众，网络现在Facebook你可以加入会员，加入报名系统、课程系统。网络行销是不用钱的，而且是务实要做的。
>
> 媒体上、新闻发布上我们也都很仔细，我们也想很多议题，媒体关系也很努力在做，包括报纸、杂志或者是一些电子媒体的新闻稿。
>
> 也有电视媒体来做专访，变成节目，我自己就录了好几集电视专访，公视、民视都有，这种异业合作包括类似什么疯台湾那种报道，那种一集一集的节目，这个都有。
>
> 我们会用一些免费的社群软体，就是网络上比较知名的一些，我们会有专人去做粉丝团经营，会去一些免费的社群网站放我们的讯息。基本上我们的网络行销最大宗的是靠我们的粉丝团，我们的粉丝

团是有在互动有在追踪的。除了粉丝团之外我们会有电子报跟季刊，未来我们的季刊会朝向网络版，除了节能之外也是现在的消费习惯改变了。

我们会跟着文化局或文化部办的展售会，去年也在美丽华办行销活动，当然我们做行销活动不只是把产品带过去，我们会把整个陶瓷文化带过去，也会作现场 DIY 体验活动。所以我们的行销活动是比较活泼一点，也比较多元一点，就是每一年都不太一样。

可见大体上来说，莺歌陶博馆的行销策略，包括发新闻稿，经营媒体关系；在网络建立 Facebook 粉丝团，并进行互动追踪；建置官网，定期发布馆方各项活动信息；接受电视专访，并可能成为电视专题节目；发行电子报和季刊；参加各种展售会；举办体验活动。

（四）教育与推广

现代的博物馆，已不再局限于静态、被动的典藏与展示，而要主动行销、建立通路，更要进行教育与推广。所谓博物馆的教育，包括对展品的导览解说、与学校合作实施学生的户外教学，举办展品演讲会、体验教学、剧场活动、主题营队、工作坊等。[1] 其目的不仅在行销，更重要的是提升国民的艺术文化素质，培养更多的艺术人才。所谓博物馆的推广功能，则包括建置网络博物馆，办理休闲教育展演活动，与其他文物馆等合作，与社区相联结共同办理活动，等等。[2]

对于教育与推广方面，莺歌陶博馆的策略如何呢？本文的受访者表示如下：

我们这里有导览员，一天上限大概三个，那另外不足就是导览志工的部分。培训这方面的课程我们也一直都有，甚至表演课程我们也

---

[1] 苏芳仪：《传统博物馆教育与网络博物馆教育比较之研究》，《科技博物》2003 年第 7 期；吴佩修、朱斌妤：《解说影响民众参观博物馆经验之研究——以国立科学工艺博物馆为例》，《科技博物》2001 年第 5 期。

[2] 林彦珊：《数位博物馆的建置在数位学习上的应用：以奇美博物馆为例》，《国立嘉义大学通识学报》2007 年第 5 期；黄振中：《博物馆休闲教育展演活动的研究：火金姑的夏天》，《科技博物》2002 年第 6 期；苏明如：《从社会教育到社群自理：探讨高雄市博物馆暨地方文化馆》，《科技博物》2014 年第 18 期。

都有做，也有做考核，但是我也很老实地讲，就是要在导览员特质里，找到每个人的特质其实是很困难的。我觉得你要了解这些导览员他们的特质，安排导览的时候可以做一些区隔，这是在排导览班的时候要用到的，所以排班很重要。志工大概四五十个在导览，大部分八成都是莺歌在地的，他们各有特色，因为他们来讲在地故事讲得很生动。

小学的校外教学就跟你的艺术人文课做结合，做这样艺术跟人文的校外教学，这是可以被安排进去课程里面的一个部分。我们DIY教室每年都有四万多人，在这里做这样一个互动的课程。DIY这一块就是结合我们的展示，因为展示的观看对知识性的吸收，原则上它印象不是那么深刻，如果配套有一些让他自己DIY动手，我会觉得在教学上在参观上也会有帮助。

就刚刚我有谈到陶瓷学院的一个课程，就会开设很多专业的课程，那当然我希望莺歌的产业来上课，从行销的观念、设计的方法，这些课程都有。其实也有很多厂商来参加啦。那任何的师资上课，我们都还做成video，然后剪辑成书，然后on line都有，这网络上都可以摄取到这些东西。

我们与老街有互动的时候一定是有做活动的时候，但是如果要把做活动这件事情的责任都交给陶博馆，是一件很不公平的事情。经济发展是属于经发局的，不是文化局，但如果老街的生意不好就会跑来问陶博馆，但是我们没有办法去主导老街你必须如何去做生意，所以它的互动目前来讲是平行线。老街的互动有在进行，包括未来老街的商圈会移动，我们这里以后会盖一个新北市立美术馆，那边会有一个陶瓷艺术园区，所以我们跟地区一直有在互动，因为地区的每一件事情都会把陶博馆拉进去，就是只要挂上莺歌两个字，就是陶博馆的事情。

由上述受访者的意见观之，可见莺歌陶博馆在建立展览解说、学生户外教学、举办演讲或工作坊等方面，是比较有成效的，但在与社区尤其是陶艺老街的互动与合作上，则存在着若干困境。

结　论

　　莺歌是一个具有悠久历史的陶瓷老镇，过去也曾有几次出现辉煌的荣景岁月，且其陶瓷产业也具有相当多的特色。处在这么一个底蕴丰厚的陶瓷老镇上，莺歌陶瓷博物馆在 2000 年的建立，无疑为陶瓷老镇注入了活力心血，也成为老镇的新地标，以及甚至被期许为莺歌陶瓷产业的领头羊。

　　本文透过深度访谈的方式，直接搜集有关莺歌陶博馆的发展策略与成效，发现其在典藏与展示方面，相当规范，有各种常设展和特展，有邀请展，也有个人申请展，有国内在地陶瓷展，也有国际陶艺展。经过几番展示与评审后，对得奖者也可能征求其作品加以收藏。在品牌建立方面，透过国际交流合作，以及国内的展示、评审，不但它的产品获得国内外肯定，且陶博馆本身也成为一种品牌。在行销与通路方面，陶博馆用了不下七种行销方式，来宣传、广告它的展品和活动，亦不可谓不积极。最后，在教育与推广方面，陶博馆与各级学校合作，办理户外教学、演讲、工作坊、网络学习等，也发挥了一定的成果；在推广方面，也有一定的成绩，但是在与陶瓷老街的互动与合作方面，还需要再磨合。

　　在老街的受访者中，有些业者就认为陶博馆与老街业者是各忙各的，前者的重点在展览；后者的重心则在买卖。至于在办活动的时候，馆方也比较少事，先跟老街业者商量，以至于互动不多，老街业者对此甚至抱应付心态，这是相当可惜的。再者，陶博馆的目标之一是国际化，老街业者也有意见，认为馆方应先重视在地产业发展，才能扩展为国际化。但客观地说，老街业者把许多责任都推给陶博馆，也未见公允。其实，老街业者也有"只顾生意，不顾创意"的缺点，而且他们与老镇其他的陶瓷业者间，也有不合之处，在这种情形之下，陶博馆又如何有能力去带领莺歌的文创产业发展呢？凡此种种，可能都是莺歌陶博馆、老街业者乃至政府部门需要再深思的。

（洪泉湖：台湾元智大学教授、人文学院院长）

文化创意产业

栏目主编：杨慧

按语：2015年3月5日，李克强总理在政府工作报告中首次提出"互联网+"行动计划。"互联网+"为文化创意产业发展提供了无限广阔的创意空间。"互联网+"语境下互联网金融、旅游业、区域文化创意产业发展是本栏目关注的焦点。

促进互联网金融与北京文化创意产业的对接

何 群 刘 珊

摘要: 2014年,互联网金融进入蓬勃发展时期,以第三方支付、P2P网贷、众筹等为代表的互联网金融创新模式逐渐形成规模,对北京市文化创意产业产生了积极推动作用。但与此同时还存在着融资规模有待发展、经营模式尚不成熟、基础法律法规残缺滞后、投资者保护机制不健全等问题。对此,北京市应采取切实措施扩大融资规模,推动经营模式优化,逐步完善法律法规建设,加强对文化创意产业投资者的保护。

关键词: 互联网金融 北京 文化创意产业

互联网金融继2013年元年的快速发展之后,2014年进入稳定发展阶段。与此同时,2014年1—9月,北京市规模以上文化创意产业实现收入7451亿元,同比增长9.2%[①],彰显出巨大的发展潜力。北京市作为全国文化创意产业与互联网金融发展的中心,二者的对接效应十分明显。互联网金融作为新兴金融服务模式,促进了资本与文化的对接,对北京市文化创意产业产生了积极影响。

一 互联网金融与北京文化创意产业的对接

(一)北京互联网金融发展现状

关于互联网金融,目前尚无严格的学术定义,常常泛指以互联网、大数据、云计算、社交网络和搜索引擎为代表的互联网信息与金融行业融合所形成的金融业态模式。中国人民银行在2014年发布的《中国金融稳定

---

① 张景华、董城:《北京文化创意产业逆势而上》,《光明日报》2014年12月15日。

报告》中曾明确指出，互联网金融为金融借助互联网和移动通信技术实现资金融通、支付和信息中介功能的新型金融模式，并将互联网金融的定义分为两类：广义的互联网金融，包括非金融机构的互联网企业从事金融业务和金融机构通过互联网展开业务；狭义的互联网金融，指互联网企业开展的基于互联网技术的金融业务。而近两年互联网金融的发展实践表明，截至目前，以第三方支付、P2P网贷、众筹等为代表的互联网金融创新模式正在逐渐形成规模。同时，传统金融机构也在互联网金融浪潮的冲击下，积极地谋求变化。对于互联网金融的快速发展，国务院总理李克强在第十二届全国人民代表大会第二次会议上作政府工作报告时提出，要促进互联网金融健康发展，完善金融监管协调机制，并特别强调了互联网金融在整个国民经济中的积极作用。国家对互联网金融的正面定调，无疑将促进互联网金融在中国更加蓬勃地发展。

北京市十分重视互联网金融，力促相关行业主体集聚，为推动互联网金融行业规范发展提供平台与机会。2013年，石景山区建立互联网金融产业基地，海淀区设立中关村互联网金融中心，给予互联网金融企业税收和财政补贴优惠。2014年，北京市举办了一系列活动和合作计划，推动了北京市互联网金融的发展，巩固了北京市互联网金融中心的地位。5月31日，第三届京交会"2014年互联网金融风险控制与监管趋势大会"举行，会议由北京市海淀区金融服务办公室、北京市海淀区商务委员会主办，中关村互联网金融研究院、国培机构承办。6月1日，海淀区人民政府与中关村互联网金融研究院开展战略合作计划，旨在将互联网金融领域的案例研究与监管思路相结合，为互联网金融建设和规范化发展提供政策建议与咨询。9月25日，中关村海淀园管委会与北京市海淀区金融服务办公室共同承办了2014中关村论坛"互联网金融：融合与发展"专场。10月30日北京市政府主办、"一行三会"支持的2014金融街论坛暨第十届北京国际金融博览会在北京启动。

与此同时，首都互联网金融行业纷纷建立起自律组织。中关村互联网金融行业协会于2013年设立，是在中关村管委会和北京市民政局指导与监督下设立的国内首家互联网金融行业组织。协会积极发布行业规划，参与国家关于互联网金融监管政策的制定，为促进行业自律发展、实现科学监管做出了表率。5月15日，由九源财富资产管理（北京）有限公司发起，并联合商务部研究院信用管理部下属企业北京中贸远大信用管理有限公司、中华人民共和国科学技术部科技发展战略研究院科技投资研究所等共同成立的"中国互联网金融产业信用联盟"在北京正式挂牌，这是国内首家以互联网金融产业信用建设为核心的行业自律组织。

值得注意的是，从法律层面上对于互联网金融的研究也在进行中。6月14日，互联网金融风险法律防范闭门研讨会暨中国政法大学金融创新与互联网金融法制研究中心成立仪式在京举行。这是国内首个互联网金融法制研究中心，为互联网金融的健康发展提供了基础保障。

（二）互联网金融与北京文化创意产业的对接

互联网金融作为新兴的金融服务模式，本质上仍是提供一种金融服务。只是相对于传统金融服务而言，它的金融资源可获得增强，交易成本相对降低。文化创意产业借力互联网金融优势，能够拓展小微文化企业和个人创意者的融资渠道，扩大文化创意产业的融资规模，通过加强融资方和投资方的沟通使得文创产品与市场需求更加匹配，并且以第三方支付的方式改变传统文创产品消费模式，推动文创产品销售的增长。

1. 完善小微文化企业融资渠道

中国人民银行发布的《2014年中国金融稳定报告》专题探讨了互联网金融，认为互联网金融的积极意义之一即有助于发展普惠金融，弥补传统金融服务不足，改善小微企业融资环境。《北京市文化创意产业提升规划（2014—2020年）》中提出，应加快推动企业直接融资，探索利用新兴互联网金融的模式，拓宽融资渠道。文化创意产业拥有大量典型的小微企业和大量初创型项目，具有庞大的金融服务市场要求，然而传统金融机构无暇顾及该类市场，导致小微文化创意企业很难在传统金融服务体系内满足融资需求，往往只能通过股东资金投入等方式进行内源融资。互联网金融以大数据和云计算为基础，二者的结合使相关平台可以对企业的经营情况进行量化跟踪，从而有效克服信息不对称和交易成本过高的问题，提高信贷业务效率，开发出更加符合小微文化企业融资需要的"短、小、急、频"融资形式。目前，如表1所示，北京的一些小微文化创意企业包括影视剧、出版、动漫、音乐、游戏等多个领域，通过互联网金融成功融资。

表1　北京市小微文化创意企业互联网金融融资表（部分）

融资企业	企业简介	融资项目	融资金额	行业领域
蓬蒿剧场	民间独立小剧场	第五届"北京·南锣鼓巷戏剧节"	232836 元	演出
陈柏言工作室	艺术创作团队	《后宫·甄嬛传》画集	193877 元	出版
第二书房	会员制社区图书馆	北京金中都图书馆会员	553013 元	其他
七娱世纪文化传媒	影视剧内容提供	《墙上的女人》	200000 元	电影
乐恒互动	游戏产品开发	《GROW》	20498 元	游戏
梦之城	开发阿狸原创动漫形象	和阿狸一起实现法国童话之旅	75442 元	动漫

由上述这些项目可见，互联网金融的兴起，对于完善北京市小微文化企业的金融支持体系和格局，加快文化创意产业成长，能够起到积极的推动作用。

2. 融资规模扩大

2011 年文化项目众筹最高融资额不过万余元，融资总额为 6.2 万元，2013 年《快乐男声》主题电影筹资达 500 多万元，融资总额增长到 1278.9 万元。[①] 而 2014 年，由于互联网巨头阿里巴巴和百度介入影视剧众筹领域，融资总额呈现快速增长的趋势。百度影视文化产业金融众筹平台"百发有戏"，第一期大众电影消费项目《黄金时代》，筹资 1800 万元；多个行业的融资规模在 2014 年创下众筹领域新纪录，如乐视影业、和力辰光参与出品的《小时代3》《小时代4》借助阿里巴巴娱乐宝筹资 3200 万元，是 2014 年互联网金融文化创意领域融资规模最高的项目。由掌上纵横、小马奔腾新媒体与范冰冰工作室出品的《魔范学院》项目在娱乐宝筹资 1000 万元，而以往的游戏众筹项目融资目标不过 1 万元。表 2 列举了融资金额较高的文化创意项目，包括总部在北京的互联网金融平台的融资项目及北京市文创企业参与的文化创意项目。

---

① 《加强监管政策　引导文化众筹发展》，《中国文化报》2014 年 11 月 8 日。

表2　　　　　　2014年北京市文化创意产品融资金额表（部分）

文化项目	融资平台	行业领域	融资金额
《黄金时代》	百发有戏	影视	1800万元
《老男孩之猛龙过江》	娱乐宝	影视	2000万元
《狼图腾》	娱乐宝	影视	1400万元
《小时代3》《小时代4》	娱乐宝	影视	3200万元
《魔范学院》	娱乐宝	游戏	1000万元
《魁拔Ⅲ》	娱乐宝	动漫	1000万元
imbatv—DOTA2《i联赛》	摩点网	游戏	169万元
《玩出来的产业——王志纲谈旅游》	众筹网	出版	127万元

融资规模的增加一方面促进了文化创意产品的发展，在产品生产质量、后期宣传方面有了长足进步；另一方面也带动了更多文化领域投、融资项目的出现。

3. 融资方式多样

随着北京市文化创意产业地位的不断提升，文化创意产业的资本规模越来越大，融资渠道成为制约文化创意产业发展的关键环节。文化创意企业的"轻资产性"特点，造成产业价值评估和风险控制的困难，所以传统金融机构的风险保守型投资并不能满足文化创意企业的需求。目前，以众筹和P2P网贷为主的互联网金融模式有效地满足了文创企业的融资需求。

（1）众筹模式。众筹模式是通过"团购+预购"的形式，向网友募集项目资金。众筹起源于美国Kickstarter平台，用于艺术家筹措资金和实现梦想。北京地区众筹发展略晚于国外。2011年7月4日，中国第一家众筹网站点名时间在北京正式上线，2013年，以网信金融旗下众筹网成立为标志，中国互联网众筹模式开始受到广泛关注。此后，众筹平台进入快速发展期。2014年被称为众筹元年。截至2014年9月，北京地区众筹平台数量居于全国首位，共30家[1]，约占全国众筹平台的30%以上。百度、京东等互联网行业巨头于2014年也加入了众筹领域。

---

[1] 零壹财经：《众筹9月简报：平台数量突破百家　电商众筹发展迅猛》，和讯网，http://iof.hexun.com/2014-10-15/169349690.html，2014年10月15日。

由于众筹通常需要通过创意争取大众的关注度和资金支持，所以众筹与文化创意产业有着相当密切的关系，可以说"为艺术而生"。目前针对文化创意产业的众筹平台或项目主要以回报众筹为主，即投资者注入资金，待项目众筹成功后获得产品或相关服务。目前火爆的百度"百发有戏"和阿里巴巴"娱乐宝"，采用的是"投资+消费"的模式，在获取项目投资利润的同时享受与影视剧、明星相关的娱乐权益，本质上仍为众筹。众筹模式作为传统融资模式的补充，已经成为很多小微文化企业和个人创意从业者的重要融资来源。目前文化众筹项目涉及面十分广泛，涵盖影视、动漫、出版、游戏、音乐等多个领域，已经出现专业针对某一行业的众筹网站，包括致力于支持音乐创作的"乐童音乐"、专注于资助微电影的"淘梦网"，以及针对游戏动漫行业众筹的摩点网等。针对垂直细分领域的众筹更是为小众文化创意企业和产品的融资提供可行的渠道。

（2）P2P模式。P2P融资模式（peer-to-peer）是近年来逐渐兴起的一种个人对个人的信贷平台。经过2013年P2P元年的迅猛发展，2014年P2P网贷已告别萌芽期，进入成长期。截至2014年第三季度，网贷行业成交量达1529.05亿元。[①] 北京市的成交量居于全国第二位，纳入央行互联网金融委员会统计的P2P融资企业有31家。[②] 由于P2P模式借贷期限短（平均3—6个月）、金额小、方便快捷，目前已经出现通过P2P模式对文化创意产品进行融资的案例。P2P网贷平台爱钱帮7月上线的"娱乐帮"，是一款投资于娱乐影视文化产业的理财产品，用户最低只需100元即可成为电影投资人，享受14%的收益及其他相关娱乐权益。

4. 文化创意产品市场契合度增加

首先，互联网金融的脱媒功能使之成为创业者和用户直接沟通的桥梁。在互联网融资中，投资人对于文化创意产品投资的规模、参与人数都能够在一定程度上体现出市场对产品的预期，借此可以测试产品的市场需求，做免费的市场调查。如果投资人反馈热情不高，即可在项目发展前或发展初期叫停，减少相应损失。京东众筹平台"凑份子"第一期"象扑君新书"项目广受欢迎，筹资规模是预期的22倍，反映了市场对此项目

---

① 《9月网贷贷款余额稳健增长，年底或突破900亿元》，凤凰财经，http：//finance.if-eng.com/a/20141009/13170449_0.shtml，2014年10月9日。

② 马文婷：《金融业对全市经济贡献超1/4》，《京华时报》2014年8月7日。

的极大热情，而后京东为此项目提供了从资金、生产、销售到营销、法律、审计等各种资源的配置。这个项目为动漫企业今后选题的开发提供了借鉴。

其次，由于北京现有的创新性文化产品还不足以满足文化消费市场的需求，为吸引投资者注意，文化创意企业必须提高文化产品的创新性和多样性，这无疑会促进文化的创新，丰富文化产品市场。此外，值得注意的是，通过互联网金融进行融资的文化创意企业或项目，经过互联网金融平台的推广，会得到广泛的宣传，起到低成本市场营销的作用，从而提高文化创意企业和产品的知名度。例如尽管《黄金时代》票房惨淡，导致众筹项目的低收益，但作为文艺片的《黄金时代》通过免费的方式借助百度平台进行了大范围宣传。

5. 第三方支付推动文化消费增长

财政部发布《关于深入推进文化金融合作的意见》中指出，鼓励第三方支付提升文化消费便利水平，鼓励文化类电子商务平台与互联网金融相结合，促进文化领域的信息消费。第三方支付作为互联网金融的重要组成部分，实质是一种信用中介服务，在买卖双方之间设立中间过渡账户，从而实现汇款资金的可控性停顿。截至2014年8月，共269家企业获得央行发布的第三方支付牌照[①]，其中北京已集聚第三方支付企业56家。[②] 第三方支付，尤其是移动支付的发展，能够为文化消费者提供便利，帮助文创企业改善服务，促进文化消费市场蓬勃发展，形成良性循环。

首先在图书消费领域。8月底，百度第三方支付品牌"百度钱包"与中信出版集团就图书支付等领域达成了战略合作。目前在80家中信书店，通过拍摄"百度钱包"专属二维码，即出现订单页面，可通过"百度钱包"直接支付。同时，"中信书店"云端应用登录"百度钱包"，支持上千本图书的免费线上阅读和无广告版本电子书购买，从而完成了线上、线下的全渠道"购书"，开创了地面书店与线上移动书店融合互动的新模式，为传统出版行业的现代化发展提供了模板。

其次在移动游戏领域。根据《2014年1—6月中国游戏产业报告》显

---

① 闫瑾：《央行发放第五批19家第三方支付牌照》，《北京商报》2014年7月16日。
② 马文婷：《金融业对全市经济贡献超1/4》，《京华时报》2014年8月7日。

示，2014年1—6月，中国移动游戏（包括移动网络游戏与移动单机游戏）用户数量约3.3亿人，同比增长89.5%。市场实际销售收入125.2亿元，同比增长394.9%。支付转化率是决定移动游戏是否盈利的重要因素。易宝支付的手游支付市场份额占80%以上。奇虎360游戏平台与易宝支付合作，提供移动支付创新产品"一键支付"，帮助玩家在数秒内完成支付，支付成功率为80%左右，相比之前成功率提升30%以上，且安全性较高。一站式的第三方支付方式可以提升用户的游戏体验流畅度和游戏制作方的服务质量，从而加强中国移动游戏产业的竞争力。

此外，为了推广第三方支付，培养使用第三方支付的习惯，支付企业在给予消费者大幅度优惠的过程中，侧面推动了诸如电影等文化创意产业的发展。如百度推出的"观影保障计划"，通过百度钱包支付电影票，观众可享受立减20元的优惠，而且观看的影片评分低于5分时，可以获赔全额票款。活动开展期间，手机百度客户端售出的在线选座电影票超过100万张，极大地推动了国庆档电影票房。

二 互联网金融与北京文化创意产业对接的问题

2014年虽然互联网金融与北京文化创意产业的对接产生了明显的成效，但融资规模有待发展、商业模式不成熟、基础法律法规残缺滞后、投资者保护机制不健全等问题仍然鲜明地呈现了出来。

（一）融资规模有待发展

虽然通过众筹和P2P网贷模式，2014年北京地区文化创意产品的融资规模得以扩大，但融资金额相对国外仍有相当大的差距。2014年北京文化创意产业互联网金融融资金额最大的项目为和力辰光国际文化传媒（北京）有限公司参与出品的《小时代3》《小时代4》，筹资3200万元，这一数字与Kickstarter众筹平台上筹资最高的影视剧项目《美眉校探》相当。但其他文化创意领域仍有相当大的发展空间，如游戏项目，Kickstarter 2014上半年游戏项目筹资1350万美元，共175个成功项目。而北京地区上线的游戏项目筹资目标一般以1万元为上限，且成功项目不多，相比Kickstarter游戏众筹动辄数百万美元的规模相距甚远，文化创意项目的融资额仍有较大的上浮空间。

（二）经营模式尚不成熟

目前，P2P网贷平台对文化创意产业的投资尚无优秀案例。首先，能在P2P网贷平台成功融资的项目，大多也能直接走银行信贷的道路，并未体现出P2P对于社会资金投向小微文化企业的撬动力，也没能展现P2P对于银行信贷渠道的补充功能。其次，P2P网贷平台上线的文化项目回报率相对其他项目而言没有竞争力，资本以逐利为属性，对于普通投资者很难形成吸引力。此外绝大多数P2P网贷平台没有太强的行业分布属性，尚未形成细分格局，大范围、多种类的融资平台用户黏性不高，无法获得长期大规模融资。最后，P2P平台的融资结果、资金使用方向、偿付能力等信息不透明，对于平台上的文化产品信息是否真实和平台自身的资金流转情况等披露并不规范，有可能出现倒闭或"跑路"的现象。仅2014年的前八个月，北京地区就有3家P2P网站突然失联，涉及金额数千万元。如果信用缺失现象持续出现，不仅难以得到普通投资者的信任，也不利于北京市政府对文化创意产业的持续性扶持。众筹模式同样暴露出问题。2014年作为互联网众筹元年，快速发展的电影产业和互联网众筹引得百度、阿里巴巴等公司竞相开发影视众筹产品，但百度"百发有戏"首期影视理财产品《黄金时代》最终票房却仅有4000多万元，百度大数据计算并没有为电影众筹提供良好可靠的基础。由于收益与最终票房挂钩，此次"百发有戏"的最终年化收益率仅为8%，受到投资者的质疑。此外，此次众筹筹得的1800万元资金中具体有多少投向电影，以及如何介入电影投资，具体资金投向并未详细显示。资金走向的不透明会减退投资者的投资热情，增加投资者的不信任度。

（三）基础法律法规残缺滞后

首先，在众筹领域，美国于2012年4月通过了"JOBS法案"（全称为Jumpstart Our Business Startups Act），允许小微企业通过众筹方式获得股权融资，提高其融资能力。中国目前的股权众筹模式仍在逐步摸索中，证监会还没有制定出针对股权众筹融资的相关监管规则，因此很容易进入"非法吸收公众存款"和"非法公开发行股票"的雷区，这在很大程度上抑制了众筹模式的发展。其次，在P2P领域，美国证券交易协会SEC要求P2P网贷平台按照证券业务进行注册，其中《消费者信用保护法》明确将互联网借贷纳入其民间借贷范畴，我国在这方面尚缺乏相应的制度安排。目前，北京市在网贷行业的监管方面即将推出监管政策。由北京市金融局牵头，拟建立P2P行业协会，实行产品登记制度，即要求所有在北京市发行网贷理财产品的平台、机构必须到北京市网贷协会登记。同时北京市金融工作局已经上线首都金融安全检测平台，将互联网舆情和群众举报等数据集合，通过文本分析、数据挖掘等方法筛选出重点疑似问题对象，从而对北京金融行业进行监测和预警，但具体的法律法规尚未出台。只有从基础制度层面上完善相关的法律法规，从制度上为创新提供土壤，才能更有效地维护金融秩序，促进金融创新，推动文化创意产业发展。

（四）投资者保护机制不健全

首先，互联网金融的兴起，突破了传统上对投资人资金实力的限制，大众都可以参与其中，投资门槛较低。如在"百发有戏"中，投资者只需投入10元就可以参与电影众筹项目。普通民众由于投资经验有限和专业背景缺失等客观条件限制，对于文化创意产业项目的风险、前景、融资后的具体发展方式等了解较少，通常只关注收益，而非项目自身的价值，缺乏判断项目价值的能力。此外，由于文化创意产业的自身特点决定了投资文化创意产业的风险较高，项目失败甚至遭遇诈骗后，作为投资者的普通民众风险承受能力通常不足，因而对大众投资者权益的保障尤为重要。百度"百发有戏"与中信信托合作，中信信托在其中发挥成立消费信托，保护消费者权益的作用。但综合来看，针对文化创意产业项目的投资人权益维护及保障保险机制尚未建立。其次，互联网金融涉及的交易依托计算机网络系统进行，计算机系统自身存在的稳定性问题，加之网络漏洞等，会造成交易数据被截获或篡改，威胁资金安全，使投资者资金受到损害。

三 加强互联网金融和北京文化创意产业对接的对策

（一）采取切实措施扩大文化创意产业的互联网金融融资规模

1. 发挥政府的支持性作用

北京市应积极发挥包括文资办在内的政府相关机构的支持性作用，引导资金通过互联网金融模式向文化创意产业领域流动。

首先，政府相关机构应主动在文化创意产业领域实践互联网金融。如9月17日，由文化部产业司主办、北京文化产权交易所承办的2014年国家动漫品牌推介活动在京举行。"北交所"根据动漫企业的需求启动众筹模式，为动漫产业拓宽融资渠道。这样的政府示范性行为应当更多地出现，以引领互联网金融与文化创意产业融合，为资本的流入提供规范化与制度化的借鉴。其次，北京市政府可以充分发挥财政的示范性作用，以财政和税收支持的形式，推动互联网金融对文化创意产业的投资。如海淀区对通过互联网金融模式获得资金支持且符合区域重点产业发展方向的中小微文化创意企业，给予贴息支持，贴息上限100万元。财政支持力度的扩大将提高互联网金融对文化创意产业的投入活力。最后，政府应认识到，互联网金融是市场化运作的产物，政府应起到监管和引导的作用，但不能强势干预，否则将导致市场机制的弱化。应完善首都文化经济政策体系，促进北京市文化创意产业与互联网金融的对接。

2. 提高文创产品或项目的质量

政府的支持性作用只能起到短期的效果，扩大互联网融资规模的长久之策则是提高文创产品或项目的质量，即增强文化创意产品或项目的创新性，提高文化附加值，扩大产品或项目的宣传范围和力度，予以更合理的投资回报。高质量的文化创意产品或项目自然会吸引投资者的目光，从而加大对文化创意产业的投资力度。

（二）优化经营模式增强互联网金融与文化创意产业的黏结度

首先，应优化P2P网贷平台、众筹等互联网金融公司的商业经营模式，包括提高平台的信息透明度，强化垂直领域细分，降低文化创意产业投资风险等，以引导社会资金向文化创意产业集聚。其中，应适当引导国有金融企业设立"国资系"P2P网贷平台和众筹机构进入市场，加速网贷和众筹行业规范发展。在这方面，由海淀区国资委控股的国有金融控股集团推出的"海金仓"和由首都科技集团参与投资的"花果金融"已经做出了尝试，它们与文化创意产业深入合作，在带动金融行业与文创产业结合与健康发展方面起到了积极的作用。中国P2P行业监管的原则之一是"坚持小额化、普惠金融、支持个人和小微企业"，今后北京P2P网贷平台和众筹机构的发展也应会逐渐向此方向倾斜，从而与文化创意企业的融资特点匹配。

其次，应加快建设互联网金融平台和文化创意企业的信用体系建设，北京市应该将文化创意企业信用信息纳入全市统一的企业信用信息系统，促进文化创意企业信用信息的采集、使用和共享，推动统一征信平台建设；北京的政府部门、金融机构、互联网金融平台、信用评级机构等，应该根据文化创意企业的特性共同开展对文化创意企业的综合信用评定，建立完善的文化创意企业信用评价体系。与此同时，互联网金融平台的信用体系建设则应与央行征信体系对接，使平台征信数据在该系统上实现共享。通过对二者建立信用评级制度，规范市场主体的交易行为，有效防范互联网金融与文化创意企业对接的风险。

（三）逐步完善互联网金融与文化创意产业对接的法律法规建设

虽然李克强的政府两会报告提出要发展互联网金融，中国人民银行、中国银行业监督管理委员会、中国证券监督管理委员会和中国保险监督管理委员会也已开始研究制定互联网金融监管办法，但截至目前尚未出台针对互联网金融的相关法律法规，更没有促进互联网金融与文化创意产业对接的制度安排。针对基础法律建设严重滞后于互联网金融和文化创意产业发展的现状，北京市应首先对金融法律体系进行修正和完善。适时修订、完善现有金融法律法规体系，制定专门针对互联网金融业务及其风险的监管规则，尽快将 P2P 网贷、众筹等新型互联网金融形式纳入监管范围，尽快解决如股权众筹所面临的非法集资等法律问题；其次应该完善互联网金融发展相关的基础性法律立法，加快个人信息保护、互联网安全等方面的立法；最后应当尽快出台促进互联网金融与文化创意产业对接的法律法规及监管政策，鼓励互联网金融机构不断探索适合文化创意企业的金融服务模式。

（四）加强对文化创意产业投资者的保护

普通投资者是互联网金融的源头之水，对投资者的伤害就是对互联网金融业的破坏。因此加强对投资者的保护，不仅是对互联网金融的促进，也是对文化创意产业的推动。首先，北京市应加强对互联网金融企业的监管和对投资者的教育。一方面，强化互联网金融平台进行信息披露和风险提示的义务，向投资者普及互联网金融与文化创意产业的专业知识，提高他们的风险意识，最大限度地降低投资风险；另一方面，积极引导建立专业的第三方评估机制，帮助投资者了解每个文化项目，降低相应风险并督促行业自律。其次，北京市应建立互联网金融投资文化创意产业的保险机制。互联网金融平台应针对文化创意产业的高风险特性，积极与保险公司、信托公司联合，促成在保证保险、信用保险等方面的全面合作，在项目失败后可以维护投资者的权益，增强投资者信心。最后，北京市应提升互联网金融系统安全保障。应该强制和指导互联网金融平台服务供应商加强自身网络安全建设，为互联网金融业务的开展提供良好的技术支持和网络环境建设。

文化创意产业是北京市仅次于金融业的第二大支柱产业，互联网金融的发展，北京也在全国居于前列，促进二者的强强联合和深度对接，势必会对北京市经济的发展产生举足轻重的作用。对此，北京市应予以极大的重视。

（何群：中央财经大学文化与传媒学院教授、文化产业系主任、研究生导师；刘珊：中央财经大学文化与传媒学院研究生）

智慧旅游

——中国开拓入境旅游市场的重要途径

郭 靖

摘要： 开发入境旅游是中国旅游业走向国际市场的重要手段，从入境旅游市场来看，我国已成为世界上第三大入境旅游接待国，但近几年，除去国际金融危机的影响，环境质量、旅游服务、景点费用以及旅游产品配套设施等方面存在的问题，也制约了中国入境旅游市场进一步发展。发展智慧旅游可为国内外旅游者提供更优质和便利的服务，满足国外游客市场的需求。本文将主要探讨发展智慧旅游开拓入境旅游市场的途径问题。

关键词： 智慧旅游 入境旅游 市场 途径

大力发展入境旅游是中国旅游业走向国际市场的重要手段，从入境旅游收入来看，中国一直处于世界前列，截至2012年，我国已成为世界上第三大入境旅游接待国，但近几年，由于国际金融危机对全球旅游市场的影响，导致国际游客的旅游时间和次数相应减少，而环境质量、旅游服务、景点费用以及旅游产品配套设施等方面存在的问题，也制约了中国入境旅游市场进一步发展。如果入境旅游不能找到合适的开发方法而最终走向萎缩，实际上真正损失的就是中国旅游的国际化。而发展智慧旅游可为国内外旅游者提供更优质和便利的服务，满足国外游客市场的需求。当前智慧旅游所需要的云计算、移动设备、物联网等技术已越发成熟，为智慧旅游的发展和落实提供了强大的技术支持。发展智慧旅游将成为开拓我国入境旅游市场的重要途径。

一 当前中国入境旅游的现状和问题

(一) 当前中国入境旅游的现状

1. 我国入境旅游市场发展前景

随着经济全球化的快速发展,国际交流的不断增多,出国旅游消费成为各国人民的休闲选择。我国有着几千年的历史文化和丰富的旅游资源,不仅是国人的骄傲,而且成为更多外国人所追寻的旅游胜地,入境旅游是我国旅游实力的一种标志,通过发展入境旅游,可以带动我国经济更好更快的发展。近年来,我国入境旅游市场发展前景较好,入境旅游游客人次呈现持续上升的趋势,带动我国经济的更好发展。根据国家旅游局统计数据显示,自2012年以来,我国入境旅游人数已连续出现季度数据负增长。2015年上半年来华旅游入境人数约为6536.49万人,同比去年同期增长4.9%,其中港澳台同胞占比81.1%,香港、台湾同胞入境人数均有小幅上升,澳门同胞增幅达12.82%;外国人总计为1236.36万人次,占比18.9%,出现小幅下降。[①] 来访人数占前三位的国家分别为韩国、日本和美国。2013年,我国接待入境过夜游客5568.59万人次,同比下降3.53%,市场规模总量位居世界第四,仅次于法国、美国和西班牙。2013年,我国入境旅游实现外汇收入516.64亿美元,同比增长3.27%,旅游外汇收入位居世界第四,仅次于美国、法国和西班牙。[②]

2. 我国入境游客的地区分布

随着我国经济水平的快速提高,大力发展旅游业,使得旅游市场更为广阔,由此而吸引越来越多的外国人入境旅游。这些游客主要来自亚、欧和北美三洲,其中以亚洲游人最多,占60%,而欧洲、北美和其他地区游人所占比例中,欧洲仅次于亚洲,约30%。除了来自亚、欧和北美三洲的游客,大洋洲和非洲游客数量呈现不断增长的趋势。我国入境旅游游客的国别均与我国有着密切的联系,或互为邻国,或两国交往密切等。韩国来华旅游人数最多,日本仅次于韩国。俄罗斯与我国比较临近以及美国

[①] 《2015年上半年中国入境游市场统计数据》,酒店旅游餐饮网,2015年7月22日,http://hotel.chinairn.com。

[②] 《2013年我国接待入境游客人数和游客满意度均降》,《中国经济网综合》,2014年10月21日,http://www.ce.cn/culture/gd/201410/21/t20141021_3745949.shtml。

与我国有着更多的外交往来，但这两个国家来华旅游人数虽然较多，却比韩国、日本来华人次相对较少。总之，通过有效的国别分析，可以将入境旅游游客国别分为四类，即韩国、日本、俄罗斯和美国、其他地区，这些国家和地区大多分布在"一带一路"沿线。

3. 入境游客的年龄构成和旅游动机

我国入境旅游人数逐年增多，表明我国入境旅游市场正在不断发展和壮大，对我国经济更好发展发挥着积极的促进作用。入境游客年龄在25—44岁的人次较多，45—64岁年龄段的游客人次位居其次，而其他年龄段人次相对较少。由此可见，我国入境旅游市场主要以青年人和中年人为主，而青少年和老人较少。我国旅游部门通过对入境游客旅游动机进行调查和分析认为，观光休闲是入境旅游者的重要动机，会议和商务等出游动机仅次于观光休闲。外国游客普遍对中国最感兴趣的是传统文化、历史、风景。不过每个国家的旅游者对于中国的理解还各有差异，美国游客认为中国人民美丽，日本人喜欢中国美食，东南亚游客除了对中国的风景、历史和文化有着强烈的兴趣之外，能打动他们的还有中国的产品。当前入境游客的旅游动机有了新的变化，他们对名胜古迹和景点的热情开始衰减，对猎奇体验的兴趣提升。他们平均停留时间达到10天，欧美客人的停留时间更长，平均消费是2894美元，依然是欧美游客在前。

4. 入境游客的消费结构和消费方式

现阶段，我国入境游客消费结构主要为"餐饮、住宿、交通、游玩、购物、娱乐"六个方面，2009—2013年，旅游消费结构发生了较大变化，我国2013年的入境旅游客流量比2009年增长20%，但是入境游客的餐饮、住宿方面消费却低于2009年；交通消费基本保持不变；游玩、购物、娱乐消费明显高于2009年。由此可见，基本旅游消费的弹性较小，非基本旅游消费的弹性较大。Google 2015年的报告显示，大约三分之一来华游客有商务和休闲的双重需求，比2013年数据有明显提升。而其中大约57%的游客都是自由行，跟团游的比例只有30%，还有四分之一的人群选择的是私人定制团，此外朋友安排和主办方安排的比重分别是13%和18%。

5. 入境旅游的目的地分布

我国入境旅游游客选择的目的地，大致可以分为四类：一是以广东省为主；二是以北京市为主；三是以江浙、上海市和福建省为主；四是以其他省份为主。首先，广东省是我国入境旅游十分发达的省份之一，入境旅游业带动广东省经济的快速发展，其优越的地理、经济和文化环境是入境旅游市场最发达的主要因素。其次，北京市是仅次于广东省的入境旅游发达地区。北京是我国首都城市，是经济、政治、文化相互融合和碰撞的重要地区，因而更具吸引力。再次，江浙等南方地区有着丰富的旅游资源，受到许多入境游客的青睐。最后，其他省份都具有各自不同的优势，并吸引着入境游客。能让国外旅游者印象深刻并记住的多为著名的具体景点和代表元素，而且与景区所处区域是否发达没有直接的相关性，如敦煌、黄河、乐山等。外国游客认为代表中国的还是一些具体的景点和元素，例如长城、熊猫和故宫。其中对于长城的认知程度总体上高于任何一个省、市、自治区。

6. 互联网在入境游客旅行中发挥的作用

互联网在外国游客的旅行中发挥了重要的作用。在旅游的信息搜索、预订、体验和分享等环节中，互联网拥有超过70%的影响力。网络媒体渠道成为被访者最主要的信息收集来源，超过其他媒体。88%的游客会通过互联网获取旅游信息；数据显示，通过搜索引擎进行信息收集的被访者中，92%使用Google。

Google调研数据显示，入境游客的搜索行为在不断强化，有57%的休闲游客和64%的商旅客人都是通过搜索来完成预订和交易的，搜索引擎的价值更加凸显。典型的用户行为是：即使是对那些品牌力很强的企业，用户也只是在一开始通过其官网搜索和查询，然后返回到搜索引擎做比价，最终完成旅游产品的购买。整个入境游客从计划旅行开始主要是三个步骤：（1）搜索。大约有51%的用户会搜索目的地相关的信息，完成灵感激发和目的地确认这个环节；（2）比价。用户在决定目的地之后会比较价格，用户的价格敏感度会体现出来；（3）预订。大约只有30%的用户会去特定的网站完成预订。Google的报告显示，在这个过程中，视频是个非常重要的因素，有超过40%的游客在观看在线旅游相关视频后会去搜索更多目的地相关信息，或者直接产生了去目的地旅游的想法或决定。

在收集信息过程中，网络媒体是一个主要渠道，除此之外的第一大渠道是搜索引擎。航空公司、酒店和旅行社官方网站的比重正在下降，而旅游类专业网站和机票酒店预订网站以及电视、户外广告等传统媒体渠道的比重在增加。其中，前两类网站的比重在增加符合人们出境的习惯，即确定一个目的地的范围之后，会根据这些网站的报价确定预算范围内的产品。而移动端的崛起贯穿信息收集和预订两个环节，大部分用户在移动端上收集信息之后开始预订旅游产品。

（二）当前中国入境游中存在的问题

1. 出入境旅游人数和收入都存在较大逆差

最近几年，中国的入境旅游面临严峻形势，全国接待入境旅游者与国内旅游人数快速增长相反，连年下滑。据 WTO 统计，如果以旅游消费金额计，我国是全球仅次于欧盟和美国的第三大入境旅游目的地和仅次于欧盟的第二大出境游市场。但从 2009 年首次出现旅游贸易逆差开始，这个数字就从最初的 40 亿美元迅速扩大到 2013 年的 769 亿美元，我国已经成为世界上旅游服务贸易逆差最大的国家。[①] 数据显示，2014 年第一季度，我国出境旅游人数达 2640 万人次，出境旅游花费超过 340 亿美元，同比分别增长 17% 和 16%。而同期入境旅游人数和旅游外汇收入则双双下滑，分别为 3100 万人次和 110 亿美元，比去年同期下降 3%。[②] 中国入境旅游保持了二十多年的持续增长，在持续发展到一定阶段后，特别是在国内旅游迅速崛起、中国城市化迅速推进的条件下，中国入境旅游吸引力遇到了一些问题。中国入境旅游市场面临严峻的挑战。

2. 难以满足国际游客的消费心理、消费习惯

如果从境外旅游者的消费心理、习惯来深入分析中国旅游对境外旅游者的吸引力问题，就会发现中国庞大的面向国内旅游市场的旅游产品和旅游环境与海外旅游者的审美判断和休闲的需求、中国城市快速现代化与国际游客追求的民族特色文化差异之间存在巨大落差，导致海外游客对中国作为国际旅游目的地既爱又怕。追求文化与环境的差异性是旅游需求产生的根源，但中国对于海外游客存在的差异性和吸引力并不能直接转化成为旅游购买力。中国的旅游服务单位的服务标准、服务品质、服务方式等全面迎合国人的需求，与海外旅游者的审美需求存在较大差距。迎合国内旅

[①]《旅游服务贸易逆差如何破局》，《国际商报》2014 年 6 月 13 日，http://finance.ifeng.com/a/20140613/12536985_0.shtml。

[②] 同上。

游者需求建设和改造的大量旅游点，多多少少丢失了一些中国特色本真的东西，再者，旅游是一种休闲行为，需要一个相对舒适、安宁、有序的环境，骚动与不安定的人流是旅游休闲的大忌。

3. 旅游产品和旅游城市缺乏对国际游客的吸引力

一个旅游大国对海外旅游者的吸引力主要来自两个方面：一是世界级的旅游资源和产品，如世界文化和自然遗产、有世界影响的名胜古迹、人文遗产等；二是有世界影响的城市。如果一个国家的大多数城市对海外旅游者都存在审美疲劳、吸引力不足的时候，这个国家的入境旅游魅力就会遭遇挫折，因为少数几个世界级名胜不足以撑起一个大国的国际旅游市场的大局。城市是一个国家最核心的旅游单元，城市的旅游吸引力是撑起一个国家入境旅游市场的基本力量之一，中国城市的快速现代化是按照国人对现代化的理解和审美趣味的轨迹发展的，因此大量民族特色的历史建筑在旧城改造、城市综合保护与有机更新中消失了，拔地而起的是千城一面的一座座钢筋混泥土建筑，以及少量的焕然一新的假历史建筑。这样的建筑和城市缺少了根本性的东西：民族特色和人文精神，同时还少了人文的创意与关怀。有一个时期，海外游客赴深圳、上海来体验、感受中国改革开放的成果，但没有多久，这样的旅游需求就减退了，因为中国已到处高楼林立，中国城市对于海外旅游者的吸引力大幅下降。因此没有特色和文化自我认同的城市化，是入境旅游吸引力锐减的又一个原因。

4. 国内旅行社缺乏对入境游的重视

很多地方都在致力于旅游市场的国际化，但入境旅游促销却显得困难重重，相对于国内旅游市场营销，国际旅游市场营销都显得效率低下，于是很多地方干脆放弃了入境市场，很多旅行社也放弃了入境旅游业务。入境旅游业务萎缩是不争的事实。导游素质和10年前相比大幅度下降，也是入境旅游低迷的原因之一。外语导游处在溃散状态，现在还在岗的寥寥无几，情况很严峻，这反过来会影响到入境旅游市场的正常发展。近年来入境旅游市场在旅游人数、旅游收入等方面都出现下降趋势，一方面是因为多数旅游市场的客源结构还不是多元化格局，对我国港澳台地区、日本、韩国市场依赖性较强。另一方面，国际金融危机影响对价格敏感的旅游市场造成了很大冲击。更重要的是我国入境旅游产品的设计比较单一，宣传推广手段缺乏创新。在开拓入境旅游市场方面，缺乏对客源地民众的营销推广力度。

二 智慧旅游及其在开拓国际旅游市场中的重要作用

（一）智慧旅游的概念

智慧旅游对于提升我国的旅游业有重要的意义，可以提升我国的旅游业管理水平和创新，带动旅游业进入可持续发展的新模式。智慧旅游是一个系统性、动态性的综合概念，它来源于智慧城市，也是智慧城市的重要组成部分，通过对物联网、互联网、云计算、移动通信、虚拟真实等信息技术的运用和整合，融合其先进的旅游发展理念，带动旅游业的绿色化、可持续化、现代化，优化旅游的管理手段，提升旅游行业的社会效益、生态效益和环境效益，带动旅游业的经济效益。智慧旅游的发展有重要的意义。智慧旅游的核心技术主要集中于信息技术、物联网技术、互联网技术、移动通信技术和传感技术等方面。

（二）智慧旅游的主要特征

首先，区别于传统旅游业依靠手工收集信息做法，智慧旅游集合了云计算、物联网等关键信息技术，对海量的旅游信息进行持续收集并且实时更新。其次，智慧旅游不同于以往的旅游信息化，虽然两者都是对数据信息的加工，但是旅游信息化主要是以信息技术对旅游信息的数字化，通过对旅游产业链的重新整合，促进传统旅游业的发展，主要是对景区等用旅游电子政务、电子商务等重新包装，而智慧旅游则是实现用户的个性化需求，完成游客所享受的旅游公共服务和公共管理的无缝链接，是一种技术层和旅游要素的融合。最后，智慧旅游是服务于游客和旅游企业的重要平台。智慧旅游可以为游客提供衣、食、住、行、玩的全方位旅游服务，也可以将旅游企业的服务信息通过推送到以云计算为基础的智慧旅游平台，为游客提供服务，节约旅游企业和游客的交易成本。

（三）智慧旅游在开拓国际旅游市场中的重要作用

1. 发展智慧旅游有助于应对旅游信息不对称的问题

智慧旅游有利于消除国际游客、旅游业的从业者、东道国政府及行业管理单位之间的信息不对称，满足国际游客的旅游需求，通过改变旅游产品的制定方式和支付方式，利用大数据的收集和分析对旅游产品进行定制，提升旅游服务的品质。在传统旅游下，旅游者如果要到一个陌生的地方旅游，必须花费大量的时间了解相关的景点、交通等，并且需要承担一定的费用及信息不准确的风险，而在智慧旅游条件下，旅游者可以通过提出自己的需求，在任何时间、任何地点查询自己所需的信息，旅游服务供应者也可以根据游客的需要制订相应的方案，对旅游者而言，这是一种全方位的一体化服务，对旅游服务的质量提升也有很大的帮助。

2. 智慧旅游可以整合旅游行业产业链，改善经营模式

智慧旅游是利用信息技术的条件，带动提升旅游行业的信息技术水平和服务品质的有效手段，旅游服务提供者可以通过信息技术获取相关的数据及国际游客的需求，通过整合数据模拟测算相关的旅游创新产品和其可能的接受程度，从而带动旅游行业的创新。这种信息技术背景下，旅游服务提供者对其产品设计、营销、人力资源管理、资金结算、销售等均可以进行改造，通过智慧旅游平台进行数据挖掘，从而有针对性地将产品推广至潜在的国际消费者，通过整合行业的资源，以旅行社、交通、酒店、景区、周边产品等相关的企业将协同作战，促进旅游行业利润率的提升，并提升旅游资源综合利用率，提升旅游行业的整体竞争力。

3. 智慧旅游可以建立国际旅游云平台实现资源共享

通过信息技术的支持，智慧旅游的发展必然可以实现实时收集景区游客的信息，对相关行业进行动态的监管，监测景区的环境、文化等通过这些数据的收集，景区的决策系统可以更加科学化，同时这个系统平台将与市政平台，如公安、卫生、质检、中国外交部与各国使领馆等相关部门的平台连接起来实现信息的共享，联合执法，应对可能的突发情况。同时云平台的建设也将实现不同区域的旅游资源共享，实现联合发展。通过利用信息技术将多种服务业融合，提升游客的体验，带动智慧城市整体规划的衔接，由政府部门来负责相关的云平台等，带动相关部门更加贴近市场，更加知晓游客的需求，最终也将有利于当地智慧城市的建设。

三 国际智慧旅游发展的路径

（一）充分采用现代数字技术作为智慧旅游的技术支撑

旅游者是旅游的主体，智慧旅游要做好，必须首先对国际旅游者不断

提升的需求进行满足，智慧旅游要发展好必须整合产业链上的吃、住、行、游、玩、购、娱等相关的信息，对国际旅游者提供全程全方位的服务，通过信息技术满足旅游者对各类旅游信息的需求，让游客可以在全程享受到全新的智慧旅游服务。同时结合游客的具体信息，针对性地提供在线预订、行程规划、信息查询等服务，在游玩过程中，智慧旅游要能够通过物联网、云计算、移动通信技术等信息技术为旅游者提供信息的传递和交换。智慧商务是针对行业内的企业提供的服务，它是智慧旅游对旅游企业以物联网的技术，集合云计算平台的数据，为旅游企业提供信息化服务，提升旅游企业运用相关信息和资源的能力。它可以包括智慧酒店、智慧交通、旅行社智能化应用、数字景区等相关的服务。旅游管理部门通过智慧管理系统可以实时、准确了解掌握旅游者的全部信息和旅游企业的经营信息，由被动式的事后管理转向现代化管理方式，更好地维持旅游的秩序，处理好旅游质量问题，推进旅游电子政务的发展建设，实现区域之间的互联互通，强化对旅游市场的监测，保护好旅游景点和旅游行业，提升自身决策的科学性。

（二）针对特定国际游客市场在网络平台进行营销推广

世界级的名胜古迹和有国际影响力的城市是我国入境旅游吸引力的两大载体，也是主要的入境旅游吸引物，因此我们仍应继续强化这两大吸引物的营销与推广。应该从这两大吸引物中定制一批最为成熟的产品，加大推广力度，使其成为我国入境旅游的骨干产品，应该摒弃以往以省级行政区为单位的国际旅游推广模式，从世界级名胜古迹、国际影响力城市和特定的旅游产品入手，务实有重点地推进入境旅游市场开发。面对庞大的国际游客基数，有条件成为重要的国际旅游吸引物的名胜古迹和重要旅游城市和旅游产品，应该确立旅游国际化的战略和措施，更好地满足海外游客的需求。

1. 以国际旅游的服务理念、意识和标准推进旅游服务与国际的接轨

提升旅游服务的水平，特别是一些国际连锁的酒店、游乐设施等，在进入中国大陆后应把握好"本土化"和"接轨国际"之间的关系，在国际网络营销平台上应尽可能地传承和发扬这些国际品牌所固有的价值观、服务理念和规范，防止因"本土化"而丧失国际标准与规范，以满足国际游客的需求。

2. 在旅游景区建设、城市规划发展中强调民族特色

体现民族文化，强化只有民族的才是国际的理念。对于重要的旅游城市，应该规划建设一批对海外游客有吸引力的民族特色餐饮、住宿、演艺、文化体验、运动休闲、体育探险和养生保健等旅游休闲项目，开放一批具有中国特色的社会、文化交流访问点，在网络平台上，国际游客可以根据自己的需要和爱好自主规划旅游行程和项目组合来满足个性化的需求，增强城市的国际旅游的吸引力。

3. 应该对国际游客进行科学地细分实现针对性的网络营销

旅游市场国际化不是全球化，不是要吸引全球所有国家和地区的游客，而是要吸引有可能的国际游客。针对中国旅游的实际情况，最有可能的国际旅游客源是：商务和会议旅游者；熟悉中国并在一定程度上适应中国文化和习惯的人士；对中国文化向往并愿意深入接触了解中国文化的人群；对一城、一地、一景有特殊渊源和关系的某些特定市场；为中国的经济发展成就或名胜古迹所吸引的其他旅游者。而在入境旅游市场中，中国周边国家市场始终是最主要、最具基础性的入境旅游市场，应高度重视。针对主要国际游客的网络营销，构建适合这些国家使用习惯的网络平台。

4. 确立国家旅游形象推广机制，强化中国旅游形象在海外的推广力度

在国际旅游推广平台的内容设置中应树立独特的、充满魅力的国家旅游形象。中国旅游目的地需要更多地触发国外游客的文化探寻需求；并在宣传过程中，适当弱化省份概念，以有中国特色的传统文化（如传统建筑）、历史和风景等作为创意主流；再将各国旅客感兴趣的中国元素融入宣传中，从而塑造区别于亚洲其他国家、独一无二的美丽之处，创造中国旅游新形象。

（三）加强国际旅游平台的智能化建设

随着互联网技术的快速发展，越来越多的游客借助网络来获得相关的旅游信息。在20世纪八九十年代以后出生的人生活在网络时代，他们对网络的依赖性非常高。他们通过网络可以完成购物、娱乐以及交流等活动，因此在旅游之前，他们会从网络了解到相关的旅游信息。Google 中国公司发布的《中国入境旅游白皮书》表明，休闲娱乐是海外游客来到中

国的主要目的。以游玩、娱乐、休闲为旅游目的的海外游客比例占到79％，而在37％以商务为目的的游客当中，超过一半的游客有游玩、娱乐、休闲内容。公务游穿插的文化探寻游成为中国旅游的一种特色。商务出差与休闲度假的游客在行为方式上差异明显。商务游游客中男性占87％，拥有本科以上学历的比例达73％，月平均工资为8312美元。他们拥有更多预算，更频繁地使用智能移动设备，大多用笔记本和智能手机采集基本信息；高效、明晰的跨平台推广方式更容易被商务游客接受。舒适、安全、便捷是旅游配套服务的推广重点。在休闲游游客中，男性占58％，拥有本科以上学历的比例为50％，月平均工资为5827美元。他们大多用台式电脑作为搜索终端，更喜欢信息搜索和分享，并看重配套服务的经济实惠和较强娱乐性。详细的旅游信息和交互有趣的传播方式更适合休闲游游客，这就提出了旅游景区应该如何将这些信息化技术以及工具利用起来，为国际游客提供多种多样的服务成为旅游景区的问题。近几年来，旅游电子商务得到了快速的发展，游客可以在网上订机票、订酒店、订门票等。我们应该通过旅游网站智能化建设，可以为游客提供吃、住、行等方面的服务，便于游客制订完整的旅游计划。

（四）构建智慧旅游线上线下体验中心

与传统的旅游形式相比较，智慧旅游具有智能化特点，不仅可以推广智慧旅游的相关知识，还可以达到提升旅游目的地形象的目的。制定行程前，国际游客可以在网上平台体验目标旅游景区的信息，在虚拟真实的景区体验游览的乐趣，初步了解景区的情况，决定选择的目标景区。旅行前，游客可通过网站查询各条线路特色、行程等信息；确认行程后，通过线上平台与旅行社签订协议；旅行中，可在旅游景区现场体验一系列由智慧旅游技术提供的现场服务，如现场通过网上虚拟真实技术的古迹还原和智慧导游服务，得到更好的旅游感受，并且能够通过应用软件对导游服务、行程安排进行评价；旅行后，通过网络社交在线平台，向旅行社反馈意见和建议。如此，逐步完善的"智慧旅行社"提供的一站式服务，使国际游客无须到旅行社，不出家门就能完成各项旅游事宜。

综上所述，发展智慧旅游可为国内外旅游者提供更优质和便利的服务，满足国外旅客市场的需求。当前智慧旅游所需要的云计算、移动设备、物联网等技术已越发成熟，为智慧旅游的发展和落实提供了强大的技术支持。只要我们充分利用这些技术条件，加强线上、线下合作营销，我国的入境游终将走出困境，重现辉煌。

（郭靖：北京外国语大学副教授，文化产业研究中心副主任，硕士生导师）

出版视野下的旅游攻略网站研究

安小兰　徐　婧

摘要：互联网的出现重新塑造了出版业的形态。本文通过对旅游攻略网站生产流程的分析，指出旅游攻略是网络环境下一种全新的出版形式，具有内容多元化、易更新、传播便捷、社区互动化便捷等特点。从出版角度对旅游攻略网站研究，是我们理解数字时代出版产业变革的有益视角。

关键词：旅游网站　旅游攻略　出版

随着人们生活水平的提高，旅行开始进入普通中国人的生活，其中，自助游又成为近年来旅游产业的热点。与之相适应，大量的旅游攻略网站应运而生。这些网站为人们提供了大量的出行资讯，包括天气、交通、食宿、景点文化，以及旅游经验和旅行故事分享等，成为人们出行前获取资讯最重要的途径。旅游攻略网站的出现，为学术界带来了新的研究课题。从目前的研究成果来看，大多数研究者都将视野集中在旅游攻略网站的信息化建设、旅游业电子商务市场的发展现状、消费群体的分化、UGC 相关应用等商业运营模式方面，而很少从其他角度进行研究。本文则希望从出版的角度对其进行研究，旨在解决这些问题：旅游攻略文本是否属于图书出版的一种形式？与传统出版相比，它具有哪些新的特点？我们希望通过这个角度的观察可以帮助我们对互联网时代出版产业的变革有更深的理解。

一　旅游攻略网站的兴起和发展现状

随着互联网计算机的应用与普及、手机等移动应用平台的推广与使用，各种各样的旅游网站频频出现。如以提供旅游出行预订和搜索服务的携程网、去哪儿网，也有以提供旅游咨询和自助游业务为主的自助游网站，如途牛网等，同时，还有以专门提供旅游攻略为目的的旅游攻略网站,如蚂蜂窝、穷游网、百度旅游、一起游、游多多旅游网等。

本文论述的对象是最后一种。旅游攻略网站,顾名思义,就是专门经营旅游攻略或侧重运营旅游攻略的网站,旅游攻略是其核心魅力所在。其直接目的就是提供在线的旅游信息、旅游攻略,同时为游客的交流和信息的分享提供一个平台。目前国内最大的旅游攻略网站当属蚂蜂窝和穷游网。

蚂蜂窝成立于2006年,最初是一个交流旅行心得的论坛,没有明确的商业目的,直到2010年才开始作为攻略网站进行运营。成立之后发展迅速,截至2015年2月,其累计用户达8000多万,月活跃用户数6000万,点评数量达1600万条[1],至2014年5月,蚂蜂窝的旅游攻略累计下载次数已超过2.2亿次,游记平均浏览量超过1.2万次/篇。[2]

与蚂蜂窝主要针对国内旅游市场不同,穷游网为用户提供的主要是国外旅游攻略。它成立于2004年,最初的名字是"穷游欧洲",也是一个旅游论坛。2008年正式做成了穷游网。穷游网在自有论坛的基础之上,将游记信息组织成了目的地、穷游锦囊等内容频道,并提供了穷游折扣、预订等商业信息服务,成为一个全面的旅游攻略网站。截至2014年,其社区用户累计超过4000万,移动端APP的用户高达3000万,旗下旅游攻略类产品"穷游锦囊"的下载次数超过1亿次。[3] 如今,它已成为无数游客分享海外经历和提供海外攻略的平台。

除了蚂蜂窝和穷游网,比较著名的旅游攻略网站还有百度旅游、一起游、游多多旅游网等。百度旅游是一个旅游信息社区服务平台,可以满足用户各种与旅行相关的需求。一起游是一家拥有国内外近8万个旅游目的地、超过200万篇旅游攻略与旅行游记的专业旅游媒体网站,旨在帮助旅行者寻找优质的旅游景点、酒店、机票与度假线路。游多多旅游网集合了旅游咨询、旅游攻略、旅友互动、旅游分享等功能,覆盖了国内80%以上的旅游用户,是国内最具商业价值的网站之一。[4]

旅游攻略网站主要以两种方式为用户提供服务。其一是网站平台。进

---

[1] 《融资过亿,蚂蜂窝"自由行战略"弹药充足》,http://news.sina.com.cn/o/2015-03-28/031931654452.shtml,2015年3月28日。

[2] 钟啸灵:《蚂蜂窝:用大数据个性化旅游》,《IT经理世界》2014年第17期。

[3] 《穷游:新商业时代的社群价值》,http://www.chinaz.com/start/2014/0702/358026.shtml。

[4] 引自百度百科:游多多,http://baike.baidu.com/link?url=bZixETbVPeLjDe__Mn_kHgZa7vHkeb4EqBA6QqE1JKiv76PJYLNgaQSiFdfVveRmstKl7k6_m8M-51jpQZW1k_。

入旅游攻略网站，游客可以对目的地信息，包括概况、酒店住宿、必游景点、最佳餐厅等进行搜索，同时，可以浏览并下载旅友上传的关于目的地的游记攻略。网站还对游记进行了分类，分别有最新游记、最热游记和精品游记，对于不同季节的游客，网站也进行了不同的行程线路规划，游客可根据自己的需要进行浏览和下载。其二是针对移动客户端的APP产品。随着智能手机等移动终端的出现，移动互联网也成为当今世界发展最快、市场潜力最大的业务。截至2015年1月，移动互联网用户总数达到8.8亿，同比增长5.1%。① 由于携带方便，通过智能手机上网获取资讯已经成为旅游者最常用的手段。为适应这个趋势，旅游攻略网站也开发了相应的APP产品，致力于为游客提供全面的旅行信息服务。

下面我们以蚂蜂窝和穷游网为例，看看旅游攻略网站提供的旅游信息及产品形式②：

表1　　　　　　　　　　　蚂蜂窝旅游攻略网站

		旅游信息							产品形式
信息查询		交通	住宿	美食	景点	购物	行程线路	旅游保险	签证办理	PC端，移动APP：蚂蜂窝商城APP、蚂蜂窝自由行APP、旅行翻译官APP、嗡嗡APP
		价位信息	价位信息	价位信息	价位信息	排名推荐	行程推荐	价位信息	价位信息	
							价位信息			
		预订网站链接	预订网站链接	排名推荐	排名推荐		预订网站链接	预订网站链接	预订网站链接	
信息交流	用户生成内容	发表旅行经历和体验、分享旅途照片								PC端
		提问、回答或浏览相关的旅游问题或信息								PC端，移动APP
	整合用户生成内容	将用户发表的目的地信息以攻略的形式进行整合并提供下载								PC端，移动APP
	用户互动	用户参与攻略的跟帖回复、参与问答、在个人主页上发表意见								PC端，移动APP
	线下活动	对目的地热门娱乐活动进行推荐，征集结伴游								PC端，移动APP

---

① 《2015—2022年中国移动互联网行业现状分析及投资前景研究报告》，《博思数据研究中心》，2015年。
② 表1、表2为笔者根据各种资料整理而成。

表2　　　　　　　　　　　穷游网主要产品

	旅游信息								产品形式
信息查询	交通	住宿	美食	景点	购物	行程线路	旅游保险	签证办理	PC端，移动APP：穷游锦囊APP、穷游行程助手APP、穷游折扣APP
	价位信息	价位信息	价位信息	价位信息	排名推荐	行程推荐 价位信息	价位信息	价位信息	
	预订网站链接	预订网站链接	排名推荐	排名推荐		预订网站链接	预订网站链接	预订网站链接	
信息交流	用户生成内容	发表旅行经历和体验、分享旅途照片							PC端
		提问、回答或浏览相关的旅游问题或信息							PC端，移动APP
	整合用户生成内容	将用户发表的目的地信息以攻略的形式进行整合并提供下载							PC端，移动APP
	用户互动	用户参与攻略的跟帖回复、参与问答、在个人主页上发表意见							PC端，移动APP
	线下活动	对目的地热门娱乐活动进行推荐，征集结伴游，举办沙龙							PC端，移动APP

从表1、表2可以看出，旅游攻略网站提供的产品和服务非常全面，几乎涵盖了旅行者出行的所有需求，产品设计也大体一致，只是APP产品有所不同。目前，蚂蜂窝共拥有四款APP，分别是蚂蜂窝自由行APP、蚂蜂窝商城APP、旅行翻译官APP和嗡嗡APP。其中，蚂蜂窝自由行APP是其核心产品，涵盖了约全球6万目的地的旅游攻略，汇集了约百万篇精彩游记，还有旅游达人随时进行在线解答。旅行翻译官APP覆盖了所有常用的外语语种，有多种真人发音语言包可以免费下载，是一个颇具特色的实用工具。因此这两款APP下载量非常之高。穷游网共拥有三款APP，分别是穷游锦囊APP、穷游行程助手APP和穷游折扣APP。其中，穷游锦囊APP是其核心产品，锦囊按照洲际、城市的不同为旅行者提供专题锦囊，包括景点、旅馆、行车线路、地图、票价等实用信息。除了上述不同，蚂蜂窝还开发了一系列独立的APP攻略，如在APP Store中搜索"越南游记"，便可以搜索到由蚂蜂窝出品的"越南游记攻略"，而穷游网的旅游攻略只能在穷游锦囊APP中下载。除此之外，相较于蚂蜂窝自由行APP，穷游锦囊APP的社区功能更为强大，用户可以在其社区中进行问答，征集结伴游，参加境外购物、游轮、旅行摄影等穷游兴趣小组，也

可以针对目的地举办沙龙等。上述这些资讯，在传统上都是靠旅游图书出版产业提供的。

二　旅游攻略文本的生产流程

（一）用户注册

目前，旅游攻略网站的信息已在很大程度上做到了公开化。无论是在网站平台还是APP平台，在未登录的情况下，用户均可浏览或下载目的地城市的旅游攻略、游记等，同时也可以在线预订酒店，预订自由行特惠行程。但是，在旅游攻略网站上，许多游客有着浏览、下载并生成游记或旅游攻略的强烈愿望，而要生成自己的游记或旅游攻略则需要游客在网站进行注册。目前，在大多数旅游攻略网站上，用户均可通过邮箱或手机号码在网站平台或APP平台进行注册。此外，有些旅游攻略网站如蚂蜂窝，用户还可以使用新浪微博、人人网、腾讯QQ、微信等第三方账号进行直接登录。注册登录后的用户可以对目的地的相关问题进行在线提问，在社区中寻找和自己旅行目的地相同的驴友。需要特别说明的是，注册登录后的用户只可以在网站平台分享自己的旅行游记或攻略，而APP平台目前还未支持此类操作。

（二）编辑

在旅游攻略网站中，游客所生成的旅行游记、旅行攻略及旅行问答等都来源于个人的旅行体验，它们必然是零散的、片面的旅游攻略内容。而旅游攻略网站则首先要收集这些零散的攻略文本素材，之后对其进行筛选、整理，进而组合成新的有价值的旅游攻略文本。

旅游网站的注册用户每天活跃在网站上，生成足够多的旅行游记、照片、旅游咨询等旅游攻略文本素材，并进行足够多的用户互动，网站就会对这些旅游攻略文本素材进行筛选、过滤、整理，最终以PDF或JPG的文本格式在网站或APP平台展示并提供有效、便捷的下载方式，以供其他游客使用。实际上，这也是网站和游客之间一个双向的互动过程。游客关注、使用了旅游攻略网站，同时也是依靠旅游攻略网站有能力把游客用户的表达和分享意愿转换成有价值的旅游攻略文本并进行扩大再生产。

(三) 上传

旅游攻略网站通过筛选、整理进而生成的旅游攻略文本只有经过有效的传递和快速的分享才能实现其最大价值，因此，有效的分享模式对于旅游攻略网站来说至关重要。如蚂蜂窝旅游攻略网站就进行了旅游专题设置，即首先要策划旅游专题，然后根据游客用户热门的话题和贡献的游记、照片数量质量等进行整理，采纳优秀的游记和照片，放置在网站醒目的位置或标注 hot 字样供网站用户阅读、下载和分享。在 APP 平台上，同样有当季最适合旅行的目的地推荐，有自驾游、情侣游、山水游、亲子游、蜜月游等多种旅游方式的旅游攻略推送。

此外，许多旅游攻略网站都开通了第三方账号云同步。无论是在网站平台还是 APP 平台，用户均可将自己感兴趣的游记、攻略等分享到新浪微博、腾讯微博、微信朋友圈、人人网和 QQ 空间等，也可以将游记、攻略以邮件、短信的形式发送给有需要的朋友，可以说，这是分享旅游攻略最有效的途径。除此之外，旅游攻略网站会在首页采用动态相册、图文游记等方式推出活跃的游客用户，被展示的游客用户是网站所有用户关注的对象，他们的游记、相册和活动等都会被互动、分享，从而加快旅游攻略文本的传播速度。

三 旅游攻略：一种全新的出版形式

出版的概念，最早源于古拉丁语的"Publ-icatus"，其意思为"公之于众"。在国外，有日本学者认为："采用印刷术及其他机械的或化学的方法，对文稿、图画、照片等著作品进行复制，将其整理成各种出版物的形态，向大众颁布的一系列行为，统称为出版。"[1] 也有美国学者认为："出版——公众可获得的，以印刷物或电子媒介为形式的出版物的准备和印刷、制作的过程。"[2] 1971 年出版的《世界版权公约》第 6 条给"出版"所下的定义是："可供阅读或者通过视觉可以感知的作品，以有形的

---

[1] 中国出版科学研究所：《编辑实用百科全书》，中国书籍出版社 1994 年版，第 150—161 页。

[2] 彭建炎：《出版学概论》，吉林大学出版社 1992 年版，第 8 页。

形式加以复制,并把复制品向公众传播的行为。"在国内,学术界对出版概念比较全面和相对权威性的阐述是:"所谓出版,是指将作品编辑加工后,经过复制向公众发行。"① 从这些定义来看,出版概念的关键要素有两个,即复制和传播。衡量以上标准,旅游攻略网站所提供的产品已经符合出版的基本特征。

我们不妨将传统旅游图书出版与旅游攻略的生产和制作流程进行比较:

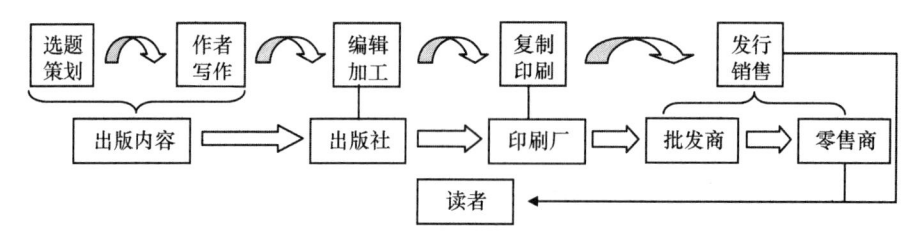

```
选题策划 → 作者写作 → 编辑加工 → 复制印刷 → 发行销售
          出版内容  →  出版社  →  印刷厂  →  批发商  →  零售商
                                              ↓
                                            读者
```

图 1　传统图书出版流程示意图②

从图 1 可以看到,传统旅游图书的出版流程,可以大体归纳为选题策划—作者写作—编辑加工—复制印刷—发行销售这几个环节,这些环节构成了一个完整的出版过程,其依托的介质是纸张。除此之外,一个完整的出版流程还包括了书号申请等必要环节。

对比这个流程,我们可以看到,旅游攻略的生产流程可与之相对应。游客在发表自己的旅行攻略前需要注册账号,这可以看作图书出版中的书号申请,游客发表攻略、旅游帖子,则相当于作者写作,而网站对网友发布的旅游资讯的收集、筛选、整理和加工则扮演了传统图书出版流程中编辑的角色,用户通过网站、Pad、手机等终端点击和阅读则与图书的传播和发行环节等同。因此,我们认为旅游攻略已经具备了完整的出版流程,是网络环境下出现的一种新型出版形式。

这种出版与传统出版有同也有异,它保留了传统旅游图书出版的完整流程,又因应于数字时代电子化文本的特征,在出版流程的每个环节又有了变化。

---

① 国务院:《中华人民共和国著作权法实施条例》,1991 年。
② 图 1 为笔者根据资料整理而成。

首先，在写作环节，打破了传统意义上只有作者才可以出书的禁锢。在旅游攻略网站上，用户注册了账号之后即可发表自己的作品，这使得每个旅游爱好者和文学爱好者有了一个平等的舞台，也使得海量资讯的出现成为可能。同时，互联网造就了选题策划的新方法，旅游攻略网站可以根据用户的点击量和访问量，来判断每位用户的旅行需求，对于一些用户搜索量较高的目的地城市，旅游攻略网站可以将其做成专题进而推送给有需要的用户。这种选题方式可以较为准确地迎合用户需求，使得网站的旅游攻略可以迅速抢占市场，赢得肯定。同时，旅游攻略网站也可以根据读者的反馈来判定自己的选题是否成功。

其次，互联网使得编辑加工环节逐步一体化。在传统图书出版中，编辑原有的"选题、组稿、审稿、加工、排版、校对"六道程序之间的界限逐渐模糊，这些程序都可以在互联网上直接完成。在旅游攻略出版的编辑过程中，编辑人员不仅需要对纯文字的文稿进行编辑审核，而且需要对静态图片、音乐等多种形式的出版物进行编辑校对。由于互联网的更新速度较快，因此旅游攻略的编辑人员还需随时更新已出版的内容，这与传统旅游图书出版中一编到底的模式大相径庭。

最后，互联网更新了传统图书出版流程中发行销售的方式。传统图书是实体产品，因此必须通过书店等有形的形式进行发行销售，而在网络环境下，出版物可以越过实物载体，直接传递给读者。互联网使得复制、印刷环节逐步弱化并转型。传统图书的出版载体主要是以纸张为主，而网络环境下出版载体有了很大的变化，旅游攻略不需要进行集中印刷，只需要运用数字化技术，上传至网络即可，读者只需要自行通过浏览器或电子阅读器、智能手机、Pad、电脑等终端搜索自己所需要的旅行目的地信息，便可以直接通过互联网下载或订购相应的旅游攻略。这就使得传统图书出版流程中不可或缺的印刷环节逐步弱化，开始失去往日的重要地位，甚至有可能退出出版业的历史舞台。"在整个生产流程中，各种胶片、印版都不复存在。"[①] 摆脱了物质载体的束缚，大规模的复制变得极为便捷。又由于网络传播不受地域、时间、语言等因素的限制，因此其传播速度大大加快了。

---

① 舒展：《印刷数字化对印刷生产和管理的影响》，《印刷质量与标准化》2006年第4期。

四 网站旅游攻略出版形态的新特点

传统旅游图书大多是以纸质的形式为成品展示给读者，并且最终通过线下销售的方式直接与受众发生商品交易，而旅游攻略文本是电子化了的旅行指南，与传统旅游图书相比，它是一种新的旅游图书出版形态。因此我们有必要对这种新型出版形态的特征进行深入的分析，以此来观察网络时代图书出版产业的新变化。

（一）内容多元化

通过对传统旅游图书的翻阅调查，我们不难发现，传统旅游图书中所囊括的内容大多为客观实用性的旅游资讯，其内容主要是通过对旅游公司、旅行社和旅行作家等多方资料的搜集和考证而最终编写成书，在设计风格上注重翔实、客观的文字描述，其内容相对比较单一、趋同。

旅游网站的旅游攻略文本则是由游客生成的关于旅行体验、旅途故事和摄影等的旅行素材，而后经过旅游攻略网站的筛选、加工、整理而最终出版，因此其内容在注重客观实用性的旅游资讯的基础上，更加注重游客的真实体验和个人感受。正如"一千个读者心中有一千个哈姆雷特"，对同一旅行目的地，每个游客也会由于文化程度、心理状态、感知能力的不同而具有不同的反馈，这就形成了旅游攻略出版内容多元化的特点。此外，由于互联网技术的应用，旅游攻略文本可以是纯文字的，可以是图文并茂的，同时，也可以拍摄短视频插于其中。相对于传统旅游图书来说，无论是其样式还是内容都更加丰富、新颖。

（二）易更新

传统旅游图书的最终呈现方式是纸质书籍，如果需要对内容和形式进行少量的调整，则必须对图书进行重印；如果要对已出版旅游图书的内容和形式做较大的修改，则需要对图书进行再版。而再版后的图书不能再用原书号，必须使用新的书号。这就使得传统旅游图书的更新速度大大降低。

对于旅游网站来说，其旅游攻略文本是运用数字技术直接出版在互联网上的，如果作者需要对已出版作品的内容和形式进行改动调整，只需要登录自己的账号便可以进行更改。如今,在中国乃至世界,网络的普及率越来越高,大型商场、超市、公交车、地铁中人们均可以使用无线网络免费上网,因此,可以说对旅游攻略文本的更新几乎可以做到随时随地。

(三) 传播速度快

传统旅游图书最终是以纸质书的形式呈现的,具有不可复制性,并且这些旅游图书需要在线下购买才能进行携带阅读。同时,这些图书的传播离不开出版机构对其宣传与促销,这就要求出版机构不仅要了解市场的需要,还要把握社会风尚和主流意识的发展趋向,从而最大限度地诱导启发读者和消费者的需求。这个过程大大减缓了传统旅游图书的传播速度,使得大众普及率较低。

旅游网站出版的旅游攻略文本则是以电子化的形式免费提供给网站的游客用户使用的,相较于传统旅游图书更加方便携带。同时,读者可以对旅游攻略进行无限的拷贝、分享,如蚂蜂窝旅游攻略网站已开通第三方账号云同步,用户可以将自己感兴趣的游记、攻略等分享到新浪微博、腾讯微博、微信朋友圈、人人网和QQ空间等,而这些平台的用户量非常巨大,这就大大加快了其传播速度,使得更多的读者可以阅读到他们所需要的旅行信息。

(四) 社区互动化便捷

传统旅游图书的最终呈现方式为纸质书籍,读者在阅读书籍后,如果有感想想要与书友或作者沟通,是非常困难的。一般情况下,在书籍签售会上,读者与读者或读者与作者可以见面进行简短的交流,但这种交流是非常有限的。一是因为在签售会上,主要是作者对书籍内容进行介绍,大部分的读者还没有阅读书籍,因此读者与读者、读者与作者之间并不能就书籍内容进行全面细致的交流;二是因为签售会的举办要耗费大量的人力、物力、财力,因此主要集中在大城市举办,且举办场次非常有限,因此惠及的读者群也非常有限,这就使得很多读者不能与其他读者或书籍的作者进行沟通交流。

但是,旅游攻略网站的电子化出版就使读者与读者、读者与作者之间的社区沟通变得相当便捷。读者可以通过电脑或手机APP平台随时提问,从而获得自己需要的答案,同时,也可以将自己的经验体验分享给其他需要的读者。除此之外，旅游攻略网站的读者与读者、读者与作者之间可以在社区中通过选择时间、选择目的地的方式来进行结伴出游，也可以在社区中发布沙龙主题、线下活动等。网络环境下的图书出版使读者与读者、读者与作者间的社区化互动变得尤为便捷，并且促进了旅游活动线上线下的一体化进程。

五　余论

互联网及其应用技术的出现对传统产业产生了颠覆性的影响，这种影响也深入出版业的方方面面。以上，我们以旅游攻略网站为例进行了论述，从中可以看出，互联网环境下的出版具有内容多元化、易更新、传播便捷、社区互动化便捷等特点。同时，这也意味着在互联网时代下，"书"这一概念的外延和内涵都在扩展。法兰克福书展主席博思曾回答："书既可以是一个网页、一部手机，还可以是一个电子游戏，一部电影。"[①] 网络大大丰富了出版物的载体，把种种新兴的数字媒体作为内容出版的媒介，简化了传统图书的出版流程，这使得"书"在历史上所建立的全部思维范式都在发生着扩展与变化，也促使出版业重建自己的商业模式。所有这一切都值得我们去关注、去研究。

（安小兰：中央财经大学文化与传媒学院教授、研究生导师；
徐婧：中央财经大学文化与传媒学院2014级硕士研究生）

---

① 《法兰克福国际书展"六十而惑"》，http：//news.xinhuanet.com/newscenter/2008－10/17/content_ 10206668.htm。

文化政策与文化法规比较研究

赵玉忠

摘要：文化政策与文化法规的共性在于两者的宗旨、目标、方向相一致；两者的表现形式均为书面形式且被广为宣传。文化政策与文化法规的区别主要表现在以下几方面：一是前者具有纲领性，后者具有实务性；二是前者具有超前性，后者具有滞后性；三是前者具有能动性，后者具有稳定性；四是前者具有倡导性，后者具有强制性；五是前者令出多门，后者唯有国家机关立法。文化政策与文化法规有机协同、相辅相成。国家文化法制体系由文化行政立法制度、文化行政执法制度、文化产业振兴制度、文化市场监管制度、公共文化服务保障制度、文化创新保护制度、国家文化安全保障制度和文化行政司法制度八个子体系所构成。

关键词：文化政策　文化法规　文化发展　产业振兴　市场繁荣

　　文化政策与文化法规存在着内在的有机联系，两者互为支撑、相辅相成，共同促进一个国家或地区的文化发展繁荣。文化政策是指国家政权机关或社会政治集团为了实现其所代表的阶级、阶层的利益与意志，就文化范畴事宜以权威形式规定在一定的历史时期内，应该达到的奋斗目标、遵循的行动原则、完成的明确任务、实行的工作方式、采取的步骤和措施。文化政策包括文化繁荣政策、文艺创作政策、文化事业政策、文化产业政策、文化安全政策、文化遗产保护政策、民族宗教政策、语言文字政策等。文化政策通常以会议决定、公告通知等文件形式表现出来。文化法规可有广义与狭义之分。广义的文化法规，是指有关文化领域的法令（包括法律规范即法律）、条例（行政法规和地方法规）、规章（行政规章和地方规章）、国际公约等法定文件的总称。狭义的文化法规，是指国家机关制定的有关文化事务的规范性文件；在我国包括国务院制定和颁布的文化行政法规，各省、直辖市、自治区人大及其常委会制定和公布的地方文化法规，以及设区的市人大及其常委会制定并报请省级人大及其常委会批准实施的市区文化法规。文化法规具有在不同层级行政区域实施的法律效力。文化政策与文化法规对于一个国家文化的发展繁荣具有能动的主导作用。

一 文化政策与文化法规的异同

（一）文化政策与文化法规的共性

文化政策与文化法规既有共性，亦有区别。两者共性主要表现在以下两个方面。

首先，两者的宗旨、目标、方向相一致。在我国，文化政策主要有以下三种方式：一是中共中央发布的文化政策（如2011年《中共中央关于深化文化体制改革推动社会主义文化大发展、大繁荣若干重大问题的规定》）；二是中共中央和国务院联合发布的文化政策（如2005年《中共中央、国务院关于深化文化体制改革的若干意见》）；三是国务院颁布的文化政策（如2009年《文化产业振兴规划》）。上述文化政策与全国人大及其常委会和国务院颁布的文化法规，两者在制定政策与立法的宗旨、目标和方向上是一致的，都是为了推动和促进具有中国特色的社会主义文化大发展和大繁荣。

其次，两者的表现形式均为书面形式且被广为宣传。无论文化政策还是文化法规，通常以书面文件的形式发表，并且要在党内外、社会公众中广为宣传。比如通过文化政策报告会、宣讲团和文化法规普法活动等形式进行广泛传播和普及。

（二）文化政策与文化法规的区别

相对而言，文化政策与文化法规的区别主要表现在以下几方面。

第一，文化政策具有纲领性，而文化法规具有实务性。文化政策通常表现为提纲挈领的指示精神。例如，文艺政策方面有"两为方向"即"为人民服务，为社会主义服务"，"双百方针"即"百花齐放，百家争鸣"，"三贴近和三创新方针"即"贴近实际、贴近生活、贴近群众，创新内容、创新形式、创新手段，努力铸造中华文化的新辉煌，为激励人民奋勇前进提供强大的精神动力和智力支持"。文化法规通常是针对文化产品、语言文字、知识产权、文物遗产、公共文化、文化产业、文化市场等进行专项的规范管理，因而具有实务的性质。例如，全国人大常委会颁布的《广告法》《著作权法》《文物保护法》《非物质文化遗产法》等文化法律；国务院颁布的《出版管理条例》《印刷业管理条例》《音像制品管理条例》《娱乐场所管理条例》《营业性演出管理条例》《电影管理条例》《广播电视管理条例》《互联网信息服务管理办法》《互联网上网服务营业场所管理条例》等文化行政法规。借用一句成语来形容：文化政策是纲，文化法规是目，纲举目张、相辅相成。

第二，文化政策具有超前性，而文化法规具有滞后性。例如，2010年1月20日国务院办公厅发布的《关于促进电影产业繁荣发展的指导意见》首次提出："以改革创新为动力，以数字化技术为支撑，以现代化基础设施为依托，以科学化管理为保障，以满足人民群众日益增长的精神文化需求为出发点和落脚点，大力推动我国电影产业跨越式发展，实现由电影大国向电影强国的历史性转变"；并提出了"由电影大国向电影强国的历史性转变"的四项基本原则、七项发展目标和十项主要措施。2011年12月15日国务院法制办公布了《电影产业促进法（征求意见稿）》，就"政府降低电影拍摄准入门槛和减少行政审批、完善对偷漏瞒报票房和贴片广告的市场监管、利用财税金融扶持电影产业"等诸项规范，广泛征求社会各界意见。2015年9月1日国务院常务会议通过《中华人民共和国电影产业促进法（草案）》，并提交全国人大常委会进行审议。由于文化法规涉及诸多社会文化关系的调整，明确相关文化主体的权利（或权力）、义务和责任，所以需要经历较长时间的起草、酝酿，并经立法机关（包括行政立法机关）审议通过，才能予以颁布出台。

第三，文化政策具有能动性，而文化法规具有稳定性。文化政策的能动性，主要表现在：国家政权机关或社会政治集团（如执政党）基于当时的社会政治、经济状况对社会文化发展提出新的奋斗目标、行动纲领、遵循原则、实施步骤和采取措施，并且根据客观情势的变化及时进行调整和提升。在特定历史条件下，还需要对过去出台错误的或欠妥的文化政策进行及时纠正。例如，"文化大革命"时期"四人帮"主导全国思想文化领域，所谓"宁要社会主义的草，不要资本主义的苗""左"倾文化政策，导致国内文艺舞台一片萧条。经过拨乱反正，"两为"方向和"双百"方针的适时提出，才恢复了文艺创作百花齐放的春天。又如，党的十七届六中全会《决定》提出"加快政府职能转变,强化政策调节、市场监管、社会管理、公共服务职能";党的十八届四中全会《决定》提出"把行之有效的文化经济政策法定化",强调"完善行政组织和行政程序法律制度,推进机构、职能、权限、程序、责任法定化"。显而易见,后者的提法更具有科学性。文化法规的稳定性,主要表现在它是社会文化关系的调节器,对文化客体(如语言、文字、版权、专利、商标)和文化主体经营行为进行规范、协调和管理;文化法规通常不会朝令夕改,以保障社会文化关系的相对稳定性。例如,我国《著作权》于1990年颁布,1991年6月1日起施行,第一次修订于2001年,第二次修订于2010年,均相隔了10年左右,第三次修订尚在社会各界的酝酿之中。

第四,文化政策具有倡导性,而文化法规具有强制性。文化政策好比风向标,对于社会文化的发展与繁荣具有引领和倡导作用,但其并不具有法律层面上的强制性。文化法规不仅具有一定意义上的倡导性,更具有突出的强制性。例如,文化市场管理的基本法则:鼓励有益的文化经营行为,允许无害的文化经营行为,限制不良的文化经营行为,取缔违法的文化经营行为,惩治犯罪的文化经营行为。倘若文化生产经营者不遵纪守法,越界从事违法、犯罪的文化经营行为,必将受到文化行政执法机关的处罚或司法机关的惩治。

第五,文化政策令出多门,而文化法规唯有国家机关立法。如前所述,文化政策是指国家政权机关或社会政治集团为了实现其所代表的阶级、阶层的利益与意志,就文化范畴事宜所做出的决策。在我国,既有执政党中共中央出台的文化政策,亦有国家机关出台的文化政策,还有共青团中央、全国总工会、全国妇联等社会团体面向特定社会群体出台的文化政策。文化法规只能由国家机关(包括全国人大及其常委会、国务院、省级人大及其常委会、省级人民政府等)制定和颁布实施。

二 文化政策与文化法规的协同

在我国共产党处于执政党的地位,因此国家文化法规应与党的文化政策有机衔接、相辅相成,才能真正发挥引导和规范社会主义文化健康、有序发展的功能和作用。党的十七届六中全会通过的《中共中央关于深化文化体制改革推动社会主义文化大发展、大繁荣若干重大问题的规定》,

应属新中国成立以来首次科学、系统地阐述党在新的历史时期的文化政策：（一）充分认识推进文化改革发展的重要性和紧迫性，更加自觉、更加主动地推动社会主义文化大发展大繁荣；（二）坚持中国特色社会主义文化发展道路，努力建设社会主义文化强国；（三）推进社会主义核心价值体系建设，巩固全党全国各族人民团结奋斗的共同思想道德基础；（四）全面贯彻"二为"方向和"双百"方针，为人民提供更好更多的精神食粮；（五）大力发展公益性文化事业，保障人民基本文化权益；（六）加快发展文化产业，推动文化产业成为国民经济支柱性产业；（七）进一步深化改革开放，加快构建有利于文化繁荣发展的体制机制；（八）建设宏大文化人才队伍，为社会主义文化大发展大繁荣提供有力人才支撑。党的十八届三中全会通过的《中共中央关于全面深化改革若干重大问题的决定》，就"推进文化体制机制创新"专题提出了若干奋斗目标：（一）完善文化管理体制；（二）建立健全现代文化市场体系；（三）构建现代公共文化服务体系；（四）提高文化开放水平。

党的十八届四中全会通过的《中共中央关于全面推进依法治国若干重大问题的决定》，在"加强重点领域立法"方面特别提出："建立健全坚持社会主义先进文化前进方向、遵循文化发展规律、有利于激发文化创造活力、保障人民基本文化权益的文化法律制度。制定公共文化服务保障法，促进基本公共文化服务标准化、均等化。制定文化产业促进法，把行之有效的文化经济政策法定化，健全促进社会效益和经济效益有机统一的制度规范。"这里有必要强调两点：一是建立健全"文化法律制度"；二是"把行之有效的文化经济政策法定化"。这一战略部署明确了我国文化法制建设的性质、方向和重点任务，为加强文化立法、完善文化法律制度提供了基本遵循。建立健全文化法律制度，是全面落实依法治国方略的必然要求；是提高文化工作科学化水平的重要途径；是推动社会主义文化大发展大繁荣的重要保障；是维护国家文化安全的有效手段。综上所述，党的文化政策与国家文化法规有机衔接势必有利于促进具有中国特色的社会主义文化事业和文化产业大发展大繁荣。

三　国家文化法制体系的构建

文化是民族的血脉，是人民的精神家园，集中体现了国家和民族的意志与品格。在具有中国特色的社会主义现代化建设进程中，文化既为经济社会的全面协调发展提供了强大的精神动力，也是构建文明与和谐社会的重要内容。党的十六大报告中，首次提出了文化建设和文化体制改革的一项主要任务是加强文化法制建设。党的十七届六中全会《决定》再次提出"提高文化建设法制化水平"，要求制定和完善公共文化服务保障、文化产业振兴、文化市场管理等方面法律法规。深化文化体制改革、推动社会主义文化大发展大繁荣的重大课题，迫切需要相应的法律制度建设予以回应。法制的回应，首先是要在立法、执法、司法、守法环节增强文化促进与文化保护意识。其次是要构建起完备的文化法制体系，这一体系应涵盖文化法律、文化行政法规、文化行业规章、地方性文化法规等各位阶的法。文化法制体系的建设，势必为推动社会主义文化大发展大繁荣、文化事业和文化产业全面协调可持续发展提供必不可缺的法律保障。

笔者所构想的国家文化法制体系，由文化行政立法制度、文化行政执法制度、文化产业振兴制度、文化市场监管制度、公共文化服务保障制度、文化创新保护制度、国家文化安全保障制度和文化行政司法制度八个子体系构成。例如，建立和完善"文化行政立法制度"，目标在于强化各级政府及其文化行政部门的文化立法制度建设；完善文化行政法规、文化行政规章制定程序；完善公众参与政府文化立法机制；明确立法权力边界，从体制机制和工作程序上有效防止部门利益和地方保护主义法律化。又如，"地方规章"立法权的下放。党的十八届四中全会《决定》提出：明确地方立法权限和范围，依法赋予设区的市地方立法权。由于我国地域辽阔、人口众多，某个省级人民政府出台地方规章，未必完全适应那些行政区划范围较大省区的实际情况。将"地方规章"的立法权统一下放到地市级人民政府，有利于当地政府因地制宜地出台规范性文件，促进当地社会的政治、经济、文化状况的全面改善与良性发展。再如，完善"文化行政执与文化行政司法"的制衡机制。在下放"地方规章"立法权限的同时，还须强化包括"文化行政司法"在内的司法监督职能，防止文化行政权力的滥用。

（赵玉忠：北京电影学院教授，研究生导师）

我国文化产业治理体系的质性分析

朱锦程

摘要：当前，随着社会治理介入文化产业管理领域，关于文化产业的治理研究正在成为该领域新兴的热点议题。本文试图从现阶段文化产业治理引入的主要依据入手，结合相关的典型案例，从质性分析的视角分析文化产业治理体系的构建维度以及相应的框架内容。

关键词：文化产业　治理体系　质性分析

一　问题的提出

文化转向作为全球化时代社会治理展现的变革方向，使得新的文化治理成为文化产业领域出现的新兴治理模式。现阶段，中国大陆文化产业实践中亟须引入文化治理参与相关现实问题的解决，如何从拟选取的典型案例分析文化产业治理的必要性和可行性是本文所要解决的根本问题。

二　现阶段文化产业治理引入的依据分析

（一）价值选择是文化产业治理的依据之一

从价值层面来看，文化产业作为产业体系参与市场竞争的同时，其所提供的文化产品和服务也具有一定的公共产品或准公共产品的性质。鉴于此，政府应该及时提供一种有效的治理范式对其加以引导和规范，以明确文化产业的发展路径和目标取向。文化产业推动了文化产品和服务供给主体、管道和方式的多元化，公众对于文化消费品的选择和使用的多样化，以至于从来自政府方面的、被动接受的单一面向转为政府和市场等公域、私域主体共同提供的多面向。这种转变不仅仅是文化消费品供给主体、管道和方式的转型，事实上也体现出公众的文化消费价值观念正在不断面临新的选择和考量。文化产品和服务背后隐藏的意识判断和文化认同会影响到社会群体的价值观念选择和转移，进而改变部分群体的价值立场和利益诉求，这与国家文化安全的思想根基密切相关。一方面，政府应从文化安全和社会公共利益的角度出发，及时采取相应的治理范式从价值层面树立文化产业所提供的产品和服务的社会主流价值观念，包括社会认可的价值观念、文化消费的价值标准以及文化消费的价值依据等。另一方面，政府应构建符合文化产业实际的治理范式，采取相应的治理手段，包括针对文化产业的主要门类划分、文化消费品的特许经营和市场准入、文化产业的路径选择和国家文化产业总体规划等相关领域给予相应的制度规范。

（二）制度需求文化产业治理的依据之二：基于案例分析的考量

一方面，现有的治理模式在文化产业场域没有成熟的社会治理模式可供借鉴，需要实现社会治理领域的制度创新；另一方面，文化产业作为文化市场中的新兴主体，其组织结构、运行机制、发展规律和产业模式等诸多产业要素尚处于探索阶段，有必要从制度建设的维度提供相应的治理范式。因此，文化治理作为一种新的治理范式选择，既是社会治理范式理论层面的创新体现，又是文化产业现实层面的制度需求。文化产业作为集经济属性和精神属性于一体的特殊产业，在文化市场竞争中面临着多元文化相互碰撞的复杂局面。现以"西安市重建阿房宫"为例，说明文化产业治理介入的必要性。据媒体报道，"2013年6月，北京首创集团与沣东集团合作建设'首创阿房宫人文旅游产业基地'，双方计划共同组成20亿元的产业基地引导基金，计划用5年时间吸引社会投资380亿元，进行建设"。根据2012年5月通过的《阿房宫遗址保护规划》，"阿房宫遗址保护区范围内将禁止建设任何新建筑物、构筑物，禁止进行生产、生活建设行为"。阿房宫重建计划作为典型的地方政府主导下的文化资源商业项目，是否具有可行性和商业性价值值得商榷，而这种资源开发模式，恰恰就是曾经被国内广泛质疑的"曲江模式"。曲江模式，是一种文化经济模式。是以文化为推动力，以城市经营为手段，达成文化、商业、旅游的契合；是中国城市化初期文化经济与城市发展的一种范式。曲江模式的实质在于：特质文化内核+价值传播+新城市主义。我们应当看到，这种所谓的"曲江模式"给西安现存的文物古迹所造成的破坏也许是致命的，一些有良心有良知的专家已经提出了紧急呼吁：文物上有历史信号，如果被过度商业化开发,这些历史信号会逐渐减弱,甚至消失。曲江的文化扩张本质就是商业风暴,风暴过后留下的只是一堆建筑垃圾,会破坏西安文化的多样性、厚重感。2010年9月,《人民日报》就曾刊文批评"曲江模式",并发出警示,"在发展文化产业园区的大旗下,又一轮大规模破坏历史文化遗产的浪潮在推进,在这股愈演愈烈的浪潮背后,是终将祸及百姓的地产图谋"。因此,地方政府有必要出台相应的制度措施来给予明确的政府导向。在这种背景下,文化产业的制度需求决定了文化治理作为一种社会治理范式的提出。从管理学的视域来看,作为具有高度文化传承价值的文化遗址(法门寺、阿房宫遗址均为国家重点文物保护单位),重建阿房宫项目不仅要分析项目可能带来的经济效益和政府税收,更应该评估该项目在遗产保护、文化传承和投资回报等方面是否具备资源保护性开发的可行性和市场文化消费需求的紧迫性,是否符合和满足公共文化资源可持续开发的原则和标准。

根据上述分析,文化产业治理所涵盖的主体、模式和目标等要素都是属于社会治理的范畴,显然,从文化的本质内涵和文化产业的经济属性来看,文化产业治理在社会治理层面,是一种社会治理的创新范式。

三 文化产业治理体系的构建维度

(一)制度层面:以文化产品和服务供给为核心的政策体系

以文化产品和服务为核心的政策体系是文化产业治理体系的制度依据,政府的治理理念以此展开。相应政府从公共职能成本、文化产品品种和供给管道等多方面因素考虑,将部分文化产品和服务的供给机制让渡给其他社会主体,如企业和社会组织参与。通过特许经营、市场招标、购买服务等方式允许其他市场主体参与文化消费品供给和文化产市场竞争,鼓励社会资本参与文化产业投资和公共文化产品和服务的提供。这种公共文化职能的释放和文化消费品供给模式的转变符合了市场经济运行规律。由于文化消费品的需求差异化要求多元的供给主体和管道,需要政府从公共利益和市场竞争的角度与产业主体统筹协调、兼顾利益、资源分享,培育出一套符合文化产业现状的文化产品供给政策体系。尤其是政策扶持和资金引导、机构评估、行业规范以及企业内部条例等相关制度化措施构成了文化产品供给政策体系的核心内容。

(二) 工具层面：以多元化为主体的新型文化产品供给模式

众所周知，一个发育健全的文化消费市场，需要多元化的文化产品和服务供给模式。消费者所关注的新兴文化产品，如创意产品、娱乐产品、休闲产品、影视作品、动漫作品等是很难由政府直接有效提供的，或者说其他供给主体如企业比政府更有效率，更能满足消费者的需求。在增加文化产品多元化供给模式的同时，针对不同的消费群体由相应的供给主体提供个性化的文化产品和服务是遵循和符合市场化背景下文化消费品市场的运行规律的。多元化、个性化和专属化的文化产品和服务供给模式不仅仅是指供给主体的多元化，还包括产品类型和服务物件的多元化。文化消费观念、竞争环境以及消费需求的转变意味着政府必须构建合理、可行的治理范式来推动文化产品和服务供给模式的转型与变革。在保持部分传统文化产品和服务供给方式的同时，通过制定新的文化治理对策如专案补贴、特许经营、市场准入和文化产品招投标等方式引导和规范文化产品和服务的供给模式实现转变。

(三) 市场层面：以市场化趋向为目标的产业趋向

市场经济导致文化产业发展的巨大变革是文化产业总体趋向民营化或市场化，这是文化产业治理的必然结果，同时也是由市场经济的运行机制和客观规律所决定的。就文化产业门类而言，在影视产业、动漫产业、创意产业、会展产业、演艺娱乐业等新兴核心产业方面，外企、民企、股份制企业等非公有制企业已经占据了大部分市场份额，如华谊兄弟、保利华纳、横店影视基地、万达院线、幸福蓝海影视集团等均是所在行业的领先者或行业巨头。以万达集团或阿里巴巴等巨无霸为代表的民营企业集团纷纷试水文化产业，改变了以往国有企业在文化消费市场占据主导地位的局面。以万达集团为例，其旗下的万达影业集团和万达院线已经完成了电影产业从制作、发行到放映全过程的完整产业链布局。而网络风云人物马云近期则高调宣称进军文化产业。与此同时，国有企业的市场份额正在萎缩，其产业经营理念和模式受到严峻的挑战。多种产权企业参与文化产业，使得以民营企业为主体的文化产业市场化趋向带来的产业竞争力主体转移是显而易见的。文化产业总体市场化趋向在增强文化产业整体规模、推动文化市场竞争和提高文化消费供给水准等方面具有积极的推动作用，符合文化产业的总体走向和产业特征。同时，来自不同国家、地区的多元文化意识形态和文化观念以各种文化产品和服务作为载体以市场化为核心开始占据各类文化消费市场。值得注意的是，文化产业运行的整体市场化倾向不可避免会带来损害文化市场运行的负面影响因素，不利于文化产业的整体平稳运行。因此，政府必须在设计文化产业治理体系过程中，及时出台相应的规制方案和具体对策，应对这种市场化趋向可能产生的影响。

四 文化产业治理体系的分析框架

（一）选择适合地方文化产业发展的治理模式

围绕文化产业发展的治理模式应当从政府与社会两个方面来考虑，即政府自上而下推动制度创新，社会从自下而上促进产业发展，因而以政府和社会为主体的治理模式是较为恰当的选择。文化产业治理所要面对的问题是政府、企业和消费者等各种利益主体之间围绕文化产品和服务的生产和流通过程所形成的各种社会关系，其背后是代表各自利益表达的力量博弈。文化产业治理的介入因应文化产业的阶段性形势变化而进行目标和对策调整，各种治理主体和对象之间的力量对比和态势格局会随着外部形势的变化而转变，进而导致产业发展在市场化过程中随时受到治理主体的政策指导和行政干预。随着非营利组织、私人企业等非政府力量的崛起，非公企业在文化产业领域角色和地位日益凸显，并对文化产业领域进行了广泛而深入的渗透，文化产业治理面临的问题日趋复杂，从传统以国营企业为主导的文化产品和服务供给方式扩大为国企、民企和外企等多种所有制企业共同参与文化消费品供给的局面，这意味着文化产业治理参与现实问题解决的深度和广度相较以往更加突出。从治理主体的角色和职能来看，文化产业的总体规划和目标设计、各地区文化产业门类和布局以及文化产业发展中已经或可能遇到不当行为，如文化资源过度开发、文化项目盲目投资、文化园区重复建设以及文化企业效益低下等现实问题都是文化产业治理所要集中面对的关键问题。因此，选择何种恰当的文化产业发展的治理模式是政府必须考虑的问题。

（二）设计以文化和市场为轴心的多维治理体系

现有的治理范式多是单一维度的，即要么以市场，要么以文化作为治理维度，显然这是不符合文化产业的治理目标的。文化产业治理范式的构建目标可以设定为：以政府为主导，社会和企业参与其中，在满足文化企业经济效益的同时，致力于引导、规范和推动文化产业的路径方向与社会公共利益相契合，以此为基础构建新型的社会治理模式。文化产业的经济和社会属性决定了政府的治理范式选择——文化治理必须兼顾社会和企业等多元主体的各自利益和价值取向，实现经济效益和社会效益的协调与融合。在文化产业运行机制中，一方面，如果政府没有制定和采取相应的治理措施，放任企业追求经济利益，则代表公共利益的社会价值立场势必会被削弱或放弃，文化产业所固有的意识形态特性有可能偏离社会公益性的价值取向，或者异化为某些不利于社会安定的思想认识，有可能倾向于完全竞争的自由市场机制，这是不符合我国的公有制社会主体结构的；另一方面，如果政府过于引导和监管市场主体从社会公共利益出发参与文化产业建设，则会抑制其参与文化产业市场竞争的动机和欲望，文化产业的总体运行活力会相应降低，政府过度介入和不当干预有可能导致文化产业的市场环境重新回到计划经济模式状态。因此，政府应该设计以文化和市场维度为轴心的治理范式，不可偏废其中的某个维度，尽可能兼顾社会和市场两个方面的利益追求和价值取向。以文化和市场维度为轴心的治理范式能够合理分配各方治理主体的利益所得，确保文化治理作为文化产业治理范式保持均衡、有效的运行机制。

（三）明确以社会治理为核心的治理机制

这种治理机制所反映的社会治理是以政府为主导，社会主体共同参与下的新型治理机制。文化产业的推动必须从战略高度和宏观视角来考虑，这种决策、判断和领导力的提出只有政府具备相应的眼界与视野，关键在于政府具有合法行使公共权力、有效调动公共资源、合理分配社会资源的优势和能力。尤其是涉及文化安全和意识形态导向的传媒产业、出版产业、影视产业等体现社会价值判断的精神文化产品，政府必须运用文化市场准入制度、电影产品审查制度和许可权审批制度等相关文化产业政策以及新闻审查制度、网络游戏分级制度等治理措施强制性规范和管制具体文化产业的行业发展，确保文化产业走向的正确性。显然，文化治理不是是否有必要存在，而是如何准确使用的问题。就大陆而言，当下文化产业领域的版权产业、娱乐业、互联网产业等新兴产业由于相关法律和政策规定的缺失以及政府职能部门的失位,导致盗版、山寨、侵权、复制等非法文化企业专案和产品猖獗,严重影响和阻碍了整个文化产业的健康发展,并使产业发展有步入歧途的危险和倾向。在这种情形下,仅仅依靠社会的舆论谴责和公众的监督是不能解决根本问题的,合理的方式是由政府职能部门通过制定、修订和完善文化产业领域的法律法规和政策规章,采取相应的治理手段包括行政、经济和法律手段依法管理文化企业的各类违法违规行为,纠正文化产业发展中随时可能出现的路径偏差和不当行为。

(四)确立多元主体相互协作的治理理念

随着社会公民性程度不断提升,公民社会发育日臻完善,社会组织成长日趋专业化、规范化和有序化。社会组织作为社会力量主体逐渐崛起,并呈现出社会影响力,成为与政府、私人组织并重的社会力量之一。当组织社会成为文化治理主体之一后,政府通过让渡出部分权力职责与社会共同治理,以合作治理理念为协作基础的治理机制就此产生。社会组织作为治理主体在营造文化产业发展所必需的良性外部性如社会舆论和资讯透明度等方面相比较政府而言具有天然的社会基础和资源优势。例如,从协商角度以治理主体的身份促进企业运营透明度的提升,评估文化产业规划的合理性,能够起到促进社会公共利益提升的"助推器"效果。但是,必须指出的是,文化产业治理范式的主导力量是政府、社会组织以及企业等市场力量的角色则是作为合作治理主体出现的。即政府作为文化产业的主导性监督主体,负责制定和规范文化产业的目标、路径和规划等宏观政策方案,非政府组织作为非权力监督机构协助政府参与文化产业的运行监管,提高文化产业管理的透明度,文化企业作为市场主体配合政府和社会以行业自律和企业自我规范等形式参与文化治理。因此,从公共管理的视域来看,文化产业治理体系的构建同样适用于这一分析框架。

五 结语

文化产业治理体系的构建,是一种社会治理的创新形式和制度选择。这种新型治理理念应该以相关的价值选择、产业需求和制度创新等核心要素为构建基础,设计出符合治理逻辑的构建维度和分析框架。作为一种创新性的治理体系,它既要反映出政府作为公共利益的代表,通过与非政府组织、私人组织等多元社会主体相互协作，发挥引导、激励和规范文化市场竞争的治理职能，同时还要有效协调与整合多元主体之间的利益冲突和价值分歧，以发挥文化产业治理体系的综合效力，达到社会治理的目的。

（朱锦程：江苏师范大学历史文化与旅游学院文化产业管理系副教授）

"用"与"权"
——"巧权力"理论新解

冯若谷

内容提要："巧权力"理论系统尚欠缺在宏观到微观之间的中观框架环节。完成这种框架构建，须在以往理论研究的基础上，完成从"器"到"用"，从"力"到"权"之间的转变，从现实主义的视角出发，形成资源使用和权力关系的理论框架，服务于具体的外交和管理实践。

关键词：软实力　硬实力　巧权力

从约瑟夫·奈在其著作《美国注定领导世界？——美国权力性质的变迁》中明确提出"软实力"[①] 概念以来，从国际关系、国际政治到区域治理、公共管理；从文化社会学、文化心理学到新闻学、传播学，"软实力"形成了多学科交叉汇聚的研究态势。特别是"和平崛起"以及十七大"提高国家文化软实力"的政策提出之后，"软实力"从学界热点进入现实政治外交实践当中，并由此展开了声势浩大的建设"软实力"的一系列重大举措。

近十年来，"软实力"的理论策源地美国发生了新的转向，包括"软实力"概念创始人约瑟夫·奈在内的不少学者，不约而同地将注意力集中到了一个全新的概念之上："巧权力"（Smart Power）[②]。2002 年，前克林顿政府欧洲和加拿大事务特别助理安东尼·布兰肯在《赢得观念的战争》中首次提出"巧权力"一词，认为美国应当重新审视其单边主义政

---

① [美] 约瑟夫·奈：《美国注定领导世界？——美国权力性质的变迁》，刘华译，中国人民大学出版社 2012 年版，第 3 页。

② "Smart Power" 一般被译作"巧实力"或"巧权力"，一般意义上，"巧实力"更侧重于资源、力量的存在和占有，而"巧权力"更侧重于对资源、力量的使用、发挥并服务于现实性的权力关系。基于本文的具体论述，笔者更倾向于使用"巧权力"的译法。

策，全面协调使用美国的实力。① 与此同时，约瑟夫·奈为回应学术界对于其"软实力"相关论述的批评，在《重新思考软实力》②和《安全与巧权力》③等文中指出，在新的全球政治、经济、文化环境下，应整合"软实力"与"硬实力"，形成"巧权力"以应对挑战。"巧权力"正在集合足够的学术关注，逐渐形成取代"软实力"的新的理论和行动框架。

然而，综观国内外对于"巧权力"的研究现状，可以发现，来自各个学科的研究者一般采取以下两种研究取向：第一类取向是有意识地与"硬实力"和"软实力"进行区别，着重于为"巧权力"划定概念边界，2004 年，苏珊尼·若瑟在《外交》上发表《巧权力》一文，首次对这一概念进行理论解释，她认为"巧权力"是自由国际主义理论的延伸，是维护国家利益的综合手段。④ 威尔逊提出"巧权力"概念背后的现实背景，并为"软实力""硬实力""巧权力"提供概念框架。⑤ 国内学者更偏重于对"巧权力"的概念和理论进行译介兼评价，如宋海洋的《试论"巧实力"理论》⑥、艾广明的《"巧权力"断想》⑦以及张顺生的《"Smart Power"的由来、内涵与译法》⑧等文，都介绍了美国"巧权力"的研究动向，并提出了一些有意义的分析和评价。

第二种取向是运用"巧权力"的概念阐释具体的外交实践和管理实践，提出可操作性的政策建议，2007 年，阿米蒂奇和约瑟夫·奈发表题为《一个更灵巧、更安全的美国》⑨的研究报告，明确提出运用"巧权力"战略转型，摆脱困境，重振美国的全球霸权地位。同时，来自保守

---

① Antony J. Blinken. "Winning the War of Ideas", *The Washington Quarterly*, Spring 2002, pp. 101 – 114.
② Joseph S. Nye Jr., "Think Again: Soft Power", *Foreign Policy*, February 23, 2006, pp. 22 – 27.
③ Joseph S. Nye Jr., "Security and Smart Power", *American Behavioral Scientist*, 2008: 51, p. 1351.
④ Suzanne. Nossel, "Smart Power", *Foreign Affairs*, Mar/Apr 2004, p. 138.
⑤ Ernest J. Wilson III, "Hard Power, Soft Power, Smart Power", *The ANNALS of the American Academy of Political and Social Science*, 2008: 616, p. 113.
⑥ 宋海洋：《试论"巧实力"理论》，《宁波广播电视大学学报》2010 年第 1 期。
⑦ 艾广明：《"巧实力"断想》，《刊授党校》2010 年第 5 期。
⑧ 张顺生：《"Smart Power"的由来、内涵与译法》，《上海翻译》2010 年第 3 期。
⑨ Richard L. Armitage, Joseph S. Nye. A Smarter, More Secure America. CSIS, 2007, pp. 29 – 60.

主义阵营的研究者泰德·卡彭特发表著作《巧权力：美国的务实外交政策》①，他主张修正以反恐为核心的全球战略，寻找新的支点。国内学者则将这一概念运用到分析中国外交政策和其他管理实践中，如孙福全、成微的《"巧实力"战略下的美国政策转变及带给中国的启示》②、贾付强的《"巧实力"与中国的和平发展》③、沈长剑的《巧权力与领导艺术的完善》④等文，都偏重于对外交和其他管理实践提出具体建议。

任何成熟的理论系统一般包含三层维度，宏观理念——中观框架——微观论点。宏观理念提供基本思路和方向，中观框架将宏观理念细化为可操作的原则，微观论点是将理论框架运用到实践当中进行具体分析。从上述文献梳理中可以发现，对于"巧权力"理论系统的学术探讨，主要集中于第一层维度和第三层维度，对于"巧权力"的宏观和微观方面的研究已渐成端倪。但是，对于"巧权力"理论的中观框架建构还比较欠缺。那么，"巧权力"理论的中观框架如何设计？它怎样在宏观理念的基础上实现细化？面对日趋复杂的全球政治、经济、文化环境，"巧权力"如何顺利进入实践层面，进而实现更多的实践成果？这些正是本文关心的问题，也是本文试图为"巧权力"概念增添的新内涵。

一 资源与艺术：从"器"到"用"

"巧权力"理论是一种整合机制，它试图采用更加实用主义的逻辑，复合地、平衡地、准确地、灵活地运用各种资源，重新整合，形成更高层次、可精确控制、收效更丰厚的一种全新的行为权力。⑤ 这种实用主义的整合策略，是日趋多元和复杂的国际形势对于国家外交政策制定提出的新要求；同时，在这样的国际局势中实现战略利益最大化，是"巧权力"理论的最终目标。

---

① Ted Galen Carpenter, *Smart Power*: *Toward a Prudent Foreign Policy for America*, Washington: Cato Institute, 2008, p.2.
② 孙福全、成微：《"巧实力"战略下的美国政策转变及带给中国的启示》，《太原科技》2009年第11期。
③ 贾付强：《"巧实力"与中国的和平发展》，《贵州师范大学学报》2010年第2期。
④ 沈长剑：《巧权力与领导艺术的完善》，《辽东学院学报》（社会科学版）2010年第4期。
⑤ Ernest J. Wilson III, "Hard Power, Soft Power, Smart Power", *The ANNALS of the American Academy of Political and Social Science*, 2008: 616, p.112.

在现有的"软实力"和"硬实力"方面的研究中,不少学者特别关注将二者作为行为主体拥有的资源进行准确分类。从约瑟夫·奈将"软实力"与以经济和军事为主要内容的"硬实力"进行区分,并将其归类为文化、政治价值观和外交政策[1],到国内学者王沪宁提出政治体系、民族士气、经济体制、科学技术、意识形态等作为发散性力量的"软实力"[2],再到阎学通将"软实力"定义为国内政治动员能力和国外政治动员能力两个层面。[3] 学术界将"软实力"和"硬实力"作为国家实力的两类主要资源已经成为共识,对这两类资源范畴、组成的探究也已经取得了不少成果。然而,如果对没有资源使用方面的问题进行探讨,资源本身就是固定在行为主体内部的仓库,无法进入具体实践中,释放应用的效能。因此,对资源的分类和整理虽然是资源使用的前提,但对于资源的使用艺术,亦即战略技巧,才是"软实力"和"硬实力"研究真正的侧重点。

"巧权力"正是这样的一种"战争艺术",它为资源使用提供了具体的框架,把"软实力"和"硬实力"作为直接取用的资源库,并加以灵活有效地结合,在具体的外交实践和管理实践中占据优势的战略位置,实现自身利益的最大化。也就是说,"巧权力"在本质上并不是一种资源,而是一种对于资源的调配和施展的能力,它按照一定的逻辑,在实践中给予"软实力"和"硬实力"两种资源以发挥功效的可能。因此,"巧权力"与"软实力"和"硬实力"并不处在同一个理论层次上,它应被置于"软实力"和"硬实力"两种资源之上,是一种现实主义的整合机制,一种在实践中指导决策者如何使用资源的机制、框架。这也是为什么本文始终将"Soft Power"和"Hard Power"中的"Power"译作"实力",称为"软实力"和"硬实力",而把"Smart Power"中的"Power"译作"权力",而称为"巧权力"的第一重考虑。"软实力"和"硬实力"本质上是资源,是"器";"巧权力"本质上是对于资源的使用,是"用","巧权力"理论完成的,正是将"器"转化为"用",在不断变化的外部环境中强调现实主义的整合机制,实现短期和长期的战略目标,最终实现

---

[1] [美]约瑟夫·奈:《软力量——世界政坛成功之道》,吴晓辉、钱程译,东方出版社2005年版,第27页。
[2] 王沪宁:《作为国家实力的文化:软权力》,《复旦学报》(社会科学版)1993年第3期。
[3] 阎学通:《中国软实力有待提高》,《中国与世界观察》2006年第1期。

从资源占有到使用艺术的跨越,这也是"巧权力"的"巧"之所在。

"巧权力"作为一种资源使用策略,更须强调实用主义的原则,包括威尔逊在内的"巧权力"理论研究专家,为这种资源使用确定了以下三点原则:首先是**自我认知**,主要是对于"硬实力"和"软实力"两类资源的分配和占有状况进行详尽分析等;其次是**目标定位**,结合国内外(或者组织内外)的政治、经济、文化的现实情境,对作为行为对象的区域或人群的特征和属性展开调研,确定行为主体在现有权力结构中的位置,并在此基础上提出切合实际的战略目标;再次是**工具策略**,在自我认知和目标定位完成的基础上,调动两类资源,结合现实环境,确定资源使用的方案,解决的是"何时用""如谁来用""单独用"还是"结合用"等具体问题。① 这三点准则恰是"巧权力"理论系统得以从宏观理念设计走向微观外交和管理实践的必经之路,而其中的核心要义,是将"软实力"和"硬实力"作为资源,制订使用策略和整合方案,帮助制定和实现战略目标。

二 本质与建构:从"力"到"权"

在现有的对于"软实力"和"硬实力"的学术研究中,对于"硬实力"和"软实力"二者内涵和外延的确认已基本达成共识。一般意义上讲,"硬实力"指的是行为主体所拥有的一类资源,这类资源可以帮助行为主体通过强迫、恐吓等方式达到对他者的控制,在现实外交实践中,"硬实力"具体包括一个国家的经济、军事力量;与"硬实力"相对,"软实力"是一类可以帮助行为主体通过吸引、同化等方式获得对他者支配的资源,它一般包括国家主体的文化、政治价值观以及外交政策。②

然而,"软实力"与"硬实力"之间的相互关系,则始终是学术界争论分歧的焦点。大体来看,对于二者之间的相互关系的分析,存在以下两种不同的认识:一种比较常见的观点认为,一个国家(或者行为主体)的"软实力"和"硬实力"之间的关系是客观的、确定的。具体来说,

---

① Ernest J. Wilson III, "Hard Power, Soft Power, Smart Power", *The ANNALS of the American Academy of Political and Social Science*, 2008: 616, p. 113.

② [美] 约瑟夫·奈:《"软实力"再思索》,《国外社会科学》2006 年第 4 期。

"硬实力"是"软实力"的基础,是"软实力"的有形载体,而"软实力"则是"硬实力"的无形的延伸,有什么样的"硬实力"就有什么样的"软实力","硬实力"越强,"软实力"越强,反之亦然。不少学者认为,一个国家强大的"软实力"一定是建立在其强大的"硬实力"的基础上,撇开"硬实力"甚至站在"硬实力"的对立面谈论"软实力",是不切实际的,也是根本错误的。[①] 这种观点与"经济基础决定上层建筑""只有发展才是硬道理"等论断相互印证,对相关研究产生了很大的影响。

然而,也有学者认为,"软实力"和"硬实力"两者相对独立,"软实力"与"硬实力"之间的关系并非像第一种观点论述的那样紧密。针对第一种观点,有学者举出以下反例,梵蒂冈作为世界天主教徒的精神中心,在国际文化交流中具有重大的影响力和动员力,"软实力"相当可观。然而,梵蒂冈却是世界上最小的主权国家,拥有世界上最少的人口,仅有130人左右的宪兵队,其经济实力也无法用正常方法去估量,恐怕是世界上"硬实力"最弱的国家。在梵蒂冈的案例中,"硬实力"越弱,"软实力"越弱的论断无法自洽。同样的,日本作为亚洲唯一的发达国家,经济实力位居世界前列,然而,日本对第二次世界大战的战争责任,特别是它对历史问题的不认错态度,严重限制其"软实力"的发展,在国际社会中的号召力和吸引力都处在相当弱势的位置。[②] 因此,"硬实力"越强,"软实力"越强的论断也无法自洽。由此,这种观点坚持认为:"软实力"和"硬实力"彼此分割、独立,他们之间并不存在什么必然的、稳定的相互关系。

其实,这两种观点对于二者关系的分析都采取了本质主义的视角。不论是认为二者之间存在决定性的关系,还是认为二者彼此独立,并不存在固定的联系,都是在努力排除其他的影响要素,孤立地分析它们内部的相关性,并给出一个貌似普遍适用的结论。这种分析思路将"软实力"和"硬实力"这个具有鲜明现实主义和实用主义的学术问题内卷化了,而使得这样一个来源于国际关系学科,并充满了现实主义色彩的学术课题偏离

---

① 项久雨:《硬实力与软实力的关系之辨》,《武汉大学学报》(哲学社会科学版)2010年第11期。

② 同上。

了本来的轨道。

　　准确地讲，不论是作为资源的"软实力""硬实力"，还是"巧权力"，他们所指称的对象或者说要解决的问题，是一个在日益复杂的全球权力结构中，国家（或者其他行为主体）如何生存、发展并获其所需的问题。其目标是抵达最适合自己生存和发展的位置，对于周边国家和整个全球环境，具备与其整体国力相当的牵制力、控制力和影响力，在全球格局占据最有利的位置。因此，对于二者关系的分析应当避开本质主义的视角，转而采取建构主义的视角，将两者互动关系的问题历史化、语境化，在二者互相作用的具体背景中，不断丰富对它们的认识。建构主义的认识视角不再将"软实力"和"硬实力"与周边环境和影响要素隔绝开来，为"软实力"和"硬实力"本身之间的相互关系寻找一个固定不变的认识，因为在现实性的外交与管理实践当中，在不断变化的国际格局与外交实践的具体情境中，它们是被彼此关联结构的各种要素影响着、建构着的。

　　事实上，"软实力"和"硬实力"本身仅仅是一种内在的"力量"，这种"力量"本身并不能解决任何现实问题，它必须经由这种"权力"的视角，实现一种国家与国家（主体与主体）之间的非对称的压迫性关系，最终服务于行为主体现实战略目标的实现。① 实力是存在，权力是发挥。现实性的权力关系，是"软实力"和"硬实力"施展作用的具体情境和最终指向。"巧权力"引入"权"的全新视角，给出了解决"软实力"和"硬实力"之间互动关系问题的新方案，它摆脱了本质主义的认识视角，进入了现实主义的"权力关系"的维度。这种建构主义的认识方案把"软实力"和"硬实力"的概念纳入权力关系管理的格局中，同时以权力关系的角度灵活地看待"软实力"与"硬实力"之间的相互作用，真正完成从"力"到"权"的转变，切合外交实践和管理实践的核心问题，释放理论对现实的活力。因此，不论"软实力"和"硬实力"本身高低几何，问题的核心其实并不在此，最有效的学术关注应当集中在现实决策环境中的权力关系问题，运用恰当的逻辑、框架和机制，参照不断变化的外部政治、经济、文化条件，对两种"力量"进行有效整合，

---

　　① 李智：《软实力的实现与中国对外传播策略——兼与阎学通先生商榷》，《现代国际关系》2008年第7期。

形成最有利于主体自身的权力关系,并在这种关系中随时调整对于两种"力量"的配比和组合。可见,只有将"Power"中"权"的面向有效地展开,才是"巧权力"真正发挥功效的必经之路,这也是本文坚持将"Smart Power"中的"Power"译作"权力"的第二重考虑,也是最重要的一重考虑。时刻将注意力放在权力关系上,在复杂多元的国际环境中不断制定有助于占据有利位置、优化外交、管理政策,在对其他主体展开的牵引与控制中,最大化自身的战略利益,恰恰是"巧权力"的题中之意。

三 结语

从"软实力"到"巧权力"之间的过渡和拓展,绝非一个文字游戏。正如威尔逊所言,它提供了一种观察视角或理解框架,对于"软实力"和"硬实力"的旧有概念和理论存在的问题给出了一种现实主义的解决方案。[1] 因此,"巧权力"对于任何一个国家(或其他主体)来说,应当是适合其所处环境、配合其现有资源占有状况、服务其短期或长期目标的一种逻辑和机制,一种理论与实践不断适配的动态系统,要完成这种适配,就应当从"用"和"权"的视角,代替"器"和"力",形成资源使用和权力关系的理解方式,完成"巧权力"理论中观框架的构建。另外,现实主义的理论取向也决定了"巧权力"绝不是对于外交和管理实践的一种唯一解答,它面向不断变迁的外部环境,提供给我们一个不断打开的知识空间,因此"巧权力"中观框架的构建,有赖于学界、政界等各个方面灵活开放的关注和探索,因为,这个世界在不断变动,我们的位置在不断变动,我们的目标同时也在不断寻找着新的基准和方向。

值得关注的是,"巧权力"继"软实力"之后,可能会带动起一轮新的学界与政界的互动热潮,就如同"软实力"在提出伊始所带给我们的那样。但是,一个理论系统要想真正成为有价值的知识增长点,并不能仅仅依赖于权力顶层的设计和规划,不能完全按照决策权力中心的意志来安排学术研究的秩序。任何有意义的学术创见,虽然都要经历对于现实政治、经济、文化和社会语境的深刻省察,但仍离不开学术本身的独立开

---

[1] Ernest J. Wilson III, "Hard Power, Soft Power, Smart Power", *The ANNALS of the American Academy of Political and Social Science*, 2008:616, p.113.

掘。哪怕是对于像"软实力""硬实力""巧权力"这样高度现实性的课题来说，依然如此。同样令人深思的是，如果任何一次国内的学术研究热潮都依赖于美国这一理论策源地的新动向，我们又怎能期待基于本土视野的理论创新呢？也许，只有学界和政界在理论和实践双重维度，逾越西方世界的理解模式和行动框架，把握知识生产系统及其内在规律，才真正能够在更为核心和关键的理论问题上，组织规则、设置议题、形成范式，实现超越现有学术生产秩序的另类可能，而这种能力恰恰是中国作为全球知识生产体系中的一个行为主体的"巧权力"，这种"巧权力"和一个具有本土特色和独立意识的学术生态，值得学者认真期待。

（冯若谷：北京工业大学人文学院广告系讲师）

传媒文化研究

栏目主编：罗贇

按语：2014年8月18日，习近平总书记在中央第四次深改组全体会议上发表讲话，将媒体融合提高到国家战略的高度，传统媒体与新兴媒体的融合发展成为文化创意产业和传媒文化研究最为关注的热点之一。

"书香社会"：中国网络文学出版新追求

包晓光

摘要："书香社会"是以网络信息社会为物质基础和前提的文化价值形态，是精神文明发展到一定阶段出现的一种社会文化氛围。网络文学出版是供给人们数字化生存精神资源的主渠道之一，影响甚至决定着"书香社会"建设的水平与质量。构建"书香社会"事关中华民族的伟大复兴，网络文学出版事关构建"书香社会"的成败。因此，"书香社会"应该成为网络文学出版的自觉追求。

关键词：书香社会　网络文学出版　精神生产　消费

"提供更多优秀文艺作品，倡导全民阅读，建设书香社会"，是李克强总理在2015年政府工作报告中作出的重要论述。这一从国家文化发展战略高度发出的诉求，具有重要的理论意义与现实意义。它从文化生产、文化消费、阅读主体、阅读追求的不同角度，指明了我国文化建设与发展应该达到的水平与高度。在当今互联网高度发展、日常生活信息化网络化的时代，阅读作为人们数字化生存方式的重要组成部分，已经发生了革命性变化。网络文学出版是供给人们数字化生存精神资源的主渠道之一，在某种程度上影响甚至决定着"书香社会"建设的水平与质量。本文探讨的核心问题是中国网络文学出版如何应对这一新的时代要求，达到新的文化自觉。

一　"书香社会"的网络文学出版维度

自古以来，读书在中国社会具有崇高价值，是文人学士修齐治平的修炼过程和立身知命的生存方式。然而在古、近代社会，由于教育的垄断，读书只是少数人的一项特权。直到20世纪90年代中期,全民阅读的物质条件和知识条件也还没有充分具备。1994年,随着中国全功能接入互联网,中国人的阅读发生了划时代的革命性的变革,仅仅20年的时间,中国已经成为世界上首屈一指的互联网大国,数字化生活变得司空见惯,互联网在便利生产、生活、工作的同时,以前所未见的速度、规模与深度,潜移默化地改变着人们的生存方式。据政府权威部门统计,到2015年6月,中国网民规模达到6.68亿,互联网普及率达到48.8%。手机网民规模达到5.94亿,网民中使用手机上网人群占比由2014年年底的85.8%提升至88.9%。2015年上半年,中国网民的人均周上网时长达25.6小时。[①]换言之,数字化生存方式正在前所未有地覆盖我们的生活,从传统生存方式那里剥夺越来越多的生命空间。

显而易见,互联网的普及正在使全民阅读成为现实。既然如此,我们就应该在互联网语境下来思考"书香社会"的构建问题。何谓"书香社会"?我们耳熟能详的是书香门第、书香世家等说法,这里的"书香"指的是一种教育的垄断与传承。"谈笑皆鸿儒,往来无白丁"更是精英知识分子的小圈子群体,那里的"书香"只属于少数人,大众是无法问津的。"书香社会"的提法显然不同于传统的理解,它是在新的语境中提出的全新命题。迄今为止,笔者尚未见到有学者对此概念做出明确的界定。既然我们要建设"书香社会",如果不去认真探讨"书香社会"的含义,刻画它的形态和指标,任由它停留在空泛、苍白、抽象的领域,"书香社会"构建就会成为空话。

"书香社会"与全民阅读息息相关,没有全民阅读,就没有"书香社会"。在此意义上,"书香社会"具有人民性和大众性。全民阅读的实现有三个前提:教育的普及、作为阅读对象的精神文化产品的充分供给、阅读渠道的便利和畅达。如前所述,这三个前提在中国古、近代社会一个都不具备,因此,谈不上全民阅读。真正具备这三个条件,是在改革开放以后。随着初、中等教育的普及、高等教育大众化、精神文化生产的繁荣、以互联网为标志的信息社会的到来,全民阅读正在由可能变为现实。

"书香社会"与精神文化生产的质量、水平、种类、数量息息相关。在其实质上,"书香社会"是精神文化生产高度发展的产物,是现代化条

---

① 中国互联网信息中心:《第36次中国互联网络发展状况统计报告》。

件下具有现代性追求的文化生产呈现的文化景观。这里所谓现代性追求不同于西方社会的现代性，而是汲取了西方现代智慧的具有中国核心价值理念的现代性。它应与现代社会生活相融合，追求健康积极的格调，表现人民群众的喜怒哀乐、爱恨情仇，按照"美的规律"① 生产和再生产人民群众对生活的渴望与追求。

"书香社会"与网络文学出版息息相关，这是由"书香社会"的价值属性和全民阅读的网络化属性决定的。据权威统计，截至2015年6月，网络文学用户规模达到2.85亿，占网民总体的42.6%，其中手机网络文学用户规模为2.49亿，较2014年年底增加了2282万人，占手机网民的42%。② 从规模上看，虽然网络文学用户在网民中的占比尚未过半，但是，这部分网民的绝对数依然庞大，他们随时随地移动上网阅读网络文学作品，几乎是清一色的"网生代"③。网络文学出版针对的主体阅读人群就是"网生代"，"网生代"的数字化生存方式及审美需求直接决定了网络文学的生产与出版。"网生代"主体是青少年，青少年的网络文学阅读与接受是"书香社会"不可或缺的组成部分，由此可见，网络文学出版是"书香社会"构建的重要维度之一。

基于以上理解，笔者认为，"书香社会"可以界定为在网络信息社会基础上构建的一种文化价值形态。它不是实体性社会形态，而是在精神文明发展到一定阶段出现的一种社会文化氛围。这种氛围以阅读和学习为荣，以对真理以及健康优雅的风格追求为导向，在本质上它体现着人的自由发展的愿望。在网络信息社会，"书香社会"既可以存在于网下，也可以存在于网上。小到一个读书小组、读书沙龙，中到一个学校、一个社区，大到一个城市、一个国家，都可能成为"书香社会"的组成部分或载体。美国学者哈钦斯早在20世纪60年代提出的学习型社会的观点，与"书香社会"的理念一脉相通，在某种意义上，可以将"书香社会"视为学习型社会所达到的一种状态和水平。

---

① 马克思：《1844年经济学—哲学手稿》，刘丕坤译，人民出版社1979年版，第51页。
② 中国互联网信息中心：《第36次中国互联网络发展状况统计报告》。
③ 本文所谓"网生代"，是一个相对概念。在宽泛的意义上是指出生在互联网网络普及时代的"90后""00后"。在严格的意义上是指以数字化生存为主要生存方式，并且高度认同或盲从于这种生存方式的人群。虽然这一主体不限于"90后""00后"，但是，"90后""00后"依然是"网生代"的主力军。他们与网络的关系更为密切，工作、学习、生活与网络密切相关，是"不上网，毋宁死"的一代。——笔者注

二 网络文学出版的"书香"维度

所谓网络文学，是指网络使用者以互联网为技术手段和平台，以文字符号为媒介，在网络空间创造并共享的，按照情感和想象的逻辑建造的人的数字化的审美世界。作为这样的世界，它是人的生存和生活方式。网络文学的主体是多维的，既包括网络文学作家（写手），也包括网络文学生产商、网络文学接受者和批评家。传统文学理论看重作家的主体地位与价值，现代文学理论看重作品的文本价值，接受美学看重读者的阅读价值。网络文学进入文学范畴后，一向受到正统理论家、批评家的忽视与轻视。一个重要原因是网络文学颠覆了传统文学观念，瓦解了传统文学理论范畴，凸显了网络的创造性和可能性。在笔者看来，在网络文学链条中，网络文学出版商（厂商）才是真正的中心。在网络文学发展中，网络文学出版商扮演了最重要的角色。它不仅仅是网络文学实现的平台、媒介、桥梁、空间和纽带，它还是互联网主体意志和创造性的体现者，正是它谋划和运作了网络文学生产，将网络文学与阅读市场无缝对接。在此意义上，网络文学厂商的作用超越了传统出版社，对于构建"书香社会"而言，它的作用与价值不可低估。

1994年以来，中国网络文学出版由默默无闻，到蔚为大观，其影响力和价值逐渐被大众所接受。概括来说，中国网络文学出版的成就表现为：第一，由无到有，创造了一个规模庞大的互联网业态，为中国文化经济的发展注入了活力。第二，拓宽了文学存在的领域，刺激和推动传统文学出版业改革与创新。第三，出版了海量文学作品，涌现出不少优秀网络文艺作品和网络文学作家。网络文学创作尽管存在各种各样的问题，但在满足网民精神需求方面依然做出了巨大贡献。第四，网络文学生产题材类型化、主题单一化倾向一直受到人们的批评，但是，它的类型化生产恰恰体现了网络文学厂商对阅读市场和"网生代"欲望的精准把握，这一生产模式是现代文化生产批量化特征的典型体现。

类型化、批量化的网络文学出版，一方面满足了网络文学爱好者特别是"网生代"的精神需求；另一方面也不断地再生产出这种需求。从这个意义上来说，中国网络文学出版创造了专属于自身的市场消费群体，这个群体的消费行为拥有专属于自己的网络文学语言、风格偏好和审美价值取向。网络文学出版不仅熟谙这种专属性,而且不断地利用、扩大和创新这种专属性,从而促进网络文学生产。因此,我们说网络文学出版对于网络阅读而言具有巨大的引领作用和塑造性。

网络文学出版属于精神生产范畴,生产的终极目的是满足人们的精神需求。因此,"书香"维度就成为考察和衡量网络文学出版价值的必然维度之一。对网络文学出版来说,所谓的"书香"维度侧重于从网络文学作品内容及其影响角度来审视其社会文化价值。具体来说,网络文学出版的"书香"维度指向网络文学出版的产品——网络文学作品。一部网络小说内容和主题的人文价值如何,是"书香"维度的主要观照指标。一部优秀的网络文学作品,总是在主题的正义性、先进性和人民性方面表现不俗;在题材、结构、情节、趣味、风格表达方面表现出创意创新性;在网络文学作品的话语书写方面,一方面表现出创新性,另一方面表现出对汉语语言文字文化价值的维护与尊重。这样的网络文学作品堪称"书香"四溢的网络文艺精品。

目前,我国处在社会主义初级发展阶段,包括广大网民在内的人民群众的精神文化需求形态各异,从而在消费方面决定了网络文学的出版与生产。但是,应该看到,在人民群众复杂多样的精神文化需求中,主导性的需求仍然是积极、健康、向上的,这种主导性的需求显然应该成为网络文学出版"书香"维度的核心价值。另外,应该承认网络文学出版"书香"维度的丰富性与多样性,要求"香型"的唯一性和一致性是不切实际的想法。这种想法是马克思早就嘲笑过的:"法律允许我写作,但是不允许我用**自己**的风格去写,我只能用另一种风格去写!我有权利表露自己的精神面貌,但是首先必须使这种面貌具有一种**指定的表情**!哪一个正直的人不为这种无理的要求脸红,而宁愿把自己的脑袋藏到罗马式长袍里去呢?"[①]"指定的表情"显然有悖于网络文学出版的"书香"维度,也与繁荣社会主义文艺的主张格格不入。

三 网络文学出版参与构建书香社会的途径

在媒介融合语境下,"网络文学出版参与构建书香社会"是一个全新

[①] 马克思:《评普鲁士最近的书报检查令》,《马克思恩格斯全集》第1卷,人民出版社1995年版,第111页。

的时代命题。如前所述,"全民阅读"之所以有可能变为现实,是以网络社会信息时代的降临为前提条件的。因此,构建"书香社会"不能也无法仅仅从传统出版、传统阅读的角度来理解。不言而喻,即使是在网络移动阅读空前普及的情况下,传统出版、传统阅读依然是构建书香社会不可或缺的重要方面,人们对纸版图书的阅读仍然是获取知识等文化信息的重要渠道,纸介质图书洋溢的独特"书香"依然是"电子书"难以取代的。但是,尽管如此,我们却不能不承认数字出版与数字阅读在构建"书香社会"方面所表现出来的日益增大的价值。可以说正是基于互联网条件下的数字出版与数字阅读,构建"书香社会"才获得了前所未有的现实性。

网络文学的生产与出版是构建"书香社会"的重要维度,那么,这一维度如何才能真正有效地发挥作用呢?2015年10月19日公布的《中共中央关于繁荣发展社会主义文艺的意见》明确指出:"网络文艺充满活力,发展潜力巨大。"对网络文艺要"坚持'重在建设和发展、管理、引导并重'的方针,实施网络文艺精品创作和传播计划,鼓励推出优秀网络原创作品,推动网络文学、网络音乐、网络剧、微电影、网络演出、网络动漫等新兴文艺类型繁荣有序发展,促进传统文艺与网络文艺创新性融合,鼓励作家艺术家积极运用网络创作传播优秀作品。充分发挥新媒体的独特优势,把握传播规律,加强重点文艺网站建设,善于运用微博、微信、移动客户端等载体,促进优秀作品多渠道传输、多平台展示、多终端推送。加强内容管理,创新管理方式,规范传播秩序,让正能量引领网络文艺发展"。这一论述指明了我国网络文学生产与出版在构建"书香社会"过程中的发展方向和根本途径。

第一,网络文学出版要实行精品战略,只有涌现出尽可能多的网络文学精品,才能提升网络文学的出版质量,将"正能量"传输给阅读市场,让"书香"引领阅读。打造网络文学精品离不开对优秀原创作品的挖掘和培育。聪明的网络文学厂商不仅能够慧眼识英,还能够披沙拣金,将优秀原创作品打造成具有竞争力的文化品牌。这样的品牌越多,网络文学出版的整体实力就越强,对构建"书香社会"的作用就越大。

第二,网络文学出版要充分认识、理解、管控互联网本身的技术潜能和传播效能。前面提到的互联网主体意志和创造性,实际指的正是互联网所独具的能动性与创造性。它基于互联网的巨大信息传播能力和信息融合创新能力，在信息量的增值和信息空间的拓展方面总是追求无限可能性，因而具有非理性的特点。网络文学出版只有充分理解互联网的这一特点，才能将网络文学内蕴的技术性潜能更好地发挥出来，为构建"书香社会"服务。

第三，经济效益与社会效益的完美统一是社会主义文化生产的内在必然要求。然而，在社会主义市场经济初级发展阶段，网络文学厂商的生产经营活动依然具有强烈的逐利性，当这种逐利性与互联网主体意志和创造性叠加之后，就会变得更加强大。因此，正像我们看到的那样，那些能够在短期内刺激人们的消费欲望、积累网络人气、带来更大经济效益的网络文学作品往往能够大行其道，受到追捧。在这类作品中，大量存在着血腥、暴力、色情的内容。有的网络文艺作品粗制滥造、格调低下、语言粗俗、文理不通，仅仅以官能刺激来掳获拥趸，实际上已与毒品的危害相距不远，对"网生代"的负面影响不可低估。值得指出的是，当今网络文学中广泛存在的玄幻、穿越、剑侠类文学作品，不能一概斥之为"装神弄鬼"，其中也存在着好的或比较好的文学作品。这些作品不同于封建时代的"怪力乱神"，其所采取的玄幻、穿越等叙事方式，实际上反映了互联网的技术现实性以及信息时代的"后现代"生活感。鉴于此，作为构建"书香社会"的重要维度，网络文学出版应该以理性驾驭非理性，不能任由那些品质低劣的网络文学为了逐利而肆意传播"负能量"。繁荣社会主义文艺，包括繁荣社会主义网络文艺，因此，我们有理由要求网络文学出版厂商把社会效益摆在第一位。在现阶段，虽然两个效益的完美统一尚难充分实现，但是，社会发展正在为这种统一创造出越来越好的条件，网络文学出版理应自觉追求这一境界。

第四，加强对网络文学消费的引导与培育是构建"书香社会"的重要途径。首先，网络文学消费是一种文化经济现象，遵循一定的经济规律。网络文学消费制约、决定网络文学生产，因此，消费水平的发展与提高，自然会促生产水平的发展与提高。通过各种方式加强对"网生代"的教育，提升其文化品位，是建设"书香社会"的基础性工作。其次，网络文学消费也是一种阅读行为和审美现象。不言而喻，倡导高雅的阅读与审美是构建"书香社会"的必然要求，但是，这种倡导如果没有健康繁荣的网络文艺批评就只能是一句空话。令人忧虑的是，20世纪90年代以后，伴随着文艺理论思潮的式微，文艺批评日益滞后于文艺的发展，其引领作用也日益衰落，网络文艺批评更是"骂街""斗嘴""揭短"多于鞭辟入里、一针见血。无关痛痒的网络文艺批评甚至本身就缺少正能量，如何能够要求它帮助和引领"网生代"对网络文学的审美阅读呢？笔者认为，转变这种状况，加强对网络文艺批评本身的建设，是构建"书香社会"的一项基础性工作。

概言之，构建"书香社会"事关中华民族的伟大复兴，网络文学出版事关构建"书香社会"的成败。因此，"书香社会"应该成为网络文学出版的自觉追求。

（包晓光：首都师范大学文学院教授、研究生导师）

媒介融合:认知、动力和权力

张加春

摘要:媒介融合是以互联网为代表的新信息传播技术对各种传播媒介所形成的一体化影响趋势。在这种一体化趋势的影响下,社会结构、媒介形态、观念结构、价值取向都在向适合互联网的趋势方向发展。因此,媒介融合实际上不只是媒介之间的形态融会,而是包含了认知结构、权力结构、网络结构、价值结构的解构与重构。媒介融合发展过程中的关键就是建立一种多元的动力机制和有效的融合结构。

关键词:媒介融合 互联网 认知模式 自组织

尽管媒介融合是 2006 年才在中国风靡的概念,但这一概念的出现正好切合了正在突变的、风云变幻的中国媒介形势,"媒介融合"正是对这场大变局的精准概括。尽管对媒介融合没有一个统一的概念,内涵外延也均有不同,但是都在强调一个核心,即认为媒介融合不只是媒介形态和媒介业务的融合[1],实际上是"传统媒体延伸至互联网媒体以及多种内容传送技术的混合"[2]。媒介融合的关键还是围绕互联网进行的,它是以互联网为代表的新信息传播技术对各种传播媒介所形成的一体化影响趋势,互联网成为融会各种媒介的一个网络内核,各种媒介以互联网为中心形成了一个相互融会贯通、纵横交错的信息网络。在这种一体化趋势的影响下,社会结构、媒介形态、观念结构、价值取向都在向适合互联网的趋势方向发展。因此,媒介融合实际上不只是媒介之间的形态融会,而是包含了认知结构、权力结构、网络结构、价值结构的解构与重构。

---

[1] 丁柏铨:《媒介融合:概念、动因及利弊》,《南京社会科学》2011 年第 11 期。
[2] Gracie Lawson-Borders. "Integrating New Media and Old Media: Seven Observations of Convergence as a Strategy for Best Practices in Media Organizations", *International Journal on Media Management*, 2003, 5 (2): pp. 91 – 99.

一　作为一种认知模式的媒介融合

媒介融合是一个过程而不是手段，它是对媒介在信息技术背景下发生深刻变局的一种描述，所以本质上它是一种动态的现象。因此，对于目前行业内所发生的各类融合案例来讲，还不能说是否成功。在数字技术的催生下，融合不仅是刚刚开始，而且也是永不结束的一个体系。

受各种条件的制约，科学研究往往会忽视两个重要方面：现实的条件与知识资本。现实的条件指的是某种现象可以发生、发展的现实可能性和现实基础。知识资本指的是某种现象发生、发展的内在驱动力，特别是对于信息产业，知识资本不仅指知识就是生产力，还指知识本身就是生产关系，知识体系背后所体现的制度体系即隐匿其后的这个国家的认知模式（主导意识形态）制约着知识的生产，而认知资本的生产能力是当今世界的一种核心竞争力，信息产业的整体竞争优势完全来源于认知的优势，从手控式键盘到触摸屏的发展看似只是技术的进步，其背后是对这种认知的技术实现，从论坛到博客再到微博、微信，看似只是一小步，背后却是认知形态的革命和其所引发的人际关系的革命。这两个方面一个是外在的向度，另一个是内在的向度。外在的向度决定着媒介融合发展的空间；内在的向度决定着媒介融合发展的深度和方向。这两个向度共同构成了媒介融合的认知模式，即我们在研究媒介融合过程中在多大程度上考虑了这两个向度影响着媒介融合现象的发展。认知模式可以是一种资本，是人力资本的内核，它在此处关心的不是我们如何对媒介融合做出概念上的完善和归纳，而是希望突破媒介融合的传统认知，寻找影响其发展的新的因子。认知是一种先在的理念，没有这种理念的突破，创新是不会发生的，也不会有实体创新的出现；没有理念的认同，融合的发展也会曲折，特别是在战略突围时期，企业需要这种理念的认同。而处在转型期的中国，这种认同同样不可或缺。大家对媒介融合的不同理解会幻化出不同的战略目标和竞争策略与创新方式。尽管认知没有对错之分，但是在现实环境中却有优劣之分，哪种认知模式同情境更吻合，哪种认知模式更能为现实提供方向性依然是判断认知模式优劣的首先标准。但是显然目前对于如此细微化的研究还是相当缺乏的。

融合不是媒介行业独有的现象，事实上，产业融合一直存在，而且各行各业都在发生着这种变革,各行各业之间的交叉交融也在不断地深化。因而,产业融合是指不同产业或同一产业不同行业相互渗透、相互交叉,最终融合为一体,逐步形成新产业的动态发展过程。产业融合可分为产业渗透、产业交叉和产业重组三类。媒介融合只是产业融合的一种,所特殊的一点在于它同信息产业的紧密关系。所以跳出媒介融合来看,媒介融合不是孤单的现象,我们在研究媒介融合过程中所假设的一些问题完全可以参照其他产业融合范式来对待。

二 媒介融合的基础

按照美国西北大学教授李奇·高登(Gordon, 2003)的归纳,将其分为几种类型与语境:所有权融合、策略性融合、结构性融合、信息采集融合、新闻表达融合、媒介科技融合。[①] 从这几个方面看,产业性融合在统领这些融合的基本取向,而技术性融合是贯穿于各类融合当中的,事实上也正是因为数字技术发展才打破了原来各类媒介之间的界限,将媒介推向了全媒体时代。然而对于正在发生的媒介融合,在哪种现实环境中它的发展会更好一些?现有的环境对我国媒介融合的发展是否已经足够充分了?哪一类型的融合会发展得更好一些或者有更好的先决条件?各类融合之间的相互作用与关系又是怎么样的?这一切都指向媒介融合的现实基础。这种外在的环境影响需要考察政治、经济、文化、人力资本等多重因素。那综合这几种因素,大致可以将媒介融合区分为以下几种模式:金字塔型、链型、顶端优势型、倒金字塔型。

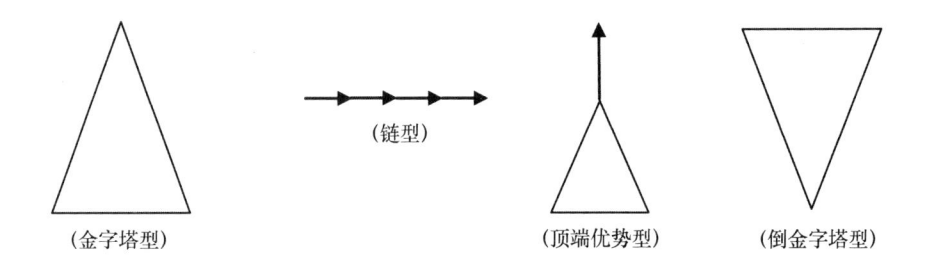

(金字塔型)　　(链型)　　(顶端优势型)　　(倒金字塔型)

---

① Gordon, R. "The Meanings and Implications of Convergence", in: Kevin Kawamoto (Ed.), *Digital Journalism: Emerging Media and the Changing Horizons of Journalism*, Lanham, MD: Rowman & Littlefield Publishers, 2003, pp. 57 – 73.

按照产业链的上游、中游、下游来确定媒介融合的现实基础是否牢固：下游产业越发达，越有利于媒介融合的发展；下游产业的发展不足，如链形会导致线性的发展模式，产业发展脆弱；中游产业的发展不足，会导致上游整合基础薄弱；而下游产业和上游产业的倒置尽管会在短时间内实现媒介融合的快速发展，但是高端数字产业则会陷入后劲不足的境地。

我国原有的媒介结构是条块分割的，而媒介融合实际上是要打破原有的这种结构，实现多路径的融合。这就同现有的体制结构产生了冲突。因此目前的媒介融合的基础实际上至少存在着两个方面弊端：一是这种融合主要是由上游企业发起的，特别是互联网、移动运营商等数字新媒体，这就存在着相当大的商业利诱在里面。也就是说，我国的媒介融合不是内发型，而是一种商业概念的运作，商业利益是其本身最大的驱动力。因而这种媒介融合的基本价值理念并未得到中下游的普遍认可，也包括相应的政府管理者。因此现在的融合在更宽广的范围内更多的依然是技术融合，而非内容融合，更谈不上机构性融合和所有权融合。因而中下游企业对媒介融合的兴趣要受到很大的制约，也使得媒介融合不能实现自下而上的互动。二是这种融合并不是畅通的，上游数字新媒体多数是私营资本运作的公司，而中下游的广电和报刊等传统媒体是公有资本运作的半事业半企业形态的公司。最近一个有利的变化趋势是，中央网信办为人民网等14家首批推行新闻记者证制度新闻网站采编人员发放记者证，这将为今后推进人力资本的流动和内容整合提供更多有利因素。融合本身需要资本（货币、资源、知识）的自由流动性，需要通过这种自由流动性整合原有资本的配置不均衡状态。从现有的政策体系来看，尽管允许私有资本向经营性领域流动，但是最为关键的内容制作领域（特别是新闻制作）仍然受到国家安全的保护。这就使得融合更多的是在上游层面发生，而不是中下游，传统传媒产业要实现高登教授所列出的六个方面的融合还需要时日。资本在无法实现产业链内的多项循环的情况下，就将资本置于一种危险的境地，资本的运作成为一种纯利润的游戏。在中国的创业板纷纷上市而瞬间造就了无数亿万富翁之后，这些资本不是转换成了扩大再生产的有效途径，相反是这些富翁马上抛掉了手中的股票，因为他们无法预测下一个时段资本的流动是否会给他们带来利润——而事实上他们除此也是别无他路的，这些剩余资本不能向其他内容制作领域流动，而自己的公司本身又吸纳不了如此多的资本。这与中国目前的产能过剩形成了鲜明的对比，这些新型小企业是产能不足。故而这几年游资从房市跑到了实业再到食品等基本消费领域，却不能固守某一片阵地。因此资本在产业链中的自由流动是产业循序渐进健康发展的潜在条件，公有资本的优势地位不应该成为行业壁垒的柱石，不论是公有资本还是私有资本都需要取得平等的流动权利。所有权融合将是媒介融合中的最大驱动力，也是最难突破的融合层面。

可以说，中国目前的媒介融合更多的是顶端优势型，它不同于链型结构中上、中下游发展都缺少相应的基础，而是有了一定的基础，但是目前这种基础并没有被充分开发和利用起来。在短时期内，上游企业的融合并不会发生太大的问题，而这取决于中下游传统媒介产业在多大程度上能同上游企业发生融合。或者这种融合会分成两个基本的层面进行，一个在上游，由于多数属于私有资本，或者对资本属性没有严格限制而容易发生融合；另一个在中下游，由于多数属于公有资本，因此融合的可能性更大，但是首先要打破原有的条块分割的体系。

三　媒介融合的动力：自组织还是他组织

媒介融合的动力机制是什么？是因为这是一种行业整合趋势、以技术为驱动还是纯粹利益的驱使？是以市场需求为导向还是以行政意志为导向？很显然，不同的动力机制导致不同的整合结果。仅仅依靠竞争压力所引发的融合绝不是媒介融合的本质[1]，融合的原动力应当来源于技术的进步驱动及由此而引发的消费需求驱动。这也是我们媒介融合中面临的一个困境。

传媒业本身是信息产业内的一个子系统，它同社会大环境之间有着充分的互动。在媒介融合的过程中，是来源于组织内的动力大一些还是组织外的动力大一些呢？融合的过程必然是从一种秩序走向另一种秩序，秩序的建立是否有利于传媒业这依赖于融合过程中规则的确立，即遵从什么样的规则体系。传媒业有自身的自组织运转规律，但是从我国目前的境况来看，外部指令对于媒介的干预过大，人为设计的因素过多，组织内相互作用的动力不足，甚至组织内部间的隔离过重。因此在媒介融合过程中，如

---

[1] 孟建、赵元珂：《媒介融合：粘聚并造就新型的媒介化社会》，《国际新闻界》2006年第7期。

果不能克服目前的他组织作用，充分发挥组织内相互作用的动力机制，则媒介融合之后出现的新的媒介格局仍然是抑制媒介整体发展的。这种趋势导致的一个制度性的结果，即何种制度变迁起主导作用，是诱致性制度变迁还是强制性制度变迁？诱致性制度变迁是以需求为导向的，媒介融合应该是自下而上的消费者驱动过程，是根据行业自身规则，依靠市场竞争而形成的行业制度轨迹变迁，而强制性制度变迁则主要是依赖行政命令而做出的制度安排；前者同市场有着自然的契合度，而后者同市场之间还存在着一定的隔阂。对于媒介融合而言，如果能够充分尊重传媒行业的自组织优势，发挥诱致性制度变迁的主导作用，那么行业整合的融合度就会更加顺畅并具有可持续性。

媒介融合的动力机制应该是多元的，这是媒介融合能够呈现健康图景的一种保障。多元的动力机制可以防止自组织过程中出现动力不足、组织僵化、产权不清等弊症，充分激发组织活力，促进融合从技术层面向产权层面推进。多元的动力机制本身并不排除外部性，也需要强制性制度的刚性框架提供一定的制度约束，但是关键是哪种制度安排在其中起主导作用。因此，建立多元动力机制的关键，就是要充分考虑不同系统组织原则和不同的制度变迁在整个体制中的作用机制和功能范畴，尽量避免外部性和行政命令的局限性，充分融合不同性质的产业资本，并以此建立符合现代传媒的管理体系。这实际上对一个行业的生命力具有很重要的影响。

四　媒介融合与权力整合

新闻记者曾被誉为无冕之王，新闻界被称为"第四权力"。然而新媒体的到来却彻底打破了这种对于权力的界定。公民新闻与Twitter、微博、微信正在整合由传统媒体所树立的权威，权力使用正在从上层走到下层即受众或者说使用者手中，权力结构也变得更加扁平化和网络化。

透视整个技术的发展历程，不难看出，每一种新的媒介技术的诞生都在深化和扩大原有政府的控制深度和广度。英尼斯在自己的著作中对这种媒介与社会的关系进行了深刻论述。但是从权力的走向上来看，传统视域中的媒介都在强化权力的中心化，即中央政府的权力通过媒介的使用越来越强大。在传统的中华帝国的版图中，尽管中央集权是不断加强的，但是借助马匹与圣旨和邸报，中央权威的威力却随着版图的扩大而递减，州县一级以下的单位还是实现了长达几千年的自治。中央集权的控制单位甚至仅仅局限在传统的士人，而对于农、工、商等传统群体只需要遵从基本的律令就可以了，中央集权并不对个体实施控制。而只有在一些威胁中央集权统治之下的活动如暴动、起义才会受到镇压，首先还是采取招安的方式。但是大众传媒的发展，一方面，中央政府借助现代媒介可以将自己的权威推广至个体，乃至媒介即社会、媒介即控制，"攻心战"成为可能；另一方面，中央政府也不得不将监控的目标推广至个体，监控个体的言行活动，因为个体具有了利用媒介对抗中央权威的可能性。像斯诺登所揭露出的美国的现代监控范畴，实际上已经不局限于本国公民，而是变成了全球监控体系。与传统媒体相比较，网络等新媒体最大不同之一是打破了由某个单位如公司或机构来控制媒体、内容生产、流通过程的基本构成体系，而使用者成为内容的最大供应者，意见的流通成为一种可能。这种权力的下移过程打破了原有的权威中心化，权威被个体所解构。因此数字新媒体的出现是一个去中心化的过程。媒介融合的出现实际上就是对原有的权力结构的一种解构—再建构的过程。因此，当很多人在提倡媒介融合之时，可能在不经意间已经站在了权威的对立面。媒介融合不会像很多人所预想的那样只是一种产业之间的融合，它更是一种价值观的融合、认知的融合、文化的融合、权力的融合。

这种融合过程，并不必然地带来个体权力的解放，相反在同权威博弈过程中亦可能被权威所俘获。当前所热议的网络水军，事实上就是这种权力下移过程中所出现的一种异化现象。但是对于各类权威来讲，权力的下移不仅打破了原有的商业模式，还威胁了其自有的政治利益。网络实名制和手机实名制的设想，实际上就凸显了对于网络监管的普遍困境，也使得监管成本异常高。这种监管不是渠道监管，而是终端监管，是要将监管的范围扩大到每一个终端使用者。对于终端使用者，这种监管不是控制，而是威慑。它意味着个体的言行不论是否危害公共安全，其隐私都有可能暴露出来。而如果网络安全保护发生漏洞，个体的隐私亦将公之于众。因此，这种权力的下移不论是对权威还是对个体，都有双重的作用。在历史范围内，中央权威第一次将自己的权力推广至了某个个体，这种推广类似于行业准入一样，成为个体准入。中央权威也希望各媒体监管个体准入，把牢个体准入的关口。这实际上是各媒体额外多出来的一种社会责任。而在媒介整合过程中，监管的困境将会更大，成本也会更高，随着新媒体的越来越普及化，监管的外部性也将越来越明显，监管的效果也会越来越弱化。

事实上，对于媒介融合过程中各种利益关系、权力关系如何应对和重塑，仍然是一项艰巨的任务。利益多元化和价值多元化所带来的复杂的权力关系，将是剪不断理还乱的。而如果不能处理好政府、媒介机构、使用者三者之间的关系，媒介融合的推进将会使媒介成为一个摔碎的蛋糕，再塑其形将难上加难。因此，在媒介融合的过程中，需要充分考虑如何构建有效的监管和规制框架，这种监管体系不仅针对个人，更多的应当是将各种信息传播实体纳入范畴，形成监管与保护并重的有效传播格局。

五 结语

媒介融合是推动媒介转型和社会变革的一种强大动力机制，它也是在更深的层面上对社会的认知模式、权力机制产生影响，既有的条块分割的媒介权力结构将在媒介融合推动下逐渐改变，社会的主流认知形态也需要发生相应的变化，因此从认知学的视角来看，媒介融合就是一种认知模式，社会如何理解媒介融合直接影响着媒介融合的效力。媒介融合发展过程中的关键就是建立一种多元的动力机制和有效的融合结构，这是一种具有设计性和规划性的一种媒介融合发展的图景。媒介融合之路已经不在于媒介融合如何发生，而在于媒介融合发生的路径。

尽管媒介融合将为媒介行业带来巨大的机遇，但是对于媒介融合的后果，也有担忧。担心媒介融合形成新的垄断从而带来对媒介多元化的冲击。20世纪初期，西方国家曾经发生的媒介融合浪潮尽管多数属于同类媒介之间的，但是所造就的媒介大鳄和一城一报现象确实是对媒介多元化的一种冲击。但是从整体上看，媒介融合和多元化之间并不必然地产生联系，规模化运作虽然是企业发展的一种方向，但是小企业却不因此而凋敝。其中的一个度的把握就在于如何抑制垄断，如何解决好"马歇尔冲突"的困境。因此面对媒介融合，至少在初期不会出现大规模的垄断，而随着融合的深入，会不断地有巨型媒介大鳄出现。这种洗牌的过程也许真的就如"天下大势，合久必分，分久必合"一样，是一个不断地排列组合的过程。按照排列组合的基本原理，每一个新公司的诞生都会增加

N+1倍的再次组合的可能性,从这种情况来看,虽然中国传统媒介的数目基本保持不变,但是新媒体公司却呈增长态势,这就给未来的媒介融合增加无限的可能性。

(张加春:首都师范大学宣传部助理研究员)

网络舆论监督:"第五权力"的有限效果论

党生翠

摘要:网络舆论监督已成为中国当下最流行的公共话语之一,其强大的社会效果也成为学界讨论的热点之一。文章对具有"魔弹论"倾向的网络舆论监督"第五权力说"进行了理论考证,并运用数据分析法和历史比较法分析了网络舆论监督强大效果的动力机制,包括提供信源、生成观点、设置议程及行动干预等。研究还从政治、技术和人三个角度探究了网络舆论监督强大效果的社会基础。同时,研究也对网络舆论监督"第五权力说"进行了商榷,指出网络舆论监督的依附性、洼地效应及群体极化等内在短板限制了其社会效果,并据此提出了网络舆论监督的"有限效果论"。

关键词:网络 舆论监督 第五权力 有限效果

舆论监督是一种由来已久的社会政治现象,也是一种古老的社会控制手段。在西方,美国思想家杰佛逊最早提出"第四权力"的思想,特指新闻媒体通过独立行使报道权有效监督政府。具体而言,"第四权力"(Fourth Power)是指在西方社会中,新闻媒体具有独立自主的社会地位,使其成为在立法、行政、司法这三种权力之外一种独立的社会力量,对社会权力进行舆论监督,以保证权力运作公开透明,以及社会肌体健康运行。[1] 网络舆论监督作为中国现今最流行的公共话语之一,是指网络媒体代表公众(公民)对权力运作尤其是权力滥用导致的腐败进行的监督。由于网络传播的无界传播、把关人缺失、用户众多等特点,学界对于网络舆论监督的强大社会效果充满乐观判断,网络作为"第五权力"的观点

---

[1] 刘畅:《第五种权力》,《书屋》2008年第12期。

一度甚嚣尘上。网络舆论监督是具有"魔弹论"色彩的"第五权力",还是具有自身局限的"有限效果"?如何客观认识网络舆论监督的社会效果是本文重点关注的学理问题。

一 网络舆论监督作为"第五权力"的提出

"第五权力"是《外交世界》总编辑拉莫内在《第五种权力》中提出的,它是指当无冕之王不仅背叛人民,而且带着军火辎重投奔权力和资本的时候,只有依靠公民力量形成联合阵线才能奋起自卫。[①] 而将网络与"第五权力"两个概念进行嫁接,在我国始于 20 世纪末期。

早在 1999 年,学者陈绚就在《网际网络——第五种权力?》一文中引介了"第五种权力"的概念,并对此提法进行了商榷。她提出,网络传播究竟是传播的四大媒体(报纸、广播、电视、杂志)的延伸,是西方所称的第四种权力的补充,还是有成长为第五种权力的趋势?[②] 在"第五权力"的概念提出后很长一段时间,由于具有某些原因而被学界搁置,但网络舆论监督的强大社会影响力却不断被讨论。

随着 2009 年微博的兴起及 2011 年微信的推出,网络舆论监督具有力量强大、低成本、及时性、无边界等优点[③]更加突出,网络舆论监督作为"第五权力"的重要地位才被重新强调。

杜骏飞在《以第五权力之名——黄静案分析》一文中提出,网络舆论在微观的理性层面,无疑会因为知识的缺乏和言论的无序产生意见偏颇(包括感性的偏见、批判的狂欢和语言暴力),但是,在宏观和历时的层面上,网络舆论却有能力在指涉社会生活时呈现出终极的合理性。[④] 郑雄在《网络意见领袖崛起:第五种权力》中提出,互联网不仅仅是他们(网民)获得无所不包的信息通道,更为重要的是,他们正在通过这个几乎没有任何门槛的言论平台,发出自己的声音,表达自己的立场,行使这

---

① 转引自张利安《实现媒介与媒体批评的良性互动》,《新闻爱好者》2010 年第 8 期(下)。
② 陈绚:《网际网络——第五种权力?》,《国际新闻界》1999 年第 5 期。
③ 杨宁芳、杨泽华:《当前我国网络舆论监督存在的问题及出路》,《新闻爱好者》2011 年第 11 期(下)。
④ 杜骏飞:《以第五权力之名——黄静案分析》,http://blog.sina.com.cn/s/blog_475b3b600100059x.html,2006 年 9 月 2 日。

个社会位居立法、行政、司法、媒体之后的"第五种权力"。① 刘畅在《第五种权力》中提出,以往传统的新闻媒体才具有的舆论监督的权力,正在向网络舆论或网络话语权悄然转移。如果说"第四种权力"是新闻自由之子的话,那么"第五种权力"就是信息自由之子,其自由天性是由于其独特的任何人、任何时间、任何地点的参与、表达与互动这一媒体特征所决定的。② 一些文章中虽然并未直接提及"第五权力"的概念,但其对网络舆论监督社会效果的评价也与网络舆论监督"第五权力"说殊途同归。作为对现实中的社情民意的复制、重构与超越的网络舆情,作为由民生构成"主体",民意与民主构成"两翼"的网络舆情,其瞬时到达、瞬间爆发的爆破力越来越触动着城市政府的公共安全神经,越来越幻化为城市公共安全危机的新症候。③

从国外来看,美国博客作者曾被称为"第五权力"。博客写作对美国乃至世界各地文化影响是最深远的。如果说新闻记者是第四权力(新闻界的别称),那博客作者正成为第五权力。④ 这也呼应了网络媒体作为社会影响主体的国际趋势。

二 网络舆论监督的运行机制:"第五权力"如何生效

尽管"第五权力"的独立性受到质疑,网络舆论作为"第五权力"的提出,是学界对于网络舆论强大社会影响力的一种概述。在已有研究中,学者也通过实证研究、个案分析等研究方法,对"第五权力"与舆论市场的运行机制进行了探究,主要包括以下几个途径。

一是提供信息源。随着新媒体,尤其是社交媒体的崛起,微博已成为获得信息的第一来源。同时,网络也作为第一信息源,确定舆论监督的指向。在一项对"公众最愿意用什么渠道参与反腐"的调查中,排在首位的是"网络曝光",比例高达75.5%。其次才是"举报"(58.2%)、"媒体曝光"(53.8%)、"信息公开"(48.0%)、"信访"(30.6%)、"审

---

① 郑雄:《网络意见领袖崛起:第五种权力》,《意林》2010年第14期。
② 刘畅:《第五种权力》,《书屋》2008年第12期。
③ 徐世甫:《网络舆情:城市公共安全危机的新症候》,《南京社会科学》2012年第4期。
④ 石河:《博客作者正成为第五权力》,《光明日报》2009年5月7日。

计"（30.1%）等①。

二是观点生成。网络舆论有别于传统媒体的一大特点便是"把关人缺失"，这就导致网络舆论市场观点的多元化与快速传播。在一条信息、一张图片、一段视频等微内容作为网络舆论监督的导火索曝光后，具有不同学科背景、人生阅历、地理区域、立场视角的受众便会自动分享信息、进行头脑风暴，形成类似信息树的"预言"图谱。

三是议程设置。美国传播学者麦库姆斯和肖最早提出了议程设置理论。早期的议程设置研究的核心内容是"媒介报道对公众认知的影响，后期转向了议程建构理论"。议程设置在网络舆论监督中的主要实现方式有：（1）网民围观产生舆论压力。美国新媒体学者梅特卡夫提出了一项定律，即网络的影响力等于网络用户的平方。可见，数量在一定程度上也会决定质量。如在"郭美美事件"中，关注度最高时达到1亿网民的量级，瞬间引发了红十字会的信任危机。因此，在网络舆论监督事件中，网民作为"哄客"的围观对于议程设置影响深远。（2）与传统媒体的协同。网络舆论的强大社会影响力依然要倚重传统媒体，体现在新闻源的跟进与二次把关功能上。如根据IRI对2009年1月到2010年8月的245个网络舆情热点话题的监测表明：舆情源头为中央级新闻媒体，如《人民日报》（网）、新华社（网）、央视网、《中国青年报》的比例为46.1%，以地方新闻单位，如《东方早报》《齐鲁晚报》《河南日报》等首发的事件比例为30.2%，总和达到了76.3%，仍然占据了主要发布者的地位。这种情形不难理解，因为传统媒体依然葆有信息传播优势。

四是实体行动。网络舆论监督较之前互联网时代舆论监督的显著特点在于，以意见领袖为代表的监督者的现实参与性。坐而论道的同时也拍案而起直接对事件进程进行干预。当孙志刚案被媒体揭露后，网民们相互协作，共同推动，最终废止了1982年5月发布的《城市流浪人员乞讨收容遣送办法》。该事件则在新闻界和民间被视为舆论监督的里程碑，有甚者更称为"新民权运动"的发轫。而在2003年8月的刘涌案中，正是数量巨大的网民通过互联网这一传播手段撰文讨伐，集中反映了众多网民的集体诉求，对传通的立法、执法、司法权力机构形成强大舆论压迫力，而"直接"行使了权力，改变了既定事实。

---

① 《网络曝光是公众最愿意参与的反腐渠道》，china.com.cn/news，2009年10月27日。

三 网络舆论监督作为权力的生成土壤

事实上,网络舆论监督被称为"第五权力"有着独特的生成土壤和历史机遇。网络舆论监督作为中国特色的媒体监督形式,一直承载着公众的巨大利益和高度期待,是在民意表达和诉求管道缺乏情形下的民意井喷效应的产物。在信息获取上,相关公权力机构未能严格遵循信息公开的原则;在诉求表达上,公民参与环节不足,正式渠道不甚畅通;在利益凝聚上,缺乏将个体利益诉求凝聚为群体诉求的制度化安排;在利益协商方面,鲜有法律渠道进行对话和谈判协商,获得自主解决。总之,当前我国公民表达诉求、维护自身权益的制度化渠道相对匮乏。具体而言,网络舆论监督的强大社会效果来源于以下三个层面的动力机制。

一是政府的认同与采纳。当前,互联网已成为人类活动的"第五空间"。据中国互联网络信息中心2015年发布的《第36次中国互联网络发展状况统计报告》显示,截至2015年6月,我国网民规模达6.68亿,互联网普及率为48.8%。其中,手机网民规模达5.94亿,占总网民数的近九成。[①] 2015年10月腾讯发布的《2015年微信平台数据研究报告》指出,微信和WeChat的合并月活跃账户突破6亿,QQ月活跃用户数达到8.43亿。[②] 可以说我国已经跻身互联网大国,正在向互联网强国迈进。这与政府在互联网领域的政策、经济、社会资源的答复投入都有密不可分的关系。在互联网时代,政府顺应信息化、网络化的新要求,从硬件设施、信息流通机制等层面都做出了积极回应。网络舆论监督在国家反腐过程中也发挥了至关重要的作用。中纪委网站是公众关注度较高的网站,被网民誉为"最大的正能量发布网站"。

二是技术的跨越式发展。"社会一旦有技术上的需要,则这种需要就会比十所大学更能把科学推向前进。"首先,随着网络技术的发展和功能的丰富,网络舆论作为一种自组织形式,它所带来的蝴蝶效应实现了技术的"天然政治属性"。网络舆论监督的低门槛,网民内部的共享文化与协

---

① 《第36次中国互联网络发展状况统计报告》,CNNIC,http://www.cnnic.net.cn/hlwfzyj/hlwxzbg/hlwtjbg/。
② 《2015年微信平台数据研究报告》,腾讯企鹅智酷,http://www.iyunying.org/news/5561.html。

作精神，网络意见领袖的不断成长，网络舆论监督形式也与时俱进持续创新。其次，以微博政治为代表的新媒体监督，表现出强大的舆论力量和议程设置能力，已成为公众行使舆论监督权的强有力的媒介工具。微博传播是一种话语权的下放，也是一种舆论监督主体的回归。它为公众表达民意、参与社会政治生活提供了一个方便快捷的舆论平台，使民意表达的渠道和空间迅速扩展和延伸。

三是网民监督日趋理性。随着自媒体的不断发展，公民记者在网络舆论监督领域的影响力日增。尤其是随着网络意见领袖的兴起，网络舆论监督行为的日趋理性。美国社会学家米尔斯认为，民意最重要的特征是辩论的自由。他做了四个假定：首先，个体意识即个人良知是判断终极所在和诉诸的最终判决；其次，组成社会的个体之间存在利益的自然的平和；再次，在公众采取行动之前，决定行动的个体之间将有理性的讨论，民意将从正确的理性中产生；最后，在确定了真实、正确和正义之后，公众将以此为标准行动或监督其代表这样做。从米尔斯的假定来看，公众在论坛及微博、博客里对一些重大的热点、焦点事件的讨论，多半最终都趋于这种理性。20世纪30年代美国进步主义时代"媒体揭黑"进行类比。2014年度《网络舆论生态发展报告》也指出，"两个舆论场"加速融合，网络舆论日趋理性。

四 "第五权力"的解构：网络舆论监督的有限效果

在我国新互联网时代，微博、微信等社交媒体形成了新的舆论生态圈，网络舆论监督具有了新的表现形式。但网络舆论监督作为"第五权力"的提出，却依然是值得商榷的问题。网络舆论监督的有限效果论更加科学客观。主要原因在于：

其一，网络舆论监督具有依附性。事实上，网络监督在实体世界"落地"通常都需要借助传统的资源，一是带有官方色彩的传统媒体的介入；二是传统科层文化下的行政干预。

"媒介即内容"，传统媒体是否参与报道也是一种无形的信息，其报道更多是象征意义。参与媒体的级别和影响力对于舆论监督的效果有着更加重要的意义，报道长度、报道形式、报道质量等都在其次。《人民日报》、新华社、中央电视台等中央级传统媒体,其在舆论生态圈具有举足轻重的地位。网络媒体一旦和这些传统媒体大鳄建立了同盟甚至"联姻"的关系,便会发挥协同的力量,共同实施社会动员,产生现实的社会影响。如在孙志刚案件中,《人民日报》的评论虽然只有不足百字的评论,但坚定了相关部门的决心,改变了事件的走向,直接导致《城市流浪人员乞讨收容遣送办法》的废止,成就了这一互联网历史性事件,建构了互联网观念史的全新历史阶段。在"躲猫猫"事件报道中,当地报纸和中央媒体发挥了至关重要的作用。在王帅跨省追捕案中,《中国青年报》、中央电视台等中央级的传统媒体都积极介入,引起了上级机关和当地政府的关注,并进行了合理处置。比较而言,一旦被中央媒体关注,被持续报道的可能性也更大。当然,这还取决于新闻机构的新闻标准、与同期新闻来源的竞争及新闻报道者的个体意志。

来自于上级的行政干预也是网络舆论监督产生社会效果的一个必要前提。实际上,网络舆论监督具有某种随机性,它只能对"愿意被监督"的人实施监督。在看得见的被监督的对象背后,是数以倍计的未被纳入监督视野的权力事件。媒体监督能否生效在于与不同层级政府博弈的结果,在此过程中政治诚信和注意力资源是最重要的两大影响因素。

其二,网络舆论监督的"洼地效应"依然存在。在前网络时代,舆论干预政治主要集中在传统大众媒介的传媒监督。这时的舆论监督主要依靠"大众媒介报道—政府自我修正或司法介入—公众通过大众媒介反馈"的模式进行。[①] 舆论监督主要由市场化媒体和传统媒体完成,且存在舆论势差。所谓舆论势差,是指当地的负面报道通常会由外地媒体爆出,在事件发生地由于政府对媒体的管制而处于舆论热点的低洼地带,形成"当地媒体舆论监督的洼地效应"。网络监督,恰恰是其中一种相对最远离权力运作中心的监督形式。从时间上说,网民不会是权力运作的首先知情者;从空间上看,监督者常常远离被监督者千里万里。[②]

这种效应在网络监督成为监督主体的今天依然存在。重庆媒体在"重庆打黑风暴(2009 年 3 季度)""重庆打黑律师门"等诸多舆情事件

[①] 陈璟彦:《第三方调查:网络时代舆论的政治监督》,人民网传媒频道,2010 年 12 月, http://media.people.com.cn/GB/22114/150608/150617/13481342.html,2010 年 12 月 14 日。

[②] 楚汉:《网络监督异军突起的欣慰与尴尬》,《法制日报》2008 年 12 月 31 日,第 3 版。

中，基本上没有反对的声音，观点呈现出高度一致。在徐宝宝事件中，最先报道此事的是《人民日报》，而南京当地媒体却在这一事件中"集体失声"。这样情况并不罕见。2009年的杭州飙车案、温州"移动门"等，当地媒体在这些事件中，都明哲保身地选择了沉默，敢于最先报道的往往是级别较高的"上级媒体"。

这一方面是因为较有影响的网络媒体大多仍是传统媒体的其他媒体形式，如网站、BBS、媒介机构记者的微博等，这就使得当地政府对传统媒体的管制能够以较低成本移植到网络媒体上，在舆情事件中主导议程设置，使得政府议程与当地媒体的议程高度重合。另一方面，一旦当地新闻事件已转化为全国性的舆情事件，当地媒体才会在后期发挥推波助澜的作用。

其三，网络舆论监督的内在局限性。同质化、"群体极化"和网络暴力导致网络舆论监督。网络舆论是否能够真正代表民意始终是学界争论的焦点之一。来自于特定群体的网民关注的重点具有同质化特征。美国学者凯斯·桑斯坦在研究网民的网络行为时提出"群体极化"这一概念。"群体极化的定义是指，团体成员一开始即有某些偏向，在商议后，人们朝偏向的方向继续移动，最后形成极端的观点。"桑斯坦认为网络上的圈内传播确实容易造成群体意见的极端化倾向。郭光华也以国内网民为分析对象，发现网民以群内同质化、群际异质化的特点集聚，网民群体的确出现了严重的极化倾向。网络暴力是网络舆论内嵌的特征之一，是网络舆论监督作用的一种异化。在诸多网络监督案例中也较为普遍。

网络舆论监督作为舆论监督的一种特殊形态，在我国社会矛盾高发期和技术高速发展的叠加期发挥了特殊作用。但将其列为"第五权力"，确有过分乐观的嫌疑。鉴于网络舆论本身具有的依附性、洼地效应及网络暴力、群体极化等内生缺陷，网络舆论监督的有限效果论更符合我国当前实际，具有更强的理论解释力和研究潜力。

（党生翠：北京师范大学中国社会管理研究院副教授）

"协管"与"玩家"：美国政府的
新媒体角色及其启示

郑以然

摘要：在美国媒体向新媒体转型的过程中，美国政府扮演了非常重要的角色。本文从两方面研究美国政府在媒体融合和新媒体发展过程中的作用，一是政府对产业转型和内容起到的监管作用，并促进传统媒体与新媒体的融合，即"协管"。二是作为媒体新规则下的"玩家"，美国政府全力投身新媒体，利用新兴媒介建立全新的，有公信力的权威发布网络。这两方面对我们国家都有借鉴意义。

关键词：媒体融合　新媒体　政府角色

2014年10月1日，《纽约时报》将近100人的大裁员再度在媒体界引起震动，作为一家有着163年历史，也是全球最具影响力的媒体之一，《纽约时报》再度证明了传统媒体在当下面临的巨大危机。《纽约时报》执行总编Baquet在裁员后致员工的一封信中说："我们整个公司正处在非常严峻的时期。"而在这一转型期，《纽约时报》在坚持出报纸的同时要"加速建设一个强大的数字新闻运营网络"。而这一裁员的目的就是"为了控制成本，继续投资《纽约时报》的数字化未来"[1]。

当前数字化和网络技术的迅猛发展，使得全世界的媒体格局都发生了深刻变革。传统平面媒体、广播电视面临网络媒体的巨大冲击，读者流失严重，生成和控制舆论的能力都日渐削弱，甚至由于发行量和广告收入的锐减，生存都面临挑战。根据皮尤中心发布的《2014年美国新闻媒体状况报告》（*State of the News Media 2014*，以下简称《皮尤报告》），目前网

---

[1] 出自纽约时报执行总编Baquet向员工通报裁员的内部邮件，腾讯新闻"全媒派"翻译，http://www.mediacircle.cn/? p=12916，2014年10月9日。

络视频已经成为民众接受度最高的媒体形式之一，有63%的美国人经常观看网络视频，而有36%经常观看网络新闻视频，且这个比例在近四年每年以9%的速度持续增加，其中尤以智能手机用户、青年人、高学历高收入人群为主体。18—29岁的人群中观看网络视频比例达90%，30—49岁的达80%，年收入高于7.5万美元群体中83%的人观看网络视频，大学以上学历中有80%。而在视频提供方面，YouTube和Facebook等大型视频内容分销商占据巨大份额。与之相对的是，2012年美国报纸广告收入比2003年减少了52%，将近300家地方电视台易主。[1]

美国的传媒集团并不直接受国家或党派控制，但相当一部分媒体事实上表现出了一定的党派属性，如Fox News、NBC都是右派，尤其FOX严重偏向共和党保守派，CNN则偏左倾。而这种倾向的形成是多方因素共同作用的结果。在美国学者爱德华·赫尔曼和诺姆·乔姆斯基的《制造共识》一书中建立了一个美国传媒宣传的模型，认为美国大众从媒体中得到的信息是经历过四个过滤层之后的产物，即要符合四个方面的利益，一是符合传媒集团自身经济利益；二是要服从广告商利益，新闻内容要与广告的目标客户群的价值观保持一致；三是要与消息源保持良好关系，而这其中大量消息来自各级政府部门；四是对恶评的惧怕，要避免损害大利益集团而遭致抹黑报复。[2] 尽管与我国政府与传媒的关系有所不同，但在美国媒体向新媒体转型的过程中，美国政府扮演了非常重要的角色——一方面是"协管"，另一方面是"玩家"。为我国媒体融合中的政府参与提供了一些借鉴之处。

一　新旧媒体融合过程的"协管"

政府要对产业转型和内容起到监管作用，并促进传统媒体与新媒体的融合，即"协管"。

美国由联邦通讯委员会（FCC）对媒体进行管理，主要负责行业规则制定、防止市场垄断等，如美国的"三网融合"，就是由FCC管理实施

---

[1] 张宸译：《美国新闻业最新趋势与状况——皮尤年度报告《新闻媒体状况2014版》摘要》，《新闻与写作》2014年第5期。

[2] 爱德华·S.赫尔曼、诺姆·乔姆斯基：《制造共识》，邵红松译，北京大学出版社2011年版。

的。在美国，尽管言论自由和出版自由受到宪法保护，但政府对媒体发布内容的监管仍有两项禁令，一是涉及国家安全，二是淫秽信息，对这两项内容，媒体不能随意步入雷区。FCC对信息内容的监管在现行法律的框架下实施执行（如《儿童互联网保护法》《数字千禧版权法案》）。随着互联网领域的迅速发展，2010年，FCC将包括DSL服务在内的有线宽带接入服务纳入内容规制的约束，并加强了内容监管，集中在保护言论自由、保护少年儿童、保护个人隐私和保护内容版权几个方面。如保证儿童节目的播出时长，限定色情暴力节目的播出时间，加大处罚低俗节目力度，等等。

在传统媒体向新媒体融合过程中，政府可以在以下几个方面发挥作用。

第一，拓宽传播渠道，继续推动报网融合，台网融合，以新技术为支撑和新的生长点。在美国的三网融合过程中，体现了数字优先（digital first）的准则，以新兴媒体构成核心竞争力。中国目前正处于"两微时代"（2.8亿微博用户、6亿微信用户），面对4G网络和智能手机的大发展，必须使信息能够在多种平台共享，推送到那些不常看报纸、不常看电视的年青一代的电脑、iPad和手机上，才能走完新闻传播的"最后一公里"。

第二，创新采编形式，有效利用读者的社会资本。据2014年《皮尤报告》指出，美国约有46%的用户在社交网络上讨论新闻事件，约有十分之一的社交网络用户发布过原创新闻视频，约有11%的网络新闻消费者向新闻网站或者博客提交过自己的内容。在Web3.0时代，用户的参与度决定了用户黏度，在媒体转型中增加读者的参与度可以有效绑定读者。英、美传统媒体目前都增加了专门为读者开辟的版面，请读者提供新闻内容。UGC（用户生成内容）或者说参与式新闻不仅是新媒体（尤其是自媒体）的立身之本，也是传统媒体的灵丹妙药。但尤应注意的是，这往往也是各种嘈杂声音甚至网络谣言的发源，可能产生爆炸性的影响。如曾经出现的后海城管执法事件、故宫女导游事件，网上最早发布的视频都因视角和剪辑的缘故掩盖了事件真相，误导了网络舆论。为此，在网站或自媒体发布个人拍摄的新闻视频，必须由发布平台加以审查监管，以保证其真实性和合法性。血腥、暴力涉及隐私的镜头要打马赛克，而断章取义的照片或视频也应该加以甄别。

第三，内容制造上扬长避短，引入互联网思维。一方面，传统媒体在转型中要**扬长避短**，如英国报纸今年的主要变化是减少了新闻的比重（因为报纸的速度跟不上网络），而增加了深度评论的比重。另一方面要适应互联网时代快节奏、碎片化的阅读语境，内容要短小精悍，或具有可拆分性。

第四，尝试从多个方面抵达读者。美国传统媒体开始向教育领域扩展，将多年积累的珍贵图片和重大事件的报道、人物专访做成纸质读物或电子书（如《美国总统》）提供给中小学生阅读，获得非常好的效果。我们如果在义务教育思想政治课制作类似教材，不仅可以起到生动的思想教育效果，同时还可以培养对深度新闻报道有兴趣的未来的媒体受众。

第五，守住传统媒体的读者群和公信力。传统媒体在转型过程中可以有两个"守住"，其一是力争守住多年的读者群。《皮尤报告》显示，尽管美国直接访问新闻机构网站的人数不高，但在通过 Facebook 获取新闻的人中，有三分之一关注了新闻机构或者记者。其二则是守住人们对官方媒体的信任。当前的社会现实是，人们在经历和习惯了网上众声喧哗、谣言横行以后，反而对于网络上流传的错综复杂的信息抱有怀疑态度，复而希望听到权威的声音。政府要打造的几家拥有强大传播力影响力的主流媒体，它们必须坚决避免"官谣"，以此把自己与其他网络媒体区分开。一个典型例子是关于 2014 年 APEC 放假的真真假假。放假的消息首先由《人民日报》记者发出，在多个网络平台疯狂流传，然后《北京晚报》微博转发凤凰传媒消息说放假是谣言，又引发新的一轮网络传播，再后政务微博"北京发布"又发布红头文件辟《北京晚报》的谣。但很多人直到晚间电视播出以后才最终确定消息真假。由此可见，人们当下对于传统媒体，尤其是电视的信任度仍然是最高的，而报纸所开设的网络平台，在达到了信息快速传播的同时，如果利用不当，也有可能损害其公信力。

二 互联网上的"玩家"

同时，作为媒体新规则下的"玩家"，美国政府全力投身新媒体，利用新兴媒介建立全新的、有公信力的权威发布网络，已经对很多国家起到了示范领路作用，对我国也有一定的借鉴意义。

第一，建立以政府为核心的网络平台。2009年至今，美国政府已经成功打造了一个以白宫官网为中心、各大社交网站为延伸的政府信息传播及互动平台。在这一网络系统中，白宫网站与各大社交网站各司其职，相辅相成。白宫官网（http://www.whitehouse.gov）主要负责发布总统日程安排、近期签署的法案、热点回应等事宜，这与2009年以前并没有本质区别。然而，更大的变化来自白宫网站与各大社交媒体的深度融合。在美国最活跃、用户最多的社交网站包括Twitter、Facebook、YouTube、Flicker、Google+、Itunes、Vimeo上，白宫都建立了账号和链接。数以千万计的网民可以在自己手机的多个APP上直接关注"白宫"，随时随地接收白宫发布的信息。也就是说，白宫成为信息源，而各大社交网络成为传播渠道，吸引关注和反馈，由此既保证了信息发布的权威与可靠，也达到了互联网时代的传播速度和辐射力，在政府与公众间建立起一条开放、互动、即时的资讯传播链条。在突发事件应对、政策解读、事实澄清等多方面发布最权威的声音，如白宫网站设有"每周发布"（Weekly Address）栏目，在埃博拉疫情等重要事件时，由总统发布重大事件的视频讲话。

白宫网站可谓深谙互联网媒体的图像至上之道，其页面的主体是多幅不同规格的图片。以2015年9月28日（美国东部时间）为例，网站主页最大一幅通栏照片为奥巴马在联合国的最新讲话。下面两幅图片并列，左边是奥巴马的联合国之旅，右边是第一夫人米歇尔一幅明显是自拍的照片，其内容是关于第一夫人在世界各地帮助6200万女童得到教育机会。在这三张新闻图片下面，是作为常规栏目的三幅照片，左边为"总统的一天2015年9月28日"，配有奥巴马当天与人在办公室谈话的照片，这是一个每日更新的栏目。中间为"与我们联系，将你的问题与故事告诉总统"，这是一个鼓励受众参与的栏目，配图是奥巴马手持电话话筒，面对镜头富有亲和力的微笑。右边是每日照片，是白宫摄影办公室提供的多幅照片的拼图——当然，所有这些，点击进去是更多的照片。

从报纸时代到电视时代，对影像的掌控一直是美国政治家最重要的媒体策略。美国普选制度下，选民受教育程度参差不齐，决定选情的可能不是报纸刊载的助选文章，而是新闻图片与视频。正如马基雅维利所说："人人都能看见你表现得怎样，但是只有很少人有亲身经历知道你的真实情况"。在互联网普及之前"美国政治在很大程度上就是一场争夺电视影响控制权的竞赛"[1]。现代信息社会已进入图像驱动（picture-driven）时代，在互联网尤其社交网络支持下，图片传播速度快，冲击力大，对舆论有着巨大影响。

中国政府近年顺应互联网移动化、社交化、视频化、互动化的新趋势大力建设政务微博。截至2013年年底，认证政务微博账号已经超过24万。但数量虽巨大却比较分散，在级别、地区、职能上分布不均，呈现一种结构性失衡，尤其缺乏一个以国家权威发布为核心的整体网络把它们有机联系在一起。由国务院办公厅主办的"中国政府网"尽管开通微博和微信，但还缺乏足够的吸引力。

第二，政府部门广泛使用社交媒体，增强与民众互动。2009年5月，美国政府推行《政府开放令》（Open Government Directive），鼓励各政府部门采用Twitter和其他社交媒体，两年以后的2011年，以联邦政府名义开设的Twitter账号超过500个。这些账号成为民众与政府职能部门沟通的渠道。在使用这些社交媒体时，注重运用互联网思维，力图冲破政府部门"高高在上"和"遥不可及"的形象。譬如美国国务院账户的签名档是当日的值班人员，更有亲和感，内容上强调交互对话与即时反馈，还会使用网民熟悉的互联网语言。中国的一些政务微博，如"平安北京"等在互联网思维和人格化、亲民化方面是非常成功的尝试。但也有大量政务微博仅仅用于信息发布，与网民少有互动，粉丝数量非常少，并不能起到良好的传播效果。

第三，对重大事件的报道设立专门讨论平台。美国政府对于墨西哥湾石油危机、波士顿马拉松爆炸案等重大或突发事件，会单独设立Twitter账号，并要求Twitter参与某些讨论。一方面，这可以将民众的关注集中在官方发布平台，不被网络中错综复杂的真真假假的信息误导，保证重大事件中信息发放的权威与准确性。另一方面，这也是政府部门账号吸引粉丝的渠道——民众被要求先在Twitter上关注相关政府机构（比如"联邦紧急事务管理局"），由此，关注过这些事件的民众，日后便也自动成为该政府部门的信息接收者，扩大了政府信息的受众面。我国的政务微博也

---

[1] 《完美图像》，北京大学出版社2015年版，第31页。马基雅维利语原出自 Niccolo Machiavelli, *The Prince*, ed. *Quentin Skinner and Russell Price*, Cambridge: Cambridge University Press, 1988, p.63.

可以以这种方式扩大自己的受众数量,增强影响力。同时,我国致力于打造几家有强大实力和公信力、影响力的新型媒体集团,形成立体传播体系,也可以在这些媒体集团中就重大事件建立固定的讨论平台,也可以让民众集中关注焦点,并吸纳更多受众。

第四,用自媒体的特点打造领导人形象。奥巴马大选的胜利本身就是互联网界的胜利,获得的 6 亿美元的竞选经费中,87% 从网络募捐而来。大选时期他在 YouTube 上有超过一千个视频流传,总观看人数大大高于其他所有候选人。奥巴马在任期间,他拥有多个社交媒体账号。截至 2014 年 10 月 20 日,奥巴马在 Twitter 上发布的推特达到 12600 条,粉丝达到 4840 万人。奥巴马不时用自己的自媒体发布白宫生活照、自拍照、与其他国家领导人的私人合影等,符合网络时代的潮流,大大增加了在青年人中的亲和感。2013 年,全球有 77% 的领导人开设了社交媒体账号。[①] 中国互联网上流行的某些作品,如习大大漫画、卡通视频"领导人是怎么炼成的"等也具有空前意义,使得领导人的形象产生前所未有的亲切感。

第五,推行"网络外交",利用互联网的无国界性占领国际舆论阵地。2011 年美国之音停播汉语普通话和广东话对外广播,同时英国广播公司也取消中文普通话广播,"表面上看,这两家媒体是因经济危机导致的预算紧张而被迫'瘦身',但从深层原因分析,其是在利用网络和新媒体争夺话语权。管理美国对外宣传机构的'广播管理委员会'称这是其对华传播的重大调整,即对华传播将主要依靠多样的新媒体传播方式,如社交网站、手机网站、以及视频、音频、博客和播客等形式"[②]。美国主要媒体开办多语言网站或手机阅览客户端,力图发展海外市场,如纽约时报中文版网站,华尔街日报 APP 客户端,等等。美国国务院专门立项发展其在社交媒体中的运营,开设多达 10 个语言的不同账号。欧洲所有国家的政府机关都开设了社交媒体账号。"推特外交"(Twiplomacy)成为最新、发展也最快的外交形式。由于中国不能使用推特,外国政要们甚至纷纷开通中文微博账号,2012 年 5 月,十几名美国州长、市长同时开通新浪微博。而几乎与此同时,三位英国伦敦市长候选人还在中国的微博上

---

① 《全球 77% 领导人用社交媒体 美国国务院花 60 万加粉》,《新京报》2013 年 7 月 27 日。

② 王翀:《新媒体对国外传统媒体的冲击以及对我国传媒的启示》,《中国传媒科技》2013 年 8 月。

为竞选展开了激烈辩论。在发布内容上，陆克文使用地道的中文，小布什的弟弟尼尔布什则说出"织围脖"等人气网络用语，以争取中国粉丝。

有趣的是，政治与互联网文化的结合，反而呈现出泛国际化和去政治化的特征。当美国的网络政治平台延伸到中国大陆时，屡屡遭遇网络狂欢。2012年2月，奥巴马Google+账号被中国网民刷屏，大抢沙发，留言多为"强势围观""前排卖瓜子""火前留名""求互粉"等网络热帖回复用语或者"推广汉语人人有责"等网络幽默。而之前中国网民更在白宫请愿网站上发起了对于甜咸豆腐脑的恶搞式请愿行动，请美国白宫对于豆腐脑到底应该是甜的还是咸的做出回应。2014年10月白宫请愿网站上排名前十的民众请愿，除了有国内重大议题如最低工资标准以外，还有日本海豚、斯里兰卡等国际问题，以及"白宫的啤酒配方"。

第六，在语言方面，互联网上英语的使用频率占84%，中文仅占1%，在互联网外交新形势下，中国也需要增强在英语互联网世界的话语比重。首先可以大力支持国内媒体建立英文网站，让传统媒体的影响力向赛博空间延伸，借网络之力走出国门。其次，在西方流行的社交平台如Twitter、Facebook建立英文账号，由此在西方与英语世界里增强我们的声音，在互联网舆论引导方面发挥主动，避免出现2008年西藏事件的被动情况。最后，有效利用某些我们自己的信息平台，如微信。微信因其强大而廉价的通信功能已经在很多国家广泛使用，应该充分发挥这一优势，建立多种语言的微信公众号强力推送信息。当遇到突发重大事件时可以及时发布权威的声音，以摒除网上各方势力发出的杂音、噪声，在平时也可多宣传推广中国文化，展示中国软实力、表达文化自信。

（郑以然：首都师范大学文化研究院）

"资源基础理论"视野下
地方报业资源战略研究
——以钱江报系媒体电商业务为例

黄 淼

摘要：本文以"资源基础理论"体系中的"资源异质性"概念为理论工具，借助笔者实地调研访谈所得的浙报集团钱江报系媒体电商业务的实证数据和资料，对中国地方报业在转型和创新中的资源战略进行讨论。提出三类具有较强异质性的资源：整合渠道资源、媒体公信力和品牌影响力、本地优势和社会资本。对这三种资源的异质性特征和可实践性进行理论论证，并借助钱报媒体电商业务的实证资料进行呼应。

关键词：资源基础理论 资源异质性 媒体电商

现代战略管理理论主要有两大方向：一类是迈克尔·波特的竞争优势外生论，另一类则将企业内部的资源和能力作为战略管理的着眼点，"资源基础理论"（Resource-based View）就是其中的代表。该理论认为，如果企业希望获取超额利润和保持长期竞争优势，其战略管理的重点应为：优势资源的识别、开发、培育、提升和保护[1]，相关理论研究主要聚焦于三类问题：资源具有哪些特性；如何获得优势资源；异质性资源如何带来竞争优势。[2] "资源异质性"（Resource Heterogeneity）是该理论的核心概念，它指的是企业所拥有和控制的，可以为企业带来长期竞争优势的特殊资源，它包括四个特征：有价值的、稀缺的、不可完全模仿、不可完全

---

[1] 吉海涛、楚金华：《基于资源基础理论的资源型企业社会责任特殊性分析》，《辽宁大学学报》2009年第4期。
[2] 温晓俊、刘海建：《战略管理研究所应遵循的理论基础：资源基础观与交易成本理论》，《中央财经大学学报》2007年第8期。

替代。[①]

对于正处在转型过程中的中国报业来说，开发和利用存量资源是一项重要的战略管理课题。然而，"存量资源"的概念并不能准确描述报业资源的独特性，而且这个概念尚未获得充分研究论证，没有形成可供应用的指标体系，所以无法成为可操作的资源取舍标准。"存量资源"的这些缺陷却可以在"资源异质性"的概念体系中得到弥补。同时，"资源异质性"所属的内生取向的资源基础理论，比外生取向的竞争优势理论更适用于中国报业的战略管理，因为中国的传统媒体企业，尤其是地方报业，大部分处于寡头垄断竞争的市场环境中，竞争者对价格和需求的控制力在长期的市场博弈中已经基本定型[②]，所以竞争优势理论强调的差异竞争战略在地方报业市场中指导意义相对有限。

从转型的核心命题出发，报业因其特殊的身份地位，在长期经营中积累了诸多极具异质性特征的资源，但这些资源在旧的纸媒商业模式中并未得到充分利用，主要包括：整合渠道资源、媒体公信力和品牌影响力、本地优势和社会资本。[③] 而自2013年以来普遍出现在中国报业中的"媒体电商"新型业务，基本上可以同时实现对这三种既有资源的整合开发和再度利用。实际上，本文是以媒体电商为例考察中国地方报业商业模式创新的整体研究中的一个组成部分，是将"资源基础理论"中"资源异质性"概念与报业实证数据和资料相结合的阶段性研究成果。本文所使用的实证数据和资源来自2014年12月在浙江日报报业集团钱江报系有限公司的实地访谈。

一 整合渠道资源

在传播渠道垄断的时期，媒体的内容和渠道都具有独特价值、稀缺性、不可模仿性和不可替代性，而垄断被打破后，这些资源价值随之降低，即其异质性程度降低，但作为一种存量资源并不会凭空消失。从管理角度来说，资源价值的降低并不应该成为绝对的取舍标准，尤其是在这种

[①] 姜忠辉、赵德志：《企业资源基础理论述评》，《市场周刊·理论研究》2007年第9期。
[②] Gillian Doyle, *Understanding Media Economics* (Second Edition), Sage, 2013, p. 13.
[③] 宋建武、黄淼：《新媒体的语法规则下中国传统媒体集团的新媒体发展策略》，《新闻与写作》2013年第1期。

资源的异质性并未完全泯灭的条件下。而且，对于一些迅速崛起并广受欢迎的新型媒体工具，如社交媒体，传统媒体也在积极探索和适应，当然前提是他们已然认识到对新型传播模式的适应力决定未来的生存能力。其中，渠道资源相较于内容资源具有更高的异质性，因为支持渠道运营的成本门槛高于内容运营，而渠道经营的边际成本递减和边际收益递增是媒体经济有别于其他任何经济体运营的典型特征。[①] 从这个意义出发，报业的渠道资源仍具备异质性特征。

钱江报系运营的电商业务整合了报系旗下四个方面的渠道资源：纸媒、电商网站、微信矩阵和线下门店。纸媒包括《钱江晚报》《今日早报》和副刊《码上生活》，电商网站是"钱报有礼"电商平台（u-line.net），微信矩阵是以《钱江晚报》官方账号为龙头的30余个微信公众号，其中资讯号用于推送商品和活动信息，服务号用于线上销售产品，较为核心的微电商服务号是"钱报有礼电商""钱报TOWN"和"杭州吃货"，截至2014年12月，"杭州吃货"服务号的粉丝量已超过10万。除线下门店以外，前三种渠道资源都具有边际成本递减和边际收益递增的传媒经济独有特征，符合"不可完全模仿"的特征。更重要的是，钱江报系从报系层面对这些渠道资源的整合利用所产生的价值远大于它们单独存在所能发挥的价值。三种媒体渠道之间的连通大部分借助于二维码、超链接等技术，以及内容与产品的相互嵌入效果，而线下门店则以真实体验的方式与虚拟信息传播和商品消费相呼应。由此，整合效应中呈现出渠道资源的"价值性"和"稀缺性"。而"不可完全替代性"则与钱江报系作为杭州乃至整个浙江地区主流都市媒体的本地化特征紧密相连，这一特征将在"本地化和社会资本"详述。

二 媒体公信力和品牌影响力

媒体公信力和品牌影响力被认为是媒体电商最具稀缺性的资源，稀缺性来自多个方面：政府背景（官媒和国企）的信用背书、新闻公正和客观立场的价值、本地信息服务的价值等。但与此同时，公信力和影响力也被认为是最容易受到不当商业行为侵害的脆弱资源。如虚假新闻、虚假广

---

① Gillian Doyle, *Understanding Media Economics* (Second Edition), Sage, 2013, p.14.

告,或名为新闻报道实为商业营销的"软文"。概言之,这种资源最具独特价值,但价值的维系又最为困难。

在媒体电商的实践中,就公信力和影响力这类资源而言,不仅利用与保护之间的冲突更加凸显,稀缺性带来的价值也更加直接。前者体现在,当媒体从信息提供商拓展到具有信息服务功能的产品和服务提供商的时候,公信力和影响力的货币化不仅仅通过为广告商做信用背书而实现,而是通过销售产品和服务直接实现。换言之,公信力和影响力的货币化路径缩短,媒体距离市场和消费者更近,利润空间或许更大,而公信力和影响力受损的风险系数也随之上升。尽管如此,媒体电商从业者的态度和实践却提供积极的论据。钱江报系有限公司总经理、钱江报系电商项目总负责人接受访谈时提出:"报业做电商,永远离不开报业。"换言之,将传统内容生产中对媒体公信力的坚守延续到电商业务的经营中,同时立足于长期可持续运营对品牌影响力进行维护,那么电商业务不仅不会损害公信力和影响力,还可以凭借与消费者和供应商更加紧密的联系,即商品和服务的销售,更有效地树立公信力和影响力。简言之,这类资源的利用与保护的冲突在媒体电商中的解决之道可以概括为"将'媒体'置于'电商'之前"。

"保护性开发"的态度常被用于具有商业价值的历史资源的保护和利用问题,这一理念或可借用于此。在钱报电商实践中,类似于"保护性开发"的运营手段体现为两类:对社会热点问题的回应和农业扶贫项目。前者的典型案例有:禽流感时期解读冷鲜鸡市场状况并销售健康冷鲜鸡,冬季时令解读野山参食用方法并销售野山参。后者的典型案例是将边远贫困地区的"高山茭白"引进杭州市场,钱报有礼电子商务有限公司副总经理将这个项目的积极效果总结为两个方面:帮助贫困地区农业种植者打响特色农产品品牌,从而提升市场议价能力;丰富杭州市民餐桌,体现都市报的生活服务价值。这两个积极效果得以实现的前提,那就是媒体电商对农产品质量的严格把关,在此之后方可投入作为媒体的信用背书。

在传统新闻内容生产中,"商家标识"是判断软文的关键,被新闻专业主义者作为新闻公正的禁区。如前所述,"软文"是对媒体公信力资源造成损害的主要原因之一。基于这一前提,媒体电商对公信力和影响力的"保护性开发"是否成立?笔者认为,正如这类资源的积累并非朝夕之事,类似于"保护性开发"的客观效果也有待更多的市场反馈来验证。

就目前而言，根据钱报电商所提供的资料，尚未出现负面的消费者反馈。

三 本地优势和社会资本

地方报业媒体生长于具有区域特征的本地社会中，在长期的公益性和商业性的新闻产品和服务运营过程中建立起了与行业和社区稳定的联系，这种联系从"社会资本"的理论视角出发，基本可以符合"资源异质性"的四个特征。"社会资本"的理论视角在传媒研究中已有诸多应用，包括媒体素养、媒体职业伦理、社交媒体参与感以及传媒产业等方向，其中在媒体管理领域，社会资本作为一种生产和经营资源①，也就是传媒在传播活动和广泛联系过程中形成的公信力、职业规范、服务精神、广泛的社会网络等。② 而本文主要关注的本地社会资源，是指媒体的影响力所及的、不仅局限于受众的所有利益相关方，包括政府、广告商、供应商、受众等众多的行动伙伴。③ 具体到媒体电商实践中，行业资源和社区资源可以看作具有本地优势的社会资本。

地方报业编辑部内拥有面向地方社会各行业的专业内容生产团队，这些团队在长期的新闻生产中与相关行业建立起了非常亲密的联系。钱江报系的经济部利用积累下来的股市专家资源，建立微信公众平台"钱哥私募沙龙"，每日为用户推送专家选股思路，由此建成了用户黏性极强的传受互动平台。而钱报微信矩阵中另一个拥趸众多的公众号"浙江名医馆"则是发展自"浙江微博医生"，这个微信号上线不到一个月就粉丝过万，而且具有极高的用户黏性。④ 原因就在于它提供了具有较高稀缺性的资源："不用挂号，名医与你面对面"——将89个医疗国家队的专家资源引入线上，对用户开展"面对面"的诊疗服务，此后这个微信号又推出了"在线领取化验单"的服务。由此可见，在选股信息和医疗服务这样专业程度较高的行业中，传统媒体相比于其他社会和商业单位都具有更强的社会资本优势，而资源开发的关键就在于利用新的传播工具，如微信平

---

① 李庆林：《传媒经济的实质是社会资本与经济资本之间的转化》，《经济研究导刊》2008年第13期。
② 陈力丹：《社会资本：理解媒介经济的新视角》，《中国报业》2007年第2期。
③ 刘年辉：《社会资本与媒体产业发展》，《新闻与传播研究》2012年第2期。
④ 李晓鹏、刘硕：《微信集群推动全媒体融合》，《中国报业》2014年第17期。

台，使行业资源能够直接有效地为用户创造价值，随之也就可以为传统媒体实现价值。①

一方面，地方报业的社区资源主要通过都市报社区板块的信息服务和报纸投递服务积累而来，另一方面是通过政府公益项目进入社区服务领域。前者的实践案例是钱江报系的社区电商项目"窝里快购"；而后者的案例在目前的钱报电商中尚未出现，山东大众报业旗下《齐鲁晚报》在此方面有所探索，报社与历下区委区政府、姚家街道办以及名士豪庭社区居委会、名士豪庭第二社区居委会合作建设的便民电商网站，其中的主打服务是提供社区居民日常服务中需求较多的家政服务结合，此外还有信息服务和文化服务，其最终目的是将社区新闻平台发展为社区综合服务平台。

在报业转型的探索中，"内容生产"通常被认为是核心资源，而诸如渠道整合、公信力和影响力的保护和利用、具有本地优势特征的社会资本的利用等具有明显"异质性"的独有优势，却往往被忽略。这或许恰可证明这些资源是媒体经营者"身在其中而不自知"的独特资源。当然，对这些资源的战略性经营仍存在许多挑战。例如，渠道整合中如何与纯粹的新型媒体竞争，公信力和影响力是否可以实现"保护性开发"，本地化的社会资本究竟带来创新的激励还是守旧的惯性。正处于稳步上升过程中的报业电商探索将通过实践来寻找这些问题的答案，而本文仅试图为这种新型业务在资源战略理论上树立一定的合理性，并借助实证材料为业界提供参考借鉴。

（黄淼：英国格拉斯哥大学文化政策研究中心博士研究生）

---

① 宋建武：《媒体融合重在构建现代传播体系》，《青年记者》2014年第6期。

未来五年广电媒体发展形势预期与政策研究

常 昕

摘要：在互联网化大潮的冲击下，广电媒体遇到了前所未有的生存压力，尤其是移动互联网迅速普及之后，传统广电产业扩容压力增大、有线电视业务下滑、宽带数据业务停滞等问题，是广电从业者必须面对的现实。与此同时，在"互联网+"思维的主导下，互联网带给广电行业巨大的创新动力、机遇和空间。对传统广电媒体而言，与互联网的深度融合不仅创造新的发展生态，而且将深刻改变行业的内在结构、塑造受众全新的数字消费习惯。从广电政策环境的层面看，有两大维度需要从业者着力关注并内化。一是针对广电传播内容的约束力逐年增强，行业广告创收的增幅由此直接面临缩水压力；二是在2014年8月习近平提出的"推动传统媒体和新兴媒体融合发展"的纲领性意见指导下，一系列主导传统广电与互联网融合发展的利好政策频频出台。面对大数据、云计算、人工智能技术引发的"智慧浪潮"，行业主管和政策出台方力主传统广电向"智慧广电"的目标进行转型升级。

关键词：融合与跨界 互联网电视 广电+ 公信力 传播力 影响力

一 广电媒体发展现状与既存问题

（一）融合：搭载移动互联 扩大优质内容传播力

移动互联网带给用户最直观的感受之一是媒介终端的智能化和随时随地的上网体验。与WAP技术不同，智能终端用户更多地借助APP（Application的缩写）应用程序实现消费、资讯、社交、生活服务等需求。同时，用户的快速激增也吸引了越来越多的技术力量、资本力量介入APP开发和推广,可以说,目前移动终端的APP服务已遍及人们日常生活的各个角落,已经将用户进行了无限维度的细分。因此,从信息传播平台的角度而言,我们正在经历着一个被APP渗透和影响的"APP传播"时代。广播电视的内容优势借助移动互联技术和"APP传播",得到更广泛传播,内容的存在形式、视听渠道、受众面貌、互动形态等都在发生变化。

(二)跨界:传统广电创新发展生态

1. 创新商业合作,延展内容边界

2015年3月20日,华数集团与全球知名纪录片频道——探索(Discovery)正式推出高清付费频道"求索记录"。双方采取了合资共建内容制作、发行公司的办法(前者拥有公司51%股权,后者拥有49%股权),两家公司在杭州设立注册资金为2000万美元的合资公司,联合投资、制作高端纪录片产品。这种合作方式至少体现为三方面的创新价值:一是填补了高清电视内容,尤其是高质量纪录片内容的空白,有助于扩大付费用户的规模。二是合资共建的方式优于以往单纯版权交易的做法,经验、资源和资本上的借力可以带动国内广电企业高品质内容产品的可持续创作、生产。三是帮助广电企业扩展移动端的战略布局,利用优质内容扩大移动传播和互动。

2. 行业跨界,突出广电的平台价值

自2015年以来,广电行业开始突破固有领域,向电影、游戏、电商等领域跨界。广电与其他行业的复合,意味着广播电视已不单纯是内容提供者,而成为针对不同需求用户的综合服务供应商。广电逐渐成为用户享受交互体验和便捷服务的多功能平台。

作为我国有线网络行业的首家上市公司,歌华有线在行业跨界方面表现出明显的主动性。2015年6月14日,歌华正式宣布与中影、阿里等发起组建中国电视院线运营公司。该公司由30个省市有线电视网络运营商绝对控股,占出资额的62%,目标是覆盖全国2000多万高清交互用户,辐射近两亿有线电视用户,力主建设全球最大的家庭观影平台。中影的引入加强了内容以及渠道推广的权威性,最大限度消除在业务开展过程中可能存在于内容以及渠道方面的障碍;以阿里巴巴为主运营方,利用互联网企业的运营经验,增强电视院线的运行活力。6月15日,歌华进一步宣

布联合全国近 30 家省市有线电视网络公司和互联网、游戏业巨头发起成立"电视游戏产业联盟"。广电行业的平台化意愿得到进一步表达。

与电商合作开展"电视淘宝"业务的代表是吉视传媒。2015 年 6 月 10 日，吉视传媒发布公告称，已与杭州华数智屏信息技术有限公司①签署《电视淘宝业务合作运营协议》，双方将就"电视淘宝"业务在吉视传媒提供的平台上开展业务合作。这项基于电视屏的购物业务，其商品系统、交易系统、物流系统及数据系统与淘宝全部打通。华数智屏负责"电视淘宝"业务的设计、开发、维护、招商、运营和客服工作。双方将从 2015 年 6 月开始合作，并约定以佣金收入按比例分成，从 2015 年 12 月开始基于业务收入进行分成。此外，吉视传媒还将与相关第三方支付平台进行合作，打通"电视淘宝"的支付通道。"电视淘宝"的落地意味着电视成为电商服务终端之一，为用户加载了新的服务选项。

3. 传统广电试水 O2O 打造电子商圈

O2O（online to offline）密切结合电子商务、移动互联与自媒体，成为最受推崇的新媒体营销方式。传统广电充分利用 APP 传播便捷和个人化的优势，采取 O2O 方式试水电子商务，在扩大业务触角的同时，也扩大了媒体影响力，拓宽了创收渠道。2015 年 3 月，无锡广电推出"智慧无锡"APP 并尝试了一项创新之举：对接桃商和顺丰快递，借助 APP 的传播力，销售了 6000 多箱桃子，销售额近百万。地方广电与用户之间的接近性和传播的本地化，决定了无锡广电的此次尝试有可供推广的价值，有助于帮助传统广电借助移动互联打造地域性电子商圈。

（三）危机：广电媒体品牌影响力承受挑战

广电媒体的品牌影响力源自优质的传播内容、广泛的用户需求和视听基础以及较好的用户忠诚度。在传统媒体占据主导的时代，广电媒体具备强势媒体与生俱来的品牌影响力。但在媒体融合的当下，广电媒体赖以生存的内容生产优势在外界 UGC 的快速演进下日渐式微，受众选择的主动性和范围宽容度增大，使其与广电媒体之间的黏性变弱，受众培育的难度变大。从分析来看，电视在内容制作方面的挑战或转变主要来自两大方

---

① 杭州华数智屏信息技术有限公司是阿里巴巴集团授权的基于电视屏幕开发、运营"电视淘宝"业务的关联公司。

向：一是随着视频节目内容生产的快速市场化，独立制片人、民营制作公司的力量日臻强大成熟，逼迫电视媒体必须采取合理的制播分离方式，以合作求发展。二是视频网站借助资本力量正在快速切入电视内容制作市场，推出自制剧、自制节目，并且与剧集制作方、电视台等合作，播出相关内容，挤占电视机构赖以生存的播出平台。

广电媒体品牌影响力的压力还源于其自身形象标识建设的迟缓或不重视。目前，国内广播电视台多以行政地域名称命名，××广播电视台或××卫视。命名方式是与播出平台绑定的，电台、电视台、有线网大多如此。但在进行新媒体或全媒体运营过程中，这种命名方式显然很难成为涵盖所有业务领域的标志性品牌。所以，近年来电视媒体开始推出"芒果""新蓝""中国时刻"等品牌，希望以此复合新媒体传播诉求，形成有品牌认知度的全媒体传播窗口，但仍需要时间去培育和推广。

（四）切分：广告市场受挫缩水

首先，互联网视频、社交媒体和移动终端业务的高速发展正在快速切分传统广电的媒体影响力和市场蛋糕。传统广电的收视率势必会由于新兴收视业态对用户的聚拢而下降，从而直接导致广告份额的下降。2013年，我国互联网广告收入为1100亿元，仅比居于首位的电视广告收入少1.1亿元；2014年，互联网广告营收规模超过1500亿元，同比增幅超过36%，而电视广告收入为1200多亿元，增幅尚不足10%。[1] 可见，广告向新型媒体的流动速度要远超传统广电，而且，互联网广告收入已超过电视，成为五大媒体中的第一广告媒体。在此局面下，电视台体系内部马太效应加剧，弱势卫视广告流向强势卫视，地面广告流向卫视。广电占有的整体市场蛋糕在缩小，内部流动性又加剧了行业本身发展的不平衡性。

其次，高清互动点播将用户的收视行为由线性向非线性引导，这也在很大程度上改变着电视现行的广告模式，即以播出时段的收视率价值为标价度量的模式。广电媒体的广告资源随着用户收视的细分和非线性传播而被打散。

最后，互联网广告人均花费超过电视广告。CNNIC统计数据显示，

---

[1] 《2014年互联网广告收入已超过电视广告》，http://www.admaimai.com/News/Detail/2/122166.htm。

截至 2014 年年底我国网民共有 6.49 亿,人均每天上网时间 3.73 小时,合 224 分钟。CSM 收视调查数据则显示,2014 年,我国城乡电视观众规模为 12.78 亿,人均每天看电视时间 157 分钟。由此推算,人均每分钟互联网广告花费约为 1.03 元,人均每分钟电视广告花费约为 0.6 元,二者差别明显。今后一段时间内,互联网广告收入增长的幅度仍将快于网民规模和人均上网时间增加的幅度,人均每分钟互联网广告花费水平仍将提高,并和人均每分钟电视广告花费的差距继续拉大,互联网成为市场愈加倚重的广告媒体。

二 "广电+"力促转型升级 扩大广电传播力

2015 年 7 月 8 日,国家新闻出版广电总局副局长田进在广电改革发展高层论坛上提出"广电+"的概念并做出三方面解释:第一,所谓"+",就是原有广电的升级,就是要打造升级版的广电。第二,所谓"+"同时也是增加的意思,就是广电的扩容,增加非广电的业务、功能。包括增加电子政务、电子商务、远程教育、远程医疗等其他综合信息服务。第三,所谓"+",当前最迫切的就是"+互联网",即要拥抱互联网、占领主阵地。要通过"+互联网",尽快实现广电技术、内容、业务、形态、功能等各方面的转型升级,全面提升广电的传播力、影响力、竞争力。[①]"广电+"流露出政策运行层面对广电媒体向融媒传播转型的积极性和主动性。

(一)广电内容——大小终端——用户服务形成闭环

"广电+"的核心要义是在业务内容、终端、服务功能等方面扩容,而广电扩容和转型升级的目的始终明确,即以用户需求为导向和宗旨,以技术发展促动内容和服务形态的创新,稳固并扩大用户规模,提高传播有效性和影响力。

广电内容、大小终端、用户服务三者之间闭环的形成依赖智能电视的技术进步、互联网技术企业和移动端产品的密切配合。2015 年 3 月,彩电生产商海信同时与未来电视(央视网络台的互联网电视业务公司)、爱

---

① 田进:《用"广电+"概括全面转型升级》,《中国新闻出版广电报》2015 年 7 月 10 日。

奇艺 PPS、搜狐视频、腾讯视频、优酷、土豆等 11 家视频网站签约组成视频共享联盟。以往智能电视厂商与单个广电企业或视频网站在软硬件上合作的方式较为常见，此次海信的做法无疑试图在内容的包容性、用户的可选择性等方面更进一步。同一时期，数字电视机顶盒研发运营公司数码视讯也披露了其与华数传媒、湖南有线、广西广电和新疆广电的战略合作。可以看到，技术企业和互联网企业正在通过电视硬件、电视盒子、电视操作系统、节目内容提供等各种渠道进入广电领域，在上下游与广电行业形成对接。

用户互动性的增强也源于广电吸纳多接口的主动性。如小米盒子自带的服务协议 Airplay、Miracast 等可以帮助用户在电视和手机间实现内容的无缝对接，充分发挥移动端的便携性以及电视端大屏和高清的优势。如此一来，大小屏幕之间形成互动，电视用户的黏性也会由此变强。

（二）互联网电视（OTT）：广电与移动互联相互借力

在"三网融合"理念推行之初，广电行业即把互联网电视作为业务发展的一项重点进行推进。在移动互联技术日臻成熟和智能电视普及推广的当下，互联网电视（OTT）真正开始落地于千家万户，并将互联网的运营商、内容服务、商业模式和竞争引入电视屏幕。

互联网电视集中展示了广电、电信、互联网三者之间的竞合关系。对传统广电而言，OTT 有助于稳固广电用户群、保障开机率，但是传统广电缺少移动网络，必须依赖电信的支撑。对于电信业而言，可以抓住用户的用网、计费、认证等功能，但它并不能直接面对用户，用内容吸引用户，记录用户的收视行为等；对于互联网企业而言，其从 OTT 中的受益源于它将大量非广电行业的节目源引入大屏幕，吸引受众进行跨屏互动。但互联网公司的视频源在很大程度上要受制于政策监管，且引进节目需要消耗大量成本。

分析以上可见，广电、电信、互联网三者发挥各自的强项，并保持一种优势互补且均衡的关系，保障了互联网电视的实现和运转。但是值得注意的是，在智能化欠发达的情况下，广电可以借助相对封闭、可管可控的内容生产和传输渠道，在传播链条上占据主动和主流，而在移动终端、社交网络上，传统广电的内容、渠道已处于弱势。如今 OTT 平台虽然可以帮助电视稳固部分受众，但受众非线性自主选择的内容有多少是传统广电的原生产品？传统广电应该拿什么与OTT新平台的内容和互动优势进行竞争？这是广电业亟须思考的问题。

（三）利用数据和云智能细分受众

对于数据的利用最大的意义在于对受众的细分和由此带来的精准化营销，这对解决广电在互联网电视和高清点播环境下被动的广告分流或许有助力。在有线广电时代，机顶盒的重要作用之一在于记录用户的视听行为，这实际上是大数据的一条重要来源。在广电与互联网之间广告竞争加剧的情况下，视听数据的利用率应得到重视。在智能电视的环境下，用户更频繁地、更多渠道地创造着大数据，包括内容播放频次、热度分布、用户产生的内容等，对用户行为的智能化跟踪、对用户关键信息的分析显得更有必要。与大数据的生产、存储和分析相匹配，云存储技术在未来有望得到价值凸显，帮助提升广电的智能化和用户服务的针对性。

（四）深入无线业务领域　放大用户规模

值得注意的一个问题是，随着OTT平台的逐渐开放和电视盒子普及度的提高，有线广电面临用户退订的尴尬局面，广电企业的收视费已增长乏力。形成对比的是，作为移动互联网业务的主要终端，智能手机、平板电脑等小屏设备的销量增幅明显。分析原因，一方面是由于小屏设备的便捷性和互联网视听内容的易得性、丰富性；另一方面则是移动端设备与无线网络更紧密的黏合度。广电在与移动互联对接的过程中，单纯依靠内容优势已不足够，必须在网络服务上提供更便捷的入口，转变业务模式，才能保持自身价值并吸引用户。

在推行无线网络服务方面，通信运营商和互联网企业都远远走在前面。如电信、移动和联通三大运营商自2010年便开始逐步启动大规模的无线Wi-Fi网络建设，目前部署的无线Wi-Fi热点规模总数已达到200万以上，吸纳了大量的智能手机和平板电脑用户。互联网公司方面，360公司推出的免费Wi-Fi刺激了用户规模，并且能够详细获取终端用户的地理信息和实时需求，为向用户提供更具针对性的信息服务和广告投送等业务提供坚实的技术获取手段。

在广电领域，歌华有线和东方有线网络有限公司的有线通较早开始无限网络的业务布局，但在激烈的市场竞争中，其业务覆盖面并不广泛。

(五) 车联网拓展移动收听新兴市场

2010年年底，汽车移动物联网（车联网）项目被列为国家重大专项第三专项中的重要项目。随后，车联网系统开始应用和普及，并逐渐成为移动互联网、物联网向业务实质和纵深发展的必经之路。据工信部的统计数据，2014年我国累计生产汽车2370多万辆，产销量保持世界第一。易观智库进一步预测，2015年，我国汽车产量将达到2500万辆，车联网市场规模有望突破1500亿。而在车联网的"超级蓝海"中，车载移动收听市场的竞争才刚刚起步，这种竞争也将随着车联网系统的进一步智能化而更加激烈，并推出适应汽车用户个性化需求的产品和服务。

1. 依托LBS技术，提供精准交通路况

传统的交通广播播放的路况信息通常是针对整个地区的，如北京各个环路、各区县听到的路况是完全一样的，并不具备针对性和个性化。这条路况信息对绝大多数司机来说是冗余信息，传播是无效的。LBS（Location Based Service）技术的出现可以帮助路况播报走向精准。当然，"一对众"的传统广播很难实现这一点，"一对一"的自媒体移动电台则具备了相应的实施条件。借助车载智能终端或智能手机等设备，移动电台可以定位车辆位置，只向用户推送周边5公里的路况信息，提高信息服务的准确性和有效性。除此之外，移动电台还可以借助LBS向用户播放周边几公里的商铺打折信息，与线下店铺合作，实现精准广告推送。

2. 移动电台与汽车厂商的合作更为紧密

目前，CallCenter、云平台与语音识别技术等均已开始与国内外车联网产业深度融合。比如，通用的安吉星系统、丰田的G-Book智能副驾系统等，利用CallCenter和语音识别帮助用户实现紧急救援、防盗跟踪、道路救援等，国内东风日产、上汽等品牌也都拥有了属于自己的车联网系统。近年来，众多智能移动电台也纷纷看好车联网系统和汽车预装平台，希望进入汽车产业链的初始段，开发新的盈利增长点。早在2014年1月，QQ音乐就宣布与福特汽车的SYNC车联网平台合作，为福特系列汽车提供内置音乐资源。车主可通过按键和语音操作，选择本地歌曲或进行个人歌单定制。在2015年4月的"2015喜马拉雅大会"上，喜马拉雅电台推出通过汽车点烟器驱动的小型音频硬件"随车听"，并宣布将与汽车厂商合作进行出厂预装。多听FM也推出了车载智能硬件"多听V电台"、考拉 FM 开发了智能音箱等，移动电台之间的竞争从线上逐渐走向汽车行业前端。

可以预见，汽车智能化程度的逐渐增强将促使人们对车载服务的需求愈加旺盛。尤其是随着自动驾驶汽车技术在未来的实现和实施，汽车用户对车载视听服务的需求层次、内容、接触方式会呈现质的区别。移动电台以及 CMMB 终端厂商应当及早布局，与汽车公司开展更密切的合作。传统广电也应当利用内容和资源优势，或与移动媒体合作，或参与终端产品研发，在移动收听市场中尽可能抢占席位，开发新兴视听市场。

三 以"智慧广电"为目标搭建智能媒体平台

国家新闻出版广电总局在 2015 年年初提出，"智慧广电"是广电媒体今后转型升级的重要目标。在三网融合进入冲刺之年和新一轮融合发展开始布局的当下，"智慧广电"以广电媒体为着力点，以智能化为主导，充分尊重受众所需，将智能技术—广电服务—受众需求三者密切关联，致力于广电媒体未来的转型和创新。

（一）平台智能化

前文论述可以得到一个观点：平台化是广电与新媒体融合发展的重要方向。广电从以新闻传播为主要功能的媒体转变为集信息生产、交换、消费等多功能于一体的服务平台。以北京电视台推出的 APP "BTV 大媒体"为例，这项应用既保留了原有的新闻和视频节目的直播、点播板块，也结合自媒体传播的特点，设置了社交互动和综合服务（天气、彩票、出游、公交、影讯、路况、摇号等）。"BTV 大媒体"不仅是公众获取 BTV 节目内容的渠道，更重要的是可以通过这个公益电子平台，接受便民化服务。在新的传播格局中，广播电视拓展提升自身价值的一条重要途径正在于借助新兴媒体和传播形态，发挥自身的内容集成优势，推出更具贴近性、实用性的智能服务平台，以此扩大影响力。

值得注意的是，尽管广电媒体目前大都意识到智能平台建设的重要性，但仍存在两个问题，一是平台自身的用户体验不佳，如页面设计过于简单、广告推送过多、更新频率低、闪退等。二是客户端平台的营销羸弱，在应用商店的活跃度不高，用户知晓度低等。解决这些问题，需要广电调整业务布局，充分重视智能平台的建设，在人、财、物各方面予以倾斜，引入新媒体运营先进理念，搭建更具人性化和关注度的电子服务平台，延伸传统广电的公信力。

（二）生产智能化

生产智能化指的是广播电视在"采、编、播、存、用"的流程中进行集约化、数字化、智能化改造，在大数据和传受交互的语境下重构媒体生产创新过程。目前，广播电视已开始在新闻报道领域进行数字化改造，数据新闻成为广电报道方式的一种创新。国外媒体的智能化生产已更进一步。如早在2014年7月，美联社引入新闻机器人"WordSmith"平台自动生产财经报道，此后美联社每季度报道的财报新闻数量从之前的300多篇增长到4400篇，几乎覆盖美国所有上市公司。① 机器人新闻写作不仅为美国多家媒体提高了生产效率、节省了人力成本，而且在很大程度上实现了采编领域的智能化、自动化。未来，当这种做法引入国内广电行业，成为事实类新闻采编领域的一种补充手段时，广电平台上的业务操作模式、人员安排、内容素质等都会由于智能化的演变而呈现全新面貌。

除此之外，广电在未来的节目研发方面也应当转变生产方式，利用大数据进行智能策划，开发适应大众数字生活需要的智慧产品。而且，基于多终端、多制式、多屏互动的融合传播特点，广电需要对传播资源进行集约化、智能化处理，使之更具弹性，适应不同终端、制式下多样化的信息和服务需求。

（三）传播智能化

传播智能化指的是在传播效果的角度，以受众为本，充分利用数据技术和自媒体移动终端，在统一用户数据和内容数据管理的基础上，形成"随需而变"的传播方式，提供精准化内容，满足个性化需求。传播智能化的另一层意义在于通过技术手段低成本地在信息和受众个性化、定制化的需求之间实现智能化匹配，并能通过各种支付手段，实现智能化信息的收费。目前，大数据营销在国内外互联网企业的应用已十分成熟、见效，如亚马逊通过精准推荐系统跟踪客户的消费习惯，不断优化销售策略，每

---

① 田进：《用"广电+"概括全面转型升级》，《中国新闻出版广电报》2015年7月10日。

秒卖出的商品达72.9件。阿里巴巴基于大数据创建了巨型信息系统，直接帮助其广告收入从2012年的98.04亿元高速增长到2014年的297.29亿元。①

与互联网行业的融合发展是广电走向传播智能化的良好开端和重要基础。目前，用户已经通过智能广电终端实现个性视听，并因此创造了大量数据信息。对于广电而言，如何存储、分析、利用、转化这些用户数据，以此反哺自身的内容生产和平台建设，是未来一段时期广电行业实现创新突破的关键所在。这种突破的意义不仅在于"一对一"地满足用户所需，实现精准传播，也在于通过商业信息的精准投放，刺激广电盈利模式的创新，在参与者日渐多元的视听市场上抢占份额。

四 巧力开展舆论引导 提升广电媒体影响力

推动传统媒体和新兴媒体融合发展，是党中央着眼巩固宣传思想文化阵地、壮大主流思想舆论做出的重大战略部署。中宣部部长刘奇葆于2014年4月在《加快推动传统媒体和新兴媒体融合发展》的讲话中指出，推动媒体融合发展，要始终坚持党管媒体原则，坚持团结稳定鼓劲、正面宣传为主方针，把正确导向贯穿到融合发展的各环节、全过程，使融合后的媒体继续成为主流媒体，不断巩固壮大主流思想舆论。我们认为，中央做出媒体融合发展的战略决策并不仅仅出于传统媒体营收能力下滑等经济因素，更重要的是，作为党和人民的喉舌，传统主流媒体的传播影响力日益衰弱，话语权逐渐被拥有越来越广泛受众的新兴媒体占有，这是传统媒体承受的最大危机。因此，传统广电如果在媒体融合这场重大而深刻的变革中占领舆论先机，在新生舆论生态中重塑舆论影响力，是未来行业发展的重中之重。

（一）稳固内容优势 革新新闻理念 打通两个舆论场

当下我国舆论传播格局，存在官方和民间两个舆论场。一方面，主流媒体的"官方舆论场"忠实地宣传党和政府的方针政策，传播社会主义核心价值观。另一方面，在转型与变革的时代背景下，各种意识形态激

---

① 郭全中：《大数据时代下的只能传播及其盈利模式》，《新闻爱好者》2015年第1期。

荡，尤其在网络时代，信息渠道畅通，舆论呈现多元化，"民间舆论场"声音越来越强大。两个舆论场不仅对同一事物或现象看法不同，甚至对社会整体认识也有很大差别。打通两个舆论场的意义在于能最大限度地激发社会活力，消除社会不和谐因素，是弥合社会观点冲突和分歧的必然举措。

首先，稳固传统广电在内容品质上的专业权威性。传统媒体在信息采集核实、分析解读等方面，有着新兴媒体无法比拟的优势。要依托强大的采编力量、权威的信息渠道、规范的采编流程，进行专业化的新闻生产。加强信息资源的挖掘和加工，深耕信息内容，推出思想性强、观点鲜明的深度报道和评论言论，进一步提升信息内容的品质。同时，通过融合发展，将传播优势和影响力延伸和拓展到新兴媒体。2015年8月12日晚，天津滨海新区危险品爆炸事故发生后，央视13日凌晨1:00的《新闻直播间》播出第一条新闻（口播+电话连线），在此后全天的滚动节目中，央视持续投入采访资源，增设采访注入点，并调用航拍设备，在直播中实时更新事故最新救援情况。在13日晚间的《焦点访谈》中，记者更深入地进行爆炸现场调查，向受众展示更多采访细节，尽可能分析事故发生原因。与此同时，央视及时更新微博、微信、客户端平台，共享一手信息。权威的报道资源和专业的报道能力是传统广电在重大新闻事件中引导舆论的核心关键，新媒体渠道则是扩大舆论影响的重要抓手，这一点在未来广电舆论场建设过程中仍是不可动摇的一项根本。

其次，转变新闻观念、革新新闻理念。现在，一般化的信息不再是稀缺资源，随着人们的个性化需求越来越多，导致内容生产必须在特色化、分众化上下功夫。广电媒体不仅要借助新兴媒体的技术和渠道，更要学习其互联网思维、用户思维，利用开放的信息生成流程与形式吸引民众参与。在传播信息、引导舆论时，要站在公众的视角思考问题和把握角度，用群众喜闻乐见的话语传达党和政府的声音，不断增强宣传的吸引力、感染力和针对性、实效性。在这一点上，平面媒体比传统广电更早、更好地进行了传播语态的革新。以《人民日报》《三联生活周刊》《法制晚报》等为代表的平面媒体在微博、微信等新媒体阵地上勤于发声、善于贴近。如人民日报的观点新颖鲜明，有棱有角，却又有理有节，并无出格。它还常就一些日常事件提炼出更具本质意义的概念，在表达上质朴平实，与网民平等交流，以一种"润物细无声"的方式引导了公众舆论。相比之下，广电媒体近年来在传统平台上的语态平民化改革已经有所体现,但在新媒体环境中的适应性仍然较弱或重视程度仍显不足,较少有具备强大舆论号召力和影响力的广电类微传播账号。未来,广电媒体应将新媒体平台"去广电化",不做简单搬家,应充分重视、深入研究新闻信息在自媒体平台上的呈现方式和传播效果,找到一条舆论兼容又特色并包的融合传播路径。

最后,面对突发事件、热点问题,官方主流媒体反应慢、失声容易形成民间舆论场的众声喧哗。特别是热点、突发和重大公共事件发生后,公众渴望了解真相,但官方反应迟缓,主流媒体没有声音,反而民间猜测不断,甚至谣言充斥。一般来说,两个舆论场对立,多数发生在突发事件、社会热点出现时。因此,政府和主流媒体都应当积极地转变舆论引导意识,不能一味采取封堵、打压政策,而应当及时回应人民群众的关心和诉求,才能占领主流思想舆论高地,维护意识形态安全。

(二) 创新台网联动机制 增强核心竞争力

充分调配广电媒体的内容和资源优势,革新台网联动机制。随着媒体融合的加深,多数广电媒体已经在内容战略上将互联网作为未来最主要的传播渠道。但问题是,当传统广电的优质节目分散到网络平台后,各类视频网站因此获得了增加流量、吸引用户、营销事件的机会,传统广电自身的网络平台传播力却被削弱和打散。基于此,不少强势媒体开始强调台属网站独播战略,如湖南卫视《花儿与少年》《唱战记》《变形记第八季》等节目不再对外销售互联网版权,只在湖南广播电视台旗下的视频网站芒果TV独播。未来,湖南广播电视台拥有完整知识产权的自制娱乐节目,都将在芒果TV上独播。

进一步而言,广电媒体的核心资产是版权,内容越强大,版权就越强大,它可开发的价值就越高。互联网传播渠道主流化是大势,将优势节目内容资源统一配置到广电网传播,是对内容传播、营销的组织机制进行改革和流程再造,有助于增强台网联动的活力,将资源配置的效力最大化。方向是明确的,但仍有一道难题需要广电行业达成解决共识,即广播电视优质节目在自身视频网站独播,需要类似芒果TV、CNTV等完善的全媒体平台,尤其是补足流媒体传播的短板,打造一个既美观可感又集聚精品内容的网络平台,并借此培育更富价值含量的传播品牌。

五 回归媒体服务本质 塑形广电媒体公信力

广电媒体本身复合了多重属性,包括政治属性、文化属性、服务属性、市场属性等。作为公众接受新闻信息和大众文化的主要渠道之一,广电媒体的公信力和影响力始终摆在媒体发展的重要位置。尤其是在媒体融合、跨界交互过程中,新兴业态的发展缺少约束和理性,也影响着广电媒体的公信力和影响力。政策监管对广电媒体公信力回归、重塑的重要性和必要性由此凸显。

(一)广告管理力度持续收紧

2010 年开始,国家多部委连续几年联合开展针对广播电视虚假违法广告的专项整治活动,整治重点是虚假医药医疗、保健品广告。各地广电机构在"阵痛"中进行广告转型,尤其是一些对医疗广告依赖度极重的电视台在广告收入增幅放缓甚至出现跌幅的情况下进行经营结构转型。政策管理和行业执行的共同作用促进广电广告空间在较大程度上得到了"绿化"。

但是,针对广电的广告监管力度由此并未减弱,而是将监管方向做出了调整。2015 年 3 月,国家新闻出版广电总局发出通知,要求部分电视台立即停播"瘦身大赢家""植发造林 21 天长新发"等 31 条广告,意在加强对电视购物短片广告和居家购物节目的内容和播出监管。这次通知实际上是 2013 年年底,多部委联合下发《关于开展电视购物专项整治工作的通知》之后的一次具体的、有明确针对性的监管落地。应该说,在广电全面进行传播力、影响力、公信力建设的当下,广告监管力度的加强、监管范围的延展,对于净化广电公共资源并使之服务于公共文化建设,有积极的推动作用。

(二)从内容安全管理向全媒体融合管理转变

安全播出是广播电视的生命线。在智能化与高度融合的媒体时代,广播电视行业不仅面临业务形态、用户需求的变化,其监管对象也日趋复杂多样化。以互联网电视为例,互联网企业搭载了丰富的内容资源通过大小屏互动,增强了广电与用户之间的黏性,但是对这部分内容的监管方式、方法与传统广电大有不同。前文陈述中提到，广电在与移动互联相互融合的过程中衍生出若干跨界业务，如电视淘宝、O2O营销、电视影院、电视游戏等，这些新兴业态充分说明广电在电子商务、公共文化服务方面拥抱互联网的主动性，但这些新业态也对广电平台的科学管理、依法管理提出了新课题。

2014年10月，国家新闻出版广电总局副局长聂辰席在深入学习贯彻习近平关于媒体融合发展的重要论述的讲话中提出"从内容安全管理优势向全媒体融合管理优势转变"，强调在传统媒体和新兴媒体融合过程中，必须一手抓融合，另一手抓管理。要加强融合发展中的内容监管和播出安全保障，实现对融合网络、业务、终端、用户的统一监测监管和多层级联动、跨区域协同的监测监管。① 在全媒体融合语境下，广电将搭载其他行业形成越来越智能的服务网络，业务边界将外放到广电周边甚至是无关传统广电的领域，用户的互动行为将更为深入。由此，传统广电相对扁平结构的管理方式已不能胜任需求，必须同样本着融合协作的开放精神，与其他行业联合建立集制度规范、运行机制、技术标准、研判分析、及时处置于一体的综合监管平台，实现对广电全方位的监管，保障全方位的安全。

（三）引导把关合作　回归服务属性

1. 内容把关　导向优先

近年来，我国不断深入进行文化体制改革和广电体制改革，在此过程中，广电行业充分享受到市场资源优化配置带来的发展活动和动力，也带动了广电事业整体的发展。但是，不管媒体的经济职能如何发挥，都应当秉承最核心的原则，即广播电视是党和政府的喉舌，必须牢牢把握正确的内容导向；广电媒体是公益性组织，应提供公共服务，把社会效益放在第一位。

自2011年"限娱令""限广令"出台以来，政府层面对广电播出内容的管控力度持续加大，不断削弱广电媒体的商业元素，将其拉回公益服

---

① 引自聂辰席《树立广电传统媒体与新兴媒体融合发展高度自觉——深入学习贯彻习近平同志关于媒体融合发展的重要论述》，http://theory.people.com.cn/n/2014/1009/c40531-25792934.html。

务的属性。随着真人秀节目近年来发展为电视上星频道的重要节目类型，其内容和价值导向备受社会各界关注。2015年7月22日，国家新闻出版广电总局公布了《关于加强真人秀节目管理的通知》，被业界称为"限真令"。文件涉及"真人秀"主题、内容、模式引进、制作成本、高价明星、未成年人参与情况、真人秀的尺度等各个方面，意在对真人秀节目进行价值引领，抵制此类节目过度娱乐和流于低俗。但问题是，去商业化的广电如何生存？如果广电本着"管一管紧一紧"的态度与国家政策"躲猫猫"，那便丧失了监管的意义，也无益于媒体健康可持续的发展。广电媒体不能单纯地贪图规模和发展效率，应当从根本上树立提供公共文化服务的使命感，从公众的文化信息需求和媒介使用需求出发，创新业务形态，以精品内容和服务招徕影响力和公信力，以此吸引资本的注入和良性的商业运转。

2. 广电区域合作　共享公共文化

2015年1月，国务院印发《关于加快构建现代公共文化服务体系的意见》提出，推进公共文化机构互联互通，开展文化服务"一卡通"，实现区域文化共建共享。加强基层广播电视播出机构服务能力建设。充分利用广播、电视、网络双向互动功能，为各级政府部门便民服务提供窗口和平台。可以看到，国家构建现代公共文化服务体系的核心诉求是便民服务和公共文化建设，广电、网络与公众之间的交互关系是对构建公共文化服务体系有重要的功能性价值，而广电也是公共文化跨地域共建共享的有力抓手。

2015年4月，中共中央政治局正式发布《京津冀协同发展规划纲要》，提出要推动要素市场一体化，构建京津冀协同发展的体制机制，加快公共服务一体化改革。一系列政策措施为京、津、冀三地文化协同发展提供了有力的战略支撑。京、津、冀一体化是资本市场追逐的热点，不容忽视的是，广电行业作为重要的公共文化组成部分，三省市的协同合作无疑是京津冀文化的一体化的重要落脚点。目前，歌华有线与天津广电网络、河北广电网络就北京、天津、河北三地广播电视有线网络领域实现全面战略合作，签署了战略合作协议，拟在资本合作、内容合作、网络互联互通及技术合作等领域展开战略合作，加快推动三地协同发展。

京、津、冀广电领域的合作互通，既是京、津、冀协同发展在公共服务领域的必由之举，也是公共文化机构跨地域合作的先行先试。目前，京、津、冀三地的战略合作中，已在完善公共文化服务网络、演艺文化交流合作、文化旅游融合发展、文化产业协作发展、文化人才交流等八个方面有较明确的蓝图①，三地广电领域的合作亦应当紧密围绕这些方向从更细部具体开展，共享资源、互通有无，使三地相连相近的文化在更广泛范围内发挥渗透价值。

"一带一路"开放战略的提出则在全国层面乃至双多边框架下，内含文化交流互通的理念和构想。该战略提出要充分发挥国内各地区比较优势，加强东中西互动合作，全面提升开放型经济水平。7月6日，来自中国、柬埔寨、哈萨克斯坦、蒙古、尼泊尔、斯里兰卡、塔吉克斯坦的国家级广播电视机构及国内"一带一路"相关省份的省级广播电台等24家广播电视机构，共同签署了成立"'一带一路'广播协作网"合作备忘录。协作网将通过高层互访、采访合作、节目交流等方式发挥作用，加强各成员台在节目、技术、人员等方面的交流与合作，为各成员台合作发展提供便利服务与帮助。广播在"一带一路"中的作用有望通过该协作网得到有效发挥。此外，东部、沿海等开放程度高、经济实力强的地区的广电机构、企业亦应当与内陆、西北、西南等地区广电建立合作机制，发挥前者媒介融合发展的经验优势，协同后者的覆盖和平台资源，推进全国广电在整体范围内的智能化发展。

（常昕：北京印刷学院新闻出版学院讲师）

---

① 参见《京津冀三地文化领域协同发展战略框架协议》，http://intl.ce.cn/specials/zxxx/201408/29/t20140829_3449414.shtml。

"互联网+"时代民族地区电视媒体产业升级发展探析

——以内蒙古广播电视台为例

马 骐 周大伟

摘要：2015年3月5日上午十二届全国人大三次会议上，李克强在政府工作报告中首次提出"互联网+"行动计划。此后，国家关于互联网的新政策一直在持续推出，在"互联网+"时代，在"三网融合"时代，尤其是移动互联网和互联网智能电视机逐渐普及，大众传播逐渐个性化和碎片化的时代，传统电视媒体，尤其是相对弱势的少数民族地区电视媒体，如何进行电视产业化升级，积极把握机遇，应对挑战？这是本文将重点阐述和探索、讨论的问题。本文将以内蒙古广播电视台为例，深入分析民族地区电视产业的现状，面临的问题和存在的困境，并提出民族地区电视产业深度融合互联网，进行品牌化升级发展的思路和途径。

关键词：互联网+ 民族地区 电视产业 品牌化发展

一 "互联网+"时代电视产业面临深刻变革

2015年7月4日经李克强签批，国务院印发《关于积极推进"互联网+"行动的指导意见》，推动互联网由消费领域向生产领域拓展，加速提升产业发展水平，增强各行业创新能力。"互联网+"是"创新2.0"下的互联网发展新形态、新业态，通俗来说，"互联网+"就是"互联网+各个传统行业"，利用信息通信技术以及互联网平台，让互联网与传统行业进行深度融合，创造新的发展生态。几十年来，"互联网+"已经改造及影响了多个传统行业，电子商务、互联网金融、在线旅游、在线影视、在线房产等行业都是"互联网+"的杰作。在"互联网+"时代，电视作为传统媒体每时每刻都深受互联网尤其是移动互联网的影响，微博、微信、手机APP等基于互联网的各类新媒体平台层出不穷，以广告为主要收入来源的电视媒体，正在遭遇深刻的经营危机。

2015年9月4日，国务院办公厅印发了（2015）65号文《三网融合推广方案》，即将推动广电、电信业务双向进入扩大到全国范围。广电企业可经营电信业务，电信企业在有关部门的监管下，可从事除时政类节目之外的广播电视节目生产制作、信号传输等业务，鼓励广电、电信企业及其他内容服务、增值服务企业充分利用三网融合的有利条件，以宽带网络建设、内容业务创新推广、用户普及应用为重点，通过发展移动多媒体广播电视、IPTV、手机电视、有线电视网宽带服务以及其他融合性业务，推动三网融合与相关行业应用相结合，催生新的经济增长点。

自2011年以来，智能电视已经成为电视机行业的大势所趋。"智能电视"依托互联网，具有全开放式平台，搭载操作系统，可自行安装和卸载各类应用软件，拥有传统电视所不具备的应用平台优势。连接网络后，能提供IE浏览器、全高清3D体感游戏、视频通话、家庭KTV以及教育在线等多种娱乐、资讯、学习资源，功能可无限拓展，这种电视注定将改变中国电视媒体产业生态，带来电视业界的革命。

2015年5月9日，由清华大学新闻与传播学院主办的"第六届传媒发展论坛"在北京发布的《传媒蓝皮书：中国传媒产业发展报告（2015）》（以下简称《报告》）显示，2014年全年传媒产业总值达11361.8亿元，首次超过万亿元大关，较上年同比增长15.8%。2014年网络广告收入首次超过电视广告，《报告》显示，随着互联网等新兴媒体的快速崛起，传媒产业呈现整体繁荣、局部下滑的局面。2014年在GDP增长放缓的情况下，中国传媒产业年增长率仍小幅上扬，从2013年的15.5%上升至2014年的15.8%，超过GDP增长率2倍多。然而，传媒产业整体发展的良好态势主要依赖于基于互联网的新兴媒体。2014年互联网与移动增值市场的份额不但一举超过传统媒体市场份额总和，领先优势达10.3%，而且差距还有继续扩大的趋势。传统媒体的颓势还直接体现在传媒细分行业2014年的数据中，广播广告经营额、电影广告收入、图书销售收入和移动内容及增值收入呈现较好增长态势。电视广告市场的增长趋于平缓，连续两年增长率低于两位数，电视媒体产业面临着前所未有的巨大危机。特别是网络广告收入首次超过电视广告，收入规模超过1500亿元。

综上所述，在"互联网+"时代，电视媒体已经到了不得不进行深刻变革的危机时刻。

二 少数民族地区电视媒体产业发展

多年以来,少数民族地区电视媒体实力较弱,省级卫视频道在全国收视率竞争中始终处于弱势地位,根据CSM公司2014年的统计,以内蒙古卫视为代表的少数民族自治区省级卫视频道收视排名始终在倒数前10名的位置徘徊。

表1　　CSM 34城市上星频道份额排行榜（2014.1.1—12.31）　　（%）

排名	频道	份额	排名	频道	份额
1	CCTV-1	4.43	26	云南卫视	0.80
2	CCTV-新闻	3.10	27	辽宁卫视	0.78
3	湖南卫视	3.08	28	重庆卫视	0.74
4	CCTV-3	2.74	29	CCTV-11	0.73
5	CCTV-6	2.73	30	CCTV-12	0.73
6	CCTV-4	2.52	31	CCTV-纪录	0.70
7	江苏卫视	2.37	32	CCTV-音乐	0.67
8	CCTV-5	2.34	33	广东卫视	0.66
9	浙江卫视	2.31	34	CCTV-7	0.61
10	北京卫视	1.99	35	东南卫视	0.60
11	CCTV-8	1.91	36	河南卫视	0.58
12	天津卫视	1.81	37	河北卫视	0.46
13	山东卫视	1.79	38	吉林卫视	0.46
14	东方卫视	1.70	39	广西卫视	0.44
15	CCTV-少儿	1.63	40	山西卫视	0.31
16	安徽卫视	1.45	41	陕西卫视	0.30
17	江西卫视	1.38	42	内蒙古卫视	0.21
18	湖北卫视	1.25	43	青海卫视	0.18
19	深圳卫视	1.20	44	宁夏卫视	0.12
20	CCTV-2	1.01	45	甘肃卫视	0.11
21	四川卫视	1.00	46	新疆卫视	0.10
22	CCTV-10	0.95	47	西藏卫视	0.10
23	金鹰卡通	0.94	48	旅游卫视	0.07
24	黑龙江卫视	0.91	49	厦门卫视	0.07
25	贵州卫视	0.83	50	CCTV-NEWS	0.02

由于受历史、地理、经济基础等多方面因素影响，少数民族地区电视产业发展相对滞后，无论是落地覆盖率、收视率，还是广告收入、经济实力，都与内地省市电视产业发展存在巨大差距，这是不争的事实，从表1可以看到，内蒙古卫视收视率在少数民族省区卫视中排名处在相对靠前的位置，下面我们就以内蒙古广播电视台为例，对少数民族地区电视产业发展面临的问题和瓶颈进行初步分析。

内蒙古广播电视台是由原内蒙古人民广播电台和内蒙古电视台合并而成，是一家拥有广播、电视、新媒体等资源的综合性传媒机构。旗下拥有10个电视频道，全天播出230小时；9个广播频率，全天广播180小时和1个新媒体中心。其中蒙古语广播、蒙古语卫视承担着对外宣传的重要作用，"草原之声"广播、蒙古语卫视分别通过调频和有线网在蒙古国首都乌兰巴托落地。作为内蒙古自治区主流媒体，内蒙古广播电视台基本覆盖全区，其中，内蒙古卫视面向全国传播。

电视产业的发展状态可以用覆盖率、收视率、广告经营收入总额等项目作为主要指标来进行评定，传统电视产业的模式是以节目内容为核心，节目内容质量决定收视率、收视率决定市场份额、市场份额决定广告收入、广告收入决定经济实力，而经济实力最终决定电视产业的发展状态。目前，内蒙古广播电视台除广告经营收入外，基本没有其他关联产业。2012年5月1日，内蒙古电视台广告部重新组建成立，负责新闻、经济、影视、文体、生活和少儿6个地面频道的广告运营，正式推行了分行业代理制，根据不同频道的观众定位和客户分布，采取"针对性开发"和"专业化营销"策略进行经营。2015年内蒙古广播电视台计划创收4.3亿元，其中，计划广告创收3.9亿元，而据统计，2014年湖南卫视广告收入在省级卫视中以75亿元排名第一，这75亿元中，《快乐大本营》《我是歌手》《天天向上》《爸爸去哪儿》广告收入均大于10个亿，值得一提的是，2015年湖南卫视已签下125亿元的广告。以2015年为例，仅湖南卫视一个频道的广告收入就已经是内蒙古电视台全台广告收入的三十多倍，两相对比，差距不言而喻！尤其是2016年以来，电视广告经营整体已出现增长趋缓甚至下滑趋势，内蒙古广播电视台广告创收更是面临重重困难，是否能完成创收任务还是未知数。

三 少数民族地区电视产业发展
　　面临的问题和瓶颈

（一）事企不分，重事业，轻产业

少数民族地区电视产业相对于内地各省区本来就基础差，创新力不足，在改革大潮中总处于被动跟风地位。面对"互联网+"时代，各个微博、微信、APP客户端等新媒体平台的猛烈冲击，应变力不强。现行的广播影视行业管理模式是在计划经济条件下形成的机关化管理模式，这种模式管理职能与具体业务不分，事业建设与经营创收不分，事业资产与企业资产不分、责权不明、产权不清；并且投入与产出脱节，甚至没有成本核算、投资融资等概念，长期以来，事业为主、产业为辅的观念根深蒂固，以事业为主，难以摆脱在资金上"等、靠、要"的习惯，而要发展产业，经营审批烦琐、机制僵化、作为市场行为主体的资质地位不明确，经营创收的多少与经营管理者的利益分离，导致产业发展动力不足，这种混乱体制早已不适应竞争激烈的媒体市场环境，不利于电视产业的发展，亟须改革。

（二）互联网思维不强，媒体融合进展缓慢

"互联网+"时代，面对互联网的冲击，尤其是移动互联网的突飞猛进，电视作为一种传统媒体，其平台优势逐渐丧失，因为传统电视是固定位置屏幕，固定时间收看线性播出的固定节目，有很大的局限性，而随着智能手机、平板电脑等移动互联网终端越来越普及，通过移动终端可以随时、随地收看音视频节目，十分方便快捷。近两年，电视智能化、网络化、高清化的趋势越来越明显，技术也越来越成熟，随着"三网融合"政策的推进，电视产业必将发生深刻变革，可是目前，少数民族地区电视台，电视产业与互联网融合发展缓慢，以前因为有平台垄断优势，忽视了网站或APP等网络平台的建设，或者即使建设了网站，也把网站仅当作电视节目的网络播出平台来运营，理念相对落后，没有经营意识，导致持续投资，勉强维持，更新缓慢，资源浪费。

(三) 内容战略上缺乏大局观念

少数民族地区省级电视台的主要职能是：利用广播电视媒体宣传党和国家的路线、方针、政策及服务于自治区党委、政府的各类电视宣传需要，丰富广大人民群众文化生活，为改革开放和经济建设舆论宣传服务，并完成自治区党委、政府各项宣传任务。作为官方主流媒体，全额拨款事业单位，把新闻公益事业和社会责任放在首位是必需的。但我们也不能忽视媒体的产业属性，电视产业作为重要的文化产业和信息产业之一，其经济价值不容忽视，目前，从定位上看，内蒙古广播电视台主要面向区内，兼顾全国，内蒙古卫视节目内容以民族文化特色为主，虽然说民族的就是世界的，但一味打民族牌容易产生审美疲劳，往往曲高和寡，难以获得全国统一、持续的文化价值认同，因此，节目的收视率自然是在区内不尽如人意，在区外基本没戏，收视率低，自然广告价值低，广告经营上不去，自然产业难以发展，长此以往，形成恶性循环。

(四) 产业经营人才匮乏，人才管理机制落后

在媒体行业中，人才主要是指媒介的经营人才、管理人才、技术人才和技能人才，人才天生的要求是"人尽其才"，人才价值的实现需要有科学合理的薪酬制度，公平、公正、公开的人才激励和晋升制度作为保障，而传统电视媒体内部，尤其是少数民族地区电视台内部，往往因为体制、机制等多方面原因，在人才的培养、使用、流动、晋升等多方面存在制度缺陷和体制弊端，且工资福利待遇与职工尤其是采编一线的记者、编辑等付出的劳动时间及精力明显不成比例，甚至相去甚远，凡此种种，导致近年来电视产业人才流失现象愈演愈烈，在电视台内部，行政、后勤部门人员充足甚至冗余，但精于产业经营，擅长企业管理以及策划营销方面的人才十分缺乏，或者即使有类似人才也用不好，留不住，人才问题成为制约少数民族地区电视产业发展的瓶颈之一。

(五) 经营创收模式单一，未形成电视产业链

资金收入是电视产业发展的基础，传统电视产业以广告经营为主，以广告费为主要收入来源，因为曾经长期处于垄断地位，很少考虑如何进行广告营销，因为此前即使坐等，也有广告业务上门，可如今，广告市场份

额被互联网凭借平台优势一步步蚕食，传统电视广告经营增长趋缓甚至每况愈下，尤其是少数民族地区电视台，除了广告几乎没有其他经营性收入，广告创收下降严重甚至可能直接影响节目正常运营。另外，原本各电视台拥有大量的原创优质视音频资源，很大一部分节目除偶尔重播外都闲置在资料库里，即使挂在电视台网站播出，因营销推广不利也乏人问津，点击率不高，难以发挥应有的作用，导致资源浪费严重，没有以版权内容为核心，形成相关产业链，更没有达到品牌资产的保值增值和价值延伸，因此面对"互联网+"时代，总是处于被动局面。

四 少数民族地区电视产业品牌化升级路径

（一）事企分离，制播分离

广播电视媒体，尤其是少数民族地区广播电视媒体，因其职能特殊性，承担着党中央、国家、自治区党委、政府的各类宣传任务，不可能搞全体转制走产业化路线，无法做到"一刀切"，因此，要把事业和产业分离开来，属于时政、新闻、宣传、公益事业的部分，继续以事业发展模式运营，把文化、体育、影视等可以进行产业运营的部分分离开来，发展为企业化经营主体，进行产业化经营，逐步建立"归属清晰、权责明确、保护严格、流转顺畅"的现代产权制度。在经营管理上彻底进行规模化、集约化、科学化的改造，要进行真正的产业化经营，市场化运作，企业化管理，充分利用自身资源，在确保控股的前提下，广泛吸收社会资金，大胆进行制播分离，选择与专业的电视制作公司展开制播合作，以原创内容为核心，进行内容产业的品牌化运营。

（二）深度融合互联网，打造电视版权内容旗舰

按照2015年9月4日，国务院办公厅印发的《三网融合推广方案》，广电、电信业务双向进入扩大到全国范围。"三网融合"时代，传统电视媒体所面临的挑战与机遇并存，从经济实力来看，广电与移动、联通、电信企业相比，处于绝对弱势，但在视音频内容产业方面暂时处于绝对优势地位，少数民族地区电视产业应该把握时机，以本地用户群体为基础，依托网络平台，充分发挥内容资源优势，大力加强电视台旗下的网站建设，把网站作为电视产业的重要环节进行改造，以打造地区综合资讯平台以及

本地视音频内容第一门户网站为目标，以原创版权内容为核心，充分开放品牌栏目、论坛、互动分享专区，除提供基础的点播、下载、分享等服务外，还要提供支付缴费、订餐、购物等各类网络服务，以产业化的思路打造网站，让网站成为新的电视相关产业赢利增长点。投入充足的人力物力进行维护、更新、推广。另外，各品牌栏目着力打造官方微博、官方微信、官方 APP 客户端等新媒体平台，着力打造本地区影响力最强的新媒体集群，大力加强适合新媒体传播的内容生产，努力形成多类型、多品种、多样化的视音频内容生产平台，满足多种媒体、多种终端发展对视音频内容的要求，并且主动策划、主动营销、主动推广，线上线下充分互动，以用户为核心，以内容为基础，以服务为根本、牢牢把握观众群体。依托互联网，大力打造"电视 + 网站 + 新媒体"等多位一体的全媒体平台。

（三）创新电视营销模式，提高广告价值

广告作为广播电视的主要创收来源，与广播电视节目质量紧密相连，广播电视广告要获得较快发展，必须提高广播电视节目质量，以收视率较高的品牌栏目带动广告增长，同时也要注重广告的文化品位和表达艺术，要大力创新广告营销模式，把单纯的电视广告与营销策划结合起来，把电视、网站、新媒体平台结合起来，创新广告模式和服务模式，打造融营销、策划、广告、宣传为一体的营策团队，为客户量身打造个性化营销策划方案，与客户利益共享，风险共担，最终达到互利双赢。

（四）加强电视产业经营管理类人才、创新人才的培养

人才是电视产业发展最关键的因素之一，电视产业的发展离不开人才战略，现阶段，面对互联网的挑战，传统电视媒体，尤其是少数民族地区电视台，要想电视产业迅速发展，下大力气培养既懂广播电视业务，又懂产业经营管理的人才是当务之急。同时，在用人机制上我们要放开手脚，大胆引进人才，摒弃事业单位原有的行政手段任命制，打破体制弊端，制定公平、公正、公开、科学、有效的人才激励机制给人才提供的充分的发展空间，最终推动广播电视产业的健康快速发展。

总之，在"互联网 +"时代，传统电视媒体进行产业化改革已经刻

不容缓，面对各种机遇和挑战，电视产业尤其是少数民族地区的电视媒体，进行产业化升级势在必行，但改革需要不断创新，电视媒体工作者只有通过不断摸索，持续深化改革，以创意、创新、创业的精神，从产业发展战略的角度，以互联网思维为指导，建立科学合理的市场化、产业化机制，走出一条符合本地区本民族特色的电视产业化改革之路。

（马骐：内蒙古大学文学与新闻传播学院教师、博士、硕士研究生导师；周大伟：内蒙古广播电视台编导、记者，内蒙古大学文学与新闻传播学院2014级硕士研究生）

抗日战争时期《新疆日报》的抗战新闻报道与中华民族集体历史记忆的边疆书写

李宏刚

摘要：本文主要选取抗日战争时期《新疆日报》（汉文版）上的抗战新闻报道作为分析对象，重点探讨《新疆日报》的战时新闻报道策略及这种报道对提升新疆各族民众国家认同感的重要作用。《新疆日报》所开展的抗战新闻报道实际上是一种战时宣传动员的重要策略，其目的就是要维系新疆各族民众的"胜利幻想"、强化各族民众对共同敌人的仇恨，并让新疆人民与全国人民一起共同体验日益严重的民族危机。报纸在对抗战时期新疆各族民众与全国人民共赴国难的集体历史记忆进行记录与书写的同时，也增强了新疆地区各族民众对中华民族的情感认同。

关键词：抗日战争　《新疆日报》　抗战新闻报道　集体历史记忆

2014年2月27日，第十二届全国人民代表大会常务委员会第七次会议经表决通过决定，正式将9月3日确定为中国人民抗日战争胜利纪念日。[1] 2015年9月3日，我国将迎来确立法定纪念日后的第二个抗战胜利纪念日，也是中国人民抗日战争胜利70周年和世界反法西斯战争胜利70周年的纪念日。从1931年9月18日"九一八事变"爆发到1945年9月2日日本正式签署投降书，在长达14年艰苦卓绝的斗争过程中，包括新疆各族民众在内的全体中国人民为了争取抗日战争的胜利做出了巨大的努力。抗战时期的新疆虽因地处西北边陲而未受战火侵扰，但作为抗战大后方和国际援华物资的重要通道，却有着极其重要的战略地位。为了争取全疆各族民众对抗战的支持，当时新疆的实际统治者盛世才发起了一场规模

---

[1] 参见《人民日报》2014年2月28日，第1版。

宏大的抗战宣传动员运动，而作为当时唯一的全省性现代报纸的《新疆日报》自然也就肩负起了向新疆各族民众传递战争资讯和动员各族民众支援抗战的历史使命。

一 抗日战争时期新疆各派政治势力的博弈与盛世才的"反帝抗日"政策的确立

辛亥革命以后，由于中央政府实力与威望的下降，孤悬塞外的新疆借助封闭的地理环境和逐渐发展起来的地方武装开始走向了军阀割据的政治局面，无论是杨增新、金树仁，还是盛世才，他们都只是在名义上服从国民党中央政府，对于来自中央的各类政令除了选择少数对自己有利的加以执行外，大多数情况下则是要么阳奉阴违，要么以新疆形势特殊为由拒绝执行。[1] 此外，新疆独特的地理位置也让它成为苏联、日本和英国等国际势力博弈的舞台，但随着盛世才"全面亲苏"政策的确立，各国势力在新疆的均势被打破，并最终形成了抗战前期苏联势力主导下新疆"亲苏联共"的政治格局。[2]

抗日战争的爆发把新疆推向了中国政治舞台的前台，特别是随着中国东南沿海的相继陷落和海上交通补给线被切断，新疆逐渐成为中国抗战的大后方和国际援华物资的重要交通线，新疆的战略地位随之得到迅速提高。[3] 与之相对应，国内外各派政治势力也都越来越重视新疆在抗日战争中的重要战略地位，蒋介石将新疆视为重要的国际交通要道和民族复兴基地，中国共产党则将新疆看作连接延安与莫斯科的重要枢纽和获取苏联（共产国际）援助的重要通道，而苏联更是将新疆视为防止日本入侵的国防前线与缓冲地带。[4] 抗日战争时期国内外各方政治势力在新疆的博弈，不仅影响了新疆政局的发展走向，而且也影响了新疆实际统治者对待抗战的态度。

---

[1] 黄建华：《国民党政府的新疆政策研究》，民族出版社2003年版，前言第2—3、3—10页。

[2] 张大军：《新疆风暴七十年》（第七册），台北：兰溪出版社有限公司1980年版，第3592—3632页。

[3] 陈超：《新疆在中国抗日战争中的地位与贡献》，《西域研究》1995年第2期。

[4] 严洁：《浅析抗日战争时期新疆的政局演变》，硕士学位论文，北京大学，1998年。

1931年"九一八事变"发生时，新疆的实际统治者金树仁正在全力应对因改土归流而导致的哈密事变和马仲英的武装袭扰，根本无暇顾及内地逐渐兴起的抗日救亡运动。1933年4月12日，盛世才利用反对金树仁的"四一二政变"登上了新疆的政治舞台。上台之初的盛世才最开始是向国民党中央政府寻求援助，但国民党中央政府不但不信任和支持他，而且还先后两次派中央大员（黄慕松与罗文干）入新密谋取而代之。为了巩固自己在新疆的统治地位，盛世才确定了"全面亲苏"的政治策略，并借助苏联的军事援助打败了自己的政敌张培元和马仲英。此后，盛世才又在苏联的帮助下制定了以"反帝"与"亲苏"为主要内容的执政纲领——"六大政策"①。根据《新疆民众反帝联合会章程》的表述，所谓的"反帝"，是指"对于离间新疆各族感情与企图破坏新疆和平而想趁机攫取为殖民地之任何帝国主义者及其一切走狗们作坚决的斗争"②，通过分析盛世才统治新疆时期的政治宣传文本，我们可以发现"反帝"主要就是指"反对日本帝国主义"③。此时的盛世才虽然在名义上服从中华民国中央政府，但拒绝国民党势力进入新疆，反而邀请苏联共产党和中国共产党来帮助建设新疆，并同中国共产党建立了特殊的抗日民族统一战线。1942年4月，一向奉行投机主义的盛世才在政治上转而投靠国民党，并借助所谓的"阴谋暴动案"展开了全面的反苏反共活动，逮捕和杀害了大批的苏共党员和中共党员。1943年1月，随着国民党新疆省党部的重建，大批国民党党员和国民党军队开始进入新疆，但直到1944年9月盛世才被调离新疆和朱绍良"暂行兼代"新疆省主席时，国民党中央政府才算是在真正意义上控制了新疆。④

关于对盛世才的评价，学术界历来批评多于褒扬，其中指责最多的就是其"亲苏"的政治立场，特别是为了维护自身的统治地位而不惜出卖国家利益。⑤ 此外，盛世才复杂多变的政治立场以及在立场摇摆之际对国民

---

① "六大政策"，主要是指"反帝、亲苏、民平（民族平等）、清廉、和平、建设"。
② 共青团新疆维吾尔自治区委员会等：《新疆民众反帝联合会资料汇编》，新疆青少年出版社1986年版，第51页。
③ 郑亚捷：《国难声中的文艺运动——1933—1942年新疆汉语新文化》，博士学位论文，清华大学，2010年，第21页。
④ 黄建华：《国民党政府的新疆政策研究》，民族出版社2003年版，第79页。
⑤ 张大军：《新疆风暴七十年》（第七册），台北：兰溪出版社有限公司1980年版，第3632页。

党或共产党的打压与迫害，也是台湾学者和大陆学者分别从不同的政治立场对其进行严厉批判的主要原因。笔者认为盛世才是一个集理想主义、投机主义和法西斯专制主义于一身的军阀政客，我们应该从当时的历史语境和盛世才的执政业绩来对其进行客观的评价，而不应局限于革命史和意识形态的研究框架之内。有学者也指出，从社会生产力发展的角度来看，苏联与盛世才结盟的时期是新疆历史上最好的发展时期，我们不能因为盛世才政治立场的变化而否定这个事实，更不能把这些成绩说成是中国共产党员在新疆工作的成果。① 目前学术界已经有学者开始提出，我们应该从新疆在抗战期间的地位与作用的角度去重新认识盛世才，毕竟成立中苏运输委员会、保障大批苏联援华物资经由新疆运往内地抗日前线、安置大批经由苏联转移到新疆的东北抗日义勇军和动员新疆各族民众捐钱、捐物、捐飞机支援抗战前线等诸多事实都是在盛世才统治新疆期间实现的。② 也就是说，不管是迫于苏联的压力，还是为了争取民心，盛世才提出的"反帝"口号和全力支援抗战的各种举措都具有合乎时代潮流的历史进步性。

二 抗日战争时期各派政治势力博弈下的新疆抗战宣传动员

20世纪20年代，哈罗德·拉斯韦尔在系统分析第一次世界大战期间各国的宣传策略与宣传技巧后曾指出，"没有哪个政府奢望赢得战争，除非有团结一致的国家做后盾；没有哪个政府能够享有一个团结一致的后盾，除非它能控制国民的头脑"③。1935年德国学者埃里希·鲁登道夫提出了"总体战思想"，其核心理念是只有动员全民族的军事、民事、物质和精神力量，才能取得总体战的胜利，而其中整个民族的精神团结则是保证总体战胜利的基础。④ 这一观点不仅迅速得到各国政府的普遍接受，而且成为此后各类战时宣传动员活动的理论基础。正如，美国华裔学者张巨

---

① 朱培民：《20世纪新疆史研究》，新疆人民出版社2000年版，第64页。
② 鲁迪：《民国时期的新疆学术研讨会综述》，《西域研究》2013年第4期。
③ [美]哈罗德·拉斯韦尔：《世界大战中的宣传技巧》，张洁、田青译，中国人民大学出版社2003年版，第22页。
④ [德]埃里希·鲁登道夫：《总体战》，戴耀先译，解放军出版社2014年版，第13—15页。

岩所指出"战争需要通过包括大众媒体在内的一切手段,动员一切民众的情感和心智,来维持战争机器的运转"①。

所谓的"宣传",主要是指"宣传者有意图地操纵象征符号,塑造群体的认知方式和对现实的认知,进而影响其态度和行为的信息传播体制"②,本文所提到的"抗战宣传"主要是指直接诉诸受众认知层面,旨在改变受众意见和态度的信息传播活动;而"动员"则是指"有目的地引导社会成员积极参与重大社会活动的过程"③,本文所提到的"抗战动员"主要是指直接诉诸受众行动层面,旨在号召受众参与抗战、支援抗战的信息传播活动。

为了取得新疆各族民众的广泛支持,抗战时期新疆的各派政治势力(除了金树仁)大都非常重视抗战宣传动员。1931年"九一八事变"发生时,新疆的实际统治者金树仁正在全力应对因改土归流而导致的哈密事变和马仲英的武装袭扰,根本无暇顾及内地逐渐兴起的抗日救亡运动,也没有开展过系统的抗战宣传动员活动,只有《天山日报》(《新疆日报》前身)偶尔会刊登一些揭露日本侵华罪行和各界人士声讨日本帝国主义的稿件,例如1931年11月21日,新闻版头条位置发表了《举国一致共驱倭奴》的消息。④

如前所述,借助苏联军事援助登上新疆政治舞台的盛世才追随苏联制定了"反帝"与"亲苏"的外交政策,并将新疆逐步纳入苏联主导下的共产国际所倡导的"反法西斯统一战线"和"反法西斯人民阵线"营垒之中。⑤ 虽然这一时期新疆的实际统治者盛世才与进入新疆各方政治势力(苏联、中共以及后来的国民党)在政治主张和政治意图等方面存在较大的差异,但他们在"反帝"和"抗日"的问题上却是有着十分相似的政治立场。为了提高"反帝"和"抗日"宣传的效果,盛世才充分利用模仿苏联建立起来的一体化宣传体制发起了一场规模宏大的抗战宣传动员运

---

① 张巨岩:《权力的声音:美国的媒体和战争》,生活·读书·新知三联书店2004年版,第1页。
② 刘海龙:《宣传:观念、话语及正当化》,中国大百科全书出版社2013年版,第44页。
③ 吴忠民:《重新发现社会动员》,《理论前沿》2003年第21期。
④ 新疆日报简史编辑组:《新疆日报社简史》(未公开出版),新疆日报社1989年版,第112页。
⑤ 张大军:《新疆风暴七十年》(第七册),台北:兰溪出版社有限公司1980年版,第3547页。

动。从宣传动员的主体来看，不仅有各级政府机构和具有政党性质的"新疆民众反帝联合会"所开展的政府动员，而且还有具有半官方性质的民间组织"新疆各族文化促进会"和"新疆妇女协会"所开展的社会动员，以及利用当时的报纸期刊（如《新疆日报》《反帝战线》《新疆青年》和《新疆妇女》等）所开展的传媒动员；从宣传动员的手段来看，政令、会议、集会、传单、演讲、戏剧、话剧、音乐、漫画和文学等各种传播符号与载体都成为抗战宣传动员的有利武器。

这场抗战宣传动员运动的亲历者王景福曾经详细地记录下了1939年杜重远领导"新疆学院暑期赴伊（伊犁）旅行团"开展抗战宣传动员的情形：

第一站是绥定（今新疆霍城县惠远镇），第二天到达精河，当晚住宿在城内学校，饭后，分头进行宣传活动。有的在大街小巷的墙上刷写维、汉两文的大字标语，内容为："打倒日本帝国主义！""巩固抗日民族统一战线！""坚持团结抗战，反对分裂投降"以及"新疆各民族大团结万岁！"等。有的散发传单，在街头演出活报剧进行抗日宣传活动，激发了群众，轰动了全城。晚上利用正在唱戏的城外大庙戏台，挂幕吊灯（汽灯）演出。……晚会开始前杜院长登台演讲，他用通俗的语言讲解了抗战形势和任务，他的口齿清楚，声音洪亮，道理讲得深透，博得听众阵阵掌声，深得群众拥戴。……晚会节目有独幕话剧、民族歌舞和合唱，舞台上生动地展现出日寇对我国同胞血腥屠杀的残暴场景和我国人民群众进行抗日斗争的壮烈情景。演唱的都是抗日救亡歌曲，如《义勇军进行曲》《大刀进行曲》《到敌人后方去》《在太行山上》等。[①]

这场规模宏大的抗战宣传动员运动不仅在精神层面强化了全疆各族民众的国家认同感，而且还在物质层面取得了巨大的成效。在整个抗战期间，新疆地区先后开展的抗战募捐活动有"支援绥远抗日运动""募集寒衣运动""文化劳军运动""鞋袜劳军运动""献机运动"等，全疆各族民众共捐款折合国币5000万元（不包括大量的实物捐献），无论是募捐活动的规模还是募集款物的数量，新疆都走在了全国的前列。[②]

[①] 王景福：《杜重远在精河的抗日宣传活动》，龙开义主编《清末民国新疆社会文化研究资料汇编》，民族出版社2014年版，第184页，原载于《博尔塔拉文史资料》（第1辑）。

[②] 新疆维吾尔自治区档案局等：《抗日战争时期新疆各族民众抗日募捐档案史料》，新疆人民出版社2008年版，序第2页。

1943年1月，随着国民党新疆省党部的重建，大批的国民党党员和国民党军队开始进入新疆，并逐渐控制了新疆的政局。虽然此后的国民党势力通过各类传播渠道增加了大量关于"三民主义"和国民党党义的宣传内容，但这一时期中日之间的民族矛盾依然是中国社会的主要矛盾，动员全疆各族民众支援抗战依然是国民党各类宣传活动的重要议题，而此后国民党所开展的抗战宣传动员活动的规模已经远远不如盛世才统治时期。

三 抗日战争时期《新疆日报》（汉文版）的抗战新闻报道

作为全疆唯一的现代化报纸，抗战时期的《新疆日报》自然肩负起了宣传"救亡图存"理念和动员全疆各族民众积极投身抗日救亡运动的历史使命。台湾学者胡光夏曾指出："在现代形式的大众传播媒体出现后，在战争中同时扮演着两个角色，一种是作为民众获取战争资讯的管道，另一种则是被战争决策者用来作为宣传战和心理战的工具。"因此，作为抗战时期新疆最重要的舆论话语平台，《新疆日报》所开展的抗战宣传动员主要包括两部分：《新疆日报》所开展的以传递战争资讯为目的的抗战新闻报道；《新疆日报》所开展的旨在引导受众理解抗战形势、向受众宣传"救亡图存"理念和动员受众直接支援抗战的战时宣传动员活动。鉴于各种文版报纸之间的内容基本相似，本文重点分析1935年12月至1945年8月出现在《新疆日报》（迪化总社汉文版）[①]上的与"抗战"（主要集中于国内战场）、"支援抗战"和"动员抗战"有关的新闻报道。

具体来说，抗战时期《新疆日报》（汉文版）上刊登的抗战新闻报道主要分为以下五类：

第一类是关于国内各派政治势力的抗战政策与抗战言论的报道：不仅包括国民党高级将领和最高领袖的相关抗战言论，也包括投降派相关言行及国内民众对其进行声讨的报道，如《蒋委员长电覆各部会长官抗战到底》（1938年10月23）、《蒋委员长告国民书》（1938年11月3日）、

---

① 抗战时期的《新疆日报》在全疆各地共有一家总社（迪化总社）、六家分社［伊犁、塔城、喀什、阿山（今阿勒泰）、阿克苏与和田］和五种文版（汉文、维吾尔文、哈萨克文、蒙古文、俄文），本文的分析对象主要是迪化总社出版的汉文版《新疆日报》。

《各参政员一致拥护蒋委员长告国民书》(1938年11月5日)、《蒋委员长演讲精神总动员意义》(1939年4月19日)、《蒋委员长对全国同胞的期望》(1939年5月3日)、《汪逆卖国协定全文》(1940年1月25日)、《蒋委员长为日汪密约告全国军民书》(1940年1月26日)、《举国一致声讨汪逆,盛督办李主席电请中央通缉汪逆》(1939年1月11日)。与此同时,《新疆日报》还大量刊登了中国共产党的相关抗战言论,如中国共产党的《抗日救国十大纲领》,朱德的《胜利在望,团结向前》和毛泽东的《论持久战》《关于目前国际形势与中国抗战的谈话》《第二次帝国主义战争讲演提纲》等。① 此外,《新疆日报》还在国民党封锁消息的情况下刊登了《中共中央发言人关于皖南事变的谈话》(1941年1月30日)、《新四军将领声讨亲日派的通电》(1941年2月5日)和《新四军皖南部队惨被围歼真相》(1941年2月12日)等文章。

第二类是关于国民党军队正面战场的报道:"一个国家的战斗精神往往是靠必胜的信念来维系的"②,而维系全体国民必胜信念的宣传策略就是夸大胜利的战绩而忽视失利的消息。抗战全面爆发后,国民党军队在正面战场进行了一系列会战,《新疆日报》不仅大量地报道了国民党军队在正面战场的战况和战果,而且还积极报道战场上涌现出的战斗英雄。③ 例如,《日伪军大举犯绥东,形势极为紧张》(1936年11月3日)、《何家山附近我军大获胜利》(1938年10月2日)、《武汉附近战况,富水两岸我反攻顺利》(1938年11月3日)和《英勇民族战士典型:以一排人击千余敌军》(1939年4月4日)。总体来说,为了达到鼓舞士气的传播效果,《新疆日报》关于国民党正面战场的报道与这时期国内其他报纸一样都是"只见胜利的报道而无失败的消息"④。

第三类是关于中国共产党领导的八路军、新四军和敌后抗日根据地的报道:盛世才与中国共产党建立了抗日民族统一战线后,《新疆日报》(汉文版)加大了对中国共产党及其所领导的军队与抗日根据地的报道力度。报纸从1938年11月11日至1939年1月连续转载了《新华日报》的

---

① 朱卫东:《抗战前期的〈新疆日报〉》(上),《新疆新闻界》1992年第5期。
② [美]哈罗德·拉斯韦尔:《世界大战中的宣传技巧》,张洁、田青译,中国人民大学出版社2003年版,第92页。
③ 朱卫东:《抗战前期的〈新疆日报〉》(上),《新疆新闻界》1992年第5期。
④ 庄廷江:《"战时新闻学"研究(1936—1945)》,湖北人民出版社2014年版,第62页。

长篇通讯《模范抗日根据地晋察冀边区》,全面介绍了抗日民主根据地创立、生存和发展的原因,展示了实行民主改革之后的敌后抗日根据地的真实面貌。除此之外,报纸还介绍了八路军和游击队在五台山战斗百余次、毙伤万余日寇的战绩,并刊登了穆欣的通讯《驰骋华北的劲旅》,同时也配发了八路军、抗日游击队的照片。报纸还刊登了《苦战大青山——大青山游击区司令述》一文,真实地表现了游击队在敌后开展艰苦卓绝的游击战争的历程,同时也揭穿了国民党顽固派污蔑八路军、新四军"游而不击"的谎言。① 此外,《新疆日报》还分别刊登了八路军军长朱德所撰写的《八路军抗战一周年》(1938年10月28日至11月4日)和采访新四军副军长项英的文章《新四军敌后战——坚强决胜的因素》(1940年2月24日)。

第四类是关于日军暴行的报道:哈罗德·拉斯韦尔(Harold Lasswell)认为战时宣传最重要的四个目标之一就是要"激起对敌人的仇恨",而要唤起公众的仇恨情绪就必须大量报道敌军极其残忍的各种暴行。② 为了达到这样的传播效果,《新疆日报》(汉文版)大量报道了日军轰炸民房、施放毒气、烧杀抢掠等令人发指的暴行,如《晋南敌寇惨暴兽行,奸淫我十一岁幼女》(1938年10月29日)、《敌寇在武汉三镇暴行,奸抢杀时有所闻》(1939年11月11日)、《敌寇暴行,劫掠财物、强奸妇女,敌机轰炸商城等地》(1939年1月25日)与《敌寇兽行,南洋侨胞乘轮归国,二百余人被寇杀害》(1939年1月26日)等。这些关于日军暴行的报道不仅让全疆各族民众与沦陷区的人民一起感受到了惨遭列强蹂躏的切肤之痛,也让全疆各族民众深切体会到了我们中华民族日益严重的生存危机。

第五类是关于新疆各族民众支援抗战的报道:抗战全面爆发以后,新疆的实际统治者盛世才发起了一场规模宏大的宣传抗战、支援抗战的救亡图存运动,尤其是新疆各级政府机构与新疆民众反帝联合会、新疆各族文化促进会和新疆妇女协会等半官方性质的社会团体所开展的献金运动、献机运动、募铁运动、募集寒衣运动和文化劳军运动,不仅强化了全疆各族

---

① 朱卫东:《抗战前期的〈新疆日报〉》(上),《新疆新闻界》1992年第5期。
② [美]哈罗德·拉斯韦尔:《世界大战中的宣传技巧》,张洁、田青译,中国人民大学出版社2003年版,第76、161页。

民众的救亡图存意识,而且吸引了大量的各族民众踊跃地捐款捐物。在这场救亡图存运动中,《新疆日报》(汉文版)不仅大力宣传动员广大民众支援抗战,而且也深入报道了新疆各族民众踊跃捐款捐物和支援抗战的各种行动。如《通过发动第四次抗日募捐,各街长捐募寒款项百余万》(1938年10月20日)、《学联会召集各校学生会联席会,通过各校比赛募集寒衣》(1938年10月22日)、《多多出钱援助前线,募寒委员会宣传队今日开始街头募捐》(1938年10月27日)、《全疆学联总会发起慰劳将士信运动》(1938年10月29日)、《空前未有之盛况,轰轰烈烈的献金运动,督办献黄金七两八钱五分,主席献大宝四个二百余两,各族各界民众踊跃参加》(1938年11月25日)和《全市献金运动收获圆满,总数约在二万万两以上》(1938年11月29日)等。

四 中华民族集体历史记忆的边疆书写与"中华民族想象共同体"的形塑

费孝通就曾经指出中华民族有一个从"自在的民族"到"自觉的民族"的发展过程:作为一个自在的民族实体,中华民族是几千年的历史过程所形成的,而作为一个自觉的民族实体,中华民族则是近百年来中国和西方列强对抗中出现的。[1] 面对外国列强的入侵,国内各族群之间矛盾退居次要地位,一致对外的民族矛盾上升为主要矛盾,并激发出国内各族群共同的民族意识和对中华民族的主流文化、核心价值观与共同利益的广泛认同,进而使中华民族多元一体的格局最终确定下来。[2] 也就是说,从中国民族主义形成的过程来看,日本帝国主义近代以来所发动的两次侵华战争(甲午战争和第二次中日战争),在使中华民族面临亡国灭种危险的同时,也在客观上成了中国近代民族主义形成的"催化剂"和"加速器"[3]。

法国学者阿尔弗雷德·格罗塞曾经指出:"无论是主动追求还是被迫

---

[1] 费孝通:《中华民族多远一体格局》(修订本),中央民族大学出版社1999年版,第3页。
[2] 高军凯:《论中华民族》(修订第二版),文物出版社2012年版,第322页。
[3] 臧运祜:《近代中日关系与中国民族主义》,郑大华等:《中国近代史上的民族主义》,社会科学文献出版社2007年版,第432页。

塑造，有限制的身份认同几乎总是建立在一种对'集体记忆'的呼唤之上。"① 在1931年到1945年的抗日战争期间，中国各族人民在反抗日本帝国主义侵略过程中所体现出的对于中华民族的认同是空前的，也是高度自觉的，对于当前中华民族的认同建设也有着长远的影响。② 与之相对应，抗日战争时期新疆各族民众始终与全国人民同呼吸共命运、踊跃捐款捐物、支援抗战的集体历史记忆就成了当前增强新疆地区各族民众国家认同感的重要精神资源。

"认同"一词译自英文"identity"和"identification"，前者又可译为"身份"；后者则意指"获取身份的过程"。因此，"认同"同时具有"认同感"与"认同行为"双重含义，就其本质而言，认同就是"如何确定自我的边界"③。本尼迪克特·安德森（Benedict Anderson）将民族定义为一种"想象的政治共同体"④，而如果我们将"国家"的概念同样视为广义上的想象的政治共同体，国家认同的基本要素就应该包括三层含义：一是这个政治共同体的同一性和延续性；二是个体对自己归属于哪一个政治共同体的辨识和选择；三是个体对自己归属的政治共同体的期待。⑤ 大众传媒在传递主流政治意识形态、建构身份认同方面的作用是不容置疑的。在戴维·莫利（David Morley）看来，电视连接家庭、国家和国际，维持"国家家庭"（National Family）等各种共同体的形象和现实。⑥ 马丁·巴伯罗（Martin Barbero）则认为传播媒介的关键作用是"将大众转变成一国人民，将一国人民转变成一个民族"，广播电视等大众媒体技术允许人们有一个"认同的空间"，不仅仅是重新唤起共同记忆，更确切地说是

---

① ［法］阿尔弗雷德·格罗塞：《身份认同的困境》，王鲲译，社会科学文献出版社2010年版，第3页。
② 宋黎明：《中华民族认同与全民抗战》，《华中科技大学学报》（社会科学版）2005年第5期。
③ 刘国强：《媒介身份重建——全球传播与国家认同建构研究》，四川大学出版社2009年版，第56页。
④ ［美］本尼迪克特·安德森：《想象的共同体——民族主义的起源与散布》，吴叡人译，上海人民出版社2003年版，第5页。
⑤ 转引自陆晔《媒介使用、社会凝聚力和国家认同——理论关系的经验检视》，《新闻大学》2010年第2期。
⑥ 同上。

"体验冲突和休戚相关性"[①]。

《新疆日报》所开展的以传递战争资讯为目的的抗战新闻报道实际上也属于抗战宣传动员的重要组成部分，其目的不仅是要维系全疆各族民众的"胜利幻想"、强化各族民众对共同敌人的仇恨，而且也是要让新疆各族民众共同体验惨遭列强蹂躏的切肤之痛和日益严重的民族危机。《新疆日报》关于日军暴行的报道不仅可以唤起全疆各族民众对日本帝国主义侵略者的仇恨，而且也可以唤起各族民众休戚与共的民族危机感；《新疆日报》关于国内各派政治势力的抗战言论的报道、关于国民党正面战场和共产党领导敌后抗日根据地所取得的各种战果的报道，不仅可以维系新疆各族民众的必胜信念，而且也可以唤起新疆各族民众奋起抵抗的爱国主义精神；而《新疆日报》关于全疆各族民众踊跃捐款捐物、支援抗战的报道不仅让全国民众看到了新疆各族民众团结一致共赴国难的坚定决心，而且也让新疆各族民众产生了一种强烈使命感和归属感。按照本尼迪克特·安德森（Benedict Anderson）的理论，这种印刷语言在促使新疆各族民众共同关注抗战救国大业的同时，也会在各族读者心中召唤起一个"想象的共同体"——中华民族，而这种对于中华民族的情感认同不仅是抗战胜利的重要保证，也是维护国家统一的社会心理基础。

综上所述，作为历史的见证者和记录者，抗日战争期间的《新疆日报》始终把"抗战救国"作为战时宣传动员和战时新闻报道的重点，不仅大力宣传救亡图存的理念，而且还及时报道国内战场的战事战况和新疆各族民众捐款捐物、支援抗战的感人事迹。报纸在对抗战时期新疆各族民众与全国人民共赴国难的集体历史记忆进行记录与书写的同时，也完成了对新疆各族民众心目中的"中华民族想象共同体"的形塑，而这种对中华民族集体记忆的边疆书写不仅增强了抗战时期新疆地区各族民众对中华民族的情感认同，而且对于提升当前新疆地区各族民众的国家认同感也是一种重要的历史资源。

（李宏刚：清华大学新闻与传播学院博士生）

[①] 转引自刘国强《媒介身份重建——全球传播与国家认同建构研究》，四川大学出版社2009年版，第98页。

与"大数据"共舞

——电视媒体如何理解和转化大数据驱动力

刘 星

摘要：在"互联网+"时代，"大数据"对全球社会经济发展带来了深刻改变，也将重塑媒体的传播链、产业链。本文试图总结"大数据"在影响电视媒体发展道路方面的特质，对电视媒体带来的冲击和变革，在此基础上探讨电视媒体如何将大数据对全行业带来的震动，转化为自身的发展变革的动力，重点从内容、决策、价值、影响、趋势五个角度，归纳了电视媒体如何找准和对接大数据的"澎湃动力"。

关键词：媒体融合　大数据　节目综合评估　O2O　价值转化

2015年，大数据概念在经历了两年多的概念哄吵、产业爆发、质疑反思、沉淀清洗之后，逐渐走上一种更加良性的、坚定的发展路径，战略思路更加条理清晰，应用方面也更加明确成熟。对于地球世界、对于人类社会、对于经济生活的方方面面来说，大数据时代的车轮早已轰然碾过——传播媒体自然是裹挟其中的。无论是怀着敬畏之心准备迎接"大数据"对于媒体传播链、产业链的改造重塑，还是以审慎挑剔的批判眼光对大数据剥茧抽丝、博采其长为我所用，传统电视媒体都应该对"大数据"保持如对新媒体同样的热忱与关切——因为它已经被认为是互联网时代的重要特征和下一轮战略驱动方向。本文试图总结"大数据"对于电视媒体发展道路的改变和影响，从而探讨电视媒体在将大数据对全行业带来的驱动、价值转化为自身的动力、实力方面的重点与着力点。

一 传播媒体视角下理解"大数据"的五个关键

（一）万能的数据：范畴不断延展和明确

最早洞见大数据时代发展趋势的数据科学家之一维克托·迈尔－舍恩伯格（Viktor Mayer-Schönberger）于2010年就在《经济学人》上发布了长达14页对大数据应用的前瞻性研究，在其之后出版著作《大数据时代——生活、工作与思维的大变革》①中，更是详细阐述了大数据（Big Data）的概念、特点、影响和价值。该书中有两个章节标题是："数据化：一切皆可"量化""价值：'取之不尽，用之不竭'的数据创新"，形象地描述了"大数据"的"无所不在"与"无所不能"。一般认为，它可以用四个V来概括，数据量大（Volume），数据种类繁多（Variety），数据价值密度低（Value），处理时效性要求高（Velocity）。也就是说，巨大的价值分布在海量芜杂的、广泛分布的、关联度低的、碎片化程度高的数据群组当中，需要通过科学、有效、及时、高效的挖掘整理手段才能够被显化、激活。就目前而言，大数据商业模式逐渐稳定在通过提供数据服务，深入挖掘用户消费习惯模式和潜在需求趋向，优化资源配置，改造产业运营，这也成为大多数行业切入大数据战略的突破口。

海量数据似乎更像一个缥缈难以企及的"洪荒宇宙"，更多的时候，且不论"大"，我们关注的是"数据"二字及数据化的思维范式。那么对于媒体来说，哪些"数据"是属于我的、我可以触及的或者可以利用的？换句话说，如何从"大数据"的"海洋"中寻找到属于媒体的一些"湖泊"甚至是"泉眼"。笔者认为应重点关注四类：第一类，媒体生产运营活动过程中产生的数据，包括收视率、广告收入、财务数据、管理数据等传统意义的"数据"；第二类，数据化的媒资内容，如节目内容、媒资档案；第三类，媒体传播活动采集数据及关联数据，如采访所接触、收集到的信息，无论是否采用，再如参与新媒体互动过程中形成的数据等；第四类，媒体传播对象延伸信息，如我们所服务的观众、消费者社交媒体数

---

① 维克托·迈尔－舍恩伯格、肯尼思·库克耶：《大数据时代——生活、工作与思维的大变革》，盛杨燕、周涛译，浙江人民出版社2013年版。

据、消费行为数据、身份识别数据等。

（二）"大数据+"：席卷各行各业的洪水

这里的"大数据+"是对"互联网+"一词的仿写和提纯。2015年3月，李克强总理在政府工作报告中首次提出："制定'互联网+'行动计划，推动移动互联网、云计算、大数据、物联网等与现代制造业结合。"一种观点认为："互联网+"的本质是传统产业的在线化和数据化，大数据与互联网正如一个硬币的两面，随着信息数据规模爆炸式增长，每一个传统行业都孕育着"互联网+"的机会，也都出现在线化和数据化的迫切需求。"大数据+"则是大数据渗透各行各业所生发出、变革后的新的工作模式、业务样态和发展机会。2014年，大数据风暴扩散席卷了金融、零售、电信、公共管理、医疗卫生、营销、电商、娱乐等各行各业，开展了一些令人欣慰的探索。应用相对广泛、开发程度、令人信服度高的首先是以大数据为基础的精准营销。2014年，宝洁公司70%—75%的广告预算用于程序化购买；在健康医疗领域，利用大数据来分析预测流行性疾病的爆发、传播路径也已经形成了一些成果。政府在社会公共服务领域也加强了大数据应用，例如，高德地图联合北京、广州等8个城市的交管部门，通过实时交通信息和交通大数据信息分析，提出智能出行解决方案和疏堵策略建议；"单独两孩"等政策背后都有系统的数据决策和模拟系统支撑。

对于媒体来说值得注意的是，内容产业方面，在国外《纸牌屋》大数据内容定制效应带动下，国内《爸爸去哪儿》《老男孩之猛龙过江》《小时代3》《爱情公寓4》等电视节目、电影、网络视频等通过采集社交媒体数据借助大数据分析受众意愿，辅助内容策划与制作。另一个已经进行应用的领域是节目综合评估体系，在传统收视率基础上增加其他数据支持的分析维度，从而对节目价值进行多维评价。

（三）驱动和提升：释放积极能量

无论从技术手段角度，还是思维模式角度，都不可否认"大数据"是当今信息社会所掀起的巨大浪潮——这种浪潮不仅意味着"不知者、不入者不潮"，更暗示了潮水般巨大的驱动能力。

首先，这种驱动能力首先体现在"创新力"上。在大数据战略下，无数新的业态被催发、新的信息技术手段得以研发、新的商业模式被确立，无数未知的领域也得以粉墨亮相。

其次，"大数据"具有整合力。通过数据的相关性，不同的行业、板块之间得以弥合、集聚，从毫不相干到发生奇妙的"化学反应"，形成了新的增长力量。同时，基于大数据"O2O"模式则能够完全实现线上资源和线下资源的有机互动。

最后，"大数据"的"预见力"。通过数据挖掘，即将发生的事情可能被事先预测，从而有所应对，"灾难"等负面影响可能被避免，"优势"等正面促进可能被放大；一些模糊的、经验主义的事项得到检验，或证实，或推翻。

（四）冲击与变革：山雨欲来的"大数据"风暴

无论从技术手段角度，还是思维模式角度，都不可否认"大数据"与新媒体一样，将给传统媒体带来巨大的冲击、冲突，甚至是颠覆性的改变。对于传统电视媒体来说，这种负面影响和压力主要呈现于三个方面：

第一，颠覆电视线性传播模式。海量的数据可以表现为海量的媒资内容通过海量的渠道和多样化的交互方式和对象化的精准对位来传播，当然，这一点伴随着新媒体的崛起早已引起了电视人的警觉，但还能发现一些基于大数据角度创新模式的成功，比如"今日头条"，通过用户访问习惯分析，从浩如烟海的信息产品中向用户推荐属于他的丰富内容。随着"观众"不断适应和转化为"互联网"受众，这种新的传播趋势将不可逆转。此外，海量的内容和新兴的渠道还将分散和消解传统媒体的注意力和影响力。

第二，争夺传统电视媒体广告销售蛋糕。很多年前广告界有一句话被奉为圭臬，著名广告大师约翰·沃纳梅克提出："我知道我的广告费有一半浪费了，但遗憾的是，我不知道是哪一半被浪费了。"可是现在，你可以知道了，并且随着技术进步越来越精确、越来越逼近事实真相，传统媒体依靠覆盖率和重现率实现广告效果的路径，被"大数据"打乱了。"大数据"可以从更多的维度测算和预估广告传播效果、精确计算成本投入，这会继续推动广告预算向互联网导流。

第三，倒逼电视生产运营方式变革。就对媒体的影响而言，"大数据"与互联网更多地是在一个层面上综合发力。例如，优酷、土豆等互联网视频网站，微博、微信、微视等社交媒体，既是互联网新媒体，也是以大数据姿态对传统媒体发起的冲击。传统媒体的有限信息采集、编辑、发布的内容组织、报道方式等，在新媒体无限信息、集体创作、碎片产品、超链接发布等的面前（例如今日头条的集纳和推送），似乎显露出些许乏力。虽然同大数据的"4V"特点一样，其中必然充斥大量无效、无关信息和低质、错误的内容，但从传播行为总量和传播使用趋势来说，其优势和能量也不能小觑。

（五）制约与失灵：并未万能的"大数据"

一种观点认为，"大数据"的核心是预测和洞察消费者的期望，所以当人们完全依赖大数据时，反而会禁锢想象力和创造力。就如乔布斯坚定地认为普通消费者根本不知道他们所渴望的产品的样子，所以他才能做出iPhone那样超出人们想象的产品。这是对大数据作用与价值的一种质疑之声。与此同时，著名的信息技术咨询公司高德纳（Gartner）甚至认为，大数据现在已到了幻灭期，宣称要把大数据赶下"神坛"。目前，"唱衰"之声主要反映在以下几个方面，绝大部分"大数据"应用起来非常困难，非同源数据关联度差，呈非结构化存在；数据挖掘处理效率低、速度慢；分析结果更多表现为"相关关系"，容易造成"因果关系误解"；一些特殊形态大数据的量化技术还不够成熟、标准，比如视频识别；在规避侵犯隐私方面存在问题；等等。

具体到媒体应用大数据来说，除以上制约之外，一些应该引起重视的问题主要表现在以下几个方面：第一，积累了许多静态"大数据"资源（如媒资、观众、行业资讯，等等），却没有充分开发应用，没有与其他的行业或价值去匹配联系，殊不知"大数据"的核心在于挖掘关联；第二，尚缺乏大数据挖掘、处理、辨析的理念意识、专业人才、技术能力和组织机构保障；第三，大数据使用不当，例如在做数据新闻时，对数据意义分析不客观、不恰当。

二 电视媒体转化"大数据"驱动力的五个着力点

在总结和分析了传统媒体，特别是电视媒体视角下，"大数据"是什么与意味着什么基础上，如何找准和对接"大数据"这个"富矿"所深藏的澎湃动力，就逐渐变得清晰了。

(一）内容转化：对"大数据"进行引用与重组

电视节目内容中使用"大数据"，并不是一个创新的做法或全新的理念。事实上，数据新闻本身就是新闻报道的重要分类和内容部分。概念由浅及深，在很多媒体看来，将"大数据"纳入报道首先意味着正确、更多、更好地使用数字——虽然这并不是"大数据"概念的核心价值要义。

其次，重点加强对一些狭义"大数据"的引用，并借以增加报道的趣味性和吸引力，增强互动效果。目前，较受关注且目前开发应用较为充分的"大数据"组成部分包括社交媒体数据（如微博内容抓取）、搜索引擎数据（如百度指数、大数据产品，http://bigengine.baidu.com/），等等。2014年1月25日、26日，在央视综合频道《晚间新闻》栏目中，一则名为"据说春运"的专题报道引发观众好评如潮。报道改变以往派出记者在各大车站蹲点报道春运的形式，引入百度地图 LBS 定位"大数据"，直观展示全国范围内春运人潮流动情况，并结合新颖的"大数据"洞察让观众大开眼界，也被认为是一次成功的"吃螃蟹"。此后，央视联合百度等推出了"据说两会""据说 APEC"等系列"据说"报道。

2015年7月31日，北京电视台推出的北京申办冬奥会大型直播节目《通向 2022》中，设置了"大数据看焦点"模块，通过使用自行研发的"BTV 大编辑部"工具和平台，在直播中对网络新闻热点进行实时监控、分析，并以饼图、气泡图等可视化形式加以直观、生动呈现。中国人民大学喻国明教授表示，《通向 2022》直播中用大数据解读了公众最为关注的冬奥会项目、运动员排名等，其创新维度主要表现在数据驱动的调查性新闻、数据可视化叙事、数据驱动的应用三个层面。

当然，一些评论人士指出，如果单纯对某些关键词进行搜索、统计、分析、整理之后植入新闻报道，不能够准确代表"大数据"时代的新闻处理方法。笔者认为，这种观点是有意义的，制作大数据新闻的核心，在于依托网络与信息技术，通过对杂乱无序、不相关、动态的海量信息进行提取筛选、交互处理及图表情境化，精准地发掘或精巧地展示一些不为人知的社会现象、故事和创新观点。这一点从"数据新闻奖"的奖项设置也可以看出来。2012年起，全球编辑网（Global Editors Network，GEN）发起和组织了"数据新闻奖"（Data Journalism Awards，DJA），由谷歌公司资助奖励。这是国际上第一个表彰数据新闻领域优秀工作的专业奖项，首届评奖时,将"大数据"新闻项目的创新分为三个类别,分别是数据驱动的调查性报道、数据视觉化和数据叙事、数据驱动的应用。①

最后,如果在更加广泛意义上去对大数据进行内容转化,就必须切换到媒资应用和互联网媒体模式。我们知道,在当前互联信息时代,媒体内容无限、传播渠道无限,自媒体模式早已成熟并具备强大的内容资源——这些当然都是大数据的组成部分。而对于传统媒体来说,在这个层面上思考"大数据"内容转化,更重要的是构建和维护一种传播通路和资源结构,能够实现最快、最全、最契合用户需求的媒资内容到达。例如,开发基于个性化信息聚合的推送。

(二) 决策转化:以"大数据"进行评估和预测

对于电视媒体来说,以数据来辅助决策参考早已成为常态。收视率、到达率、观众构成、广告点成本……是每一个电视媒体人都耳熟能详的数据概念,一些媒体单位还使用"收视率"作为基本内容生产的量化考核指标、作为改进节目的指挥棒,所以我们经常可以听到"收视率是万恶之源!"这样的感叹。而在这个基础上,如何来挖掘"大数据"对于电视生产、管理、经营等决策的驱动力呢?这就好比我们将在一个更大的宇宙中寻找运行星体运行定律,坐标系变了,影响因素更多了,分析决策条件的手段更多、预测决策制定后可能造成结果的角度也更多。从应用角度来说,主要有以下几个方向:

一是清晰绘制用户图谱。"知己知彼,百战不殆"。在互联网时代,用户对象的需求被更加重视。在使用收视率来做评价和预测时,我们可以观察某个节目、频道的观众构成(百分比或特定人群收视率),来勾勒出收视人群特点,再基于此判断同类节目、时段、频道的内容策略。而"大数据"给了更多判断维度,让这个原来以群体、模糊状态存在的"观众"的特征、偏好、需求变得更为清晰。一个较常见的技术是"用户画像",通过对用户社交媒体的关注、发布等分析建立一个"兴趣图谱",即根据用户内容所属类别、标签、社交关系、社交行为、点击行为、参与群组、在线时间、地点等各种数据源来推断出用户的方方面面、消费兴趣

---

① 王斌:《大数据与新闻理念创新:以全球首届"数据新闻奖"为例》,《编辑之友》2013年第6期。

有哪些，然后可以根据这些点实现个性化内容推荐等。了解用户、找到用户、服务用户，这就是"今日头条"的基本原理。

二是精准实现内容定制。经典案例是美国 Netflix 自制剧《纸牌屋》，通过对 3300 万用户每天产生的 3000 万条行为数据、近 500 万次评级纪录和 400 万次搜索纪录深入挖掘分析，这个做法已经得到国内一些电影、电视节目的借鉴，具体是通过抓取技术对社交平台等数据进行提取和分析，一方面准确把握用户对影视类型、明星、导演、编剧的偏好；另一方面了解受众更关注哪个话题，什么情节引爆了网络大讨论，为节目策划、环节设计等提供有益指导。北京电视台生活频道于 2014 年推出了美食专题纪录片《上菜Ⅱ》，在节目策划之初，为了更客观、准确地把握普通大众的流行口味，特意邀请专业数据公司，采集"新浪微博""大众点评""淘宝指数""百度指数""阿里指数"以及"微信公众平台"，共计 6 家最有代表性的新媒体平台超过 40000 多样本的数据信息，全面分析发掘大众美食偏好，同时结合专家评议，选取了年度最受欢迎的 10 道菜品作为《上菜Ⅱ》的选题。

三是综合节目质量评价。在"大数据"技术下，首先可以实现收视测量的全样本，与传统抽样收视调查相比将更加准确，回避抽样产生的系统误差和样本污染等情况。智能机顶盒能够对受众开关机顶盒、转换频道、使用增值业务等操作行为进行精确到秒的准确记录，这些数据回传至数据处理中心后可以得出全面准确的收视情况。2014 年年底，北京歌华有线电视网络股份有限公司宣布建成全国首个收视数据实时采集分析系统"歌华发布"[①]。该系统将覆盖北京 400 万户电视用户，达到城市总用户约八成，可以对用户收视行为、页面访问、业务使用、广告曝光等进行精确统计，此外，还将逐步实现宽带用户数据、互联网电视数据、手机电视数据的采集，可提供占有率、忠诚度、用户黏性等多维度的收视数据指标。除了收视行为层面，大数据还可以从其他数据源对节目进行评价，如来自媒体报道的监测，社交媒体口碑评价监测，等等，这些可以对节目的表现形成一个立体评价系统，为电视频道编播工作提供决策建议。

---

① 杨丽娟：《歌华发布：大数据打造绿色收视率》，《北京日报》2014 年 12 月 1 日，星期一，第 4 版。

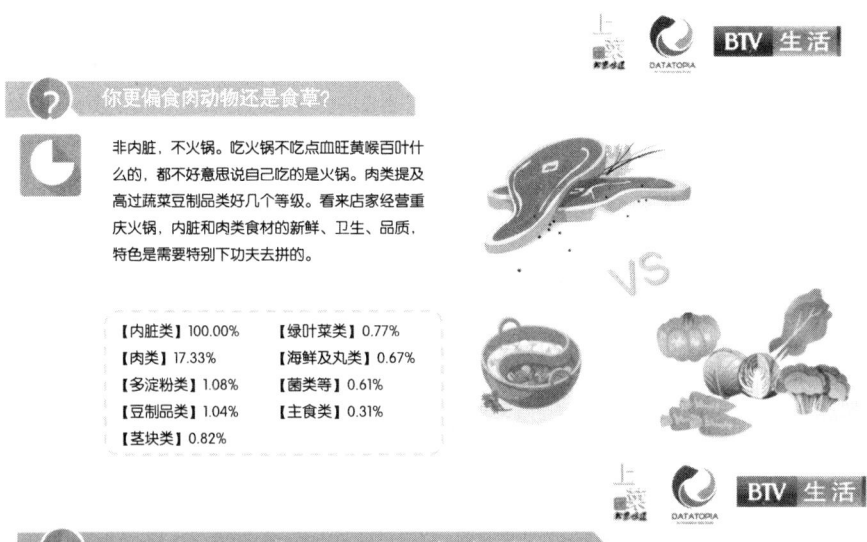

图 1　截取自《上菜Ⅱ》选题 "大数据" 分析报告

（三）价值转化：由 "大数据" 产生效益和增长

数据将取代石油，成为未来制造业最大的能源。马云在 2015 年 5 月底召开的贵阳国际 "大数据" 产业博览会暨全球 "大数据" 时代贵阳峰会上如是说。2015 年 4 月 15 日，全国首家 "大数据" 交易所——贵阳 "大数据" 交易所（GBDEx，Global Big Data Exchange）正式挂牌运营并完成首批 "大数据" 交易。前文所提到的 "歌华发布" 也是一种数据产品品牌。"大数据" 作为一种资产，早就成为现代商业社会的共识。无论是 "资产" 还是 "能源" 说的都是 "大数据" 具有产生效益和价值的属性作用。"大数据" 产生价值，一方面体现在决策参考上，上文已经阐述。而从另一方面来说,"大数据"本身也具有直接或间接经营的意义。

媒资、数据库、知识库和资讯信息服务产品等形态的"大数据"可以直接进行销售,或者是遵循以免费发布赚取广告的盈利模式,这很好理解。对于媒体来说,这些都是可以考虑的价值所在,可将已有的、生产中的节目产品以个体形式售卖其"观看"价值;可将有关内容制作形成数据库售卖其"档案"价值;可通过整理提供分类信息和精准个性化信息推送服务售卖其"服务"价值。

"大数据"的价值间接转化,或者说"高级"存在,表现在数据的关联匹配能力上。互联时代"大数据"分析整理后,可以将消费者需求和销售商之间的距离缩短为零,打破信息不对称,提高经济效率。例如,亚马逊研发精准推荐系统,跟踪客户的所有消费习惯不断进行优化推荐,每秒卖出商品达72.9件。再比如OTO模式及在此基础上的OTOTO模式,从On Air(TV)的集中发布,集聚消费人群、制造和汇总消费需求,到Online的个性化需求配置,这个过程需要电视媒体融合新媒体平台共同完成。从Online再指向Offline的线下销售商,形成闭环。生活服务类因为需要线下实现消费,可以重点应用这一模式。

(四)影响转化:经"大数据"进行造势和推广

对于电视媒体来说,"大数据"还有一个非常有效的功用就是推广。媒体所具有的社会效益属性及其广告盈利模式,注定了媒体必须不断扩大自身传播力、公信力、影响力,包括培育更优质的品牌影响力(品牌形象),制作更大社会影响力的"现象级节目",推出更富市场影响力(市场号召力)的影视内容产品,等等。这些在"大数据"时代运用大数据技术,都变得更加容易和便捷。

互联网条件下应用大数据助力推广,首先体现在运用立体化渠道实现立体化传播,扩大覆盖范围。很多媒体、频道、节目,以及主持人、记者等现在都开通有官方微博、微信平台甚至APP应用。在建设巩固自己的网上传播阵地的同时,还可以形成实现更强大声势的互推。北京电视台就建设有"微博矩阵",包含几百个官方媒体及媒体人账号,遇到重大活动宣传,可以实现所有账号同步发布,使影响力如滚雪球般迅速扩大。其次,"大数据"优势在于推广对象的精准、推广内容的精准、推广手法的精准,实现"定点、定量、定制"推广投放,从而提高传播质量、优化传播效果，提升营销的科学性、艺术性。此处不再赘述。

（五）趋势转化：顺应大数据之滚滚洪流

无论是应用于内容生产、推广营销，还是管理决策、产业经营，"大数据"都将深刻地改变媒体的发展理念和运营实践。在从以上几个方面解剖了媒体如何挖掘并驭使"大数据"的澎湃驱动力之后，让我们回到宏观层面。如今，"观众"正在彻底转化为"用户"的进程中，媒体的服务对象将逐步生活在一个数字世界、在线世界里，一个"大数据"开始发挥巨大影响的世界里。当媒体遇到大数据，需要"因势而谋、应势而动、顺势而为、乘势而上"，要打开大门拥抱"大数据"的来临，要承担好人类社会数字化生存转型过程中的信息传播教化之职能；要主动适应大数据对于自身传播链生产发布经营各环节的改变；要积极布局与大数据衔接的收集、整理、研究、应用等各个业务板块；要加快强化目前相对薄弱的"大数据"技术支撑、组织保障、人才培养和机制变革等基础层面工作，要广泛借助大数据的"力"与"利"推动自身快速健康发展……这些都是媒体顺应"大数据"时代发展趋势的发轫之处。

上善若水，顺势而为。也许在面对以不同物理形态、传播渠道、经营法则存在的"新媒体"时，传统媒体有着一丝惶恐、几分天然的弱势，然而在"大数据"洪流之中游泳，是一场新的竞赛。经过十多年来的媒体融合实践和三年多来的媒体转型探索，传统媒体在面对"大数据"之时已经不再处于被动和旁观境地。与"大数据"共舞，传统媒体需要时刻刷新思维、创新行动，才能真正把"大数据"所酝酿的巨大机遇、价值、能量转化为自身实力。

（刘星：北京电视台办公室）

试论公共空间艺术机构在地影响力模式的可行性

崔亦丹　颜　煌

摘要：文章论点根据 Rem's Type 模型应用，有机构建本文"公共空间艺术机构在地影响力模式"，并以其为研究对象，研究艺术机构在地辐射化的社会整合模式。在以北京地区公共、个体艺术机构及艺术院校相关实践活动为例基础上，证实在地艺术机构影响力可行性模式。调研分析在地艺术辐射模式理念、方式的实践操作，体现普通人参与公共艺术的可行性，为艺术机构在公共空间、普通人中间起着艺术资源集聚的普适性提供可能。文章通过艺术机构影响力模式可行性分析：创新机制、辐射机制的路径搭建，借助艺术机构资源整合，推动民众、公共空间融合，拓宽艺术参与者融入程度，实现多元艺术机构影响力的普适性。

关键词：公共空间　艺术机构　在地影响力　观众拓展

绪　论

本文从艺术机构的在地影响力实践研究切入，探索我国当下地区艺术机构及公共空间、民众的"空间交叠"机制，并力争在理论研究、案例群分析、田野调研和实验研究的基础上，为解决我国公共文化服务供给、艺术机构影响力模式构建的结构性问题提供有效的对策、建议。

本文理论模型构建"公共空间艺术机构在地影响力模式"，其价值在于从公共艺术服务角度，透过艺术机构的创意管理、产业辐射功能，证明其新式机制路径的可行性及普适性，从而最终达成为各地不同类型艺术机构，提供更好的发展环境与实施路径的目标。

本文的案例研究较为丰富，按照案例群的划分及序列，进行本文公共空间在地艺术机构规划及实验方法论影响力模式的复制与推广。其中包括艺术机构与公共空间的资源整合式创意路径，证明公共空间艺术机构影响力模式的可行性；也包括艺术机构与民众之间的产业辐射路径，证明公共空间艺术机构影响力模式的普适性。而在这两对模式进行的同时，文中也实现了"空间交叠"下三者关系时空融合的可能性。

艺术机构在解决公共文化产品与服务供求矛盾的时候，需要提升公共文化产品与服务的质量及效率，而最合适的方式就是建立一个有效的"空间交叠"机制，实现社会公众多层次、多样化的精神文化需求。

一 公共文化服务体系特色的发展趋势与"公共空间艺术机构在地影响力模式"模式提出

（一）典型公共空间共生性的可能：政府、社会力量（艺术机构）共力关联

根据相关领域学者的研究，常态的公共空间多指我们能够看到的城市、社会公共空间，如街道小区、公园等。从另外一个创意拓展层面，公众日常消费境遇下的空间如娱乐场所、剧场剧院等，往往透过商业的形式呈现，包括本文所提到的非政府机构组织的民间文化活动所需的场地。

我们可以看出，（1）国内公共空间是有着明确决定力量的，政府政策下公共文化服务体系建设是新的历史条件下我国实现经济、政治、社会、文化和生态建设协调发展的重要维度，是政府、政策力度下的产物，惠民是其重要的目标；（2）在这个过程中，国内公共空间却也有着推动力量，正是本文所提出的"公共空间艺术机构在地影响力模式的可行性"：建构结构合理、发展均衡、网络健全、运行有效、惠及全民的艺术机构在地影响力模式。二者均是能够推动我国公共文化服务体系、文化大发展大繁荣的重要动力之一，也是落实广大人民群众文化权益的基本方式。

随着政府管理方式向治理的转变，社会治理结构由一元向多元发展，建立政府主导、公众参与、市场竞争、有机结合、多元共治的公共文化服务模式，是公共文化服务体系的应有之义。公共空间艺术机构在地影响力模式的可行性在于：地方政府的切实重视和主导作用，服务者的主动开拓与创新、社会力量广泛参与是全面提升公共文化服务体系建设水平的关键因素。

(二) 国外典型公共空间创新模式剖析

典型的公共空间，其功能应当概括为"观、演、憩"三部分。

对于"观"，传统意义上多为群众在一定空间内单向观看艺术群体的表演行为；"演"则意味着演员可以尽情在空间内进行自我情感及社会意义的内外阐释。从现代观者角度而言，不论是剧场，还是新晋缔造的公共演出空间，均应可以关注"憩"这个功能在剧场中的体现：应该说这个功能应集中体现在除了观演空间外的观众其他时空内。在公共空间，观众很多时候也有自我陶冶、结识新友等"憩"的需要，这种理念下空间设计则显出优势。

进一步阐释"憩"，在观众层面，应为主动发生状态，因为人们来到剧院等公共空间，是为了抛开社会上的一切问题与烦恼，这种动力自然多来自人的内心深处，因此，更多了主观性质：自己允许自己沉浸在虚构的情节中，可以捧腹、可以叹息或哭泣；在空间层面，艺术机构或艺术从业者一直在不断努力：虽然在当下，人们可以从电视、电影等途径获得种种舞台演出的欣赏，但是在剧场、建筑、自然环境中，这种临场感——演员与观众相互之间的交流仍然在吸引着人们走向公共空间，欣赏某种演出或是参与游戏。因此，二者的融合，即构成了"憩"。

从"观、演、憩"到"憩"的营造，紧接着就是"憩"空间的营造了。在国外传统认知中，是将公共空间单独作为观众走进演出的一个"通道"，是物理层面的物质过程环节；而作为艺术机构、艺术表演工作室提供演出内容层面，也是单独成为舞台的物质过程环节。但是传统意义上，二者之间仍有着不可或缺的关系：他们共同的目标为民众。

而在 Rem's Type 看来（见图 1），这样的体系似乎可以更加得以"融合"：空间与表演过程将观众、艺术机构、舞台"挤压"，成为相互关系的一个进阶。相比于传统演绎空间模式，进阶模式增进了空间与表演过程中的"重叠"部分，意味着作为一场公共空间的演出，空间与表演、观众是有着相互作用的，而不再仅仅是观众被动作用于空间、表演。

在传统观众、舞台、空间中，三者相互关系是相互割裂的板块明细，作用则不再交叠，产生的效果持续减弱，不利于实践作用、理论分析指导；而在 Rem's Type 模型进阶中，观众、舞台、空间在艺术机构的"影响"下，每一部分之间开始有了连接，甚至从不同的角度均有了可行性的关联与发展，限制性小了，多重交叠的作用则大了。

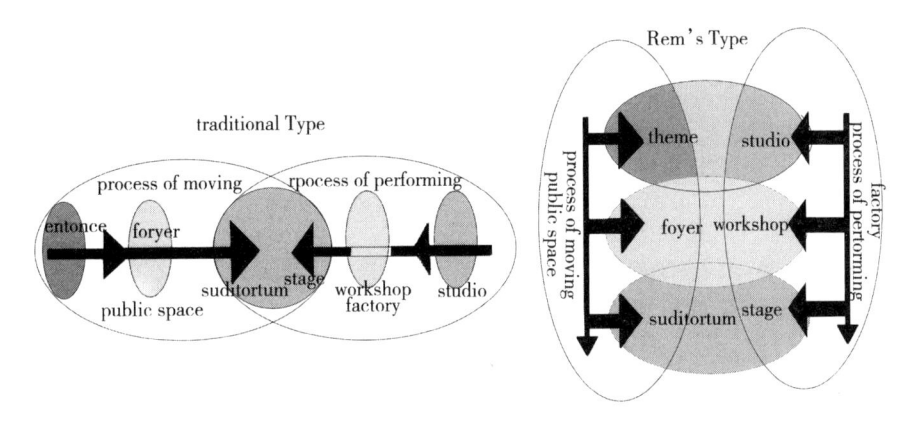

图 1 国外传统演绎空间及 Rem's Type 模型进阶

（三）公共空间"公共空间艺术机构在地影响力模式"构建路径的提出

对比图 1 中左右两种模式，不难看出 Rem's Type 模型是传统模型进阶与发展。在传统模式下，公共空间、舞台与艺术机构只有少量交叠，观众接触艺术的途径较为单一，而通过 Rem's Type 模型的构建，观众、空间与表演之间层层融合，艺术可以带入公园、社区等场所，观众可以通过更多重的渠道包括工作坊、剧场外的休息区域来直接融入艺术空间。

通过国外传统演绎空间及 Rem's Type 模型进阶分析，可以发现，Rem's Type 模型进阶虽然已经将观众、空间、表演进行了关系更进一步的阐述。但是，以下问题依旧没有具体说明：

（1）艺术机构作为表演方面的提供者，并未明确指出其主动性及在地影响力，也就是说推动力量不明确；（2）Rem's Type 模型进阶很巧妙地将观众、表演、空间三者关系在认知空间中进行"交叠"，可是却没有明确指出三者之间的相互作用途径，在各类实践策划、活动中依旧缺乏方法论，则无法说明其可行性；（3）Rem's Type 模型进阶未能指出观众、表演、空间，甚至也未能指出相关联主体的推动力是何种因素，仅仅是按照各个部分等分的境况，在实践之中我们并不能有的放矢，在模式普适性上缺乏能动性。

如图-2 所示，作为地点的公共空间与作为主体的艺术机构之间，通过路径 1："创新机制"进行连接；而作为对象的民众与作为主体的艺术机构之间通过路径 2："辐射机制"进行连接，这其中包括大型的公共艺机构，例如国家剧院团、演出机构与相对小型的个体艺术机构及艺术家。

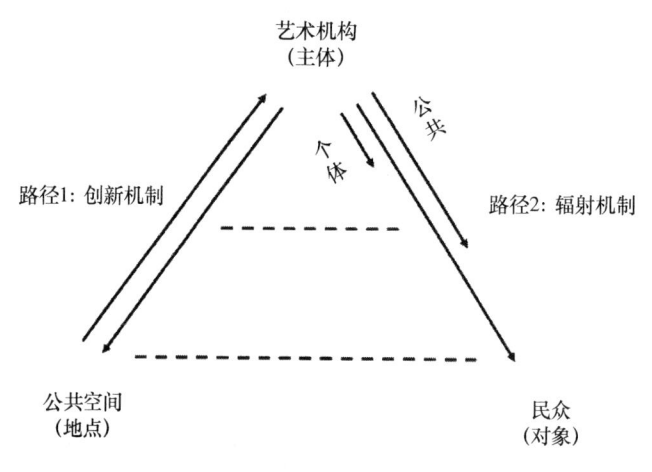

图2 公共空间艺术机构在地影响力模式

此模式对应上文 Rem's Type 模型进阶，试图解决以下难题：

（1）艺术机构作为表演方面的提供者，作为该模式塔尖，说明其主导性位置，明确指出其主动性，而双线路径说明其在地影响力，也就是说推动力量明确；（2）观众、表演、空间三者关系，可以在认知空间中进行"交叠"（此作用将会在图3中进行阐述），而在这个过程中，可以明确了解观众对象是如何在艺术机构影响下，与公共空间地点融合的，抑或反之；（3）公共空间艺术机构在地影响力模式，指出观众、表演、空间的主推力量，且尽量避免各个环节的等分，在实践中有的放矢。

因此，可以看出，本文力求通过艺术机构影响力模式可行性分析：创新机制、辐射机制的路径搭建，借助艺术机构资源整合，推动民众、公共空间融合，拓宽艺术参与者融入程度，实现多元艺术机构影响力的普适性。

鉴于本文在观众、表演、空间三者上做出了传统意义上"观、演、憩"到"憩"的营造上的创新，在此将艺术机构在地影响力模式动态化升级：

如果说上文所提到的公共空间艺术机构在地影响力模式图是静态的关系陈列，那么艺术机构在地影响力指针模式图则以指针围绕轴心运动的原理，象征三者之间的关系（见图3）。在艺术机构的牵引下，公共空间和观众之间的距离逐渐拉近，甚至重合，观众进入艺术空间，而艺术空间包容观众。

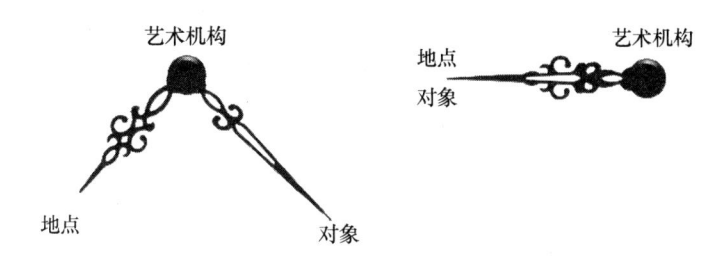

图3 艺术机构在地影响力模式

图形设计说明：钟表轴芯代表"艺术机构"，时针、分针代表"地点"与"对象"，图形以指针围绕轴心运动的原理，象征三者之间的关系。

这种地点与对象的重叠，在一定层面上，既是艺术机构的推动，也是三者关系的重合，而这种重合，是一个新的发现：艺术机构可以做到"观、演、憩"的融合。明确指出三者之间的相互作用途径，在各类实践策划、活动中挖掘方法论，可行性较强。

笔者通过对西方传统演艺空间与Rem's Type模式的对比分析，结合实践观点构建出了公共空间艺术机构在地影响力模式图，又在其基础上延伸出动态指针模式图，以此来阐释艺术机构、公共空间与观众之间的关系转变与共生交融。

二 "艺术机构影响力"创新机制：艺术机构资源整合的可行性

创新路径能够将相对独立的艺术机构与零散而缺少规划的公共空间有机地衔接。北京地区的艺术机构数量繁多，然而大部分机构一直遵循单一的艺术呈现模式，认为美术馆就是进行美术作品展览交流的地方、剧场就是维持观演关系的最佳场所。打破传统模式，活用艺术空间是挖掘创新发展的着眼点。作者以亲身经历及了解的两大美术馆为案例，阐释这一创新机制的可能性。

```
        艺术机构
        （主体）
         ↑↓
  公共空间
  （地点）
```

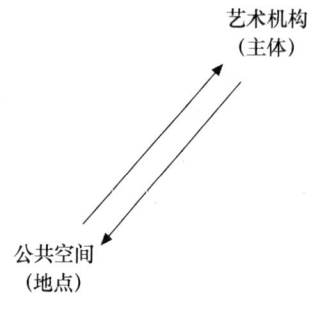

图 4

（一）参与者专业技能的提升

通过参与融入相关艺术活动，最直观的影响即为参与者专业技能的提升。这里的参与者包括来自社会的普通民众、组织引导艺术活动的艺术机构以及艺术家。观众进入公共艺术空间，通过视觉、听觉、触觉的多方位感官互动，捕捉到艺术的呈现，在观看展览、演出、参与互动的过程中提升对艺术作品、表现形式的认识，从而或多或少地提升专业技能，就像是通过授课，学生会获得知识，提升能力一样。专业爱好者提升专业认知，业余爱好者扩大了解。这种专业技能的提升程度往往要高于传统意义上的艺术普及，因为艺术机构与公共空间的创新融合能给予参与者更为立体、全方位的接触感，也能更好地调动公共资源。

作为提供空间、专业引导的艺术机构和艺术家来说，这样的活动让他们更好地了解受众，探寻艺术拓展的方向。频繁地与活动接受者接触，实际上也是在磨合艺术家和艺术机构本身，通过系列活动，具有普适性的创新路径得以修正与验证，为艺术机构未来发展提供指引，也为艺术家个人发展奠定更为接地气的理论印证。

（二）艺术家影响力辐射效应的可行性

在图4中，艺术家的影响力是可以长线辐射的。艺术机构在某个艺术空间的艺术活动通过有针对性的调整可以适应并复制到多个不同空间。如金羽翼流动美术馆项目就是将自闭症儿童的绘画作品展注入购物中心、车展、企业、学校中来，形成其独特的可复制的流动品牌。

艺术家在这类艺术活动中发挥的作用同样影响深远。在吕易生老师的艺术教育课堂上，获得收益的不只是课堂中的中小学生，还有倾听学习其理论的艺术家与老师们,这些推广者像种子一样播撒开来,将舞蹈普及教育的理念影响全国甚至更广。

三 "艺术机构影响力"辐射机制: 艺术机构影响力的普适性

对于公共空间艺术机构影响力,不能仅仅局限在创新方法论上面,更多也应当侧重传播力度,而不论是小型个体艺术机构,还是国家公共艺术机构,都应当在创新的基础上,发挥其辐射机制艺术机构影响力的普适性。

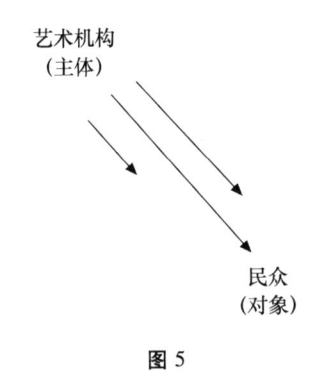

图 5

艺术家群体、艺术机构是多层次的,包括职业艺术家、实验艺术家、行画家等;每个艺术家、机构个体面对经济、政治等因素的影响,所采取的艺术态度又各有不同。针对目前北京个体艺术家及私营艺术工作室、小微文化企业的 STEEP 分析:

社会环境 文化创意产业的健康发展依赖于私营文化艺术工作室的良好运行。产业运行的微观基础是个体艺术家及私营艺术工作室、小微文化企业,中小微文化艺术工作室、企业是文化创意产业金字塔的底座,文化创意产业、文化精品创作从规模扩张到质量提升是一个转型之路,至关重要的是需要加大培育,形成一大批具有发展活力的私营文化企业、工作室,为构建"专、精、尖、特"的产业体系奠定发展基础。

中小微文化艺术企业及工作室、艺术家个体只有在市场竞争中善于寻觅机会、发现机会、扬长避短、发挥优势,才能取得新的发展空间。

技术环境 艺术生产能力,特别是原创能力不强。由于我国艺术发展历史的特殊原因，具有高水平的艺术原创人才大多集中在艺术院校、国有专业艺术表演团体当中，民营表演团体基本由私人兴办，由于受资金、人员和盈利压力等多种因素的制约，它们主要以复排和移植经典节目为主，无力进行新作品的创作生产。

经济环境 规模有限，效益也不高。我国的民营艺术团体的再发展资金投入基本上是从自身盈利当中获取，难以从外部吸引大规模经济投入，缺乏社会资金投入的有效管理。对于民营演出经营团体来说，社会资金的投入远未达到实际需求。

生态环境 艺术门类结构不合理。受发展不平衡规律的影响，民营表演团体在艺术门类结构方面表现过于单一、过于集中。高素质艺术人才和管理人才严重匮乏。这个问题对于完全依赖市场发展的民营文艺表演团体来说，显得尤为重要。

民营艺术团体中的专职管理人员数量不多，大多为创作人员兼任或者转行做管理，虽然熟悉业务，但是缺乏经营管理所需的专业素质。很多企业的经营者是文化人，文化人对于文化艺术等具有敏锐性，但是由于缺乏系统的商业知识和技能的训练，往往只能从事简单的业务。

政治法律环境 缺乏系统战略。一些工作室往往很重视一些项目选择而忽视长期发展的系统化战略。或者说，很多个体私营工作室缺乏对于本体无形资产和专业化能力的培养，仅仅开展项目经营，而忽视可持续发展和提升本体的整体价值。缺乏战略的工作室也往往不懂得如何开展二次创业，工作室往往就停留在原来项目型的阶段。

文化创意产业区别于一般产业的显著特征是中小微企业构成了产业主体，是产业的主要支撑。第十一届全国政协副主席厉无畏指出，一个健全的文化市场是大中小企业齐头并进的格局，在文化市场的培育中，不能只盯着大型龙头企业，要形成合理的产业结构和产业体系，要着眼于为大量的中小微文创企业提供更多的资源和支持。

因此，一是要通过创新、创意、创业，让大量的个体、小微企业"冒"出来；二是要创造好的环境，通过孵化扶持，让中小微企业茁壮成长。艺术机构应当提高艺术资源成品包装概念，将积极形象带给公共空间下的民众。

结 论

本文以公共空间艺术机构在地影响力模式为研究对象，研究艺术机构在地辐射化的社会整合模式，调研分析在地艺术辐射模式理念、方式的实践操作，体现普通人参与公共艺术的可行性，为艺术机构在公共空间、普通人中间起着艺术资源集聚的普适性提供可能。

本文试图探索"公共空间艺术机构在地影响力"的模式，即创意资源中创新模式，该模式是以密集型的创造性的智力活动为主，集中体现了（艺术机构）设计、研发、孵化、创作、展示、交互、新媒体等功能，是一个集中各方资源在场地空间内实施的观众拓展活动，这里面蕴含着对创新途径、程度、方式的凝结；而第二种模式方法则为观众拓展中辐射模式，该模式是以观众群体为目标所做的拓展性活动，其中主体为个体、公共艺术机构，集中体现了（艺术机构）拓展、营销、推广、宣传等功能，是一个集中各方宣传路径的观众拓展辐射机制，集中了互动、沟通、双向性。

笔者希望通过看似简单的几个要素（艺术机构、地点、对象）式关系模型，最终实现人与场地、艺术的"三合一"（在本文的"艺术机构在地影响力模式"中实现了"公共空间艺术机构在地影响力"的升华进阶阶段）的场域艺术创意辐射效果，打造艺术社区核心竞争力，同时达到提升艺术教育普及水平与观众价值观念改变的效果。

通过城市创意艺术机构的能量这一"蓄水池"进行分析，确定其创新、辐射的孵化效能，实现艺术机构、地点、对象的任意多元"三合一"效果，即地点、对象、艺术家的管理、整合、拓展的加强、完善，最终确定本文的公共空间艺术机构在地影响力模式在北京地区乃至不同城市社区中的实质性操作价值。

（崔亦丹：英国爱丁堡大学舞蹈教育与科学专业学生；颜煌：北京舞蹈学院艺术传播系教师）

改进突发事件报道　提升行业软实力

——以《中国交通报》报道"东方之星"客轮翻沉事件为例

连　萌

内容提要：本文以"东方之星"客轮翻沉事件后，《中国交通报》对突发事件的报道为例，认为行业媒体应在重大事件中快速反应，客观有序报道突发事件，"以人为本"改革报道模式，理性分析对待灾难性事件，联动报道强化信息传播力度，在客观公正理性的角度上提供受众迫切需要的信息动向，做好舆论引导工作。

关键词：突发事件报道　"东方之星"客轮翻沉事件

近年来，我国交通运输行业突发事件频频发生，回顾新闻的报道过程，既有经验，又有教训。在利用好专业媒体资源的同时，《中国交通报》通过传统媒体与新媒体的良好融合，适时改进突发事件的报道方式、思维模式，在树立行业形象、改进报道思路、创新热点等方面不断突破，既及时传递权威部门的声音，又回应社会关注，取得了良好舆论效果，使交通运输行业"软实力"得以迅速提升。

一　客观有序报道突发事件

突发事件，因其突发性、异常性、破坏性和震撼性，一般能在较短时间内成为社会关注的热点和焦点，引起较大的社会影响力。因此，在过去的报道中，媒体迫于有关方面的压力，往往对突发事件报道慎之又慎，唯恐造成人心恐慌，激化社会矛盾，引发不稳定因素，有时甚至造成了主流媒体的集体失语。面对一些有重大影响力的突发事件，行业主流媒体如果不能及时发声，待小道消息、谣言四起时，有影响力的行业主流媒体才出面澄清事实、以正视听，不仅使媒体的公信力大打折扣，党和国家机关的良好形象也受到严重损害。

近年来，《中国交通报》突破滞后求稳的传统观念模式，改进突发事件报道，成为行业媒体关注的热点话题，在突发事件发生时，不仅做到直面事件，在第一时间、第一现场为受众发回准确、客观的新闻报道，倾注了新闻媒体的人文关怀，帮助公众了解事件的全貌，让谣言不攻自破。

在经历了"汶川大地震""马航MH370失踪"等灾害、事故后，《中国交通报》积累了丰富的应急报道措施。以"东方之星"客轮翻沉事件为例，《中国交通报》通过权威、有序的报道，及时向社会公众传递了交通运输部党组和交通运输部指示要求。

面对2015年6月1日21时30分许，重庆东方轮船公司所属旅游客船"东方之星"承载456人，航行至湖北监利长江干线大马洲水道时翻沉事件，交通运输部接报后迅速启动一级应急响应，全力以赴组织搜救。至2日22时，交通运输部协调112艘各类船艇参与搜救，沉船位置已经确定并系固，事发水域逐步恢复通航。

作为交通运输部主管，覆盖交通运输行业各领域的权威主流媒体，《中国交通报》再一次彰显专业媒体的形象。沉船事故发生后，编辑部迅速组织专家对倒扣沉船救援、切割、航道条件、船舶建造、驾驶操作等焦点问题进行答疑，满足了社会的关切，进行了初步的事故反思，充分发挥了新闻媒体作为信息员、宣传员、监督员和咨询员的责任，阐释了新时期行业媒体的社会担当，群众在及时了解事情真相的情况下，以客观理性的心情直面事故，为政府决策提供了充实的时间和空间。

二 "以人为本"改革报道模式

新时期，公众把注意力集中在灾难性事件发生后，受灾民众的个体安危。大众普遍对"党和政府的关怀"+"灾区人民的决心"这种单一僵硬的"高大上"宣传模式持抵触态度；相反，越是有人情味，越能唤起人们同情心的报道点击量越高。

近年来，《中国交通报》在突发性事件的报道中，逐渐从"官本位"转变为"民本位"，坚持以"人"为本，更加重视对事件本体的报道，注重有人情味的细节，关注普通老百姓在事件中的状态以及与他们切身利益密切相关的内容,并且在报道中充当追问事故发生原因、哀悼遇难者、抚慰遇难者亲人的角色。

在"东方之星"客轮翻沉事件中,《部署"东方之星"轮下一步救援和应急处置工作》《生命至上决不放弃》《抢筑生命通道》《小城飘动"黄丝带"》等稿件,对现场救援的特写、救援的主攻方向以及湖北监利民众参与救援的报道,展现了救援、善后的全过程,使群众对翻沉事件有了全面的了解。

另外,特派记者把目光投注到翻沉事件中受灾者、救援者个体的生存状态上,通过客观展示被救人员、救助打捞人员等群体的恐惧与急切,引发人们的同情和关爱。6月4日第4版以《生命至上》为主题刊发大量新闻图片,有沉船幸存者的无助;湖北省公路部门组织养护工人连夜打通简易码头到长江大堤泥泞的救援通道;海事部门与其他施救部门互相补位,形成无缝对接的救援畅通链、搜救队员和衣而卧的困顿、救捞潜水员在混浊的江水中进行水下探摸等,用真实的场景触碰到读者内心最柔软的地方,引起更多的共鸣,给处于极度绝望状态下的沉船家属以人文关怀。

三　理性分析对待灾难性事件

媒体以往对突发事件的报道往往停留于一事一报,用仅揭示事件表层意义的消息文本做只截取宏观事件"冰山一角"的碎片化叙述,缺乏对事态前因后果的深入分析,受众无法在这种有头无尾的报道中总结经验、吸取教训,媒体所期待的警示、教化作用也难以得到充分实现。

在近年来的突发事件报道中,《中国交通报》采用全景式记录模式,时时追踪、滚动播出,展现事件发展的全过程,利用微博、微信、手机客户端等新媒体资源,及时进行信息更新,力求受众对信息的获取与事件发生同步。除此之外,在把握基本事实的基础上,立足于对事件前因后果的剖析,大量运用连续报道、系列报道、组合报道等深度报道模式,充分挖掘新闻资源,增强报道的连续性和冲击力。

翻沉事件发生后,《中国交通报》在头版显著位置连续刊发救援进展及沉船处置工作,如《交通运输部启动一级应急响应全力救人》《水面搜寻水下探摸同步不停歇》《沉船整体扶正起浮方案开始实施》《扩大范围不留死角全力搜寻失踪人员》《"东方之星"轮逐层逐舱排查清理完毕》

等系列报道,及时发布救援事件进展。

《专家解析船舶遇险救援》的组合报道中,邀请大连海事大学教授和上海海事大学高级船长,对综合评估防控风险科学施救及船难救援的几个热点问题展开探讨。从专家的角度,回应公众争论的焦点,如"客船翻沉倒扣,搜救的主要难点、救人方案,各类救援方案的特点,第一时间吊浮沉船直接搜救的风险,先潜水搜救而不直接切割船舶搜救,这次救人先后采取的步骤和措施是否科学"等。

此次翻沉事件,《中国交通报》的报道覆盖面广,涵盖了政府、各职能部门、各行各业、民间组织和群众,报道角度的多元化。通过对事件本身详尽的报道,让观众了解真相,客观分析沉船事件发生的原因,为政府部门加强对行业安全生产的规范管理提供了政策依据。

四 联动报道加强信息传播力度

近两年来,《中国交通报》在突发事件报道中,十分注重行业资源与新媒体的融合,以网络、微博为代表的新媒体与以报纸为代表的传统媒体发挥各自优势,并实现双向互动,在应对突发事件上显示出多媒体联动的信息传播优势。

"东方之星"客轮沉船事件发生后,中国交通新闻网、"中国交通报"微博迅速出击,第一时间采访大连海事大学救助与打捞工程实验室主任弓永军刊发的独家新闻《切开船底不是首选》,解释了内河船舶与海船在结构上的不同,并不是每个舱室都是密封的,救援不会首选开底的方式,需要根据实地翻扣情况来决定,被中央、地方诸多媒体转载。通过纸媒与新媒体的互动,在保证消息真实的前提下,尽快将信息传递给受众,并将已有的消息进行梳理、总结、评论,引发受众更深层次的思考与分析,有效引导社会舆论。

突发事件屡屡发生,但对于行业媒体来说,却是强化舆论引导、传播科普知识、打造行业影响力的机遇。经过近几年的探索与实践,《中国交通报》在突发事件的新闻报道中进行了一些摸索,积累了一些经验。

一是第一时间抢占舆论引导制高点。制定应急报道机制,从突发中寻突破,着重凸显其信息发布的前瞻性和权威性。突发事件一旦发生,快速、及时地报道,有利于通过优先的议程设置,传递观点和意图,引导舆论向正确的方向发展。行业媒体应该面向社会、面向民生、面向生产,在第一时间向社会与民众公布有关事件的发生、发展与灾害、灾难程度等及时、准确和权威的信息。只有这样,才能在满足民众知情权的同时,防止谣言的产生,避免引发社会恐慌。

二是专业性与知识性兼顾。《中国交通报》的最大特色是,能够就公路、水路、航空等交通运输行业内突发事件向社会与民众释疑解惑并提供一定的应对措施,回答社会与民众关于"为什么、是什么、怎么办"等问题时专业、权威,化被动为主动,及时进行相关报道。

翻沉事件发生后,通过专家访谈,剖析事件深层次原因,加深受众对事件的理解,消除疑虑和恐惧;强化深度分析评论,挖掘事件蕴含的警醒价值,通过对翻沉事件的理性解读,及时总结经验教训,提出建设性意见,从而防止同样的突发事件引发出类似的危险或危机;网络专题与集中版面互动实现传播效果最大化,多媒体联合作业,既弥补了传统媒体时效性不佳,又使多媒体之间的整合传播优势得到了最大限度的发挥。现场视频再现救援真实场景,报纸深度开掘新闻背后的新闻,微信、微博架起政府部门、群众互动的桥梁,新闻资源在广阔的时空共享,媒体的影响力和公信力得到空前的提高。

三是行业性与社会性齐备。中国交通报社是交通运输行业宣传的主力军,在突发事件的新闻报道中,社会各界与民众希望了解事件本身及其影响,相应地也会对行业工作多一分了解。另外,行业媒体通过加强与社会主流媒体的合作,可以让更多的受众在及时得到权威信息的同时,对交通运输行业的特点和行业精神了解得更多,对交通运输部的工作更有信心,从而扩大了行业媒体的社会覆盖面,有利于打造其影响力。

(连萌:中国交通报社记者)

广告与营销

栏目主编：郭嘉

按语：中国广告被许多学者和业界人士视为"蓝海"，但事实上传统广告业正面临史无前例的发展困境。互联网思维给广告信息传播与营销模式的变革创造了哪些新的前提与机遇，是本栏目关注的核心问题。

危机四伏的中国广告业

祝　帅

摘要： 中国的广告业正经历着前所未有的历史最好的发展时期，有越来越多的跨国广告公司把主战场转向中国，也有许多主流的广告与营销学者开始把视野定在了中国广告这片神奇的"蓝海"上。但是我们必须意识到：中国的传统广告业也正面临有史以来的最大困境。广告业要发展，单一依靠经济的手段是不够的，在一定程度上甚至能够形成制约中国广告业飞跃的瓶颈。广告业一方面当然要重视内部各种适应于新的媒介环境下的营销手段的研发与革命；另一方面，再也不能不把广告的社会效果和社会责任摆在议事日程上来。

关键词： 传统广告业　妖魔化　公信力　平面设计

21世纪第二个十年以来，中国传统广告业并没有因为新媒体的兴起而止住发展的脚步。2009年，中国广告营业额已经历史性地突破了2000亿元。2010年，中央电视台黄金段位广告招标，中标额接近110亿元，仅2010年中央电视台春节联欢晚会的广告收入就是6.5亿元，有媒体称，其中约有1亿元的投放金额流向了业界早已普及，但因为这次春晚才在民间出名的"植入式广告"。据说，全球广告营业额都在下滑，唯有中国和印度在增长。引用广告学者陈刚的描述，中国广告业上升的速度，与美国广告业下滑的速度在绝对值上达到惊人的一致，都是14%。在美国，传统的广告业急剧衰落，迫使广告人不得不把精力转向公关等其他营销组合的时候，在中国，广告业却正经历着前所未有的历史最好的发展时期。有越来越多的跨国广告公司把主战场转向中国，也有许多主流的广告与营销学者开始把视野定在了中国广告这片神奇的"蓝海"上。

然而，也许广告人们没有注意到这样一个事实，那就是在中国广告营业额以青春期的猛劲不断飙升，为中国国内生产总值（GDP）贡献出越来越多的价值的时候，广告业本身正在面临着越来越加剧的内忧外患。

所谓的内忧，指的是在新媒体时代，广告业正在经历一场百年不遇的大变局，很多传统型广告公司数十年来积累的服务模式逐渐失效，客户向广告业提出了越来越多的营销传播需求，很多国际4A广告公司都在经历严冬，必须通过转型而获得新生。即便中国广告业似乎处在一个暖冬，但这只是中国特殊的制度环境和庞大的市场规模造成的表象。关于这一点，也是当前业界和学界津津乐道的热门话题，因而不作为本文的主要内容。而所谓的外患，则是指广告业正在面临着空前的公信力危机。在中国，"重农抑商"自古而然。1983年，厦门大学首设广告学本科专业，当时无人报考，学生被从其他专业强行分配到广告专业，曾引起很大的意见和反响。可是近30年来，社会经济环境和国人的价值观都发生了巨大的变化，人们对于广告的态度又是怎么样呢？对于这一方面，广告学界和业界的讨论似乎还远远不够。

一 广告业的"妖魔化"

不好作历史的比较，但至少目前我们能够看得见的现实是：一方面是广告学界津津乐道地讨论广告业对于GDP的贡献；另一方面则是公众对于广告人的"妖魔化"和不信任。一方面是春晚的导演和央视广告部都在表态"今后要大力发展植入式广告这种新的营销形式"；另一方面则是从媒体到大众的"口诛笔伐"。——在这里，广告业（或其所代表的广告主）的利益与公众的利益似乎总是违背、不可调和的。"国际广告大师""4A创意总监"成为许多青年人的偶像，到大学演讲现场座无虚席的日子，已经一去不复返了。

丁俊杰、黄升民等很多广告界的学者都做过类似的研究：对一些主流媒体上出现"广告"的新闻标语或其他报道挑选出来，用编码的方式进行"内容分析"，量化的结果我们也能猜得到——绝大多数都是关于"虚假广告"之类广告业的负面报道。常常收到广告圈内书店的一些活动通知短信，其中的"广告"两个字总要用"火星文"来写才可以躲过系统的屏蔽，而2015年，广告界在公众中间能够引起波澜的，大概能数得出的无非是对于"春晚"植入式广告的狂轰乱炸，对于侯耀华、赵忠祥这些"名人代言虚假广告"的无情揭批，以及湖北宜春市"叫春"的雷人城市形象广告这几件事，至今让人记忆犹新。

笔者身为北京大学招收的第一届"广告学"专业的博士研究生，对于自己专业的社会地位深有感慨。"北大还有这专业？""这专业还招博士？"之类的疑问固然是来自圈外人士，可以不在话下，但就在学术界也常常受到"歧视"，并且让人感到不可思议的是，早在晚清民国时期广告业还没有形成今天的规模时便已如此。还记得被称作"思想自由，兼容并包"的北京大学"永远的校长"蔡元培，在1919年的《北京大学新闻学研究会成立之演说》中，在为新闻事业和新闻学研究大唱赞歌的最后，不忘附带批判一下新闻纸上的广告：

> 鄙人对于我国新闻界尚有一种特别之感想。乘今日集会之机会，报告于诸君，即新闻中常有猥亵之纪闻若广告是也。闻英国新闻，虽治疗梅毒之广告，亦所绝无。其他各国，虽疾病之名词，无所谓忌讳，而春药之揭帖，冶游之指南，则绝对无之。新闻自有品格也。吾国新闻，于正张之中无不提倡道德，而广告中则诲淫之药品与小说，触目皆是，或且附印小报，特辟花国新闻等栏，且广收妓寮之广告。此不特新闻家自毁其品格，而其贻害于社会之罪，尤不可恕。诸君既研究新闻学，必皆与新闻界有直接或间接之关系，幸有以纠正之。

这里，蔡元培为"新闻"和"广告"这两门在今天相提并论的专业所做的截然不同的价值判断，难免不让后人对新闻赋予一种先入为主的道德制高点，而对广告则变本加厉地进行一种"有罪推定"。真不知倡导"大学为研究高深学问而设"的蔡校长倘若九泉有知，看到今天北大重点发展的工商管理、法律、广告、营销、公关这些学科时该作何感想。无独有偶，新中国成立之初担任中央美术学院院长的徐悲鸿，也在1944年的一篇文章中指出："想使一般资质较低之青年，习图案美术，执一完善之艺，以求生活，必不致涸迹教育界，以自误误人也。"由于彼时尚没有"设计"一词，所以这里所说的"图案美术"的意思就是设计，这一点可以从陈师曾等同时代人的言论中加以佐证，而国立艺专的图案美术教育正是20世纪50年代中以新成立的中央工艺美术学院装潢、商业实用美术专业为代表的新中国广告教育的前身。然而"独持偏见，一意孤行"的徐悲鸿的论点，却已经与北平艺专的另一位早期教员、更熟悉设计实践的闻一多早年的看法"图案是一个专门的艺术,不深知艺术的,不宜轻试"(闻一多《出版物底封面》)大相迥异了。

近一个世纪之后的今天,这种对于广告的"妖魔化"非但没有改观,反而变本加厉。且不说广告学的论文很难被主流的综合社会科学学术期刊所接纳,就是在新闻传播学的学术期刊中,广告的文章也总是会被排在末尾。曾有某著名高校新闻与传播学院常务副院长在解释该院为何不设置广告专业的时候,竟然这样说:"我们新闻学院教的是新闻,这是有良知的职业,而广告是一个没有良知的职业。"而对于笔者来说更加难忘的一次记忆是,某次笔者应邀在北京一所学校演讲,开讲前主持人特地过来嘱咐:"我就说你是北大的博士,你千万别说是广告专业的啊!"有时候我在想,奥古斯丁撰写过《忏悔录》,大卫·奥格威撰写过《一个广告人的自白》(这本书本名"一个广告人的忏悔录",被中国台湾的译者翻译成"自白")。我真想写一本《一个广告学博士的自白》,那可真是能讲出不少广告学博士和教师"自己的故事"来。

凡此种种,促使我多年以来,一方面在专业内部进行学术研究,另一方面也常常(有时候是不得不)跳出这个专业领域,来思考一下圈外的人、非广告专业的学术界的人是怎样看待这个行业和这门学科的。我知道,即便不说广告业对 GDP 做出了百分之几的贡献,即便不说广告界为灾区捐了多少钱,至少根据笔者多少年来在这个行业中的观察,这个行业的从业者绝大多数并不是被很多人"妖魔化"了的那种"策划大师"或者"骗子";相反,至少对于其中一部分人来说,他们有极高的专业热情和门槛其实并不低的专门化的操作技能。很多广告人对于这个行业有着高度的热情,也不乏许多老广告人可歌可泣的往事。即便不说这个行业像医生、教师这些行业一样值得尊敬,但至少并不像很多人所想象的那样完全被资本所驱使。而对于广告学专业来说,黄升民教授的"看似水浅,最容易淹死人"一句话更可谓至理名言。广告学作为一门人文社科的交叉学科,既需要人文的素养,又需要社会科学的学术训练,缺一不可。常常见到有人文学者拿研究文学的方法来研究"广告文化",结果常常是无法触及广告本体,只能在广告学圈子外围游荡。

二 广告公信力的下降

那么，中国广告究竟怎么了，使得对它的专业价值的认定，在圈内专业人士和圈外的普通公众中间形成了如此巨大的落差，不仅如此，似乎这种落差还显得那样不可调和？

毫无疑问，广告业的利益，与广大国计民生在最根本上是一致的，广告业的利益与民众的利益在某些时候从表面上看是矛盾的，例如，民众不希望看到植入式广告，但央视却表示要大大增加植入式广告的数量，但退一步看又是一致的，那就是如果没有这些广告，民众可能要花费更高的代价去为媒体的内容付费，换言之，是广告在替广大电视观众为节目的内容"埋单"。在有利的时候习以为常，熟视无睹，时间久了就不觉得媒体的内容也是有价值的了。在既得利益受到侵害的时候怒不可遏，这是人之常情。可是，为什么偏偏是专门给别人解决形象和面子问题的广告业被"妖魔化"了呢？我想各方面恐怕都有原因。

首先，肯定是广告公司自身。广告公司常常局限于内部重视营销传播效果的不断提升，而多少忽略了外部的社会责任。广告人常常拿"传播力"或者"销售额"来说事，或者拿它作为评价广告效果的唯一量尺。但是，有可能一个有很好的营销效果的广告，却伤害了整个广告行业的形象和声誉，这是一件得不偿失的事情。在这方面，"脑白金""恒源祥""宜春，一座叫春的城市"等就是一些活生生的例子。其中，"叫春"广告作为一则城市形象广告，尤其令人感到不可理喻。问题就在于，这样的广告不能单纯依靠立法禁止，因为法律只能规定底线而不能设立道德的标准，可是，这种低俗的"创意"应该靠广告代理和制作公司的自律，进而用创意专业服务水平的不断提升来抵制。然而，当所谓"实效（销售额）"与"创意"之间被一些广告业内部人士人为地设定为一对矛盾的时候，难免会有各种各样忽视广告的专业价值的事情发生。广告公司无法把制作与创意上好的广告通过媒体展现给公众，而是用恶俗、低俗的所谓创意换取"传播力"，就难免落入一个恶性循环了。

其次，广告主当然也有责任。广告以及公关，这些本是媒体在充分尊重消费者的知情权的基础上，对于自己所提供的服务或产品的一种宣传行为，倘若为了追求传播的效果而不顾及消费者的知情权，或者利用消费者的情感，恐怕很难取得长效的收益。2008年中国四川汶川发生8.0级特大地震后，生产"王老吉"的加多宝集团捐款1亿元，换回1亿元广告费无法赢得的销量之后，竟有许多企业从中看到了"商机"，利用各种各样的灾难，明搞"捐款"，然而实质动机却是"灾难营销"。从加多宝集团的示范意义来看，"边际效应"的存在，使得2010年中国青海玉树的特大地震得到的捐款数额大大提升了，但是这对于社会风尚的塑造来说恐怕并不是一件好事。且不说媒体正在有意无意促成的这种"以善款数额衡量善心"的做法是否恰当，当一个企业就连"公益"也要和"营销"联系起来的时候，这就难免让人感到"动机不纯"，引起反感了。慈善当然是一个企业的责任，但既然是责任，就不是以"秀"给公众看，更不是以营销为目标，而是一种自觉的行为，至于慈善所带来的营销效果，那应该是附带发生的事情，而不是主动追求的结果。

再次，毫无疑问在中国，由于资源的稀缺和垄断，媒体（特别是一些覆盖全国的主流媒体）在广告业也充当着"老大"的角色，中国的广告代理公司是靠媒体吃饭的。但媒体不能据此忽略了自己在整个广告产业中应负的责任，很多时候媒体广告营业额增长的背后，隐藏着对于广告业形成伤害的危险。很多时候人们反感广告并不是因为广告创意不好，而是因为广告太多影响了他们接受其他的信息或节目。然而，这种本应该由媒体来负责的"黑锅"却常常被转嫁到广告身上。我们常常以中央电视台黄金段位的"招标"金额作为"中国经济的晴雨表"和"中国广告的风向标"，但是对于媒体来说，再好的广告，占据过多的媒体资源也会令人生厌。从长远来看，广告主和媒体在损害着广告业的社会声誉的同时，做的其实是自戕己身的事情。不仅如此，理想地看，由于专业化的程度不断提高，今后的广告公司还应该充当广告主和广告媒体的座上宾，对他们进行现代广告各个流程的专业启蒙，充分体现并实践自己的专业价值，根据自己专业服务的价值收费，而不是反过来，靠着越来越受到挤压的"代理费"而在夹缝中生存。

最后，广告受众——广大消费者，本身也是值得反省的对象。消费者当然是企业的"上帝"，掌握至高无上、可以轻易摧毁一个广告代理公司的"话语权"，但事实上自大卫·奥格威以来，我们已经太少谈到广告对于消费者自身素养的教化功能了。任何一种传播行为，都是传播者和受众双方互动的结果。传播者当然是一个主要的方面，但受众的接受水平也是一个很重要的方面。消费者的批评，有一些是对的，但有一些也很有可能是盲目的、错误的。例如，消费者对于"脑白金""恒源祥"这样的广告的批评广告界当然应该虚心接受，但比如对于"植入式广告"的很多批评就有些过分了。此外，消费者往往还因为文化程度等因素的制约，受到自身广告识读能力的限制，因而也扼杀了许多优秀的创意或者助长了某些庸俗的创意。在新闻传播教育中，往往有一门专门的课程叫作"媒介素养"。所谓"媒介素养"，不是媒介本身的素养，而是受众运用现代媒介所必备的修养和技能。这门课程中也谈到广告，但是搞新闻的学者在谈到广告的时候，往往先入为主地设定在虚假广告的识别这些负面的信息上面。事实上我一直觉得广告学界也应该开设一门面向各个专业学生或公众的"广告素养"的课程，不是教给大家怎样辨别什么是坏广告，而是告诉大家怎样欣赏一个好广告。——若不承认观看和理解现代社会中已经越来越专门化的广告也是一门专门的知识和学问的话，消费者的意见在以后很有可能对整个行业的发展方向形成误导，广告的专业价值也永远不会受到人们的尊重。

三 平面设计也到了最危险的时候

在中国，广告业和平面设计一直有解不开的缘分。1983年成立的中国广告学会，这个仅存至1986年的昙花一现般的学会的会长，便由时任中央工艺美术学院院长的张仃担任。在张仃的努力下，"第一届全国广告装潢设计展"在中国美术馆开幕，这被广告界视为后来的"中国广告节"的前身。而80年代最早的一批内贸广告公司，也多是从美术装潢公司中间分化出来的。然而在今天，不仅是传统的广告业举步维艰，就连广告业的娘家——平面设计，也已经在新的环境中自身难保了。

2011年5月14日，笔者考察回国途中经停香港，特地去位于沙田的香港文化博物馆，寻访即将闭幕的第四届香港国际海报三年展。为了迎接即将到来的世界博物馆日，这一天馆内绝大多数展览都免费对公众开放，唯有"彼思（Pixar）动画25年展"照例作为特展而收费参观。然而让我惊异的是，国际海报三年展偌大的展厅内除了我以外空无一人的白色空间，与隔壁动画展厅内人头攒动、熙熙攘攘的热闹景象形成鲜明的对照。——这样想着，我随手写下了上面这个并不是耸人听闻的标题。

跨入 21 世纪第二个十年的门槛以来，不足三十年历史的当代中国平面设计正在经历着前所未有的信任危机。一时间，"平面设计终结""平面设计已死"的论调此起彼伏。这次不仅仅是在学界，而是到了业界内部面临传统意义上平面设计营业额不断下滑的事实，开始正视这个问题的时候了。事实上早在 2006 年前后，业界就有学者（包括我本人）开始思考"平面设计终结论"的问题。所谓"平面设计终结论"，简言之，就是说面临新的媒介传播环境的变化，传统意义上以平面媒体和印刷技术为载体的平面设计产业及其传统的服务模式，正在逐渐变成未老先衰的"明日黄花"。

尽管始终难以割舍自己作为 1998 年国家专业目录从"工艺美术"变为"艺术设计"之后的首届设计专业毕业生的情结，但对于行业的责任感促使我不得不做出这样的判断：十年来，有关平面设计终结的预言在不断变成现实，并且我们可以看见有关支持这一结论的论据正在不断积累。

首先，传播环境的不断持续变化带给平面设计的致命的冲击。

顾名思义，"平面设计"的载体是以报纸、杂志为载体的"平面媒体"，而平面设计行业的营业收入，就来自通过创意才能协助企业在平面媒体进行广告投放，从而宣传自身产品或服务的"代理费"或"服务费"。尽管很多平面设计师都喜欢凭借"海报"这种方式来表达自己的艺术见解和创作才能，但必须看到那是设计师"偶一为之"的茶余乐事，设计不是用来收藏的艺术作品，无论创作多少海报、参加多少国际海报设计"N年展"，都无法从根本上改变平面设计的服务和盈利模式。然而，自互联网兴起以来，传统媒体市场所承担的相当大一部分的广告传播职能，被移动互联、社交网站、自媒体等各种层出不穷的新媒体所取代。即便是在传统的"四大媒体"的内部，鉴于中国市场的复杂性和电视媒体自身长期建立起来、一时无法取代的公信力，以及广播媒体在汽车时代的东山再起，报纸、杂志的广告量也要甘拜下风。尽管从统计数字来看中国的报业不仅并没有像美国那样明显下滑，反而还有所上升，但不难看出某种回光返照的悲凉和无奈。而传统媒体自身终结的趋势，势必影响到与传统媒体相伴生的作为下游产业的平面设计行业。中国平面设计有"行业"却无"产业"，没有一个部门起来监管和统计全国平面设计行业的从业人数、营业额等基本统计信息，但我知道对于中国的平面设计企业来说，留给他们的已经并不多。

其次，受众口味的不断提升对平面设计的呈现方式构成挑战。

无论我们怎样宣称"平面不平",无论我们怎样渲染平面设计幕后工作的艰辛和创意的难度,最终呈现在消费者眼前的,毕竟还只是以视觉作为单一的传播手段的平面作品。正因此,其实"平面设计"在中国同时还有着另外一个"妾身未明"的专业名称——视觉传达设计。但是,其实早在20世纪后现代艺术兴起以来,受众的口味就已经空前地被提高了——不管作品多么野兽、多么抽象甚至"立体",只要还是通过"架上"方式呈现的,在现代的展示环境中都难以吸引人的眼球;而今天数字艺术的手段完全为超越视觉的传播提供了技术上和理念上的可能。在今天,欣赏架上的绘画绝对没有看一部好莱坞大片那样能够引发"全城热恋"。众所周知,在广告设计的"AIDMA"法则中,引起人的注意是第一要义,这样,仅仅靠"视觉"这种单一的传播手段就已经是远远不够的了。就在20世纪90年代,还有一些从事当代文化研究的文艺理论家,宣称当代文化是一种视觉文化,搞得各大美术院校的史论系纷纷上马"视觉文化"课程或专业,今天看来,真不啻有些反讽的意味在其中了。

再次,环保问题的凸显将从根本上限制造纸、印刷等平面设计下游产业的发展规模。

这些年来人们一直在说中国是一个制造大国,在境外,"Made in China"的标签屡见不鲜,很多时候甚至成为"廉价""劣质"的代名词;可是在我的观察中,在国际市场上,中国不仅仅是一个制造大国,还是一个印刷大国。在境外的出版市场上,很多书籍的版权页上,赫然印着"Printed in China"的字样,与"Made in China"大可构成比拼之势。不仅如此,许多外资的造纸企业,也纷纷把工厂设到了劳动力价值低廉、为了招商引资不惜破坏环境的中国某些边远地区,在中国种上了一棵棵桉树。然而,印刷和造纸这样有污染的工业,终究是与"可持续""绿色""低碳"等趋势是背道而驰的。可以想见随着精神文明的发展,对于相关企业的限制和门槛也会陆续出台,到那时,失去印刷大国和造纸大国两张王牌的中国平面设计,究竟是否还会像现在这样吸引全球平面设计界和企业的目光,就真的是一件不好说的事情了。

最后,"文化产业""创意产业"并不能从根本上改变平面设计的产业归属和服务模式。

近几年,"文化产业""创意产业"这些词大有取代上个十年中"知识经济"这样显学的意味,以至于有人把设计纳入"文化创意产业"。然而在我看来，这只是一个美好的理想，至少到现在还不是这样子。说到底，设计只是一种"服务业"，设计只能"客户至上"，而不会自由地创作自己的作品。不是有个口号叫"设计为人民服务"吗？就算是你偏向了"文化创意产业"，或者真的把自己当成了留着长头发的艺术家，你的客户也还是要把你拉回到现实之中来。而且到现在为止，我还没有看到哪位设计师可以像画家吴冠中先生那样和购画者"叫板"，同时还受到别人的尊重。不论我们现在如何提"创意产业"或者"中国创造"，说到底，设计业作为一种"第三产业（服务业）"的这一基本事实并没有改变。设计注定是一门为企业、政府的产品营销或服务推广服务的依附性工具，不论我们怎样否定"设计为人民服务"这种民粹主义的设计观念，而企图强调设计作为一门艺术的独立价值，都无法否认作为服务业而不是文化产业的设计产业基本定位。

最近一段时间与陈绍华、王敏、王序等几位在中国平面设计业界扮演领军人物的大师级设计师交流的过程中，他们几乎不约而同地谈到了平面设计师的"转型"的问题。也许我们已经对平面设计师改行做艺术家、策展人甚至学者、教师的景象见怪不怪，但是在新媒体改变了我们的传播乃至生存环境的时刻，传统意义上的平面设计师和作为服务业的整个平面设计行业，已经迫不及待地要做出这样几乎是非此即彼的选择：要么集体转型新媒体领域，要么不免在无情的市场竞争中被淘汰的命运。

无论如何，作为一个行业的平面设计早已不再是20世纪90年代的"朝阳产业"，我们必须看到传统意义上平面设计行业正在日益日薄西山的这一基本事实。然而从另一个角度说，对于平面设计这样一个紧跟时代脉搏的行业，这样的"终结"在历史上似乎又并不是第一次发生。平面设计的每一次危机，都是以"转型"替代了"终结"，不断丰富、延展、扩充着自己的外延。在这个意义上，我更愿意把"平面设计终结论"修正为"平面设计转型论"，不断更新的作为服务业的平面设计，只要有现代生产和服务方式存在就永远不会打烊，而我们对它的关注与研究也还仅仅是一个开端。

结　语

传统的广告业正在面临有史以来的最大困境。我们必须意识到，广告业要发展，单一依靠经济的手段是不够的，在一定程度上甚至能够形成制约中国广告业飞跃的瓶颈。广告业一方面当然要重视内部各种适应于新的媒介环境下的营销手段的研发与革命；另一方面，我们要把广告的社会效果和社会责任摆在议事日程上来。广告营业额的几何级数增长只是一个方面，从另一个方面来说，广告业只有在社会上提升自己的公信力，在广大非专业的公众和广告主中间不断建树自己专业的价值和形象，外部环境得到改善，广告产业作为一个整体才能够取得突破。过去广告也常常津津乐道于业内的各种新闻，而对社会公众或圈外人是如何看待广告业的问题关注不多，甚至从来没有意识到这很有可能成为一个制约中国广告业脱胎换骨的一个瓶颈。然而，随着"植入式广告""名人代言"等广告业和公众的矛盾越来越被人为地激化，在今天，建树广告业自身的品牌美誉度和公信力这一对广告业本身来说功在千秋的事业，再也不能不引起广大广告人的重视。

(祝帅：北京大学新闻与传播学院副教授)

互联网思维下广告信息传播营销模式探讨

陈 瑛 施旺才 郭小龙

摘要： 不同的时代环境，对广告信息传播营销模式会有不同的影响。互联网思维的时代环境，给广告信息传播营销模式的新发展提供了时代的必要性和技术的可能性——广告信息传播营销模式在这种环境下，也必然发生不同于传统大众广告信息传播营销模式和已有网络广告信息传播营销模式的变化。本文通过借助互联网思维对四个案例进行问题和经验分析之后，总结提出对"互联网思维下广告信息传播营销模式"的七点思考，以求为互联网思维下企业、媒体的广告信息传播营销模式新发展提供一定的理论支撑。

关键词： 互联网思维 广告信息传播 营销模式 思考

一 互联网思维下广告信息传播及营销模式界定与现状

（一）互联网思维的界定

1. 互联网思维的定义

学界、业界对互联网思维提出了多种版本的定义。其中相对更具有典型代表意义和广泛认同度的是赵大伟老师的观点："互联网思维是在（移动）互联网、大数据、云计算等科技不断发展的背景下，对市场、对用户、对产品、对企业价值链乃至对整个商业生态的进行重新审视的思考方式，它不是技术思维，不是营销思维，也不是电商思维，而是一种系统性的商业思维，而且不只是用于互联网企业，而是适用于所有企业。"[①] 这

---

① 赵大伟：《互联网思维"独孤九剑"》，机械工业出版社2014年版，第4—5页。

也是本文对"互联网思维"定义所持的观点。

2. 互联网思维的内容

互联网思维的内容，基于其定义。学界、业界关于互联网思维的定义尚未统一，自然关于其内容也出现诸多版本。然而如前所言，内容基于定义，本文同意赵大伟老师关于"互联网思维"定义的观点，为了保证观点和逻辑的系统性，且基于赵大伟老师的观点的高认同度，本文采用赵大伟老师的"互联网九大思维"作为分析的依据。

赵大伟老师总结的"互联网九大思维"，包括"用户思维""简约思维""机制思维""迭代思维""流量思维""社会化思维""大数据思维""平台思维"以及"跨界思维"。① 这九大思维也将成为本文接下来对广告信息传播营销模式进行分析的主要工具。

(二) 广告信息传播的界定

所谓"广告"，根据美国市场营销协会所下的定义：广告是由明确的广告主（发布者），以公开付费的方式，对产品（或服务，甚至是某项行动的意见和想法）进行非人际传播的介绍、宣传活动。② 从大众传播学角度来说，广告是一种有目标的大众信息传播活动，离开信息传播，广告就失去了承载的内容，因此也就无法实施。简言之，广告自身就是一种信息传播。

广告信息传播实质是广告主与消费者（受众）之间进行内外信息交流的手段。换言之，这是一种双向交流。③

(三) 营销模式的界定

营销模式，即为企业、媒体等市场实体在营销活动过程中采取的不同模式。具体而言，本文对"营销模式"采用如下定义：营销模式是企业营销活动营销策略组合的独特结构与有效方法，它将企业的业务环节和内外部资源进行优化整合，以期取得更好的顾客满意度和更大的市场溢价。换言之，营销模式是企业在营销过程中具体的营销活动方式或营销活动过

---

① 赵大伟：《互联网思维"独孤九剑"》，机械工业出版社2014年版，第27—28页。
② 吴利萍：《广告信息传播的效应分析》，《新闻界》2009年第6期。
③ 杨海平：《广告信息传播初论》，《盐城师范学院学报》1995年第1期。

程路径①。

(四) 广告信息传播营销模式的现状

1. 每种广告信息传播，都是一种推广层面的营销模式

从定义层面来看广告信息传播，其实质是广告主与消费者（受众）之间进行内外信息交流的手段。其定义隐含了广告信息传播的双重属性：首先是其传播属性，"内外信息交流的手段"阐述的即广告信息传播的传播属性；其次便是其营销属性，广告主向消费者传递信息，其目的自然是将消费者转化成自己的客户。这也就是"广告信息传播"和"营销模式"在定义上的共性，广告信息传播就是一种营销传播。

然而"营销模式"则包含至少"产品、价格、渠道、推广"等多个层面，广告信息传播只是"推广"层面的一部分。广告信息传播，只是一种推广层面的营销模式。

2. 现存已有的广告信息传播营销模式

经过前文的对比分析，得出"广告信息传播，就是一种推广层面的营销模式"。基于这个结论，本文将介绍一下现有的广告信息传播营销模式。

现存已有的广告信息传播营销模式，实则主体就是其所依托的广告信息传播模式。② 因此，现有的广告信息传播营销模式主要分为两种：传统的大众广告信息传播营销模式以及网络广告信息传播营销模式。

传统的大众广告信息传播营销模式，其所依托的主体是传统的大众传播模式。这种传统的大众广告信息传播营销模式主要存在于传统大众媒体中，如下文案例分析中将分析的"亚视"及"湖南卫视"等。相对于传统的大众传播模式，传统的大众广告信息传播营销模式只是将信源、信息和信宿相对具体化了。传统的大众广告信息传播营销模式如图1所示。

---

① 张正元：《互联网思维下的营销模式研究——以小米公司为例》，硕士学位论文，广东外语外贸大学，2014年。

② 高霞：《网络广告的信息传播模式及其过程管理研究》，硕士学位论文，吉林大学，2008年。

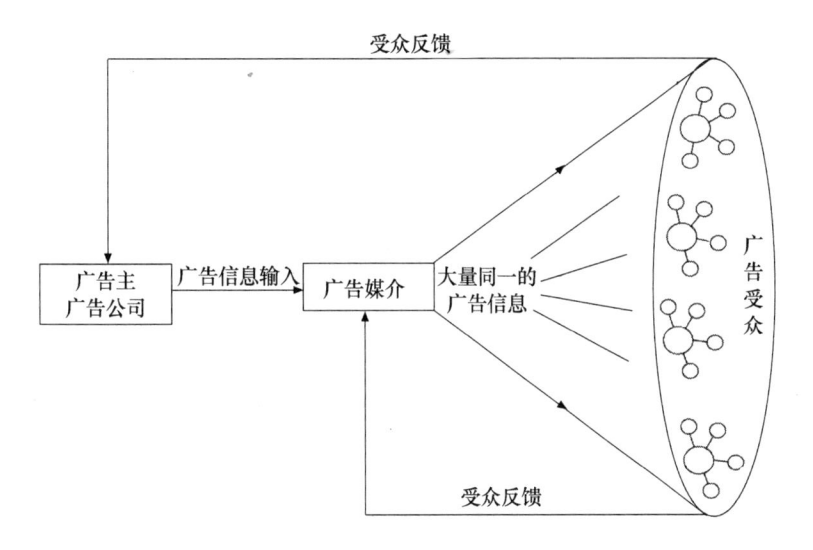

图 1　传统的大众广告信息传播营销模式

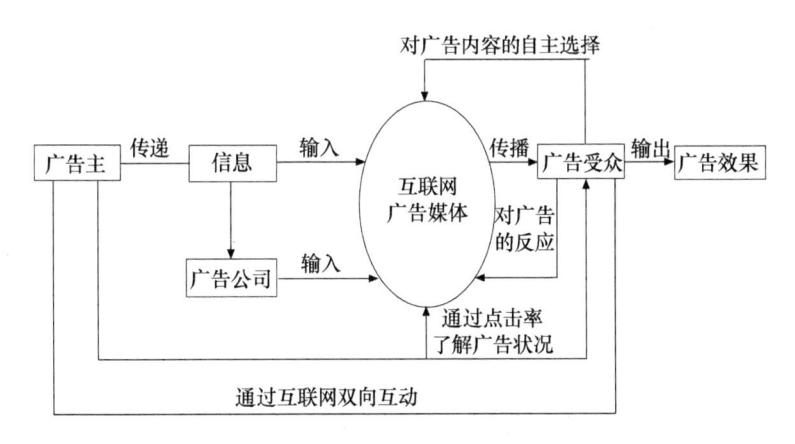

网络广告信息传播营销模式,其所依托的主体是网络广告信息传播模式,现今主要存在于多数互联网企业中。然而此处所说的网络广告信息传播模式,注重利用互联网的工具性,却对互联网的思维性利用甚少。① 网络广告信息传播营销模式如图 2 所示。

图 2　网络广告信息传播营销模式

---

① 刘静:《网络广告的传播模式研究》,《中国商界》2010 年第 10 期。

二 互联网思维下广告信息传播营销模式存在的问题

正如前文所述,广告信息传播发展到今天,其随着时代的变化而变化,其所衍生的广告信息传播营销模式自然也就"一时代有一时代之英雄"。就不同的广告信息传播营销模式的发展情况进行分析,不同时代的广告信息传播营销模式之间,并不具备可比性;然而,现今同时代并存的广告信息传播营销模式,发展的却是明显的良莠不齐:发展不良的失败的代表,面临着市值下降甚至倒闭,如人人网和亚洲电视;发展良好的成功的代表,其势头却是蒸蒸日上,如秒赚广告和湖南卫视。那么,在如今这个互联网思维时代,是什么使不同的广告信息传播营销模式之间,发展状况如此不同?接下来,本文将根据"互联网九大思维",对这四个企业、媒体所代表的广告信息传播营销模式进行分析。

1. "人人网"案例问题分析

(1) 用户地位的边缘化。在"用户为中心"的互联网思维时代,人人网却出现了"用户地位边缘化"的问题——对用户体验和用户需求的关注度低。一方面,开发 VIP 增值服务,通过无痕浏览功能来实现的商业化,实质上是侵犯了私人领域和公共领域的完整性;用主页访问量作为用户比拼参数,完全忽略了用户的个人感受和用户体验。另一方面,人人网不具备较为成熟的内容生产模式,平台上的内容并不能满足用户需求。

(2) 定位倾向多元化,迷失自身的传播定位。人人网从基因上就决定了其主体用户是学生群体。然而人人网后期逐渐偏离了发展的主线,将力量分散到经纬网等其他业务,使其迷失了自身作为"专注校园社交"的传播定位。

(3) 对用户的反馈机制不够重视,且在产品和服务研发升级、推广营销过程中用户的参与度不高,对用户需求的掌握和满足不够及时。例如,人人网在 2015 年 2 月进行了页面改版和"站内信"的下线,然而其新页面却饱受用户的差评。人人网曾在改版后进行了一次对新界面的用户体验调查,然而之后却没有做出相应的界面调整。这也是人人网失策的一大方面。

(4) 拥有巨大的流量,却不能找到自身的盈利模式将流量转化成价值。人人网曾经拥有国内最多的学生用户流量，这些流量，一方面可以为人人网的盈利多元化提供分析数据进行预测、决策；另一方面这巨大的流量本身就可以转化成为巨大的经济效益。然而掌握着如此之大的用户流量的人人网，却一直以来都没能探索出自身的盈利模式将用户流量变现。这也是人人网走向没落的原因之一。

2. "亚洲电视"案例问题分析

"亚洲电视"失败的根本原因，在于其多年经营不善而导致的积重难返。本文则着重分析其经营层面的失败之处，如何印证互联网思维。

（1）单向信息传播模式欠缺受众反馈机制，无法及时掌握观众和市场需求变化。亚视作为传统媒体的代表，其信息传播模式是属于典型的传统广告信息传播模式，主要是由亚视向观众的单向传播。这种单向传播缺乏基本的受众反馈机制，使得亚视很难实时甚至不能及时掌握观众和市场的需求变化，这也是导致以亚视为代表的传统广告信息传播营销模式走向没落的根源。

（2）缺乏持久、有效的内容生产模式。亚视失败的另一大原因就是经营上的失策——不制作节目。股权数度易主的亚视，已经很少推出自制的电视剧和综艺节目，电视播出时间几乎都是靠外购的电视剧和综艺节目来填充。对于亚视所属的传统媒体，内容才是其最核心的竞争力。而亚视却缺乏自身的内容生产，播出时间靠外购来填充，这种内容产生机制是缺乏持久性和创造性的，也导致亚视收视长期积弱的现状。

3. "秒赚广告"案例经验分析

（1）大数据的"精准"应用。秒赚的大数据应用，主要包括广告对象的精准投放和广告效果的精确把控。借助大数据技术，秒赚对用户数据进行管理、挖掘和细化分析，将广告主和消费者的需求进行精确配对；此外，利用大数据技术，秒赚平台可以精确记录用户实际广告投放、收看的情况，并据此计费，真正实现按照广告投放效果收费。按照秒赚的规则，广告主在秒赚投放广告，不需要先付广告费，而是在目标用户收看广告后，根据广告投放、收看的实际情况，用广告主的商品冲抵广告费。这也就意味着，如果没有目标人群收看广告，则不需要交费。

（2）以消费者为中心，将消费者纳入广告分配体系，打造多方共赢的平台。秒赚广告还将观看广告的消费者纳入广告分配体系之中。如图3所示为秒赚广告的核心商业模式：商家用商品发布广告；观看广告的用户可以获取"银元",累积兑换商品。这种创造式地将消费者纳入广告分配体系,完成了使用户对广告由抗拒到欢迎,由被动到主动的转化,也在很大程度上保证了精准投放的广告效果。

图3 秒赚广告的核心商业模式

秒赚其实就是打造了一个广告主、广告媒介、广告受众等多方共赢的平台和生态圈,这种多方共赢的生态圈是这种模式发展壮大的根本原因。

4. "湖南卫视"案例经验分析

（1）以观众为中心,迎合观众需求。湖南卫视如此成功最核心的一点,便是它的内容生产一直都以观众的需求为核心,内容的生产以迎合观众需求为主要目的。在生活水平快速发展的今天,"娱乐"渐渐成为观众的主体需求,湖南卫视也将"娱乐"为立台之本。在某种程度上,它将"迎合观众需求"甚至做到了"引导观众需求"。从《超级女声》《变形记》《快乐大本营》到《爸爸去哪儿》等,无一不引领了当时国内的收视潮流。

（2）简约定位在"快乐中国",并将"娱乐"演绎到极致。针对当今观众"娱乐"的主体需求,湖南卫视也将自身简约定位于"快乐中国"的理念,并贯彻这一理念,通过一系列名牌栏目,将"娱乐"演绎到极致,使得这一理念深入人心。

（3）观众转化成粉丝,实现"社会化营销"。湖南卫视不仅吸引了巨大的收视群体,更将其高度转化成忠实粉丝。这些忠实粉丝在自身关注湖南卫视的同时,还成为其"义务广告员",通过人际传播、网络传播,发动周边共同关注,为湖南卫视带来指数级的受众增长。

三 互联网思维下广告信息传播营销模式的思考

1. 坚持"受众中心论"

一方面,现今的广告信息传播自身"受众中心化"趋势愈加明显[①];另一方面消费者的选择也越来越多。这些都对广告信息传播营销模式提出"受众中心化"的要求。

在互联网思维下,广告信息传播营销模式需要坚持的"受众中心论",其实是一个战略层面的指导,但它涉及整个广告信息传播营销模式的各个层面,下文的定位、反馈、营销、数据、流量等各个层面的思考,都拥有"受众中心论"的精神内核。互联网思维下的"受众中心论"就是要求在广告信息传播营销模式的各个环节,都坚持以受众为中心来思考和解决问题。

2. 坚持最简约的传播定位

要坚持"简约定位",首先要做好"定位",才有必要"简约"。

定位,其实就是科学处理"消费者想要什么"和"企业有什么"之间的关系。最利于企业发展的定位,就是"消费者最想要什么"与"只有本企业有什么"的重合;而最基本的定位,就是单纯的"本企业有什么"的宣传。定位自身的质量好坏也会影响到"简约定位"的效果成败。然而,要达到"简约"二字,则需要企业在广告信息传播营销中,将定位集中于一个诉求点即可,集中企业的宣传火力,更易吸引消费者的眼球。

3. 建立、强化反馈机制

首先要建立、强化受众反馈机制,就要利用互联网的双向互动传播模式。双向互动传播模式给企业的广告信息传播营销带来的,是受众的实时反馈,这些反馈反映着受众的需求变化。

而在实时掌握受众的需求变化之后,更重要的是要及时满足受众需求。这就要求企业在广告信息传播营销当中,要及时、持续地满足受众需求,而不是将受众需求积累到一段时间之后统一满足。因为在这段积累的时间内,会产生大量不必要的受众流失。

---

① 周晓璐、赵福超:《广告信息传播新模式》,《天津市经理学院学报》2009 年第 8 期。

4. 加快社会化研发、营销进程

社会化研发对于互联网企业而言，关键在于"开放的开发者生态"；对于传统企业而言，在于对受众反馈机制的注重和及时满足受众需求。通过加大受众在研发中的参与度，提供产品对需求的满足度和受众的忠诚度。

社会化营销最核心的步骤在于将受众转化为粉丝。提高粉丝转化率则是一个综合协调的过程，需要从最开始"以受众为中心"到"简约定位来吸引受众"再到"将自己做到极致"等，是整个广告信息传播营销过程的协调整合才能达到的效果。

5. 构建自身的大数据平台

构建自身的大数据平台来重视受众数据监测，涉及两大方面的问题：一方面是意识问题，企业必须足够意识到受众数据监测对于整个广告信息传播营销的重要性，才会有动机去构建自身的大数据平台；另一方面是技术问题，大数据到现在为止还是一门很新的技术学科，如何将大数据变现，至今学界、业界还没有得到一个统一的答案。前文案例分析中提到的"秒赚"是目前将大数据在广告信息传播营销中变现的为数不多的例子。这涉及技术方面的巨大障碍。企业也必须克服这样的技术障碍才有可能构建自身的大数据平台。

6. 借助已有的大平台

借助已有的大平台，为自身增加曝光度，主要依靠两种方式：一是结成内容共享的伙伴关系。二是借助内容共享的伙伴关系，能增加自身网页的曝光度，能向更多的访问者展示企业的网页内容。

交互链接和搜索引擎。交互链接，是应用于链接相互网站来增加曝光度的重要形式。在相关网站间的交互链接有助于吸引在网上浏览的顾客，以提高企业网站的可见性。搜索引擎已经成为受众接触信息的重要入口，善加利用所带来的曝光度不言而喻。

7. 流量：如何获取，如何变现

如何获取流量，其实需要上述六点思考的整合运用。在各个环节以受众为中心，首先简约定位吸引受众眼球，然后重视受众的反馈机制并将其加入社会化研发、营销体系来掌握受众需求，进而重视大数据、利用大数据来发掘受众的需求变化，最后利用已有平台来增加自身的曝光度，让受众"允许"企业去满足其需求，这也就是广告信息传播营销中获取流量的一个大致流程。

知道如何获取流量，更要知道如何将流量转化成价值。这个逻辑层面涉及的则并不属于广告信息传播营销模式，而属于企业自身的商业模式层面的。也由于这个逻辑层面属于商业模式而非广告信息传播营销模式，因此不进行更深入的讨论。

四　结论

广告信息传播，其本质就是一种推广层面的营销模式。也正由于广告信息传播的时代性，广告信息传播营销模式也与时代发展保持着高度的一致性。互联网作为思维性的一面，实则从其诞生以来对广告信息传播营销模式就一直有着改造作用，学界、业界一直未有意识地从互联网思维性的一面进行分析总结。不同的广告信息传播营销模式，接受互联网思维改造的程度不同，也使得广告信息传播营销模式出现了发展不均衡的现状。借助互联网思维对代表性案例进行分析后，本文得出：互联网思维对广告信息传播营销模式的要求、改造是系统性的。在各个环节以受众为中心，首先简约定位抓住受众眼球；其次重视受众的反馈机制并将其加入社会化研发、营销体系来掌握受众需求，进而重视大数据、利用大数据来发掘受众的需求变化；最后利用已有平台来增加自身的曝光度，让受众"允许"企业去满足其需求。在互联网思维下广告信息传播营销模式，其相对于已有的广告信息传播营销模式的转变，是系统彻底的。而对互联网思维的重视，也将使广告信息传播营销模式的未来发展朝着更加持久、高速的方向进行。

（陈瑛：武汉大学新闻与传播学院教授、研究生导师；施旺才：武汉大学新闻与传播学院研究生；郭小龙：武汉大学社会学系）

被玩坏的新《广告法》

——评析对新《广告法》的误读

杨 乐

摘要：新《广告法》，于 2015 年 9 月 1 日起正式实施。当天，各个品牌文案创意应对之快，令人脑洞大开，瞬间把一件严肃的立法项目变成了一场全民愉快分享的广告借势营销，新《广告法》迅速被网友调侃以及二次创作。仔细研读新《广告法》后，本文从法律专业角度就受关注比较多的内容进行评析，从而解答学界和业界的一些疑惑，并对值得关注的影响进行总结和提示。

关键词：新广告法 误读

第十二届全国人大常委会第十四次会议修订通过的新《广告法》，于 2015 年 9 月 1 日起正式实施。1 日当天，各个品牌文案创意应对之快，令人脑洞大开，瞬间把一件严肃的立法项目变成了一场全民愉快分享的广告借势营销，新《广告法》迅速被网友调侃以及二次创作。

不让说"最高级""最佳"，就采用自首方式猛夸自己——"好到违反广告法、价格优惠不让说"；不让说第一，就直接争第二——"全球第二好用的智能手机"；当当网在 9 月 1 日后将图书等商品介绍信息中的"最高"字样一律屏蔽，甚至将"最高人民法院"字样也一刀切屏蔽为"某某人民法院"，遭到网友们的阵阵嘲讽。

各种"碉堡"了的文案让立法部门始料未及，也体现了业界的恐慌——严令之下，广告行业是不是没出路了？甚至有人测算，目前电视广告有 30% 受新《广告法》影响，电台广播和报纸有 90% 受影响，网络媒体有 60% 受影响。[①]

[①] 数据来源于《新广告法今日正式执行 广告人收入会减吗？》，发表于微信公众号"轩智传播"，2015 年 9 月 1 日。

被玩坏的新《广告法》　杨　乐

仔细研读新《广告法》后，我们会发现，有些恐慌实则不必，但有些经验的确需要深入总结。

一　关于被误读的内容

（一）最高级、国家级、最佳等绝对化用语都不能用了吗？

新《广告法》被戏说、被玩虐的主要槽点就是这条。要想弄清这一点，要从以下两方面来理解：

第一，这条在旧《广告法》里就有，不是新增规定。旧《广告法》第7条和新《广告法》第9条关于绝对化用语的规定基本没有区别，都是"广告不得使用'国家级''最高级''最佳'等用语"，只是新《广告法》加了双引号，也就是说新《广告法》并未扩大禁止广告中使用绝对化用语的范围。区别在于处罚计算方法改变，从广告费一倍以上五倍以下罚款提高到20万元以上100万元以下罚款。

第二，不是所有极限形容词都绝对不许使用。根据原国家工商局《关于"顶级"两字在广告语中是否属于"最高级"等用语问题的答复》（工商广字〔1996〕380号），将"国家级、最高级、最佳"等明确概括为"绝对化用语"。但不是所有的带"最""一""极或级"字的用语都属于广告法禁用的绝对化用语。

广告行业法律实践中，关于极限用语，通常分为三种情况来讨论①：

（1）对于无法证实或者证伪的形容词要绝对禁止使用，如国家级、最高级、最优秀、独一无二等。全国人大法工委经济法室副主任王清主编的《中华人民共和国广告法解读》一书中也指明，"经济社会是不断发展变化的，对商品或服务的任何表述都不可能是绝对化的。使用绝对化用语不但容易误导消费者、而且可能不正当的贬低同类商品或服务，因此应当禁止"②。

（2）对于没有限定范围或者限定范围无法通过客观证据证明的描述，属于相对禁止使用，如顶级、最高、最大、最先、全球首发等。

---

① 具体可见熊定中《广告及公关营销企业必备法务审核指引》，发表于微信公号"红盾论坛"，2015年9月6日。
② 王清主编：《中华人民共和国广告法解读》，中国法制出版社2015年版，第18页。

(3) 在限定范围可以被客观证明的情况下，可以在证据充足的条件下进行使用。这一点，9月4日上海工商局微信公众号发的一篇澄清文章中也提到，"'首个''独家''唯一'等用语，如有事实依据且能完整清楚表示，不致引人误解的，则允许使用"①。

（二）婴儿用品广告中都不能出现婴儿了吗？

有观点认为尿不湿广告以后不能出现婴儿了，纷纷发愁婴儿用品广告今后怎么做？事实上，这里要区分清楚广告代言和广告表演，不要混淆代言人和演员的身份。新《广告法》禁止的是十周岁以下未成年人广告代言，没有禁止广告表演。

根据广告代言和广告表演的区别，未成年人用品的广告可以有以下几类情况：

(1) 十周岁以下的童星代言，今后被明确禁止。新《广告法》规定广告代言人是以自己的名义或形象对商品、服务做推荐、证明。而不满十周岁的未成年人是无民事行为能力人，因此禁止做代言人。

(2) 十周岁以下的普通儿童，在广告中不表明身份，不是以自己的名义做广告宣传，只是担任某个角色，属于广告表演。在尿不湿广告中，婴儿只是参加表演，不是代言，这是允许的。

（三）企业高管还能为企业代言吗？

陈欧的"我为自己代言"广告令人印象深刻，那今后企业高管还能为企业代言、做广告吗？笔者认为，这要依据该高管的具体身份而定。

(1) 新旧《广告法》对广告主的界定都包含了自行设计、制作、发布广告的行为，因此广告主可以自我宣传、给自己做广告。

(2) 广告法没有禁止法定代表人为企业发声，如果陈欧是聚美优品的法定代表人，则陈欧的代言就是广告主聚美优品的发声，就视为广告主的自我宣传；且广告文案的内容也不会使消费者产生误解——认为聚美优品网站上卖的产品都是陈欧提供的，因此陈欧本人不承担广告代言人的法律责任。

(3) 如果不是法定代表人而是其他的高管职位，则要看具体广告文

---

① 见《"新《广告法》禁用'首个''独家''唯一'等用语"系误读》，发表于微信公号"上海工商"，2015年9月4日。

案内容以及是否签署代言合同，如果只是参与演出，不以自己的名义或形象对公司的商品或服务进行推荐证明的就属于广告表演。

（四）朋友圈转发虚假广告也要承担法律责任吗？

9月1日，国家工商总局广告司司长张国华在人民网强国论坛做在线访谈时，就有网友这样提问，这想必也是很多微信用户的疑问。对此，张国华司长明确表示，"朋友圈转发广告是现在新的广告形式。下一步工商总局的互联网广告监测中心建成之后，对公众号、对社会开放的公共空间的监管是要到位的，但是对于私人的朋友圈这个可能还有法律的障碍……如果在这个圈里发布的广告是虚假违法的，圈内人对此有意见、对此反感，或者说因此受到了损失，可以投诉举报，那么投诉举报之后，监管部门可以去执法监管"[①]。

公共领域与私领域的准确切分是划定行政监管边界的重要前提，公民间点对点通信交流和限定在特定人范围内的朋友圈属于典型的私领域，这与定位于面向不特定多数人的公共传播领域有本质区别，如网页、论坛、博客、微博客等。这也就是张国华司长所说的法律障碍。但并不是说用户的权益就完全没有保障了，受害者可以对发布虚假广告的用户拉黑、屏蔽，以免受再次骚扰，可以直接对其提起民事诉讼追究其民事责任，还可以向监管部门投诉举报，经确认的，网站应当配合监管部门的执法。

（五）弹窗广告一键关闭条款影响最大的会是视频网站吗？

新《广告法》第44条新增了对弹出式广告一键关闭的要求，这里不能随意对弹出式广告做扩大解释，要尊重立法原意，立法本身关注的是弹窗广告骚扰用户的问题。

9月1日，工商总局广告司司长张国华在人民网强国论坛做在线访谈中提到，"大家能强烈感受到一开机，特别是PC机，很多弹窗式广告跳出来，现在有些公司广告主、广告发布者不规范，弹窗式广告的问题一个是频率高，再一个时间长，同时搞得你关闭不了，甚至有的还有诱导欺骗，你按关闭键又打开了，这个对使用互联网的人是很大的干扰，所以这

---

① 访谈原文详见《工商总局张国华司长解读新〈广告法〉》，发表于微信公众号"传媒内参"，2015年9月5日。

里特意做了规定要确保一键关闭"①。因此,可以看出这里的弹出式广告,显然要规范的不是视频网站的贴片广告。视频网站通过用户收看广告获得免费服务的盈利模式,在国内外都已经被认可,此前有优酷诉金山猎豹浏览器屏蔽贴片广告等案例,也已经得到法院判决的认同。

(六)影视剧中的品牌植入也要显著标明"广告"吗?

影视剧的品牌植入问题,应该说新《广告法》没有明确规定。根据目前工商执法实践做法,影视剧的品牌植入不纳入广告管理,对应管理要求是在影视剧结束后的字幕滚动中要明确列明品牌赞助商名单。因此品牌赞助商们就不用发愁画面不协调了。

(七)酒类广告要有大变化,不得出现饮酒的动作

新《广告法》增加了有关酒类广告准则的规定,总体精神是可以对酒类品牌进行宣传,但不得劝诱、鼓励饮酒,更不得鼓励酒后从事危险活动,广告中直接出现饮酒动作,对受众具有最直接的引导、示范作用,予以禁止并无明显不妥。这条主要考验的是广告设计公司的文案了,今后在设计文案时要多想想其他宣传方式。

二 新《广告法》的影响

此次新《广告法》是旧《广告法》实施 20 年后的首次大修,改动确实相当大。加强监管、加重处罚,是一个总体趋势,对业界肯定产生重大影响,具体到网络广告行业,体现为以下几点:

(1) 提高了罚款数额。对虚假广告等几类违法行为,旧《广告法》对大多数广告违法行为所设罚款幅度,都是广告费用的一倍以上五倍以下。执法实务中,违法者会尽可能规避广告费用以逃避处罚。而新《广告法》的处罚金额通常设定在广告费用三倍以上五倍以下的罚款,广告费用无法计算或者明显偏低的,处二十万元以上一百万元以下的罚款;两年内有三次以上违法行为或者有其他严重情节的,处广告费用五倍以上十

---

① 访谈原文详见《工商总局张国华司长解读新〈广告法〉》,发表于微信公众号"传媒内参",2015 年 9 月 5 日。

倍以下的罚款,广告费用无法计算或者明显偏低的,处一百万元以上二百万元以下的罚款。

(2)增加了行政处罚,严重的还可以吊销营业执照。对发布虚假广告和其他几类违法广告的,两年三次有违法行为或情节严重的,除罚款外,还可以暂停广告发布业务、吊销营业执照。这是此次新增加的。

(3)增加了任职限制。新《广告法》规定,被吊销营业执照的公司、企业的法定代表人,对违法行为负有个人责任的,自该公司、企业被吊销营业执照之日起三年内不得担任公司、企业的董事、监事、高级管理人员。对在虚假广告中做推荐、证明受到行政处罚未满三年的自然人、法人或其他组织,不得聘请其为广告代言人。

(4)增加了电子信息广告要取得当事人事先许可。新《广告法》第43条规定"……未经当事人同意或请求……也不得以电子信息方式向其发送广告"。这个规定是早在2012年全国人大《关于加强网络信息保护的决定》就有相应内容。此次在新《广告法》中重申,立法的本意是想解决垃圾广告的问题,因此要求发送广告要用户事先许可,但在网络广告实践中恐怕很难做到。绝大多数的网络广告是先触达用户,再由用户选择同意接收或拒绝,再精准的广告投放,也有用户不喜欢的时候,但都要让用户先看到后选择。用户事先许可,不符合网络广告行业发展的实际,实践中几乎无法完成,未来这条还有待工商部门实际执法中进行纠偏。

(5)增加了互联网信息服务提供者的责任。新《广告法》第45条新增了互联网信息服务提供者在明知或应知情况下对利用其平台发布违法广告应当制止的责任。但"明知或应知"的标准没有明确,实践中恐怕被基层执法部门做扩大化解释,广大的互联网平台型公司随时面临被处罚的风险。

三 结语

回头来看,新《广告法》为什么在实施第一天就被玩坏、被误读、被借机营销,我们认为,这要结合几个大背景来看:

第一,此次面对的广告行业,从业人员是全社会中最有创意的人,文案令人脑洞大开,原本就是他们的专业和专长。第二,众品牌的跟风营销是近期的潮流,从"世界那么大,我想去看看"到范冰冰、李晨的"我们",从优衣库的试衣间视频到《开罗宣言》的电影海报,被玩坏的新《广告法》不是第一个,也不会是最后一个。第三,大众舆论的跟风、戏说,一方面说明新《广告法》与众多行业生计息息相关,大家给予高度关注;另一方面也看到很多人没有认真研读过条文就就跟风转发、评论,误导受众,这体现了整体浮躁的社会心理,严格地讲已经超越了立法本身,更多是社会问题了。

总之,从这次事件中,想必各方都会有所"收获"。立法者从中应当有所思考:今后在关注行业发展前景、行业利益重大相关的立法项目中,如何更好地把严格规范与促进发展的立法价值统一起来;如何在立法征求意见阶段加大宣传力度,充分利用各种大众传播媒介,尽量让利益相关群体周知?可否对收到的各类立法建议,进行更为深入细致的调研,更加尊重和承认行业实践与行业发展的正当诉求;以及对采纳和未予采纳的建议,可否有统一的、正面的、令人信服的回应;等等。

业界也上了一堂生动的立法教育课:2015年3月《立法法》已经修订实施,业界可以在更加关注公共法律政策制定实施的同时,学会利用合法渠道、尊重法定程序,在需要发声的立法阶段,理性表达,充分表达,而不是法律实施后再马后炮和不负责任地戏谑恶搞。如果在今后的立法中,各方都能更加理性、客观,彼此尊重,也就不枉新《广告法》被玩坏了。

(杨乐:法学博士,腾讯研究院高级研究员,腾讯研究院与中国社科院法学所联合培养博士后)

新型城镇化与文化创意产业

栏目主编：郭嘉

按语：新型城镇化是中国进一步实现现代化、全面迈向小康社会的强大推动力。新型城镇化不同于传统城镇化，其中的一个"新"就是它与文化创意产业的结合。比如乡村文化创意产业；古城镇的保护、开发与建设；乡村特色旅游等，都是新型城镇化建设的题中应有之义。

现代农业与创意产业结合路径研究

王紫薇

提要：现代农业与创意产业结合实现产业升级，形成创意农业这一新兴农业模式。创意农业的出现有助于传承乡村文化，促进乡村经济发展，加快推进乡村建设。本文从现代农业与创意产业的结合谈起，梳理关于创意农业的概念、特征、类型，并从创意角度出发，将创意农业的发展模式分为创意农业旅游、传统民间手工艺的创意复兴、艺术介入乡村路径、农民创业行动四种路径，为创意农业实践者提供全新视角展开思考。

关键词：现代农业　创意产业　创意农业

2015年8月7日，国务院办公厅发布了《关于加快转变农业发展方式的意见》（以下简称《意见》），《意见》中表明，"近年来，我国粮食生产'十一连增'，农民收入持续较快增长，农业农村经济发展取得巨大成绩，为经济社会持续健康发展提供了有利支撑"。农业发展所取得的成绩与国家大力推进现代农业密不可分，但现代农业在发展的过程中也面临一系列问题与挑战。

近年来，传统产业转变单一模式，逐渐与其他产业实现产业融合协同创新，催生新型产业形态。现代农业与创意产业结合形成创意农业，这一农业模式有效解决了现代农业相关问题，获得业界学界的一致认可。当前阶段，研究创意农业的发展路径则具有重要意义。本文将从现代农业与创意产业的结合展开论述，从创意视角切入，对创意农业的发展路径进行深入研究。

一　现代农业与创意产业结合实现产业升级

2002年，党的十六大首次提出了"建设现代农业"。2007年中央1号文件对现代农业进行了科学界定：现代农业即"用现代物质条件装备农业,用现代科学技术改造农业,用现代产业体系提升农业,用现代经营形式推进农业,用现代发展理念引领农业,用培养新型农民发展农业"。

近年来,发展现代农业受到了国家、学术界等多方支持。2007年的政府工作报告提出"要以加快发展现代农业为重点,扎实推进社会主义新农村建设";2015年,国务院办公厅发布的《意见》中提出"当前我国农业发展面临新挑战,迫切需要加快转变农业发展方式"。多数学者也认为,加快推进现代农业建设对于保障国家粮食安全、保障工业原料需求、保护消费者健康、促进农民增收、提高农业国际竞争力、保护生态环境这六个方面均具有重大意义。①

但在实践环节中,现代农业还面临一系列问题与挑战。从市场管理角度来说,现代农业的管理制度体系缺失、与现代农业特征相适应的市场环境缺失。② 从农业生产角度来说,我国当前农户规模狭小、基础设施薄弱、农民素质较低。③ 农村"三化"现象(即农村空洞化、农业兼业化、农民老龄化)导致现代农业缺乏主体力量。④ 另外,资源和环境问题、现行土地制度与现代农业发展的矛盾、小农户和大市场的矛盾、农村劳动力大量富余与提高农业劳动生产率的矛盾等也是制约中国现代农业建设的瓶颈。⑤ 综上所述,无论从市场管理、农业生产,还是环境资源、城乡发展等角度来看,现代农业这一领域中还有许多问题亟须我们解决。

不少学者对现代农业的发展模式进行过研究,其中一种以20世纪80年代为分界线的方式较为系统全面。这种分类方式表明,80年代前的主要发展模式有全程机械化农业发展模式;集约化经营农业发展模式;适度规模化、集约化农业发展模式。80年代后,世界竞相发展和探索出多种永续利用资源、保护生态环境的可持续农业发展模式——有机农业、区域性都市农业、观光农业、生态农业等。⑥

21世纪以来,传统产业开始转变单一模式,逐渐与其他产业实现产

---

① 柯炳生:《关于加快推进现代农业建设的若干思考》,《农业经济问题》2007年第2期。
② 黄传武、唐任伍:《我国现代农业发展的困境和出路》,《中南大学学报》(社会科学版)2006年第5期。
③ 柯炳生:《关于加快推进现代农业建设的若干思考》,《农业经济问题》2007年第2期。
④ 张晓山:《关于发展现代农业的几点认识》,《中国经贸导刊》2011年第1期。
⑤ 孙瑞玲:《现代农业建设的现状、制约瓶颈及其出路探析》,《农业经济》2008年第8期。
⑥ 戴小枫:《现代农业的发展内涵、特征与模式》,《中国农学通报》2007年第3期。

业融合协同创新，催生新型产业形态。2012年，陈少峰结合文化产业特征为产业融合提供一种新的思考。他表明，我国文化产业需要实现产业跨界化转型升级，促使文化产业增长出现新领域，并带动传统产业升级。①如今，创意产业已成为各个国家文化经济发展的核心产业。创意经济也成为当代中国经济发展的新高地，从城市到乡村，创意行动正在蓬勃兴起，有关创意商业、创意工业等概念与提法先后出炉。②而当现代农业与文化创意产业相结合后，一种新兴的农业模式——创意农业便应运而生。

创意农业这一新兴产业在学术界内受到广泛关注。诸多学者通过不同视角阐释了发展创意农业的重要意义。从农村社会进步方面看，创意农业克服发展传统物质经济的局限；调整人地比例，安置闲散劳动力；调整优化农村产业结构，实现可持续发展；促进城镇化建设，加快城乡一体化进程。③从农村文化经济发展方面看，创意农业传承了农村优秀传统文化；推动农村文化建设与新农村建设的有机结合；缩小城乡差距，促进农村经济显著增长。④

二 创意农业的概念、特征及类型

创意农业，也称农业创意产业，不少专家学者都曾对其进行概念界定和理论阐释。综合几位学者给出的概念后得出，创意农业是指对农村的生产、生活、生态"三生"资源发挥创意与构思，研发、设计出具有独特性的创意农产品或活动，以提升现代农业的价值与产值，创造出新的农业发展模式。⑤

创意农业的本质是创意产业，"技术与非技术进步+创意+文化+市

---

① 陈少峰：《关于文化产业模式的思考》，《华中师范大学学报》（人文社会科学版）2012年第7期。
② 秦向阳、王爱玲、张一帆、周连第：《创意农业的概念、特征及类型》，《中国农学通报》2007年第10期。
③ 郭玉兰：《浅议我国农村文化产业的发展》，《经济问题》2007年第2期。
④ 巴琳琳：《农村文化产业发展视角下的农村经济研究》，《安徽农业科学》2013年第4期。
⑤ 刘宏曼：《创意农业——北京都市型现代农业新亮点》，《当代经济》2009年第7期；厉无畏、王慧敏：《创意农业的发展理念与模式研究》，《农业经济问题》2009年第2期。

场"是创意农业运行、增值及可持续发展的关键。[①] 从农业角度讲，创意农业具有依附性、富含创意、高附加值和产业融合度高四个特征。[②] 从产业角度来讲，具有现代农业市场化、专业化、规模化、生态化和管理上的智能化、数字化、网络化七个特征。[③]

目前，创意农业有许多分类方式。一种从产业宏观发展的角度将创意农业分为资源转换为资本模式、全景产业价值体系、市场消费拓展模式和空间集聚发展模式。[④] 这四种类型强调创意与农业结合、文化艺术与农业结合、城乡互融互动以及园区功能融合将促进农业从单一产业向多产业多方向发展，但这种分类方式过于宏观，在实际操作过程中难以实施。另一种按照创意农业的表现形式将国外创意农业分为农田景观（包括花田景观、农田艺术图案）、农业节庆、农业主题公园和科技创意。[⑤] 这种分类方式也同样适用于国内地区，但还需找到适合本土的农业创意改造方式。

当前，部分一、二线城市周边农村开始大力发展起创意农业并获得了一些成功经验。北京"紫海香堤艺术庄园"以创意为切入点，打造"长城脚下的普罗旺斯"，创造了综合性都市型现代农业发展的一个新模式。[⑥] 而成都"五朵金花"模式、温江模式、双流模式、上海模式等也都是针对一、二线城市形成的创意农业的典范。此外，相对并不发达的西部城市也同样重视创意农业，如云南省农村文化以家庭、村组为单位的作坊式生产，逐渐向分工合作、规模经营的方向发展，走出一条区域农村文化产业发展的创新之路，为目前尚处在萌芽阶段，规模较小、市场化、科技化程度低、文化产业发展格局远未形成的我国大多数农村文化产业建设提供了一条新的路径。[⑦]

上述城市虽已根据本地自然、社会因素等展开了创意农业的实践，但

---

① 刘丽伟：《发达国家创意农业发展路径及其成功经验》，《学术交流》2010年第8期。
② 王爱玲：《农业创意产业——现代农业与文化创意产业的融合》，《中国科技产业》2009年第9期。
③ 卢云亭：《由单轮向双轮驱动发展的农业创意产业》，《农产品加工》（创新版）2010年第1期。
④ 厉无畏、王慧敏：《创意农业的发展理念与模式研究》，《农业经济问题》2009年第2期。
⑤ 王爱玲：《国外的农业创意：类型、经验及启示》，《世界农业》2014年第5期。
⑥ 王爱玲：《农业创意产业——现代农业与文化创意产业的融合》，《中国科技产业》2009年第9期。
⑦ 赵晓红：《中国西部农村文化产业经营模式研究》，《学术探索》2014年第8期。

他们的做法还仅停留在农产品生产的创意，局限于农业本身的产业链，与其他产业的融合、市场开拓的创新还不够。[①] 本文将以创意为核心，从实践角度出发，对创意农业现阶段可行性较强的几种发展路径进行梳理、介绍。

三 创意农业的发展路径介绍

从创意角度出发，结合目前学界研究成果和当前国内发展现状来看，创意农业的发展路径可分为创意农业旅游、传统民间手工艺的创意复兴、艺术介入乡村路径、农民创业行动这四种类型。

（一）创意农业旅游

创意农业旅游是以农村的生产、生活、生态"三生"资源为基础，通过创意理念、文化、技术的提升，创造出具有旅游吸引力、带来农业和旅游业双重收益的农业新业态，即有效地将科技、文化、社会、人文等方面的创意元素融入农村的各个方面，投入农业产业链的各个环节，使农业与旅游市场消费需求衔接，创造出满足旅游和农业双重市场需求，第一产业、第二产业、第三产业融合发展的新型农业发展模式。[②]

农业产业与旅游产业相结合的方式是发展现代农业最常见的手段之一。自20世纪90年代起，各乡村或利用自身地理优势，凭借山川、湖泊等自然资源吸引游客参观，或以大片梯田农地为景观主动吸引游客来发展当地农业旅游。这些方式将农业与旅游简单结合起来，虽在一定时间内产生一定效益，但由于其缺少创新性与体验性，十分容易效仿，因此这种方式在发展到一定程度后无法继续吸引游客。

与这类旅游农业不同，创意农业旅游更加强调的是参与和体验，即由原来单纯的观光式旅游转变为各个阶段均强调深度体验式的旅游活动，使游客在农产品生产、种植、采摘和农产品加工等各个阶段皆能参与其中。它重在激发创意，拓展自身核心优势，同其他农业景点产生差异性。当前

---

① 厉无畏、王慧敏：《创意农业的发展理念与模式研究》，《农业经济问题》2009年第2期。
② 卢云亭、李同德、周盈：《创意旅游农业开发模式初探》，《农产品加工》（创新版）2010年第1期。

国家大力扶持发展的"一村一品"政策,其目的就是帮助农村找到具有自身特色的发展模式,而这一政策也大有成效。到 2014 年年底,全国各类专业村达到 5.5 万个,其中,经济总收入超亿元的专业村 2419 个,超十亿元的 214 个。[1]

近年来,诸多学者对创意旅游农业进行分类,但多数分类方式都将"创意"放在了次要位置,而以"创意"为核心的分类方式又稍显单薄,它将创意旅游农业分为展示方式创意、农产品创意、发展理念创意三种模式。[2] 这种方式可继续展开细分,例如文化传承类创意、民俗节日类创意以及多种不同类型组合等模式。

当前,创意旅游农业的提法已基本得到广泛认可,但在实践过程中还存在些许问题,其中主要问题有:创意农业产品类型少,结构单一,造成旅游内容的枯燥性;创意农业普及率低,造成创意农业旅游范围的局限性;创意农业产品与旅游结合率低;创意农业旅游观赏性较多,参与体验性较少。[3]

(二)传统民间手工艺的创意复兴

《辞海》对民间工艺的解释为:"劳动人民为适应生活需要和审美要求就地取材而以手工生产为主的一种工艺美术品。"[4] 民间工艺是非物质文化遗产的重要内容,民间工艺因当地风俗不同而种类各异,其具有浓厚的地方特色与乡土味,蕴藏着民间的传说与文化。[5] 因此无论在农业的文化传承还是旅游资源开发中,民艺都具有不可估量的地位。

民间手工艺的现状却并不乐观。民间艺术本是乡村手艺人的一项生存技能,然而随着工业化时代的到来,大多数民间艺术家还无法脱贫,因此许多民间工艺面临即将失传和消失的局面。要使传统民间手工艺实现复兴,除了结合当地旅游开发传播和博物馆收集保存资料外,还有一种更具创意的方式可以实现这一目的,即民艺与现代元素相结合,制作出功能性

---

[1] 《大力发展一村一品带动农民致富增收》,《农民日报》2015 年 10 月 27 日。
[2] 于晓燕:《中国创意农业旅游发展现状研究》,《旅游纵览(下半月)》2014 年第 9 期。
[3] 同上。
[4] 辞海编委会编《辞海》,辞书出版社 1990 年版,第 2033 页。
[5] 吴艺丁:《民艺行销——从中日两国民间工艺发展现状看品牌作用》,《东华大学学报》(社会科学版) 2009 年第 6 期。

较强的民间手工艺衍生品。

《蜗牛》是致力于传统民间工艺美育传播的一本独立杂志，杂志以客观记录民间艺人自己讲述的故事为主，记录下这些匠人们的生命经验，并加入蜗牛人对传统民间艺术如何更好地融入现代生活中的探索和尝试。该杂志由一群对民间艺术感兴趣的大学生自发组成，自2011年创刊开始便面临资金和人力的困境，有时完成一期内容甚至要花费10个月。在困境中，蜗牛的工作团队计划将《蜗牛》塑造为民艺品牌，使"蜗牛"推出的内容与现代人的生活结合起来做衍生品。以江西婺源为例，杂志成员将婺源的古法手工炒茶进行了二次包装，杂志美编为其做产品设计，产品外包装全部纯手工系绳。产品在城市中获得良好反响，缓解了资金上的燃眉之急。①

在这次民间手工艺与现代元素创意结合中，蜗牛团队找到了自己今后发展的方向，并成立了几个"手益公社"，包括婺源手工炒茶技艺合作社，蔚县柳编合作社，贵州白兴大寨枫脂染、刺绣合作社等。②

《蜗牛》杂志这种以民间手工艺的文化传播为主线，将杂志中提到的手工艺品同现代元素结合创造衍生品的创意做法具有较高的参考价值。一方面，该方法使民间手工艺品在城市中得到更加广泛的传播；另一方面也使传统民间手工艺品获得重生，成为具有较高收藏价值与使用价值的艺术品而非手艺人单纯谋生的手段。

（三）艺术介入乡村路径

艺术介入乡村同样是近年来较为常见的形式，主要做法是在某个村落建起实验性活动，以闭合性区域为单位，发起者在这片热土以自己的理想为指导实验着独特的想法，并将村民们统一招至此，为达到预期的目标而从事种种活动，以此改善村民的生活状态、丰富村民的精神世界。③

2011年发起的"碧山计划"就是这种艺术介入乡村方式的典型代表。"碧山计划"是欧宁和左靖共同发起的一个关于知识分子离城返乡，回归历史，承接乡村建设事业，在农村地区展开共同生活，再造农业故乡的文

---

① 张黎姣：《"蜗牛"的民间艺术之旅》，《中国青年报》2013年10月29日。
② 同上。
③ 蔡世青：《民艺与现代艺术的交织传播——从碧山共同体计划出发》，《新闻世界》2015年第10期。

化构思。① 该项目动员各地的知识分子和艺术家进驻乡村（安徽省黟县碧山村），与农民共同设计一种新的乡村建设思路。自2011年6月5日项目发起后，欧宁等人在碧山村一方面展开共同生活的实验，尝试互助和自治的社会实践；另一方面也致力于对这一地区源远流长的历史遗迹、乡土建筑、聚落文化、民间戏曲和手工艺进行普查和采访，并形成了多部出版物，包括《碧山》《汉品》杂志和地方生活史册《黟县百工》。②

在整理保护本地资源的同时，项目还开始筹办一年一度的"丰年庆"，在活动中当地村民会身着"稻草装"表演祭祀舞蹈"出地方"，以此来恢复和传播乡村的传统习俗。此外，项目将凭借这一活动邀请艺术家、设计师、建筑师、诗人来畅谈理想和现实。这一活动成功使乡村传统文化内容与现代艺术进行碰撞与对话，激起创意灵感的迸发。

"碧山计划"整体实践性较强，创始人带领团队完成了一系列文化保护工作，成功吸引艺术家入驻乡村，另外此举还引发海内外多个研究机构的关注。但不得不承认，"碧山计划"还存在自己的问题。2014年5月，哈佛社会学博士周韵提出，"碧山计划"中所谓的"共同体"实质上是"精英知识分子来到田园寻找世外桃源"，当地村民无法真正参与其中。村民们一方面无法理解为何城里人来到乡村却没使自己致富，另一方面也对艺术家的改造产生质疑。项目从一开始便不是以村民为主体的形式所展开，因此后期即使再具有创意也注定要经历失败。

"碧山计划"既为我们在乡建的道路上拓宽了创新的思路，又为我们在实践过程中的主体认知方面敲响了警钟。可以说，这种艺术介入乡村的方式有助于乡村的发展建设，但前提是要把当地村民作为主体，在乡建过程中更是要与村民进行沟通和协商。

（四）农民创业行动

20世纪90年代至今，我国农民实现了从"民工潮"到"创业潮"的转变。2014年9月，李克强总理在夏季达沃斯论坛上更是发出了"大众创业、万众创新"的号召。农民创业同样受到了学界的关注。

目前，关于农民创业的研究共有四个部分，分别为农民创业者的创业

---

① 邱正伦、周彦华：《论乡村公共艺术公共性的缺失》，《美术观察》2015年第9期。
② 同上。

技能问题（创业技能、创业态度或农民自身素质、心理素质、创业能力）；农民创业环境条件影响，其又分为自然环境（地理位置、自然资源）、社会环境（社会资本、农村治理机制、农村文化传统）；农村经济环境条件影响（基础设施、社会网络关系、信息通信技术影响）；政策环境影响。[①]

而农民创业路径主要有两种分类方式，一种按照农民创业基本形式分类，可分为不创建新组织（即依托现有家庭组织）创业和创建新的组织形式创业；另一种按照创业过程分类，则可分为资源开发型、自我创业型、打工—创业型。[②]

关于农民创业的议题探讨已有十余年之久，但其实践性成果却并不丰富，而如何鼓励农民回乡并进行自主创业将会成为未来研究的重点。农民创业一方面应与当地特色资源相结合，另一方面则要更好地利用上述前三种创意农业发展路径所产生的资源，使第一产业与其他产业创意融合，从而创造更高的经济价值。

现代农业与创意产业结合的可行性早已得到学界的论证，但研究二者结合后将如何发展的文章却并不多见。本文从现代农业与创意产业的融合谈起，在厘清创意农业的概念、特征、类型后，按照不同的创意形式，将创意农业分为创意农业旅游、传统民间手工艺的创意复兴、艺术介入乡村、农民创业行动这四种路径。

我国自古以来就是农业大国，至今绝大部分土地仍属农村地区，而国民经济、国民整体文化素养等要素的提升还有赖于农村地区的快速发展。创意农业以创意为核心，有效结合当地特色资源进行多产业融合，促进生态协调可持续发展，具有较高可行性，成为现阶段乡村建设的主要方式之一。在未来，我们应对创意农业进行持续的关注和研究，使乡村富裕成为可能。

（王紫薇：2015级首都师范大学文化产业系硕士研究生）

---

① 孙红霞、孙梁、李美青：《农民创业研究前沿探析与我国转型时期探究框架构建》，《外国经济与管理》2010年第6期。
② 郭军盈：《我国农民创业的区域差异研究》，《经济问题探索》2006年第6期。

古镇文化资源开发与产业化发展研究

——以大汶口古镇为例

郭 嘉

摘要： 近年来，文化资源所蕴含的经济及历史、考古、教育价值在国际产业转型时期逐渐地凸显出来，而文化也在现代旅游活动中占据越来越重要的位置。其中，古镇文化资源开发与产业化发展成为备受瞩目的话题。不过我们也发现，在古镇的开发发展中，暴露出了诸多弊端，严重地破坏了古镇珍贵的不可再生的人文资源和古老的空间特色。本文以山东大汶口古镇的开发为例，试图为我国古镇文化资源开发与产业化发展提供一个可行性样本。

关键词： 文化资源 品牌战略 大汶口

近年来，随着我国经济的发展、文化旅游市场需求的增加，古镇文化资源开发与产业化发展成为备受瞩目的话题。不过我们也发现，在古镇的开发发展中，暴露出了诸多弊端，譬如僵化保护停滞不前，或是片面追求经济效益，忽视古镇的文化特色，甚至摒弃珍贵的地方文化特色而大量"生产"假文化的现象等，这些行为都严重地破坏了古镇珍贵的不可再生的人文资源和古老的空间特色。本文以山东大汶口古镇的开发为例，试图为我国古镇文化资源开发与产业化发展提供一个可行性样本。

一 探讨古镇产业化发展的必要性

古镇是一种历史遗存，它泛指所有目前仍然保存比较完整的古建筑民居、传统生活习俗和生活方式的古城、古乡镇、古村，以及建筑古旧、风俗奇特的少数民族村寨。[①] 古镇原本不是作为一种旅游资源而存在的，而

---

① 紫图：《中国古镇图鉴》，陕西师范大学出版社2005年版。

是当地居民赖以生存的文化所在。随着人们生活水平的提高，古镇以其独特的建筑风貌、丰富的历史文化遗迹、深厚的人文内涵以及当地特有的古朴环境氛围受到了人们的青睐，吸引了众多来自都市的旅游者前去观赏、感受。因此具有古老、独特的建筑外观和丰富文化内涵的古镇逐渐作为旅游资源被开发利用，成为一种新兴的旅游类型。

中国现代的古镇旅游大约可以追溯到20世纪80年代，在借鉴国际遗产保护经验的基础上，我国将历史文化名镇（名村）纳入了遗产保护范围。1982年国务院公布了《中华人民共和国文物保护法》，1986年国务院公布了第二批历史文化名城，提出了要对文物古迹集中的小镇、村落进行保护。随后，全国各省份就开始了对历史文化镇的命名和古镇的世界文化遗产申报工作。[1] 从此，古镇旅游渐渐兴起，首先是江南古镇周庄率先打出"中国第一水乡"的旗号；随后江浙一带的古镇，如同里、乌镇等纷纷效仿；云南丽江、大理等古镇也因其民族文化走出了极具特色的发展道路……全国古镇文化旅游逐渐成为一种风潮。

风潮的涌现伴随着的是旅游消费"标准化""商品化"以及重复性的出现，因此，旅游者不再满足于传统的观光形式和内容，对文化独特性的感悟与体验逐渐成为旅游体验过程中旅游者"自我发现""自我发展"的重要特征。越来越多的旅游者更加强调在目的地社区中的文化感悟和主观体验，以此寻找本真的自我。

文化被认为是后工业社会中经济发展的重要资源，文化资源以其不可复制的历史性、地域性特色而逐渐成为地区吸引力的源泉和地方塑造的主题要素，文化也日益成为城市和地区保存文化传统和发展社会经济的重要手段。作为文化主导的开发战略自20世纪70年代后期以来，逐渐成为全球范围内众多城市推行经济重构、实现城市复兴的重要策略。面对经济重构和全球竞争，众多处于衰退中的城市力图通过形成基于城市文化和遗产资源的复兴方案，推动城市向象征经济转型。许多乡村地区则将从农业生产中形成的历史文化和乡村传统作为地区特征的关键要素，重塑地区消费空间。[2] 因此，文化资源所蕴含的经济及历史、考古、教育价值在国际产业转型时期逐渐地凸显出来，而文化也在现代旅游活动中占据越来越重要

---

[1] 余舞：《我国古镇旅游的开发利用》，《资源开发与市场》2005年第4期。
[2] 赵玉宗等：《创意转向与创意旅游》，《旅游学刊》2010年第3期。

的位置，因为就某种程度而言，其产生的经济效益确实在一段时间内刺激了当地的经济增长。

二 大汶口古镇及古镇文化资源

大汶口镇在地理位置上位于泰山南麓，大汶河北岸，位于山东省政府确立的经济长廊发展带腹地，处于山东省"一山一水一圣人"旅游热线中间。大汶口镇的旅游位置十分优越，北距泰山25公里，南距曲阜45公里，位于泰山和曲阜的必经之路上。同时有104国道、京福高速公路、京沪高速公路和即将兴建的京沪高速铁路贯穿镇区南北。大汶口镇地处中国南方北方分界处，故南北方植物在大汶口镇都可种植，植物驯养是大汶口重要的产业之一。全镇总面积90.47平方公里，辖45个行政村，现总人口为7.4万人。

（一）自然资源

（1）水资源。大汶口镇水资源丰富，境内有6条主要河流，大汶河自东向西穿境而过，在辖区内河岸线长为28.2公里。水文地质条件优越，地下水径流和开采条件较好，富水性强，水质良好，是向泰安供水的主要水源地。

（2）耕地。大汶口位于"自古闻名膏腴地，齐鲁必争汶阳田"的腹地，有7.5万亩优质耕地，该地块以长年稳定高产而著称。

（3）矿产资源。大汶口镇矿产资源也很丰富，有石膏、钾盐、钠盐、硫黄、河砂等，特别是石膏、岩盐、河砂储量丰富，其中石膏储量达300亿吨，品位均在90%左右，居亚洲第一位。

（二）历史沿革

大汶口镇历史古老，早在公元前40世纪至前20世纪，这里已是森林茂密、水草丰盛、生物繁多、气候宜人，成为我们祖先东夷族繁衍生息的部落，并创造了举世文明的大汶口文化。

据史书记载，远古帝王封泰山，多行禅（筑坛祭地）于云云、亭亭二山（云亭山在大汶口驻地3公里）唐玄宗《纪泰山铭》曰："古封泰山，七十二君，或禅亭亭，或禅云云；其迹不见，其名可闻。"据《旧唐书》《管子封禅篇》记载，炎帝等九君曾"封泰山，禅云云"，黄帝曾"封泰山，禅亭亭"。可见，大汶口历史沿革从五千年前开始。《诗经》："汶水汤汤，行人彭彭，鲁道有荡，齐子翱翔……"从《诗经》中可以看到春秋战国时期，这里形成大的居住区，这里有著名的文姜城遗址等。

1984年，人民公社改为大汶口办事处。1985年，恢复大汶口镇至今。

（三）历史文化遗产

大汶口镇历史悠久，古迹众多，拥有2处国家级文物保护单位，1处省级文物保护单位，2处市级文物保护单位以及多处不可移动文物。

表1　　　　　　　　各级文物保护单位一览表

名称	时代	地理位置	级别
大汶口遗址	史前时期	镇驻地	国家级
古石桥	明朝	镇驻地	国家级
山西会馆	明朝	镇驻地	省级
云亭山	三皇五帝时期	马大吴村北	市级
文姜城	春秋战国时期	镇驻地东北	市级
钜平古县城	秦汉时期	大候村南	
皇营遗址	清朝	镇驻地西部	
天主教堂1	近代	东庄	
天主教堂2	近代	双杨店	
汉墓三处	汉代	王家院北、彭徐店东、彭宿变电站南	

（1）大汶口遗址。大汶口文化是从新石器时代早期一直到青铜时代，自成体系的四大文化区之一的黄淮下游海岱地区的东夷文化。大汶口遗址横跨南北两岸，在104国道和京沪铁路之间，占地仅汶河北岸的主面积就达82万平方米。大汶口遗址的发现，在中国文明起源研究中占据着重要地位，在国内外均有很高的知名度。它是大汶口文化最典型最丰富的遗存之一，它较集中地体现了该文化延续两千多年的整个过程，具有十分典型的代表性，对于研究新石器时期的古文化具有重要意义。1982年被国务院颁布为国家重点文物保护单位。

（2）汶河古渡。汶水流域是古代齐鲁两国交界之地。大汶口地处

"五汶"总汇之口,又是南北交通的要道,牟、嬴、石、柴、汶及泮、奈、环水汇于此达于济。于是大汶口形成了泰山八大景观之一的"汶河古渡"。

(3)文姜城。始建于二千五百年之前的古文化遗址。它位于今大汶口镇东侧,古齐鲁孔道——大汶口古渡的西侧,又称"文姜台",高丈余,占地100平方米,相传是春秋时代齐鲁诸侯相会的行宫旧址。

(4)大汶口古石桥。现存石桥北起大汶口西南门,南至宁阳县茶棚村,全桥六十五孔,总长度221.8米。现存石桥是几经重修的遗物。它由简易到坚固,由分段到整体,在数百年中不断改变着面貌。

(5)皇营。皇帝的行宫。大汶口镇境内卫驾庄西二百米处的皇营旧址,是清代康熙皇帝南巡而修建的一座行宫。

(6)山西会馆。大汶口山西会馆,坐落在西南门内路西,是大汶口著名的文化遗迹之一,省级重点保护文物。

其中,大汶口古镇是大汶口镇最显性化的标志。古镇保留了原有的肌理、风貌,同时一直有人居住,形成了历史文脉的延续性。是历史文化最为集中,最有当地特色的所在,也是从视觉和游览角度最有价值的区域,是大汶口的文化地标。

三 大汶口古镇文化品牌战略的发展

以上梳理了大汶口及其古镇的自然风光、文化历史资源,通过整理大家会发现大汶口古镇在我国具有鲜明的代表性,它有一定的资源,但是其资源的丰富生动性远不能和乌镇、大理这样的古镇相比。但是,如果不对这样的古镇进行再开发的话,它们就面临着没落消失的前景。因此,要实现以大汶口为代表的古镇的文化资源开发与产业化发展的最优化,就必须突出文化创意活动的价值,实现古镇文化品牌的战略性发展。目前该古镇与泰安大汶口文化产业投资有限公司达成长期合作关系,致力于打造以农业及耕读文化为基础、生活体验为核心、艺术产业为依托的城乡互动休闲旅游产业园区,使其成为中国经济新常态下的城镇发展试验区和城镇化运营的典范。笔者从古镇再建初期就开始密切关注该项目,现该古镇的建设正处于良性发展阶段,当然其中也面临着不少困难,以下分析的是该古镇开发发展中可借鉴的经验。

（一）保护与开发相协调原则

历史文化遗存是古镇文化延续的标志，是空间特色的灵魂，破坏之后就永远无法恢复了，这不仅对古镇，更是对人类文化延续的遗憾。因此，在开发中首先要将古镇的历史文化资源置于核心位置，竭力保护文物古迹的真实性、完整性和相关的历史环境。

古镇是不断发展的，一个日渐衰落的古镇是无法有效地保护和发展自身的历史文化遗产的；保护也不是简单绝对的保护，它需要不断地投入，只有在保护原则下，在不破坏古镇文化特质的前提下，以长远的战略性发展眼光，将资源的文化价值转化在旅游产品的显性市场价值当中，才能提升古镇经济实力，形成一个充满活力的文化与经济体系，一个合理的可持续发展的模式。

文化是旅游业的核心，古镇能在现代社会的潮流中存在并发展，就在于它具有独特的历史与现代的文化，这也是它能强烈吸引游客的主要原因。在开发中，应对体现古镇历史文化内涵的标志性景观和有代表性的区域进行深入挖掘，确定和凸显能代表古镇历史文化传统的标志性风貌，进行完整保护和再次艺术创造。

在实现古镇文化资源开发及产业化发展的过程中，大汶口古镇将保留其历史风貌，同时将引入现当代建筑大师的艺术创作，让古老的镇域形成有较高价值的新经典作品。

古镇要在保持其特色的前提下，实现整体环境的现代化、舒适化，这是古镇可以吸引目标人群的基本条件。因此，大汶口古镇在开发建设的过程中，最急迫的改变就是使其基础设施能够满足未来居住人群的基本生活需要，改善用水用电情况，改良排水排污方式。不过，值得一提的是，该古镇目前的开发建设基本是遵循着尊重和延续建筑的自然生长秩序，不刻意创造某种时代特征这一宗旨来进行的。具体来说就是，在进行现代化、舒适化的改建过程中，力求保持道路肌理不变，保留古朴石墙、合院式建筑等有特色风貌的院落，尽力保留建筑构件、民俗用品、树木植被等。力求提炼特色，形成相对统一的视觉风貌，突出古镇的历史与特色。除此之外，该项目引入了全国最顶级建筑师，请建筑师在保留原有建筑的精髓的基础上，挑选有特色的建筑进行再设计、再包装，以此形成全国最大的建筑大师作品群，建成示范区域，带来良好的集群效应。现国内外著名建筑设计师李晓东、刘小都、王路、郑可、徐丽业、陈一峰等都已参与到这个项目的设计中来了。

以古建筑的保护及再开发为依托，大汶口地区将形成以大汶口古镇为中心的文化产业园区，引入相关的旅游、休闲、教育、养老、物流、互联网等相关产业；吸引大量各行各业的创作人群，举办各种活动，成为文化汇聚的中心，进而吸引周边、全国乃至全球的游客到此休闲、休息、体验、找寻。

（二）文化资源附加值的深度开发

文化资源尤其是文化遗产本身即带有非常可观的综合价值，而对于文化资源的开发来说，如何使文化资源的价值发挥到最大的限度，或者说如何能利用有限的文化资源创造无限的价值尤其是经济价值有时比开发文化资源自身更具吸引力，也更具挑战性。这时，文化资源所衍生出的附加值的开发为这一活动提供了切实可行的依据。附加值指的是在产品原有的价值基础之上，通过一系列设计、生产所衍生出的新价值，也即附加在产品原有基础价值之上的新价值，或者说是超过产品自身固定价值的额外价值。

该项目组在阅读资料、走访居民与相关专家学者讨论的基础上，将大汶口的文化归纳为耕读文化，我们认为这一文化特征很好地体现了大汶口人的文化自觉。"文化自觉"是我国著名社会学家费孝通先生提出的观点，即"生活在一定文化中的人对其文化有自知之明，明白它的来历、形成过程、所具有的特色和它发展的趋向，不带任何文化回归的意思，不是要复旧，同时也不主张全盘西化或全盘他化。自知之明是为了加强对文化转型的自主能力，取得适应新环境、新时代文化选择的自主地位"[①]。耕读文化的品牌塑造正是基于对和顺侨乡文化的认知、理解上客观的发掘、开发其历史文化价值及附加值并适应现代社会环境需求的举措。为了使耕读文化具象化，更具有操作性，清华大学建筑学教授李晓东为该古镇设计了一座书屋，现该书屋正在修建过程中。

在社会飞速发展的过程中，国人与自己的本土文化传统已经日渐陌生和隔膜。在这样的情况下，以本土文化自觉为先导的文化觉醒和再认识变

---

① 费孝通：《反思·对话·文化自觉》，《北京大学学报》（哲学社会科学版）1997年3月。

得尤为重要。没有这样一个过程,中国的文化创意产业难以摆脱"文化匮乏"的当下窘境,拿不出足以和国际文化精品相比肩、相抗衡的国字号产品。文化自觉和文化研究的缺乏,已经成为制约文化创意产业发展的一大瓶颈,如果我们无从突破这一瓶颈,丰富的文化资源就无从转化为文化资本。

耕读文化的树立,体现出的是大汶口人的文化自信。这份自信源于对自身文化的理解,源于对自身文化所处的时代环境及曾经所经历的历史环境的认识。"耕读文化"的塑造既是大汶口古镇整体形象的塑造,也是大汶口作为一个文化、经济主体走向市场的一个重要组成部分,它所呈现出的"文化自觉""文化自信"不仅是时代的需求,更是大汶口及其古镇文化创意产业规模化、集约化发展的有力保障。

(三)达成区域化发展优势

区域文化产业在国家文化产业发展过程中扮演着举足轻重的角色。"区域"是一个普遍的概念,不同的学科有着不同的定义,本文援引陈少峰对于区域的界定,即区域可以大到省、市、自治区,小到村镇,是一个个产业链或小型集聚形态。[1] 区域文化产业的发展是经济全球化以及新的国际分工形成的必然要求,数量扩张、结构转换和产业升级是区域文化产业发展的三个主要方向,积极发展区域文化产业的目的在于:促使区域文化产业与文化企业的趋集中化运动,实现文化生产力的集约化发展;促进区域文化产业和文化企业的合理分散,实现文化空间经济的均衡发展。[2] 实现区域化发展,有着极为重要的意义:从经济上看,有助于不同功能区间的分工和协作,实现对各种旅游文化资源的优化配置与有效利用,形成三地旅游文化产业的综合竞争力和核心竞争力;从文化上看,有利于形成对于各种旅游文化资源的吸纳能力和辐射能力,提高创新能力,更好地实现文化的整体特色传播。

前文已提过,大汶口镇在地理位置上位于泰山南麓,大汶河北岸,处于山东省"一山一水一圣人"旅游热线中间。北距泰山 25 公里,南距曲阜 45 公里,位于泰山和曲阜的必经之路上。因此借助已经较为成熟的泰

---

[1] 陈少峰:《区域文化战略与文化产业模式创新》,《特区实践与理论》2006 年第 3 期。
[2] 胡惠林:《关于区域文化产业战略与空间布局》,《山东社会科学》2006 年第 2 期。

山、曲阜旅游业，实现区域文化产业的发展是大汶口发展的便利所在。

写过《一个人的村庄》的著名作家刘亮程老师的一段话使我特别的感动。中国已经不存在乡村了，现在中国大地只有农村。乡村社会是古人建立起来的一种文化存在，是我们古人通过诗经、山水画、唐诗宋词构建出来的人文居所。改革开放三十多年来，加上新农村建设，乡村早已不复存在了。农村只是一个产粮食的地方，养牲畜的地方，我们有不好的东西可以往那倾倒的地方。即便是这样的地方，它仍然在自然中在某个角落、某户人家、某个不为我们所知的山沟里保留着类似于乡村的地方，在村民的心中，遗存着祖先对山水、对今生来世完整的理念和情怀，这些都需要我们去寻找。

所以，我们积极地投入大汶口古镇开发的观察和传播的行动中去，试图为我国古镇文化资源开发与产业化发展发现一个可行性样本。让我们以此来发现更多的刘亮程老师所言的中国乡村社会。

（郭嘉：首都师范大学创意产业与传媒文化研究中心副主任、文学院文化产业系讲师）

农业文明发展出路的探索者

——专访大汶口古镇项目负责人赵宗琦

李 倩　张思莹　王芮琪

"中国要展示给世界的文化名片究竟是什么？我认为是农业文明。"对中国乡村有着浓厚感情和深度思考的赵宗琦先生如是说。作为一个经验丰富的房地产从业者，赵宗琦组织实施了众多的大型改造项目，如北京前门东区、河北涿州古街，等等。而如今，当大多数人的目光还集中于城市的开发与改造上时，赵宗琦却开始着眼于中国的乡村建设与革新。在他看来，中国的乡村文化有着历史的深厚积淀，具有独特的地域文化，可以说是中华文明的精华所在。然而，中国农村在现阶段的发展当中，与城市相比，在价值观念和基础设施等方面相对落后，并且与城市之间的关系也较为疏远，同样身处城市当中的人们对于中国农村的现状所知也是寥寥。

在万千村落中，赵宗琦团队选择了文化浓厚、历史悠久的大汶口。大汶口，位于山东省泰安市，泰山以南，曲阜以北，因大汶口遗址而闻名；更有明朝隆庆年间修建，连接汶河两岸的明石桥；曾经接待过往商贾的山西会馆；旧日货运繁华的汶河古渡等众多历史文化古迹；最重要的是这里有一大片历史上久负盛名、"齐鲁必争"的汶阳田……

为什么要做一个汶口这样的项目？汶口项目最初的想法是什么？汶口古镇的复兴对农业文明的发展有何启示？……2015 年 11 月 3 日下午，我们有幸采访到了山东大汶口开发项目总负责人赵宗琦先生。

问：您如何决定要做汶口古镇这样的项目？出发点是什么？

答：作为一个内陆型国家，我国的市场除了工业化出口，其余的并没有被打开。现在需要一个新的出口来展示和发展自己，而中国的农业发展恰好就是我们寻求的一个出口。国家倡导积极发展内需，内需的拉动必须考虑有消费能力的人群。而城市人群承载了很大一部分的购买力，农村是薄弱点，如果城市和农村能够形成一种新的互动，就可以带动农村的发展。全球视野来看，西方国家走工业型发展道路是有先决条件的，他们注重效率，而且已经占有了先机，如果我们再走这样一条道路只能复制而很难创新，没有创新就凸显不了中国特色。

那中国作为一个农业型国家，它未来发展的力量在哪里？中国自古重农，满足国家食物需求的是这些农民，而到了现代社会，农村的发展步伐缓慢。工业化发展道路走不出特色，发展农村成为一个新的选择。套用一句流行语：是机会也是挑战。经过无数次的修改和更正，才最终确定了我们的定位。

我们作为内陆型国家不需要大的跨空间的交换，自给自足的文化和模式使我们必须走一条和西方不同的道路。农业型国家交换少，不需要工业文明那种极其分明的分工。不同于西方乡村，我国的农村有自己独特的风俗——各家的特色不一样，不是一个模子里刻出来的，是松散的，没有西方高效率、高标准的纪律，但是自给自足。所以在工业文明要求极其标准的情况下，这种方式是无法在农村实施的。工业标准化的发展，虽然效率高但是没办法凸显有特色的中国文化。我们要探讨一条道路来发展自己并展示给世界。总之，奇迹无法复制，让农村发展起来才是我们目前考虑的。

一些调研结果显示，目前中国农村的发展面临一些问题，有问题就要解决。探讨怎么让农村繁荣起来，怎样能让有一定历史背景的农村在没有被工业文明完全覆盖的情况下，保持一种自然的生态状态。只有从农村文化着手。

现在主要消费人群是城市居民，他们希望能在快节奏的生活中回归自然。要做一个项目使农村和城市形成一种新的联系，让城市人到农村去，用创新来拉动农村的发展。

问：您对汶口古镇的定位是什么？

答：我们的定位主要有三点。第一，我们的定位立足于市场需求和国家政策。目前，已经发展起来的城市人口对于休闲、度假、实现个人情怀等各方面有着较大的需求，同时，政府大力支持农村发展，这样一来，市场和政策形成了完美碰撞。所以我们就在想：城里人需要什么，农村人有什么，国家鼓励什么，我们的民族需要展示什么？我们努力寻求中国文化的核心和代表，然后用一种务实的方法将它诠释出来展示给世界看。

第二，以汶口物质资源为依托，即汶阳田和古镇，将大汶口文化特色展现给世人。文化是一个相对抽象的概念，大汶口的文化到底是什么？需要把它具象化。经过三个多月的调研，我们最终发现了汶阳田是汶口文化的内核。汶阳田的收成一直非常好，这也是"齐鲁必争汶阳田"的原因。另外，为什么其他农遗地历史都是断断续续的，而大汶口文明延续了下来？水很重要。中国人自古以来就很看重水文化。多年来，生活区域随着河流的变化而变化，河道变幻莫测，所以汶阳田的保留实属不易，应该和千年流淌的大汶河有很大的关系。除了较为完整的汶口古镇，这块区域还有齐鲁交界线，是非常好的一个地区标志，也是这里文化的一个表象。总的来看，民风、建筑、生活这些都是文化的载体。汶口拥有丰富的物质资源，利用这些把农耕文明用现代方式表现出来，被大家所接受。

第三，为保护历史文化，延续农业文明。当务之急是把中国文化核心用一个相对务实的方式诠释出来，我们选择了农村。而经过一段时间的调查，汶阳田恰好契合了这一点的基础要求。这里有着6000多年的历史沉淀，中国的孔孟文化对其有着深厚的影响，使得它几千年来都稳步发展。直到抗日战争时期，这里才走向衰败。我们能做的就是尽自己的努力，让这里重新繁荣起来。这里保存的是一段没有断点的文化，它见证着我国历史上农业的发展历程，如果能把这些体现出来，汶口将会是中国展示给世界的很好的一张名片。这个地方有文化的诠释，会吸引更多的目光，活力是它复兴的一个关键因素。以农村平实的素材为基础，这种原始素材越丰富越好，将创意和手工业结合，形成一种有组织的合作，达到了将现代血液与农村融合的目的。汶阳田这个项目的初衷是保护，在保留其自然生态和历史文化的原则下进行开发，使农业文明在保留其特色和传统的前提下接受新鲜血液和文化交融，以现代方式进行延续。并且能够彰显农业文化，被人们所接受。

问：您认为汶口古镇和乌镇、丽江这些国内知名古镇有何区别？

答：一定是有不同的。中国古镇大概有这么几个层次，第一个层次是以广州沿海为主的古镇，在我们改革开放时期就已经开发得差不多了，它是以工业为主的古镇，工业产品非常丰富。第二个层次是乌镇、丽江一类，现在做了大量的旅游开发，商业味太浓，文化味不足。而我们想把它倒过来，把文化味做足。我们想展示给世人的是文化的一种状态，而不是商业的某种形态。什么意思呢？咖啡厅、酒吧确实要有，但更多的是要挖掘乡村本源生活的体味和体验。目前丽江等古镇已经被外来人所替代，当地人很少，文化的表现形式很匮乏，古镇里充斥着小商品批发市场的东西，这就是工业文明批量复制的典型表现，我认为中国不应该走这样的道路，农业文明才是我们的王牌。

问：在商业化的冲击下，您觉得该如何保持农村的特色呢？汶口古镇的文化怎样才能被保护和挖掘呢？

答：一个人要进入社会，要具备两点，一个是有自己的特点，另一个是可以与社会兼容。汶口古镇也是一样，它要有自己的特点，但也不能单纯追求标新立异，那与社会发展就脱节了。就像一个移动硬盘，它有可以兼容的插口，但里面的内容肯定各有不同。那么汶口古镇的内容是什么呢？我需要对当地文化进行深入挖掘，把它组织起来，嵌入我的产品当中。

第一，物质上，我要用现代的东西把它进行包装，并延续它的表现形式。第二，我要把这个地方的人给组织起来，提炼他们的生活经历，然后嵌入管理过程中。比如做馒头的，做面条的，就让他们继续做，不需要标准化。但这其间一定要有咖啡馆，一定要有酒吧，因为你一定要考虑市场的需求，但是它的文化走向是不变的。实际上，市场有时候和写作是一样的，写着写着往往就是整个情节自己在发展，同你最初期望的都不同。我们现在就是设定了一个框架，给定了一个我们在目前这个阶段希望发展的状态是什么样子的，像种籽一样，种在这里。假设以后有一部分核心区已经很商业化了，农民为了留住客人，在这个地区周边一定会出现更安静的、小门小户的有农家气氛的地方，实际上这个层次自然就分出来了。文化内容是自然选择的过程，社会的发展也是自然磨合的过程。如果只是硬性规划，就容易出问题，我们要遵循的是内在规律，减少外在设定。

另外，我们也利用了适当的管理体制。中国人喜欢扎堆，看到哪个赚钱就蜂拥而上。那么这些蜂拥而来的商家哪个能进，哪个不能进？我们不要一言堂，不是一个人说能进就能进，而是要建立专业委员会，这个专业委员会有各方面的人士参加，比如当地的政府人员、景观专家、运营专家、环保顾问、商户代表等。这些人在一起讨论就可以提高决策的科学性。当然，针对不同的情况也会有不同的规则，规则的设定一定比事情本身要难得多。

问：汶口古镇的开发主要的创新点在哪里？

答：我们从一开始就想做不一样的东西。与乌镇和丽江不一样，与大城市不一样，那要做什么呢？所以我只能在立足于市场需求、保护古镇特色的前提下，挖空心思创新。

首先，在外观呈现上，我们遴选了23位建筑师进行古镇外观改造和新建。建筑师是怎么选出来的呢？当时我们思考了很久，谁能承担这样的工作。我们认为要具备这几个要素：第一，他的文化修养要够，而且要有传承历史的理念；第二，他要有国际视野，眼界开阔；第三，他还要有内心深处的追求。我希望建筑师们可以充分展示他们的内在理想，形成一定的组织形式，共同的愿景，共同的追求，谁有这样的想法谁就可以加入。于是我就在我所知道的建筑师当中寻找与我志同道合、有共同追求的人。随后就有许多建筑师表示有这样的想法。经过一系列的判断后，最终形成了以清华1979级建筑系设计师为核心的团队。他们大多在国内做出了许多优秀的设计，并且有一部分曾经在国外发表过。更重要的是他们对中国文化的理解已经进入了沉淀的阶段，没有年轻的激进、浮躁，而是经过时间的和经验的累积，对中国文化有了自己的判断，知道中国文化的核心是本土的、特色的，而非现代的，并且给予汶口的是符合本土化、特色化的定位。所以我便以他们为班底来选择我的建筑师。其次，在文化层面上，我们委托了泰山学院走访古镇居民，完成了汶口古镇口述史，把人的故事延续下来。此外，我们首创了产权问题的解决新方式。通过"人搬走，房留下，变产权"，我们解决了房是属于谁的问题，而我们又通过把原住民请回来参与到古镇经营当中，解决了文化延续的问题。这样的搬迁与回迁，重塑了农民缺少的契约精神，也为高效统一的管理奠定基础。最后，我们还有一个重要任务就是大量挖掘民间手工业者。农村自然的生活场景中其实蕴含着丰富的文化创意。文化创意，是智力和手结合的一种东西。所以我们大量发掘农村手艺人，与艺术家、设计师的创意进行对接。把农民粗糙的，但是又自然的东西进行一个提升，变成艺术品。我们现在找了铁匠、木匠、石匠等，也许将来他们做的就不是那些风箱、板凳，而是通过混搭的方式，在功能和美学上突破。如有的村民会用稻草、芦苇编织蓑衣，编得特别好，但是性能上有问题，抗拉性不好。我们就可以给它加上一些现代的材料，这样抗拉性可以增加十倍，编织的种类和造型变化的余地就很大了，经过设计师的设计，手工业者会有各种各样的选择。在农业文明的背景下，我们不需要批量生产，农民之间的相互模仿就会形成规模。在生产阶段上，对农民不能做标准化、工业化的要求，这样是行不通的。农村是自然形成的文化气象，散、乱，自成体系，而企业需要做的就是收集农民的作品，把销售渠道做通，统一包装、销售。总的来说，就是把农村的特点全面挖掘出来。

问：农民在这当中的收益如何？

答：农民现在的收入来源主要有两个，一个是种地，另一个是打工，没有其他来源。在农闲的时候，农民可以做手工艺品，入住、经营我们改造后的民居，收入来源增加很多。总的来说，就是我们把他们的生活状态转化成了文化产品，并力求每家都不同，生活场景不同、味道不同、感觉不同，这个做起来就丰富了，收益是无限的。

问：您在汶口古镇的开发中，遇到的重点和难点是什么？

答：重点其实就是要把文化怎样阐释出来，怎样去表达，而难点其实也是在这里，怎样让人们都能够体会到中国的文化。关于这个我认为有两点。第一是物质的延续，比如建筑本体、道路、村庄、河道的延续。第二是历史的延续，而非完全现代的东西。这也正是为什么我请了23位建筑师，为什么要把村落的原始院子留下来，为什么对这里的房屋不进行拆迁的原因。因为我的核心就是保留，而这也是我开发的基础。

问：那保留的比例是多少呢？

答：我认为是百分之百的保留，然后在此基础上进行更新。因为现阶段我让村民们暂时都搬迁出去，我们的目的是首先要把物质形态先保留下来，包括树木、房屋的碗罐、家具等。其次，我们会让建筑设计师来决定房屋的哪一部分需要修复，并逐一进行判断。所以我需要寻找这样的团队，一个有真知灼见的、有充分文化修养、文化沉淀的团队。

问：除了古镇物质的延续，在项目进行中还有其他的难处吗？

答：我们刚刚说了第一点，古镇物质的延续，在此基础上进行必要的提升，因为毕竟是现代化，所以在内容上要有一些新的东西，但是核心的本土文化不能变。第二点则更注重于文化上，因为物质和文化要兼具。首先，我先帮助村民梳理当地的文化特点，所以我们委托泰山学院到汶口去进行走访，把每一个人家的故事记录并且延续下来。然而我现在面临的一个问题，就是把人搬走之后院落就空了，作为当地文化载体之一的村民缺失了。所以针对这个问题，我采取的办法就是虽然让农民搬走，但是最后还会让他们再回来。但是农民回来的前提是经过现代的培训，培训之后他们就可以提供给消费者经过组织和提炼的文化记忆。所以当消费者进入这个村子的时候，消费的就是带有农家特色的各种物品、文化。比如我们的服务与酒店是不一样的，大汶口村庄是一种合院式的建筑群，所以同酒店的标准间是很不一样的，服务也有自己的特点，是一种很人性化的、有温度的服务。住在合院的客人会与合院服务的农民产生一种感情，一种血缘文明。

问：汶口的住宿服务和农家院有何区别？

答：农家院一般是农民私人的产品，随意性比较大，参差不齐。而我们的汶口住宿服务与农家院的区别之一是整个村庄是一个受管理的系统；而且外部景观、内在居住空间都是由专业的设计师打造，能很好地对接城市消费者的居住需求。另外，卫生、安全等基础设施也会比较完备。

问：那么请农民回来住是一种怎样的运营方式？他们是租这个房子吗？

答：不是的，他们是我的员工。他们可以自己选择是否住在这里，而我则会在他们接待客户之前进行培训，让农民的朴实和贴心能够在服务当中体现出来。农民的服务有一个特点就是能够让游客感受到温暖，就像在跟游客们共同生活一样，完全无缝地对接到人们的生活当中，这也是中国文化的一种表现。而且对于村民来说，他们是自愿选择这份工作，我们也选择志同道合的村民，并不强求。

问：但是照您所说，农民的家已经不在古镇里，只是作为员工的话对待客人会不会有不一样的感觉？

答：有可能。所以需要去人为地挑选，寻找有意愿做这件事情的村民。这也正是需要挖掘、筛选、培训、组织的原因所在。因为一定有那些愿意做这件事情的人。人是文化的代表和延续,在这个地方做项目的要点之一就是人文,让这个地方的人能够和消费者互动起来,将文化延续下去。所以人是很重要的。

问:您认为中国的农业发展应该走一条怎样的道路?

答:要做人,做文化。让我们中国的农业文化能够展示出中国特色来。因为我们中国人的气象就是淳朴的、自然的、厚德载物的。我们要将这种精神状态体现出来,并且在各个阶段显示出天人合一的理念,作出一种血缘的联系。而且要将农村与城市进行连接,不是局限于本地化。所以我们要让农民走出来,也就是让农业文化走出来,才能在现有的社会当中发挥出更大的价值。况且我国的农业文化不应该走西方的工业化道路,也就是所谓的量产,我们应该回避那种状态。中国的农村发展不起来的一个重要原因就是农民的文化自信,他们对自己所做事情的反应是很矛盾的。改革开放以后,工业发展带动城市物质文明的极大发展,而农村农民的生存状态没有得到明显的改善,正是这个打压了农民的文化自信。而我们所要做的其中之一就是要恢复农民的文化自信。

对于农业文化遗产来讲,需要外来文化的带动。乡村一代代培养出来上学的孩子很少有再回到农村发展的,所以对于农村来讲文化是分层的,中国的精英阶层不在农村。这就需要引导人才的回归,而回归就需要外来文化的引入,需要注入新鲜的血液带动当地的本土文化来培育这个地区,让它慢慢地恢复文化自信,能够被社会所认可。让人高兴的是,现在很多学者开始注意这些问题,无论是志愿者,还是外来者,都开始进入这个地区,给农村一个种子,一个新发展气象,来引领他们的发展。就像我们所做的这个项目,如果到后期能够让消费者到这个村落当中,不仅是消费,而且是对这个土地产生一些眷恋,并为这个土地做出一些贡献,那么农村便会焕发新的生机。其实农民是很有创造性,很聪明的,只是没有一种这样的机会。乡村有很多好的东西,但是需要人去挖掘、宣传和引领。

两个多小时的采访接近尾声,但我们知道,这些只是大汶口项目当中的冰山一角。曾经辉煌无限的大汶口,就像一个被遗忘许久的世纪老人,静静地等待着后辈们的醒悟、发现。而中国农业文明的复兴，或许不久之后，就将从这里开始。

（李倩、张思莹、王芮琪：首都师范大学文学院文化产业系学生）

文化、生态、农业现代化对提升旅游产业人口就业水平的协同作用研究

沈 虹 张德培

摘要： 本文通过使用 Stata 数据回归分析法、SWOT 分析法，尝试从定量与定性两个角度分析文化、生态、农业现代化对以农耕文化为导向的旅游产业在提供就业岗位与就业机会层面上具有的协同作用，研究发现，文化、生态、农业现代化三者对旅游产业增加就业具有协同作用且三者彼此促进，其中农业现代化对文化与生态的可持续性具有重要意义。

关键词： 文化旅游产业 生态旅游 农业现代化 就业

旅游产业是当今世界经济中既具有综合性又具有相对独立性的产业，一方面属于劳动密集型的服务性产业，另一方面属于产业关联度很高的产业，旅游产业的发展可以带动餐饮业、旅馆业、交通运输业、农业、制造业、娱乐业、环保业等诸多行业的发展，旅游产业的发展在为地区提供就业岗位和就业机会问题上具有重要推动作用。

1971 年联合国旅游大会最早定义"旅游业是指为满足国际国内旅游者消费，提供各种产品和服务的工商企业的总和"，这是从旅游业的消费性即旅游者消费物质产品和服务的角度定义的。发展旅游业一方面可以满足游客旅游消费需求，另一方面是从旅游资源提供者角度出发，即通过发展旅游产业改善旅游地的经济结构，提供更多就业机会，从而进一步增加税收，改进民生，进而优化既有旅游产业，形成经济增长的良性循环，本文着重文化产业旅游、生态旅游、农业现代化三个角度，尝试论述这三者对增加旅游产业就业岗位与就业机会及其可持续性的协同作用。

文化旅游产业与生态旅游是国内学界研究较为集中的方向，取得了一定理论成果，也被实践多次证明，旅游文化产业角度有诸多成功实例，比如云南省大理白族自治州的大理古镇双廊、喜洲，浙江省的西塘与乌镇，

北京市的故宫博物院，湖北武汉市的黄鹤楼景区等，这些蜚声中外的旅游景点是原有文化对旅游产业有效推动的成功实例。生态旅游相比于文化产业旅游更强调对旅游地的生态保护责任，我国的生态旅游是主要依托于自然保护区、森林公园、风景名胜区等发展起来的。自1982年中国第一个国家级森林公园——张家界国家森林公园建立后，又陆续建立起如鄱阳湖国家湿地公园、九寨沟、黄龙、峨眉山等著名生态旅游地，据2001年对全国100个省级以上自然保护区的调查结果显示，已有82个保护区正式开办旅游，年旅游人次在10万人以上的保护区已达12个，而农业现代化对于旅游产业的推动作用相对较少被学界关注，本文尝试将农业现代化作为影响旅游产业就业的变量分析对以农耕文化及农耕生态为导向的旅游产业中就业问题的影响。

中共中央总书记、国家主席、中央军委主席习近平于2015年5月指出，同步推进新型工业化、信息化、城镇化、农业现代化，薄弱环节是农业现代化。要着眼于加快农业现代化步伐，在稳定粮食和重要农产品产量、保障国家粮食安全和重要农产品有效供给的同时，加快转变农业发展方式，加快农业技术创新步伐，走出一条集约、高效、安全、持续的现代农业发展道路。[①] 农业现代化对稳定和发展民生具有重要意义，王林等基于内生增长理论构建计量模型，对长江三角洲地区文化产业作用于经济增长的机制进行分析，结果显示人力资本存量、资金流入规模等因素将影响文化产业的增长效应。[②] 本文将农业现代化作为影响旅游产业就业的因素，试论述文化产业旅游、生态旅游、农业现代化对以农耕文化为导向的旅游产业中就业增长的协同作用。

我国很多地区出现务农人数大量减少的现象，由于务农收入过低或不足以维持家庭生计等因素，很多务农人口放弃务农进入城市寻找就业机会，这一举动也催生了农民工这一词汇的出现，而我国农民工人数正呈现扩大趋势。

[①] 人民网，2015年5月29日，http://finance.people.com.cn/n/2015/0529/c1004-27075049.html。

[②] 王林、顾江：《文化产业发展与区域经济增长》，《中南财经政法大学学报》2009年第2期。

表1　中华人民共和国国家统计局2014年全国农民工监测调查报告　　　单位：人

	2010年	2011年	2012年	2013年	2014年
农民工总量	24223	25278	26261	26894	27395
1. 外出农民工	15335	15863	16336	16610	16821
（1）住户中外出农民工	12264	12584	12961	13085	13243
（2）举家外出农民工	3071	3279	3375	3525	3578
2. 本地农民工	8888	9415	9925	10284	10574

通过报告中统计数据分析得出，近5年，我国外出农民工总量整体上呈现出增加趋势，而举家外出农民工数量同样呈现出增加趋势，占据外出农民工总人口数的四分之一上下，即有约四分之一的农民工举家外出打工，这一数字反映出原有务农地区人口流失及以性别划分的人口结构的失衡。农民工外出打工的核心吸引力在于收入差距，而落后的农业生产效率和农产品生产销售模式导致务农的低收入，农业现代化将在一定程度上有效解决这一问题，外出农民工返乡可以调整人口构成的失衡，而这一现象对于保留地域传统文化具有重要的促进作用，对于地域生态环境的维护也具有积极作用。

以山东省泰安市大汶口镇为例，作为具有6000年历史的大汶口文化的发源地——大汶口镇面临严峻的人口流失问题，人口流失的核心原因在于经济水平的落后。另一重要原因也与务农人员大量外出寻找工作机会有关，自春秋时期起，汶阳田便是全国领先的农耕地域，自古便有"先失楚弓，旋归赵璧，汶阳田反，合浦珠还""自古文明膏腴地、齐鲁必争汶阳田"之说，汶阳田虽高产但却同样无法避免务农人数的减少，对于这样一处农耕文化重镇，居住人口的流失与人口结构的失衡将无可避免地对文化的保护与发展带来负面影响，而事实上大汶口镇的居民中居住的多是老年人与妇孺，且居住人口数目已经大大减少，人口流失与人口结构失衡较为严重，昔日的繁华古镇如今用萧条形容却不为过。

对于以大汶口镇为代表的一类既具有独特文化底蕴，又拥有大规模的农业耕地，却面临人口流失与人口结构失衡的地域，若开展文化、生态旅游业，在文化旅游层面具有显著优势，在生态旅游角度同样具有吸引力，但居住人口的流失与人口结构的失衡却对旅游业的顺利开展与可持续性提出挑战。

推进农业现代化一方面可以减少人口流失并吸引外出务工人员返乡，另一方面对于农耕文化及农耕生态的保护具有积极影响。

此处仍以大汶口镇为例，具体阐述。依托大汶口文化，大汶口镇具有历史悠久的农耕文化、农业艺术，而古镇本身的风貌包括街道布局、以石头为特色的建筑用料也具有特色的文化内涵，而依托于汶阳田，地处大汶河旁的古镇也显露出独特的生态资源，文化与生态优势为旅游产业的兴起奠定了良好基础，但农业现代化不足的现状却可能威胁到旅游产业的可持续性，农业生态对于大汶口镇的旅游产业具有重要作用，旅游文化与生态环境源于悠久且出色的农耕历史，务农人口的减少势必冲击到文化与生态之根，而务农人口的流失也会导致人口减少和人口结构失衡两种现象，人口减少与人口结构失衡又会继续对当地文化的维护与发展产生反作用，旅游产业的商业化属性加速同化当地文化，使旅游产业可持续性面临现实挑战。

对于这类农耕文化深厚且农耕生态良好的地域，开展文化旅游、生态旅游的同时，实现农业现代化对旅游产业具有重要意义，即这类地区的农业现代化对该地区旅游产业具有促进和可持续的重要意义，具体到经济层面即是对当地税收乃至经济结构层面的产业融合有推动作用，旅游业开展所带来的产业结构变动和税收增长有赖于本地文化与生态的保护，而当地居住人口是文化与生态的重要承接者和维护者，外出农民工返乡对于这类地区的作用不局限于农业和人口结构调整，而农业现代化的进程是外出农民工返乡的重要推动力。如图1所示。

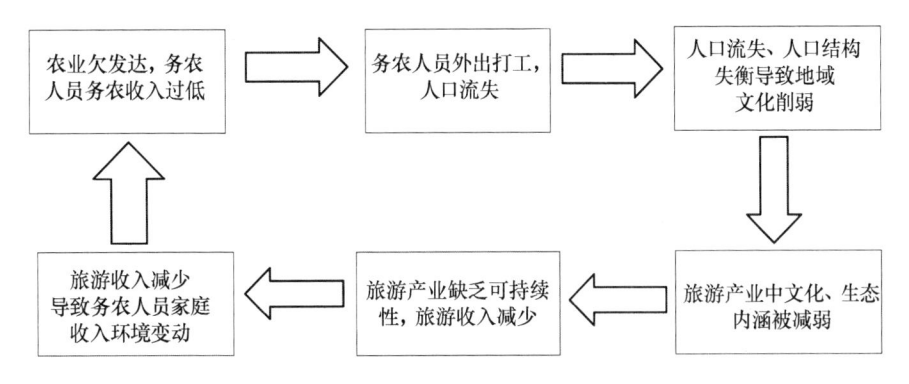

图1 务农人口流失导致旅游产业可持续性下降模式循环图例

由于数据所限,考虑到我国为农业大国,农业生态环境对各地区生态环境即农业生态环境对各地区旅游产业收入均有不同程度的影响,本文通过采样,我国 2010—2014 年农民工总量增速与国内旅游总花费 5 组数据,使用 Stata 数据分析软件进行回归分析得出正相关系数 0.46,具体表述为农民工人数增速每减少 1%,国内旅游总花费增加 4597.799 亿元。意味着,农民工人数的相对减少与我国旅游收入具有正相关性。

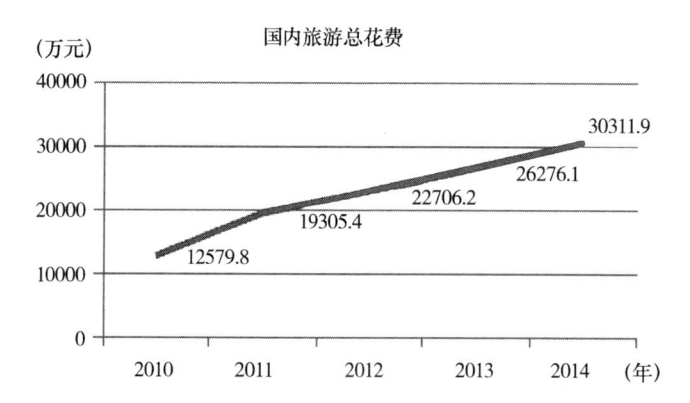

图 2 　中华人民共和国国家统计局中国统计年鉴 2014

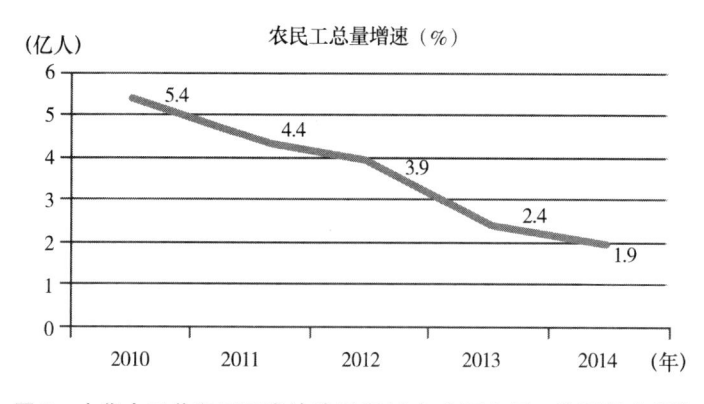

图 3 　中华人民共和国国家统计局 2014 年全国农民工监测调查报告

利用 SWOT 分析法具体分析推进农业现代化对该类地区旅游产业的影响,此 SWOT 分析针对以农耕文化为依托的古镇开展旅游产业。S 即 Strengths 是优势,W 即 Weaknesses 是劣势,O 即 Opportunities 是机会,T 即 Threats 是威胁。

仍以大汶口古镇为分析对象,大汶口古镇开展旅游业 Strengths 包括深厚的农耕文化历史，具有文化底蕴的古镇风貌和优越的生态环境；Weaknesses 主要体现为相对落后的经济发展水平和较为严重的人口流失与人口结构失衡；Opportunities 包含开展旅游业带来的就业机会、经济水平的增长和居民生活水平的提升；Threats 包含人口流失与人口结构失衡导致的文化削弱与停滞，即旅游产业中商业化对原有优势文化的潜在同质化威胁。

SO 是优势与机会组合战略，目的在于得到最大发展，大汶口古镇依托 6000 年农耕文化具有深厚的文化底蕴，为文化旅游提供了坚厚的基础，而处于国家级农业产区的汶阳田和大汶河之间的地理位置显示出优越的生态环境特征，这也为开展生态旅游提供了有力的保障，兼有政府支持的大汶口镇将文化与生态结合创造旅游产业具有广阔前景，与此同时，旅游产业的发展必将带来更多的就业岗位与就业机会，就业模式的转变会导致经济成分构成的变化，第三产业的蓬勃兴起不仅可以改善居民生活质量与经济状况，同时也会为当地政府财政提供一定数量的税收增长，税收的增长将进一步带来民生的发展，形成经济增长的良性循环。

需要指出的是，就业机会的增加与经济水平的提升必然会导致人口回流现象的发生，这里的人口回流和前文论述的通过发展农业现代化带来的农民工返乡不是一个概念，其所指人群有少量交集而不重合，发展农业现代化可以对大汶口镇的传统文化与生态环境的保存和发展起到重要的支撑作用，即原务农人员回乡继续从事农业生产活动，但是在农业现代化基础上进行的新的农业生产活动，其特点是高效率与高回报。前文所述交集指一部分返乡农民工进入旅游产业从事商品交换活动，其本质仍是从事农业生产活动。

WO 是机会与劣势组合，是利用机会而回避弱点采取的战略，大汶口镇面临旅游产业的投资与发展，对于本地区的就业水平和经济发展水平会有积极地提升作用，对于地区经济模式转型乃至产业融合发展也具有正面的推动作用，大汶口镇的劣势集中于经济水平的落后，旅游产业的发展需要招商引资或是有投资方出现，WO 组合中机会可以弥补劣势，应尽可能发展接纳机会，以弥补劣势。

ST 战略是威胁优势组合，大汶口镇的威胁集中于发展旅游产业，商业化冲击背景下原有文化和生态的同化和改变以及潜在的人口流失问题，这一点也是本文的着重点，尝试论述的解决办法是通过农业现代化的发展提升务农人员的收入，改善农耕劳动的生产效率和交换效率，吸引外出务工的原务农人员返乡，通过恢复原有人员构成来维护和发展地域文化和生态环境，旅游产业的发展会提供新的就业岗位与就业机会，可以提升该地区经济状况，并带来地域品牌效应，这也为农业现代化发展提供了有力支持，地域品牌效应对于农产品的市场交换效率有较为显著的推动作用，进而反作用于农业，形成良性循环。

WT是威胁劣势组合，大汶口古镇具有经济水平落后的劣势，面临文化与生态被同质化和破坏的威胁，应在避免文化与生态被破坏的基础上发展经济。开展旅游产业可以增加就业与税收，改善当地经济状况，作为历史上延绵至今的农业重镇，推进农业现代化可以有效维护当地文化与生态环境，使旅游产业健康发展，对于当地就业与税收的稳定增长具有重要意义。

表2　　　　　　　　古镇发展旅游产业的SWOT分析

内部能力＼外部因素	优势（S）深厚的农耕文化历史，具有文化底蕴的古镇风貌和优越的生态环境	劣势（W）相对落后的经济发展水平和较为严重的人口流失与人口结构失衡
机会（O）开展旅游业带来的就业机会、经济水平的增长和居民生活水平的提升	SO 依托大汶口古镇深厚文化底蕴，发挥农耕生态环境的独特优势，发展文化旅游产业和生态旅游产业	WO 利用招商引资和投资发展文化、生态旅游产业，增加就业及税收同时发展农业现代化
风险（T）人口流失与人口结构失衡导致的文化削弱与停滞即旅游产业中商业化对原有优势文化的潜在同质化威胁	ST 推进农业现代化进程，出台优惠政策，吸引外出务农人员返乡平衡人口结构，维护和发展当地农耕文化及生态	WT 发展文化旅游和生态旅游产业，增加就业及税收同时发展农业现代化平衡人口结构以维护文化及生态的可持续性

通过使用SWOT分析法可以得出推进农业现代化进程对解决旅游产业发展所面临的威胁具有重要意义，即对于旅游地的就业稳定增长的可持续性具有正面的促进作用。就业率增加与经济发展水平高低、产业结构比例合理程度有着十分密切的联系，总体来说，地区经济发展水平越高，就业率提升也较快，当人均收入达到一定的水平之后，文化产业增加值和就业率往往呈加速发展的趋势。[1]

---

[1] 李娟：《三次产业发展对就业拉动的动态分析——基于时变参数模型和广义脉冲响应函数》，《商业时代》2010年第36期。

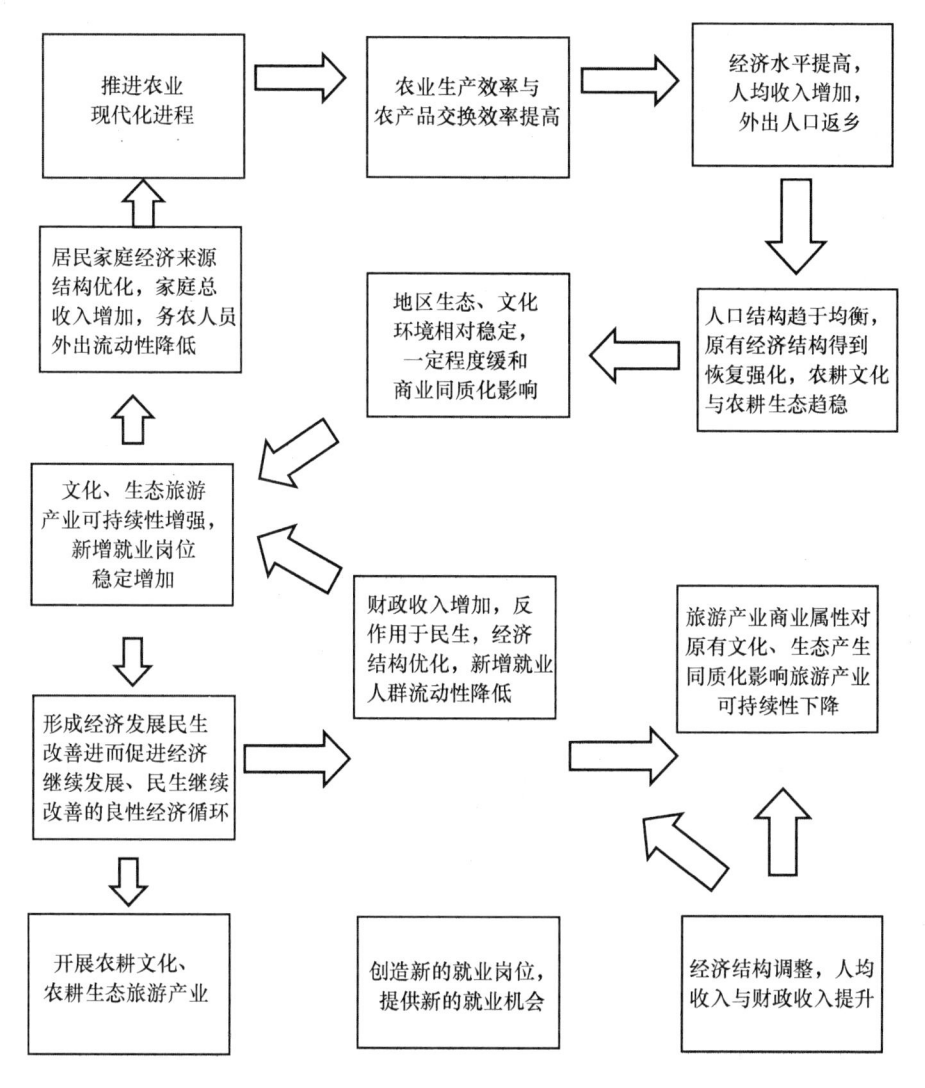

图4 文化、生态、农业现代化对农耕旅游产业就业与民生的良性经济循环图例

推进农业现代化与生态旅游相互促进，农业现代化的发展可以提升生态环境质量，对生态旅游有促进作用，而生态旅游产业的发展也对农业环境提出新的要求，对农业现代化的推进具有激励作用，农耕文化潜在包含农业生态与农业发展水平两方面内容，对于农耕文化旅游，农业现代化、文化、生态三者对旅游产业的就业稳定增长具有协同促进作用，而其中的农业现代化更是文化与生态旅游产业可持续性的重要推动力，将农业现代化水平作为影响旅游产业就业的变量进行分析，对于解决旅游产业商业文化对原有农耕文化的同化影响及农耕文化、农耕环境的保护与可持续性发展具有重要意义，此三者协同作用属于经济增长的良性循环，这对于旅游产业就业的稳定与增长具有较为稳固的推动作用。

（沈虹：北京大学新媒体营销传播研究中心研究员、中央民族大学硕士生导师；张德培：中央民族大学文学与新闻传播学院研究生）

运河文化景观再现与城市可持续发展

——以台儿庄古城重建为例

唐月民

摘要：通过运河文化景观再现，展示运河文化魅力，从而提升城市文化魅力，并进而带动城市可持续发展，是城市发展题中应有之义。本文以台儿庄古城重建为例，探讨了运河文化景观再现与城市可持续发展之间的三个重要问题：文化景观再现原则、文化景观再现价值、文化景观再现目标。一方面，文化景观要根据城市可持续发展的不同要求，选取"存古"、"复古"、"创古"的原则，让运河文化景观再现服务于城市的文化建设；另一方面，文化景观的保护和利用要处理好其文化价值和经济价值的关系，不能走向单一发展方向。

关键词：运河文化　文化景观　可持续发展　台儿庄古城

2014年6月，中国大运河在第38届世界遗产大会上入选世界文化遗产名录。这给中国大运河沿岸城市的运河文化建设提供了有利契机，通过运河文化景观再现，展示运河文化魅力，从而提升城市文化魅力，并进而带动城市全方位发展是城市发展题中应有之义。台儿庄古城位于中国大运河的中心点，是运河古城的"再造"景观，其主打文化名片中，"运河古城"居于首要位置。本文选取台儿庄古城作为分析对象，试图对运河文化景观打造与城市可持续发展的关系进行探讨，以期给中国大运河申遗成功后，大运河沿岸城市对运河文化的保护与利用工作提供借鉴。

一　文化景观再现原则：存古、复古与创古

台儿庄在世界上的知名度来源于一场战争，这就是抗日战争时的台儿庄战役。但台儿庄这座城市的繁盛却与其在大运河沿线的特殊地理位置有

直接关系。就地理位置而言，台儿庄恰处于"南北孔道"①，漕运在经济上的重要性也就造就了台儿庄在大运河沿线的重要性，直接催生了台儿庄的"商贾迤逦，一河渔火，歌声十里，夜不罢市"②盛景。从这一点上讲，台儿庄这座城市与运河文化有着千丝万缕的关系，运河文化已深入这座城市的文脉之中。由此，台儿庄的复兴之路不能绕过运河文化。

历史上，台儿庄是美丽的，为商业繁华之地，有"天下第一庄"美名。这样一座历史文化名城却在1938年的台儿庄战役中化为灰烬。抗日战争胜利后，当时的国民党政府宣布要重建这座古城，可由于历史原因，终未成真。新中国成立后，枣庄因丰富煤炭资源成为典型的资源性城市，"鲁南煤城"成为城市的标签。2009年，枣庄被国务院确定为"资源枯竭型城市"，城市转型迫在眉睫。继续以煤炭资源来维持城市的发展不具可持续性，也不符合世界经济发展的大势。城市的可持续发展要求台儿庄寻求城市更新新路。从可持续发展视角出发，一个城市的发展具有延续性，需要从传统中寻求生机，现实中激发活力。就台儿庄来说，深挖运河文化资源是其城市可持续发展的必要条件。

运河文化的内在是无形的，但其呈现又是外显的。运河文化的再现必定需要一些运河文化景观的再现。之所以强调文化景观的"再现"，是因为在漫长的岁月中，由于各种原因，运河文化景观支离破碎，不具完整性，在此前提下，运河如果得以有效展现，文化景观一定需要部分地"再造"。

文化景观再造的问题离不开对文化景观"存古""复古"与"创古"的讨论。学术界对文化景观的"存古"没有争议。古时流传至今的文化景观，本身就是历史的见证，体现着城市的变迁，是一座城市"活"的见证物，对其要珍视，加以重点保护是出于尊重文化、历史、先民的考虑。文化景观的"复古"则是一个充满争议的话题，反对者居多，赞成者较少。反对者认为，"复古"是一种"造假"行为，是对文化的亵渎，是一种文化上的倒退。支持者认为，文化景观的"复古"行为恰恰是对文化的重视，通过景观再造，使文化传统重现天下。"创古"是指利用技术手段，再现古代文化生活图景。对此，学界争议较少。笔者认为，"存

---

① 郭环、伊人：《台儿庄运河——一段活着的运河》，《山东档案》2011年第1期。
② 同上。

古""复古"与"创古"都有其价值,关键不在于要不要"存古""复古"与"创古",而在于这三者要在何时使用,也就是说,怎样的条件下需要"存古""复古"还是"创古",其标准在于以是否达到预期为准绳。

台儿庄古城的重建在文化景观再现方面有一些经验值得称道。在重建之前,就明确提出要遵循"存古、复古、创古"的三原则,与三原则相应的是"六标准",即原空间、原尺度、原风貌、原材料、原工艺、原地工匠。[1] 从中发现,"六标准"实际上是"三原则"的具体落实,是文化景观再现的理念与实践的有机结合。从台儿庄古城重建的结果来看,其好评不断,基本可以断定,对运河文化景观的再造,台儿庄古城是成功的。比如,在看到重建后的台儿庄古城样貌时,中国台湾地区的散文家郁化清"我记忆中的台儿庄,就是这个样子"[2] 的激动之语充分肯定了文化景观再造的价值。

二 文化景观再现价值:文化价值和经济价值的统一

作为文化遗产的文化景观具有文化价值和经济价值双重价值。世界文化遗产的入选标准是根据其文化价值而定的。具体来说,至少需要满足以下条件之一:

(1) 代表一种独特的艺术成就,一种创造性的天才杰作。(2) 能在一定时期内或世界某一文化区域内,对建筑艺术、纪念物艺术、规划或景观设计方面的发展产生过重大影响。(3) 能为一种已消逝的文明或文化传统提供一种独特的或至少是特殊的见证。(4) 可作为一种建筑或建筑群或景观的杰出范例,展示人类历史上一个(或几个)重要阶段。(5) 可作为传统的人类居住地或使用地的杰出范例,代表一种(或几种)文化,尤其在不可逆转之变化的影响下变得易于损坏。(6) 与具有特殊普遍意义的事件,或现行传统或思想或信仰,或文学艺术作品有直接和实

---

[1] 朱彧:《存古、复古、创古的北国水乡——台儿庄古镇的新方略》,《商品与质量》2011年第37期。
[2] 宾语:《台儿庄,"战"来的英雄古城》,http://www.tezgc.com/html/information/gczx/2718.html。

质的联系（委员会认为，只有在某些特殊情况下或该项标准与其他标准一起作用时，此款才能成为列入《名录》的理由）。①

中国大运河就文化价值而言，是符合以上六项条件的（1）、（3）、（4）三项，其文化价值的杰出性毋庸置疑，被联合国教科文组织评为世界文化遗产也实至名归。除了其独特的文化价值外，经济价值也是文化遗产的另一重要特性。在现实社会中，文化遗产的经济价值更容易被人关注。

台儿庄古城自2008年4月8日由枣庄市政府对外正式宣布重建以后，到2010年5月1日正式开放以来，所获荣誉无数，如中国最美水乡、国家5A级旅游景区、国家级文化产业试验园区等，经济价值也得到充分凸显。如2012年，枣庄市文化旅游综合收入153亿元，是2008年的6.6倍，第三产业增加值占GDP比重年均提高2个百分点，固定资产投资平均增幅高于30%。② 2013年，台儿庄古城实现营业收入1.1亿元，同比增长58%，全年共接待游客262万人次，同比增长60.2%。③ 2015年春节期间，据不完全统计，台儿庄区接待海内外游客达38.4万人次，同比增长39.03%，旅游综合收入近2.11亿元，同比增长24.12%。④ 台儿庄古城开放前，枣庄市本地没有一辆旅游大巴，没有一名地接导游。在台儿庄古城开放后，台儿庄古城旅游业逐渐形成井喷之势，地接导游人数和旅游大巴数字迅速飙升，带动了服务业的发展，并成为枣庄市的支柱产业。

台儿庄古城作为枣庄旅游业的龙头，与其文化景观的成功打造分不开。判定文化景观再造是否成功，要看其文化价值有多大。无论对台儿庄古城有多少非议，其以建筑物为主的文化景观表现出的质量和丰富性都是值得令人称许的。在质量保证上，如"砖块间的灰缝，一般古建（筑）不超过10毫米，而台儿庄古城的要求是不超过5毫米，凡专家审查不合

---

① 文化遗产分类标准，http://www.bjww.gov.cn/zhuanti/20100612zt/files/ycflbz.html。
② 樊秋梦：《枣庄台儿庄古城重建竣工 "水乡"洗去煤城色调》，http://www.sd.xinhuanet.com/travel/2013-08/16/c_116971571.htm。
③ 张乔：《2013年台儿庄古城实现营业收入1.1亿元》，http://zaozhuang.dzwww.com/news/zznews/201401/t20140113_9512450.htm。
④ 《古城台儿庄：2015年春节旅游"开门红"旅游收入2.11亿元》，http://www.gctezw.com/Item.aspx?id=10275。

格的一律推倒重来"①。在建筑丰富度上,第二次世界大战后古驳岸、古码头、古船闸、清真寺、关帝庙配殿、中和堂、胡家大院、繁荣街上的民居和店铺等遗存被原封不动地保留了,还保存了95%的道路肌理和水系框架,另外,在保留53处累累弹痕的古墙、古屋等遗址的同时还原地建成大战遗址公园。② 从中可以看出,台儿庄古城重建并不是简单地再造"假"古董,其重建后的文化景观由于有了质量上的保证,再加上其基本还原了台儿庄运河文化景观的南北交融特性,随着时间的推移,本身的文化价值会进一步体现出来。

运河文化景观的文化价值与经济价值的统一性是各方关心的一个问题。追求文化景观的经济价值无可厚非,但如果失去限制,过度商业化便会不可避免,这也是社会各方比较担心的问题。正确的态度和理想的结果是激活文化景观的经济活力,但其文化价值又不为经济价值所伤。这一两难问题需要在实践中不断探索,并逐步解决。

三 文化景观再现目标:城市与人的和谐

文化景观再现增加了城市的文化底蕴,但问题是文化景观毕竟以物的形式存在,它该如何促进城市的发展,从可持续发展的角度,还需要进一步讨论城市与人的关系问题。这个问题才是城市发展的本质,也即文化景观再现的目标所在。

台儿庄古城作为文化景观,在经济价值上得到了证明,其经验被不断总结和推广,成为各地学习的样本。如果从一个旅游景点的要求出发,台儿庄古城运营无疑有其独到之处。从古城重建伊始,它就是以市场化的思路运营的。为解决台儿庄古城的资金问题,枣庄市政府让五家国有煤矿企业出资,共筹集4亿元启动古城重建工作。③ 建设过程中,古城管委会下设古城投资股份有限公司和古城旅游发展公司,投资公司负责招标建设,

---

① 马原:《台儿庄:最后一座"手工版古城"》,http://www.chinadaily.com.cn/dfpd/sd/bwzg/2013-10/14/content_17031182_2.htm。

② 张环泽、逄春阶:《古城重生启示录》,http://news.china.com.cn/rollnews/2011-10/06/content_10501367.htm。

③ 朱彧:《存古、复古、创古的北国水乡——台儿庄古镇的新方略》,《商品与质量》2011年第37期。

旅游公司负责招商、管理。所有商铺产权归政府，出租给商户经营，其中非物质文化遗产项目全部免租金。建成后的景区运营方面，台儿庄与深圳华侨城锦绣中华公司签订景区托管合同，全面推行规范化管理服务。① 在此思路下，台儿庄古城的商业属性得到充分展现，成绩斐然。

在关注文化景观带来的经济效益外，我们还应该关注作为文化古城的再现，文化景观如何与人融为一体，共同促进城市全面发展。其实，这也是全世界城市在发展过程中遇到的普遍问题。在文化景观再现，解决城市与人的关系问题上，波兰的华沙重建给我们提供了一些有益的思路。

与台儿庄情况相似，波兰的华沙城在第二次世界大战中毁于德国炮火，它在战后面临着城市的建设与发展问题，它的意义在于毁于战火的城市如何再生。第二次世界大战期间，作为历史文化名城的华沙，85%的建筑被德国凝固汽油弹毁掉，断垣残壁在城市里随处可见，战后在城市重建问题上，苏联人主张要建一个新华沙，但华沙市民要求恢复华沙原有的古城风貌，并建议当局政府改变当初的决定。② 华沙古城的重建工作，广大市民并没有被大规模迁离故土，而是积极参与城市修建，或捐老照片（丰富重建设计的参考），或捐老建筑物的构件，并以义务劳动的方式成为城市重建的实施主体，历时二十余载完成华沙复建计划。③ 华沙的重建工作卓有成效，其文化价值得到世人认可，1980年，重建后的华沙古城入选世界遗产名录。

台儿庄古城不是简单的某一单一文化景观的重现，而是作为一座古城的整体文化景观重新再建。重建后的台儿庄古城如何处理城市与人的关系，关乎到台儿庄这座历史文化名城的可持续发展问题。在城市与人的关系处理上，原住民与再建古城的关系需要重视。文化景观说到底是为人服务的，一座城市的文脉是通过作为城市主体的市民来传承和发展的。从城市的可持续发展角度，台儿庄古城的"古""运河文化"的传承与发展离不开台儿庄古城原住民的参与。从这一点上讲，作为以运河文化景观为主的台儿庄古城建设应考虑采取一些必要措施来吸引台儿庄原住民积极参与古城建设。

---

① 边云芳：《关于山东台儿庄古城建设的考察报告》，http://blog.sina.com.cn/s/blog_5e89143b01016k79.html。
② 李光照：《古文化街的改造与华沙古城的重建》，《中国建设报》2013年3月18日。
③ 王军：《向华沙学什么》，《新湘评论》2014年第8期。

可以说，城市的可持续发展不是需要文化景观作为环境美化的一个点缀，而是需要文化景观真正融入城市市民生活之中，成为城市有机体的不可或缺的一部分，才能成为城市发展不竭的动力。按照城市可持续发展的要求，城市需要变成城市所有居民的城市，其文化景观再现不能作为"政绩工程"去对待，而应作为城市文化建设来对待。

三　结语

中国大运河成为世界文化遗产是一件值得庆贺的事件，对其沿线城市的发展有着积极的推进作用。台儿庄古城的重建在运用运河文化促进城市文化转型方面积累了一定的经验，其成就与建设中出现的一些问题值得其他城市借鉴。

一方面，文化景观要根据城市可持续发展的不同要求，选取"存古""复古"或"创古"的原则，让运河文化景观再现服务于城市的文化建设；另一方面，文化景观的保护和利用要处理好其文化价值和经济价值的关系，不能走向单一发展方向。城市的可持续发展不能借文化产业发展之名，使运河文化景观重现沦为商业的附庸。

（唐月民：山东艺术学院艺术管理学院副教授）

从度戒仪式看瑶族区域的文化旅游开发

——以江华瑶族自治县河路口镇牛路村为例

胡 靓　徐海龙

摘要：度戒仪式是瑶族男子成年时必经的一种宗教仪式，位于湖南省江华瑶族自治县河路口镇的牛路村至今仍沿袭着瑶族传统的度戒仪式。在传统经济转型及新农村建设背景下，牛路村度戒仪式正经历着由村内走向村外的转变，并开始与当地的文化旅游开发紧密相连。

关键词：瑶族　度戒仪式　文化旅游开发

江华瑶族自治县位于湖南省南端，是以瑶族为主，壮、汉、苗等十余个民族共同组成的少数民族自治县。河路口镇牛路村位于江华最南部萌渚岭姑婆山脚下，古称"梧岭南屏"。关于度戒，有的认为度戒了的人有兵马护身，也能施法驱灾；也有的认为，度戒了的人死后能升天。国内外许多学者对瑶族的度戒仪式有不同的定义。本文对牛路村度戒仪式进行界定，着重分析牛路村度戒仪式由传统仪式发展成表演活动所经历的转变，对牛路村文化旅游开发现状及问题进行研究，从而探索出一条利于度戒仪式传承及乡村旅游开发的路径。

一　关于牛路村度戒仪式的界定

在瑶族社会中，度戒是瑶族男子成年时必经的一种宗教仪式。不同的瑶族支系，对度戒有不同的定义。瑶族分为"勉""布努""拉加"三种语支系，江华属于瑶族"勉"支系。在"勉"的社会中，信奉万物有灵的原始宗教，他们崇拜龙犬图腾，将盘瓠供奉为本族的人文始祖"盘王"。祭祀盘王的活动也称为"奏档"，而奏档首先要做的就是承接盘王香火的度戒，也叫挂灯。瑶族长歌《十二姓瑶人游天下》中唱道："后人要记当初事，供奉盘王代代传，始祖根源莫抛落，添香换水万万年。"①按照这一古训，旧时，瑶族男人必须传灯度戒，一是为了传承盘王香火；二是为了获得参加宗教活动的资格。赵家旺在《瑶族度戒与道教度戒》一文中就认为：瑶族度戒，不同地域、不同支系的瑶人，有不同的说法。说勉语的瑶人叫"挂灯"。严格来说，"挂灯"和"度戒"，是不同级位的宗教仪式，首先经过"挂灯"，然后才能升迁到"度戒"，没有经过"挂灯"，是没有资格进行"度戒"的。②在《广西瑶族社会历史调查》第五册中指出："受度戒的人要经过两次痛苦的考验，首先是抓火砖。如果火砖烫手，就认为没有度好戒。度戒不好的人，日后还会生病。其次是上刀梯，即是道公和度戒的人，赤足爬山扎有若干把刺刀的刀梯。"③竹村卓二在《关于泰国北部瑶族的研究情况》一文中指出："瑶族非常重视祭祖宗，他们相信，活着如不祭祖先，死了就要受苦。他们祭祖先，也是为自己。他们一般举行很大规模的仪式，用瑶族的话来说，他们叫挂灯、度鲜、度戒。"④

由上可知，有的学者将度戒仪式定义为瑶族男子的成人礼，有的学者认为度戒仪式是获得宗教资格的入门礼，有的则认为度戒仪式是祭祀瑶族始祖盘王的一种祭祀礼。结合江华瑶族所属支系及牛路村所沿袭下来的度戒仪式可以确定：牛路村度戒仪式是当地瑶族男子成年礼仪，是其成为宗教传人的必经仪式。牛路村拥有得天独厚的度戒文化资源及发展乡村经济的现实需求，度戒仪式也由此转变成度戒表演。

二 从度戒仪式到度戒表演的转变

近年来，牛路村成为江华瑶族自治县度戒文化传承的重要传播地。每年农历八月十八是瑶族度戒文化节，来自湖南其他地区的瑶族同胞及

---

① 李祥红、郑艳琼：《湖南瑶族奏档田野调查》，岳麓书社2010年版，第11页。
② 赵家旺：《瑶族度戒与道家度戒》，《过山瑶研究文集》，民族出版社2008年版，第140—150页。
③ 《中国少数民族社会历史调查资料丛刊》修订编辑委员会：《广西瑶族社会历史调查》，民族出版社2009年版，第72—73页。
④ 竹村卓二：《关于泰国北部瑶族的研究情况》，《一九八二年十二月二十三日在广西民族学院的讲学报告（摘要）》，第29页。

广东连州、广西贺州等地的文化专家及瑶胞都会相聚江华共睹度戒文化的盛况。牛路村度戒仪式开始走出乡村，来到县城。牛路村也开始从一个普通的"平地瑶"聚居地变成一个标示瑶族度戒文化表演队伍的代名词。

牛路村度戒表演的流程与牛路村度戒仪式基本相似，但在某些环节上进行了删减，呈现方式和观感大为不同。瑶族度戒仪式的完整流程包括五个步骤：第一，开坛接圣，主要分为装堂和请圣。第二，齐传学法，主要分为传灯和第一宵开坛接圣、齐传学法道场。这是度戒的关键步骤，包括请师、收伏断、升灯、取法名等21个程序。第三，落禁，主要分为三杯催师酒、叩师、化变、落禁和藏家。这个环节是法师为了在奏档期间不受邪神干扰，维护愿堂安宁而设的科仪。第四，招兵招将、祭兵祭将、赏兵赏将，主要分为场地布置、请神护法坛、招兵招将招五谷、赐兵归位、合兵合将、祭兵和做第二宵道场。其中招五谷魂是瑶族五谷崇拜的表现，用以祈求上苍神灵保佑年年风调雨顺、五谷满仓。第五，还愿上光，主要分为圆箕愿、献四府、第三宵道场、送圣回宫和撤坛。其中圆箕愿是用圆箕盛供品偿还许下的愿事，也是瑶人漂洋过海的象征，表示子孙后代不忘祖先迁徙的艰辛。仪式中用瑶语念诵祭文或经文。

现今的度戒表演虽然也有五个环节，但内容却与原本的仪式大不相同。表演第一个环节是请神，念诵《供奉天门法度》，拜天门邀请众神落座。第二个环节念祭文、唱瑶歌、跳长鼓舞祭祀众神。第三个环节贴灵符于刀梯，以鸡血祭，喷"白鹤神水"，法师口中念念有词随即开始"上刀山"表演。第四个环节"下火海"，这被认为是受戒男子进入开天门的关键步骤。第五个环节"翻云台"。这是瑶族男子完成成年礼的最后一步，男子须闭目下蹲，环抱双膝，从三四米高的木案侧翻跳下，落在铺有棉絮及稻草的藤网之中。在度戒表演完成后，法师还需进行"清场"法度，谓之"送船"。与仪式完整的流程相比，表演中已经没有如招五谷魂、圆箕愿这两种传统祭祀形式，也删除了最重要的第一、第二、第三宵道场，用"上刀山""下火海"和"翻云台"代之来突出表演的神秘性、观赏性与娱乐性，保留了如装堂、请圣、请神护法坛等基本的环节。表演中念诵经文的语言用县城官话代替瑶语，非瑶人也能听懂。表演中的参与人员服装都是量身定做，如主度法师刘义雄会身穿黄色仪式服，而仪式原本对法师及受戒男子的服装没有特殊要求，着装一般较为生活化。

度戒仪式走出乡村来到县城，牛路村从一个普通的地理坐标变成瑶族众多度戒表演队伍中的一支。从仪式到表演，其承载空间随之改变。来自牛路村的度戒法师刘义雄每年都会带领自己的十多位弟子赶往县城的图腾广场参加度戒表演活动。牛路村的度戒仪式通常是在田间地头或自家门前的宽敞空地举行，神坛多设在房屋中轴线上，坐北朝南顺应"天地定位"，台案供奉盘王、灶王、已故亲人等牌位，并摆放腊肉、鱼、糍粑、瓜箪酒等供品。图腾广场的表演场地同样设有神坛，另在场地中央立一根十几米高的粗木柱，几十把尖刀穿柱而过成为"刀山"。择另一处未种植花草的空地挖一条几十米长的土坑，以燃烧得正旺的木炭填充，成为"火海"。除表演人员外，其余的有围观群众及工作人员。表演所需道具除度戒必备法物外，还有灯光、音响、摄像机等设备及物料等。可以看出，牛路村度戒仪式的物态空间是以寺庙（盘王庙）或以盘王牌位为中心向外辐射的一定区域为主，度戒表演则是以开放型广场（图腾广场）这种物态空间为主。空间环境的改变也会使人们的交往行为相应地发生变化。牛路村度戒仪式是为满足瑶族男子行成人礼仪的受戒需求，是为瑶族成年男子的思想传承及宗教信仰提供交流空间的，是抽象的、无形的意态空间，是封闭的族内交流空间。伴随着社交娱乐活动的极大丰富，度戒、祭祀、唱跳等瑶族原生态形式被改编成具有现代性与娱乐性的表演形式，这种表演是开放的、互动的公众交往空间，是以满足群体的多样性观赏需要为前提而设的。

三 对于牛路村的度戒仪式合理开发的建议

牛路村属江华瑶族自治县河路口镇辖区，以水田景观为主，农作物种类多样，矿产资源丰富，瑶族古风浓郁。2012年，牛路村被评为"省级特色旅游名村"，2015年又被评为"全省美丽少数民族特色村寨"，别具特色的平地瑶古村落及瑶族度戒文化成为当地乡村旅游开发的重要内容。经过调查得知，河路口镇传统民族服装、语言文字、民族歌舞等正在发生较为明显的变化，所以牛路村的文化旅游开发着眼于传统古民居及度戒仪式的保护毋庸置疑。

就牛路村度戒仪式的传承与保护而言，可以从以下几个方面来努力：

第一，牛路村度戒仪式的传承与保护。度戒仪式的传承主要涉及两个主体：传承主体和保护主体。传承主体主要是度戒仪式的传授者，包括度戒法师和接受度戒的瑶族成年男子。对于他们而言，首先应该做好传授者口传史及度戒法度的图文影音存档。其次，将已经受戒的成年男子组织起来，建立青年度戒生态馆，他们主要负责瑶族度戒仪式的传承记载及资料保存工作，另外配合政府相关部门开展瑶族度戒文化的宣传推广活动。最后，定期在县城举行瑶族度戒文化交流会，通过交流不仅可以检验青年受戒者能否有资格成为度戒法师，更起到宣传瑶族度戒文化的作用。对于保护主体来说，首先，政府相关部门应解决好烂尾工程及村民补偿等问题，建立工程问责制，将工程开销及进度公开化、透明化，为度戒仪式的传承建设好完备的基础设施。其次，应该建立完善的瑶族度戒文化保护制度，为度戒仪式传承主体提供相应的保障，为度戒传承提供必备的硬件及软件设施，提供足够的资金支持。最后，联合瑶族兄弟省市定期举办瑶族度戒文化研讨会，邀请瑶学研究者，民俗学、文化产业学、人类学等领域的专家学者深入研讨瑶族传统文化内涵，为瑶族度戒仪式的传承提供强有力的智力支持。

第二，牛路村度戒表演原真性承载空间的营造。首先，仪式场地的还原。为最大限度地还原牛路村度戒仪式的原真性空间，可以选择在县城周边的开阔空地举行，而不是在现代化气息浓厚的图腾广场举行。图腾广场的大屏幕可以不定期滚动播出牛路村度戒仪式，将原生态度戒传播给更多观众。其次，表演环节的设置。度戒表演可以提取原初仪式中的更多环节来充实表演内容，如将原初仪式中的三宵道场缩短为一宵道场，设置在请神环节之后，这样更便于观众理解度戒的整体流程。最后，表演服饰、语言等内容的返古。通常情况下，度戒表演的服饰都是定制的新式瑶服，与牛路村瑶民度戒时生活化的着装大不相同，表演服饰太过于华丽会失去瑶族服饰的古朴风格。所以表演者的服饰可以按照牛路村瑶民的生活着装进行设计，从头饰、腰带、绑腿等细节处体现瑶族特色。度戒表演时以县城官话为沟通语言，为营造地道的瑶族氛围，增强度戒的神秘感，表演者可使用瑶话进行表演，观众可借助大屏幕的字幕来帮助理解。

牛路村度戒仪式是瑶族宝贵的民俗文化遗产，是乡村文化旅游开发背景下可为当地所用的重要资源。牛路度戒文化重在传承，难在开发。本文通过分析其转变与开发现状,提出了传承及保护度戒仪式的建议。牛路村作为传承瑶族度戒文化的重要力量,必将在保护瑶族文化遗产与实现乡村经济转型的实践中取得丰硕成果。

(胡靓:首都师范大学文学院文化产业系 2013 级研究生;徐海龙:首都师范大学创意产业与传媒文化研究中心副主任、文学院文化产业系副教授、研究生导师)

境外文化创意产业

栏目主编：杨慧

按语：本栏目所说的"境外文化创意产业"，特指港、澳、台地区及其他国家的文化创意产业。美国、日本、韩国的文创产业发端较早，它们的发展路径、特点以及存在的问题，是我国文创产业发展的重要参照系。台湾地区文创产业自辟蹊径、自下而上、自成特色，值得我们关注和学习。

台湾创意生活产业之特色文化体验

——以北投文物馆为例

李玉雁

摘要： 台湾的创意生活产业以特色生活文化吸引国际人士创造观光旅游的文化循环，还具有使传统产业转型升级与促进地方经济再生的重要功能，值得大陆发展特色文化产业借鉴。本文以北投文物馆为例，分析台湾创意生活产业如何将特色文化变成体验商品达到有利产业发展与增进地方文化经济的效果。

关键词： 创意生活产业　特色文化产业　北投文物馆　体验经济　文化经济

台湾"创意生活产业"依托地方独特文化资源，强调创意与提供生活体验，以产业融合的跨界经营模式积极介入一般产业活动及人类生活消费领域，与大陆的特色文化产业定义极为类似。由于创意生活产业发展较早，已经出现不少由小做大甚至朝国际化品牌发展的成功案例。其中，位于台北市北投区的北投文物馆自 2008 年转型创意生活产业之后，成为集合古迹、庭园、美食、礼品与展演的特定文物体验，不仅带动地方文化观光吸引海内外游客前往体验，更一举扭转过去 30 年营业亏损局面，开始出现获利。因此，特色文化结合生活体验成为创意生活产业最重要的成功因素。

一　文献探讨

（一）创意生活产业

台湾当局曾提出"一乡一特色"（One Town One Product）口号，鼓励地方从历史、文化中寻找最重要的特色产品，建立符合地方特色文化，以农业、手工业、工艺或特产与其他地方做出区隔。在文化创意产业范畴中，创意生活产业正是深刻挖掘地方生活文化特色的新型业态产业。创意生活产业是"从事以创意整合生活产业之核心知识，提供具有深度体验及高质美感之行业"，以产品、场所、服务和活动作为四项必备体验要素，现有企业经营的体验类型分为六种，包括饮食文化体验、工艺文化体验、生活教育体验、特定文物体验、自然生态体验与流行时尚体验等[1]，每一种体验类型都与人类生活的衣、食、住、行、育、乐等领域密切相关。产业目的是协助传统产业转型升级，传承与传播地方文化，最终有效促进地方经济再生，提升个人生活品位与整体社会层次。自2003年由官方定名为"创意生活产业"以来，整体产业稳定增长，2010年台湾通过《文化创意产业发展法》[2]，创意生活产业被列为"15＋1"项文化创意产业范畴，从法律层面保障产业发展，使文化政策有法律依据，也成为最被看好的以台湾特色生活文化吸引国际人士的"新特色产业"。

（二）特色文化产业

2014年8月台湾"文化部"提出《关于推动特色文化产业发展的指导意见》[3]，国家定义的特色文化产业是"依托各地独特的文化资源，通过创意转化、科技提升和市场运作，提供具有鲜明区域特点和民族特色的文化产品和服务的产业形态"，强调"创意"与"跨界"，善用地方资源，与"建筑、园林、农业、体育、餐饮、服装、生活日用品"等领域融合，转变为"参与式、体验式"等新型业态。文化部对特色文化产业的定义是"指依托各地独特的文化资源，通过创意转化、科技提升和市场运作，提供具有鲜明区域特点和民族特色的文化产品和服务的产业形态"。特色文化产业强调善用特色文化资源与创意，与人民消费需求对接，鼓励跨行业、跨地区的跨界融合发展，深刻挖掘与发展特色文化的产业潜力，达到复兴优秀传统文化、发展地方经济、提升人民生活品质与国家文化软实力

---

[1] 洪孟启、许秋煌总编《2014台湾文化创意产业发展年报》，台湾"文化部"2015年版，第124—125页。
[2] 曾志朗、李仁芳总编：《2011年台湾文化创意产业发展年报》，台湾"文建会"2012年版，第11—13页。
[3] 文化产业司：《关于推动特色文化产业发展的指导意见》，http://www.mcprc.gov.cn，2014年9月20日。

等积极作用。特色文化产业与创意生活产业都鼓励创意、跨界和与人的生活消费产生关联，打造地方与区域特色，也都冀望达到促进地方经济与复兴优秀文化的积极目的。

(三) 创意生活体验

创意生活产业参考派恩与吉尔摩的《体验经济》核心理论以提供"生活体验"为商品和服务[1]，体验的内容源自产业核心知识和地方文化，通过产品、场所、服务、活动作为体验中介，提供顾客教育、学习、娱乐和审美等创意生活功能，不仅与日常生活经验产生区隔，而且让人产生深刻难忘的回忆。创意生活体验根据企业经营者的生活理念设计，吸引消费者认同并前来体验，双方经由生活体验的互动产生对产业文化与地方生活的认同感与归属感，在特定场所中享受从惯常生活的解放，在审美当中发现自身对生活价值的想象，从参与体验中找到自我认同的价值符号，进而提升个人以及整体社会层次。

二 关于北投文物馆

台北市北投区位于阳明山公园范围内，古地名源自平埔族凯达格兰族语"Patauw"，即"女巫"之意，因北投终日雾气弥漫，原住民相信此为女巫住所而名之。北投丰富的温泉资源被平埔族视为女巫汤，清朝时期清政府仅止于在北投进行火药原料的硫黄开采。[2] 1894年德国商人Quely发现温泉并兴建温泉俱乐部，1896年日本商人平田源吾开设台湾第一家温泉旅舍"天狗庵"，加上日本统治时期殖民政府将温泉视为疗伤养病圣地，1931年在此兴建公共温泉浴场作为在台日人养病所，吸引商业投资与情色行业，使北投成为当时台湾著名的"温泉乡"与"温柔乡"[3]。1921年"佳山旅馆"以桧木建造两层楼日式温泉旅馆建筑，成为北投最高档温泉旅馆之一。

---

[1] [美] 派恩、吉尔摩：《体验经济》，毕崇毅译，机械工业出版社2012年版。
[2] 薛名峻：《政府政策形塑下的特色产业：北投的"温泉乡"与"温柔乡"（1894—1979）》，暨南国际大学硕士学位论文，2014年。
[3] 朱德兰：《日治时期台湾社会与特种行业问题（1895—1945）》，《台湾社会、经济与文化的变迁》，威仕曼文化事业公司2008年版，第63—102页。

日本第二次世界大战战败后佳山旅馆收归国民政府所有，后经拍卖由民间人士购得。1983年企业家张纯明将个人台湾早期民俗文物与原住民艺术品收藏展示于此并创办"台湾民艺文物之家"，1984年更名"北投文物馆"。北投文物馆这幢木造建筑为台湾较稀有的两层楼式且保存最完整的日式温泉旅馆式建筑，1998年9月北投文物馆建筑体被台北市政府列为市定古迹。2002—2008年北投文物馆曾暂停开放进行整修，在参考世界博物馆经营形态后改为以古迹、庭园、展演、礼品、美食、体验等多元化运营模式，并于2008年1月重新开放。作为台湾地区历史最为悠久的私人博物馆之一，北投文物馆4500多件文物中包括台湾先民生活记录与原住民艺术文物，让人得以一窥台湾早期生活历史与发展历程。[1] 创办人张纯明以个人力量支撑文物馆，基于文化保存与历史记忆传承的信念撑过30年亏损，并深刻体会文化产业的可持续发展离不开经济支持。经济支持文化的目的是维系企业生存并非营利，若以营利为目的则沦为一般贩卖商品的企业，而非贩卖体验的创意生活产业。北投文物馆自2008年转型多元化博物馆后，参观人次、门票收入与礼品销售额都出现高速增长，2014年年底基本达到损益平衡，2015年预估开始盈利。北投文物馆大部分营收花费在昂贵的木造古迹建筑维护上，并对弱势与身障团体提供免费参观，让更多人共享稀缺文化资源。

北投文物馆以保存完整的日式两层楼纯木造旅馆式建筑被创意生活产业归类为"特定文物体验"，对百年古迹保存与再利用，以多元化博物馆经营型态结合北投温泉乡独特历史背景与地理特性，以近距离接触文物的生活化展览，让人体会慢活与优雅的生活方式，推动台湾民俗文物与原住民艺术的传播与传承，让文物、文化与生活一体化，达到文物文化传承与教育功能。

三　北投文物馆之特色文化体验

北投文物馆的特色文化体验代表一种异国风情浓厚的优雅生活。文物馆所在地是台湾著名的温泉乡，当地充满旧时风情，循着蜿蜒的山路往上走，令人产生一种从台湾地区走到日本的错觉。日式建筑、日式庭院造

---

[1]　北投文物馆：《历史沿革》，http://www.beitoumuseum.org.tw，2015年9月28日。

景、老银杏树、日式花园，文物馆仿佛伫立在被建构的神话之中。北投文物馆经营者的生活理念是保存与传承台湾民俗文物与原住民艺术之美，借由古迹、庭园、展演方式、美食、礼品与体验活动提供特色文化体验。

（一）古迹

北投文物馆是台湾保存最完整日式纯木造双层楼建筑房舍，原先作为北投最高级的温泉旅馆使用，百年前在此住宿一晚要价6日元，当时这个价格可购买近3.33平方米土地。尽管外观看起来是一幢日式建筑，实际上从文化溯源，这种建筑形式却是隋唐时期从中国东传日本，实际上是台湾地区与日本对中华文化的传承与创新。不同时期的建筑，使用的材料、形式、工法都是当地历史、地理与文化的代言。历经百年光阴，时间的创作使得建筑物具有丰富的文本、内容与历史记忆，北投文物馆不只是文物馆、百年建筑、百年前的温泉旅馆，也以影像化方式成为文物馆的常态展览。百年古迹提供场所的、视觉的、影像化的美的体验，作为特定文物体验对象代表目前仍被人们使用的活着的古迹，一个与北投温泉史深刻联结的文化符号。[1]

（二）庭园

日式庭园造景是一项重要的艺术，不仅呈现在北投文物馆外围，馆内也有枯山水造景。枯山水的理念是崇尚回归自然，代表禅意与宁静，在日本禅宗寺院和武士居所尤其常见。主馆中庭的枯山水让室内呈现不规则动线，空间显得自然随性，反映出当年作为高档旅馆的品位与格调。别馆陶然居旁的日式庭园运用石组、植栽、水池排列呈现宛如当地大屯火山、瀑布、温泉等地景的"缩景图"[2]。庭园作为场所体验的一环，提供视觉影像的、禅意叙事的、与日常生活有差异的生活体验。

（三）展演

多数的博物馆与美术馆将艺术品与人分隔，只能物我两望，北投文物

---

[1] 李玉雁：《体验的媒介化：台湾创意生活产业研究》，清华大学新闻与传播学院，2015年，第75—76页。

[2] 北投文物馆：《各馆简介》，http://www.beitoumuseum.org.tw/3_h.asp，2015年10月7日。

馆则试图拉近文物与人的距离、文物与生活的距离，让欣赏文物不是走马观花，而是慢慢体会台湾民俗文物与原住民艺术之美。因为当作文化事业经营，所以秉持做文化就要生活化的想法，北投文物馆方解释说，这也是日本明治维新之后流行的一种想法——"用之美"①。即器物在使用中才能体现出自身的美，因此艺术不应高挂在墙上与人产生距离。相反地，北投文物馆采取较为人性化的、近距离的展演方式，让珍贵馆藏与来自世界各地合作博物馆与藏家的展品近在眼前，透过文物的展演，调动人的五种感官参与活动的文化实践。观赏展品的视觉感受，闻着木造建筑的珍贵桧木和黑檀飘散在空中的香气，人性化的博物馆让文化具体化，让顾客近距离接触文化与文物，继而引发人们后续对历史文化的主动学习兴趣。因此，北投文物馆的传播过程既是主动参与的审美，又是被动参与学习的一种娱乐体验。

（四）美食

北投文物馆受限于本身的木造建筑，提供不采用明火烹调的怀石料理，原先仅作为附属服务项目，现在却大受欢迎并成为许多人来文物馆的主要原因。北投文物馆副馆长洪侃要求服务人员为每道端上桌的料理提供说菜的服务，整套料理的原材料全部采用当地生产的食材，这道菜是什么？在哪儿生产的？每项菜品的来源都能借由说菜带出文化与生活典故。在怀石料理中用餐的食器也特别讲究，上菜的速度因为说菜而放慢，使得怀石料理包含优雅、慢食与品位。到北投文物馆品尝美食成为一项令人惊喜期待的服务体验，说菜也是叙事化的一种生活文化传播方式。

（五）礼品

北投文物馆其中一项主要营收来源是礼品与纪念品销售，虽然馆内收藏属于主题性文物，非常设展览却以国际性主题规划，定制的礼品与纪念品以差异性吸引参观者购买，包括与展览结合的礼品、古董式礼品以及艺术家限量手做礼品等，这样的纪念品非大量复制，甚至可做到唯一的稀有性，以在别处买不到的差异化创意吸引人们购买。如利用馆藏镇店之宝

---

① 李玉雁：《体验的媒介化：台湾创意生活产业研究》，清华大学新闻与传播学院，第84页。

《游八福佳山之图》与台湾特选茶叶的搭配，蕴含画作中祈福祝愿的意味，以及珍贵稀有的明朝郑成功的相关文物与台湾地区历史的结合等，创造不可替代性。

（六）体验

利用馆内空间与氛围，北投文物馆不定期举办日本茶道体验、和果子制作、幼儿抓周、尺八演奏等活动，围绕北投文物馆的日式风情主题延伸，既是学习课程又能够在生活中应用，让人在文物展演之外深刻体会慢活、优雅生活的文化内涵。茶道体验现在被当成是日本生活文化的代表，经由馆方解说才了解，中国早在明代以前喝的就是抹茶，日本的茶道也是向中国学习的。北投文物馆不仅让人感受从前宋代人的饮茶方式，就连日本出名的和果子也透过历史解说，发现是源于中国的点心创意，只是甜点被精致化、生活化，现在成为国际闻名的日本食文化特色，馆方将生活体验与历史文化联结的创意令人惊艳。北投文物馆的体验活动具有历史的时间跨度，创意来自深度挖掘中华传统文化的历史美感与生活智慧，这些学习体验具有生活教育目的，教育实际上是博物馆的基本功能之一。体验活动吸引顾客主动参与一场生活文化传播，通过体验建构自我的理想生活，从体验中产生兴趣并延伸到日常生活中的终身学习。

文化作为人类的一种社会实践，若以哲学和文化学话语体系为它下定义：人类实践的文化分为两种，一种属于自由的精神活动，强调一种作为能力的观念，具有艺术创造力；另一种属于维持社会秩序使之常态运行的工具，文化扮演人类与社会的中介。[1] 文化实践是人类构成经验与创造文明的重要活动，因此创意生活产业提供的体验活动，不仅是人类从做中学的一个经验，包含意义领域与产业知识的精神交流，也是生活文化传播与传承的中介。

四　小结

创意生活产业是与人的日常生活紧密联系的产业形态，产业的根源是生活，产业的经济价值也是生活。从以往人类生活积累的文化中汲取前人

---

[1] ［波］齐格蒙特·鲍曼：《作为实践的文化》，郑莉译，北京大学出版社2009年版。

智慧，提供独特的生活体验，创造文化经济价值。创意生活产业从旧创新，生活中的文化智慧与创意取之不竭，然而创意生活产业最重要的文化价值在于与地方文化联结。因为地方文化特色，使产业具有不可复制的特性。北投文物馆在百年古迹中典藏文物，讲述台湾地区、日本对中华文化的发扬，生活化的展览经常与国际联结，甚至可以趣味化，让文化透过五种感官具体化。文物馆建筑本身诉说着时间的故事，建筑之美、庭园造景的美、馆内氛围和文物表现的意境，在场域中联系现在的人与20世纪的生活记忆。台湾庶民文物的稀有性、古迹保存的完整性、百年历史建筑的时间感、当年作为温泉旅馆与北投历史和地理的联系，这种组合绝无仅有。

对地方经济贡献方面，北投文物馆作为"领头羊"串联北投区八家博物馆与周边文化景点和地方观光结合，提升地方整体文化观光价值。北投文物馆的建筑古迹、民俗文物吸引风雅人士、艺文爱好者，加上北投山区独特的地貌，从文物馆一个节点扩散到其他文化节点，并联结阳明山公园和其他文化景观形成一个大的北投文化乐园。由于文化资本增加，北投区不仅是当地民众周末休闲的好去处，也是台北市著名景区，更深受国内外观光客青睐。

在形成特色文化方面，创意生活产业与地方文化、空间的建构，让当地居民在与越来越多外来人面对的同时促成"我们"与"他者"的对立[①]，增强居民的地方文化认同感，形成共同体，使以地方文化产业建构的"地方感"获得更好的传播与传承，形成更加独特鲜明的地方特色文化。

（李玉雁：台湾资深媒体人，清华大学新闻传播学博士）

---

① ［英］费瑟斯通：《消解文化：全球化、后现代主义与认同》，杨渝东译，北京大学出版社2009年版。

从台湾的"社区总体营造"到大陆的"乡村实践":空间改造与人"文化主体性"激发的互动研究[①]

李 艳

摘要: 居民对于城乡文化发展的参与,既包括对文化决策过程的参与,也包括对决策执行过程的参与。居民对于当地文化发展的参与,相应会得到,也应得到一定的回报。但是,目前城乡居民作为文化主体的能动性并未得到发挥,无论在文化决策、文化发展过程中,还是在文化项目的利益分配中,大多处于一种"边缘化"的状态。导致这一状况的,既有文化决策机制的原因,也有居民参与意识与参与能力的原因。从"文化治理"所需要的多元主体培育角度来讲,如何有效激发居民参与热情、逐步培养居民参与能力,是实现从"管理"到"治理"的重要一环。本文将通过对台湾"社区营造"经验与大陆"乡村实践"做法的梳理,来探讨在推进文化治理现代化的过程中,如何有效激发个体的"文化主体性"。

关键词: 社区营造 乡村实践 空间改造 文化主体性

一 专业人才与民间智慧的结合:大陆"外来介入"的实践

我国大量的物质文化遗产和非物质文化遗产存在于乡村,但是,随着

[①] 本文为国家语委"十二五"科研规划项目"城市社区语言文化建设的理论与实践研究"(YB125—84)的阶段成果;北京市哲学社科规划项目、北京市教委社科重点项目"北京特色文化资源整合与传播研究"(项目号 SZ201310028013)的阶段成果;北京市属高等学校高层次人才引进与培养计划项目"北京文化影响力的提升与城市人文精神的塑造"(CIT&TCD201404144)的阶段成果。

城镇化速度的加快,以及新兴文化对传统文化、都市文化对乡村文化的冲击,从古民居等物质文化遗产到民间曲艺等非物质文化遗产都出现难以为继的局面。

在这一背景下,一些知识分子以保护者、发掘者的身份进入农村,开始进行由专业人士主动发起、由当地居民被动(渐进)参与的"乡村实践"。

例如,2011年,左靖与欧宁在安徽黟县碧山村发起的名为"碧山计划"的乡村文化建设,保护徽州老建筑是该计划的一个重要组成部分,两位发起人对当地的老建筑进行了修葺,将自身对乡村建筑的思考融入其中,致力于建立一种徽派民居的保护模式。在此基础上,通过多种形式实现乡村文化资源的"活化",一是通过"碧山丰年庆"这一传统农耕社会的祭祀仪式来恢复乡村公共文化生活,并在"丰年庆"期间,邀请外来的艺术家、建筑师与当地民间手工艺人合作,创作出一批传统工艺品和生活用品,在碧山村祠堂和旧粮仓展出;二是邀请外来设计师参与,恢复当地一种叫作"渔亭糕"的传统食物,并使其可以产生经济效益;三是与高校的建筑专业合作,在当地开展以"乡土建筑保护"为主题的夏令营。[1] 对于外来者的文化介入,当地居民一开始抱着旁观的态度,但是,也会乐得参与,据项目发起人分析,居民参与的热情源自当地公共文化娱乐生活的匮乏。随着对外来者的逐渐熟悉,居民的态度发生了明显变化,会主动将自己家的东西拿出来展示,"他们开始意识到我们的目的不是为了挣钱和开农家乐,而是想与村民一起创造一种新的乡村生活"[2]。

2014年北京国际设计周策划了一个"乡村实践"的展览主题,展示建筑师对农村的"实质性介入",其所表达的理念是"建筑师不只作为设计者,而是作为投资人、农民、经营者、历史保护或文化传承者等角色出现。……建筑师以充满个人特质的方式介入社会,这是建筑师实现自己的过程,深入农村去亲身实践,或许对新农村的改造更具切实意义"。

这些"乡村实践"项目主题不同,其中,陈卫在临安太阳镇双庙村创办的"太阳公社"是以"有机农业"为主题、以"农耕打造理想乡村"和"公社重构理想人际"为理念、以"社区共建理想家园"为目标

---

[1] 赵玉洁:《乡村公共文化空间的多元化实践》,《中华建筑报》2013年1月15日。
[2] 同上。

的。村民中，首批有30人接受了"太阳公社"的理念，愿意作为"永续农业实践者"，不用农药、化肥、激素、抗生素及任何的转基因种子，采用传统方法种植水稻和蔬菜，人工除草、手工除虫。该项目邀请专业设计师与村里唯一会盖茅草屋顶的老工匠合作，就地取材以毛竹、茅草和卵石来构筑有活动场和游泳池的猪圈，使猪的生活、生长环境更符合动物本身的习性。按照公社所设计的"生产—消费"链条，村民是公社中的"生产社员"，他们所生产出的有机粮、菜、肉、蛋等农产品直接面向公社中的"消费社员"。城市消费者加入"太阳公社"，支付2.5万元/年的年费，公社会每周两次为其派送12份蔬果、8个鸡蛋、3斤猪肉、5斤大米，每月派送1只鸡、1只鸭。目前，陈卫的这一模式还在实验中，其希望可以将该模式在更多的农村进行推广、复制。

如果说"太阳公社"致力于在改变农民的农业生产理念、方式的基础上，实现建设美好乡村社会、和谐城乡关系的理想，属于一种"实干型"项目的话，那么，有的项目可以归入"概念型"或"营销型"。

如同样参加"乡村实践"展示的"玉川东西"项目，则更多是将蓝田玉山村的自然风光和农事活动作为可以观赏的资源，包装呈现给"国内外的艺术家"。按照其在展览词中的描述"收获节：对于农民来说一年中最幸福的时光就是收获时节，深秋收获后一排排的果实更加展示出玉山的淳朴与自然。在这个收获节里，国内外的艺术家相聚在这个金黄色的小镇，在感受农民的喜悦的同时，伴着一杯葡萄美酒，品尝玉山的味道"，这一项目的发起人是建筑师马清远和他创办的"玉山酒庄"，在这一项目中，外来艺术还会被嫁接到当地建筑中，旨在实现发起者"艺术交融"的初衷，"钢琴会：西洋乐器的音符环绕着由当地工人建造的房屋，也是玉川东西的另一种体现"。给人的感觉是，外来的艺术形态、外来的观赏者飘忽于当地自然与民生之外，除了作为旅游产品的包装外，能够在多大程度上给当地的生态保护、文化发展带来持续影响？还未可知。

目前，这些以乡村文化为核心主题的实践，取决于发起人的选择，具有一定的随机性，还基本属于实验的性质。在这些为数不多的"乡村实践"项目中，村民依然并未成为平等的主体，他们的角色转变只是从旁观者逐渐成为配合者。外来力量对乡村文化的刺激，或者说对村民文化主体意识的激发，是一种选择，但不是最终、最好的选择。

而且，有一些"外来介入"项目在动机描述上，将"投资""经营"

放在"历史保护""文化传承"之前,而且,当地村民与历史、文化被作为可以被观赏的内容、可以设计的产品,在这个过程中,外来者扮演着强势介入的角色,当地村民呈现出的是被动、弱势的角色。

而今,如何有效遏制乡村文化衰变的速度,留住美丽乡村,这一问题引起了越来越多的关注。乡村文化保护的关键在于建构村民的文化主题意识,即在外来刺激的基础上,唤起当地居民的文化自觉,使他们自觉地参与到文化保护、文化传承、文化建设与发展中,才是根本之策。这种文化之果,是原汁原味的,不是外来嫁接的,或是外来者在想象的基础上创造的当地文化。

二 居民为主体的社区文化发展:台湾"社区总体营造"的经验

台湾地区的"社区总体营造"开始于1993年12月,至今已有20年的历史,也不乏相关的研究,因此,本文无意对台湾"社区总体营造"多做介绍性或是"溢美"式描述,而是将注意力放在对居民参与过程的探查以及对居民、社区志工、社区管理人员与当地政府、附近高校之间关系的分析上。

"社区总体营造"这一概念最早出现于时任台湾"文建会"主委、副主委的申学庸和陈其南1993年12月向"立法院"提交的施政报告中,其主要目标在于从"建立社区文化、凝聚社区共识、建构社区生命共同体"入手,实施文化行政的新思维与新政策。根据这一设想,"居住在同一地理范围内的居民,持续以集体的行动来处理其共同面对的社区生活'人''文''地''产''景'等方面的议题,在解决问题的同时,创造共同的生活福祉,最终在居民彼此之间、居民与社区之间建立起紧密的社会联系。其中,'人'指社区居民需求的满足、人际关系的经营和生活福祉的创造;'文'指社区共同历史文化的延续、艺文活动的经营以及终身学习等;'地'指地理环境的保育与特色发扬、在地性的延续;'产'指在地产业与经济活动的集体经营;'景'指社区公共空间营造、生活环境的永续经营、独特景观的创造等"[1]。

---

[1] 赵玉洁:《乡村公共文化空间的多元化实践》,《中华建筑报》2013年1月15日。

从台湾的"社区总体营造"到大陆的"乡村实践" 李 艳

看似由"文建会"主推的"社区营造"及其代表的文化发展思维与政策的转型,如若深究,可以发现促使这一理念提出的背后力量,即被称为"南下""返乡"与"重回部落""地方史志整理"三股民间行动力量的推动。其中,"南下"运动是以高雄这一南部工业城市作为实践基地,将"工人社区"作为重点营造区域,催生了工人博物馆等以工人为主体的文化展示平台;"返乡"与"重回部落"运动是回到家乡的知识分子所发起的,由于他们离乡打拼,而又返乡,兼有国际视野和在地情结,这种身份上的双重性使得他们一方面推行在地经营、世代传承;另一方面,与外界连接,获取更多的关注与支持;地方史志整理,相比前两种力量要较为"平和"一些,主要是"宜兰、淡水、三峡、大溪、鹿港、西螺、新港、台南等地方文史工作者,带动与整合散落在社会各个角落的地方文史调查工作(包括乡村教师、民间学者、作家、医生等),参与古迹保存、生态保育、社区重建等工作"[①]。

在1994年之后,由政府下放资源、提供资助,发动民众参与的"社区总体营造"在全台湾逐渐铺开。尽管"社区营造"在施行过程中,也受到来自各方的一些批评和批判,如有观点认为"社区营造"异化为一些社会组织、文化企业承接政府大宗项目的渠道,不仅没有为民众参与开拓途径,反而阻隔了民众与政府的联系等,但是,客观来看,"社区营造"对于台湾民众参与社区文化发展,确实起到了积极的推动作用,笔者在台湾的实地走访,也验证了这一点。任何一种政策,在实施过程中,都会面临"变调""走味"的可能,对此,需要思考的是,如何防止出现类似的问题、如何趋利避害,而非因噎废食。

(一)从"便当"参与到"快乐"参与:居民参与状态的演变

今天,在台湾,不论是在北部还是南部、城市还是乡村,都不难见到"社区营造"的成效。例如,笔者在台北附近的大溪镇老街走访时,随意走进街边一家经营纪念品的小店,店主对老街的历史文化如数家珍,还从里间拿出一个泡沫塑造制成的道具,戴在头上进行演示,告诉笔者这是他组织当地小朋友排练儿童剧用的。这位小店主是老街"社区营造工作站"的成员,其严肃、认真又不乏热心地跟笔者分享他对文化与社会关系的理

[①] 钟秀梅:《台湾"社区总体营造"的脉络》,《21世纪经济报道》2013年8月16日。

解,说他目前所做的就是要尽可能保留老街的历史文化风貌,并且让更多的人了解和喜欢上大溪老街。这位偶然遇到的小店主所表现出的文化自信给笔者留下很深的印象,他是一位热衷"社区营造"的普通台湾人,也是许多在"社区营造"中逐渐建构其文化自信的台湾人的一个缩影。

但是,今天我们看到的台湾"社区营造"的成效并非是一蹴而就的,居民对其的态度也经历了一个从冷眼旁观到热情参与的过程。笔者在新竹教育大学环境与文化资源学系调研时,了解到一些社区在最初想要开始做一些营造工作时,为了获得政府资金支持,先要组织社区居民开会商讨,做前期准备。这时,居民往往会问会议组织者"有便当吗?"言外之意,"如果连便当都没有,就不要通知我们去参加了",居民从功利的角度出发,急于看到效果,没有得到利益承诺,就不愿意参与和付出。对于"社区营造"项目的组织者来讲,如果项目没有一定的"雏形",又申请不到政府资助。因此,这种两难状况,的确考验着社区项目发起者的智慧与耐心。

因此,当民众的文化自觉还没有被唤醒的时候,"社区营造"的开展与成败在很大程度上取决于少数的"带头人",这些带头人可能是一些带着先进理念从国外或大城市返乡的知识分子,可能是有着前瞻视野的基层工作人员,也可能是一些社会组织。因此,在最初的时候,"社区营造"项目的出现具有一定的偶然性。能够坚持下来,并最终获得一定成效的"社区营造"项目也是多种因素共同作用的结果,需要发起者对社区居民的态度和心理有足够的认知,并且能够通过有效的方式将提升居民的文化自觉与激发居民的社区参与意识结合起来,而且还要认识到居民文化参与能力的培养是一个系统工程,在这一过程中,要有充分的耐心;同时,也需要发起者具备与政府部门、文化教育机构沟通的能力与智慧,可以围绕"社区营造"的目标,整合多方资源,建构社区生命共同体。

(二)横向连接与纵向深入:以居民为主体的多方资源整合与融通

所谓横向连接,是指社区与政府、学校、企业及社会机构的协调、沟通;所谓纵向深入,是指"社区营造"项目在融通各方资源的过程中,实现"社区"与"居民"的互动发展,一方面,居民文化自觉、文化参与意识与能力的提升,推动着社区生命体的成熟;另一方面,社区文化的成熟,会提升社区的凝聚力以及居民的文化自豪感和归属感,相应也会激发居民深入参与社区活动的自觉性。

这里将以新竹教育大学、台中教育大学与当地社区的合作方式为例，来对"社区营造"过程中的横向连接进行介绍。其中，新竹教育大学环境与文化资源学系的做法是直接由教师和学生进入社区，帮助社区进行营造方案策划，并在营造过程中提供全程的智力支持，同时，在社区与政府的沟通中发挥积极的作用；台中教育大学的做法是从本科生的培养阶段开始，将一部分教学与实践内容与"社区营造"相结合，解决"社区营造"中亟需的人才问题。

在新竹教育大学调研时，环境与文化资源学系的丁志坚等几位老师带笔者到他们参与营造的竹南埧内社区进行了实地走访。埧内社区，在进行营造之前，由于地势较低、内涝严重，环境较差。在营造之初，丁志坚老师帮助社区根据其拥有的湿地和红树林资源，确定了从"景"入手，在构建社区公共空间和独特景观中增强社区居民的凝聚力和归属感的"社区营造"方案。在具体的专业支持方面，丁老师带领学生帮助社区完成了湿地景观设计方案，具体到蝴蝶、昆虫、木麻黄等动植物资源的利用以及导游讲解词的撰写、导览路牌的设计等；将社区作为本科生实习基地，不间断地有学生住在社区，和社区居民一起来参与日常的营造工作，如为游客担任讲解员、为小学生"乡土营"担任辅导员等。"乡土营"是新竹教育大学帮助社区打造的一个品牌项目，由政府提供资金支持，由埧内社区具体承办，每年面向小学生组织为期3天的夏令营，夏令营以认识乡土社区、认识湿地物种为主题，既是一种回报社会的公益文化项目，同时也是对社区文化的一种传播方式。在社区方面，居民参与已经形成了常态，例如，每周有两三个晚上，是他们固定开会讨论或培训、上课的时间，一起打磨讲解词或是请大学的老师来进行专题讲座。目前，埧内社区的营造已经与政府、高校和社会之间形成了良性循环，并且具有了一定的知名度，笔者在当地走访时，正巧遇到新竹和苗栗40多个社区的代表组团在埧内社区参观，当地农会会长夫妇担任当天的讲解员；一旁是新竹教育大学的本科生正在为"乡土营"的小朋友们进行讲解；湿地旁的林荫道也吸引了一些游客来此休闲、锻炼。

与新竹教育大学环境与文化资源学系相比，台中教育大学文化创意产业设计与营运学系参与社区营造的特点不在于定点为某一社区提供智力支持，而是在学生培养理念以及具体的课程设置中渗透"服务社区"的意识。在该系调研时，黄位政院长带领笔者参观了本科生设计作品展，从中可以看出学生们从各个社区所特有的文化资源中捕捉灵感，积极参与社区文化发展的鲜活主体意识。

（三）把握需求、应时而动：在老、旧资源中发掘社区独特价值

在台湾，有一些老街曾经有过繁华，但后来由于人口向大城市迁移，老街的繁华不再。但是，在经济发展到一定程度后，人们有了怀旧的需求，从而产生了一定商机。于是，有一些老住户陆续返回老街，"一家一馆一特色"，发展集观光、餐饮、购物于一体的休闲旅游。以新竹的湖口老街为例，街道两侧的巴洛克式建筑有着厚重的历史感，特别能满足游客的怀旧情结，随着游客的不断增多，老街的一些居民也陆续"回流"，他们开办假日市集、私房客家菜，令游客趋之若鹜。为了使社区文化结构更加完整，湖口社区发展协会向政府申请经费，对社区内的教堂进行了整修，对游客开放；社区茶艺馆在假日会组织国乐传习，小朋友们可以在这里学习二胡、笛子、古筝。用当地居民的话说就是"留住旧的、美的东西"。

在社区营造过程中，地方民俗活动的开发、古迹和建筑特色的建立、地方文史人物主题展示馆的建立、居住空间和景观的美化等，都可以成为社区营造的内容和形成特有文化品牌的途径。

三 从激发"人"的文化主体性入手：文化治理中的多主体融合策略

从文化管理到文化治理，虽然只是一字之差，但其理念却大有不同。从文化管理向文化治理的转变，需要逐步确定多元主体的参与地位，特别是明确城乡居民作为参与主体的地位，从激发"人"对自身文化主体性的认知入手，不断提升城乡居民的参与意识与参与能力，只有这样，才能真正实现文化治理的目标。

（一）以共同目标为前提，形成多元主体的互相促动机制

文化治理的理想状态是在政府与民众之间建立起良好的互动机制，其中，既可以是在政府的主导下形成某项文化决策，具体由民众来实施；也可以是民众在文化实践中的探索，被政府所认可与采纳，继而形成文化决策。

前者如台湾地区的"社区营造",在"文建会"提出"社区营造"的概念后,台湾"行政院"还修法制定了"社区营造条例",此后,政府其他"部""委"相继推出各自的社区计划,如"环保署"的"生活环境改造计划"、"经济部"的"创造形象商圈计划"以及"新故乡营造计划"等,从而为社区的整体营造提供了良好的政策环境,一方面激发了社区居民的参与意识,另一方面也为社区自发的营造活动提供了政策和资金扶持。

后者如威尼斯的 San Barnaba 社区,该社区位于威尼斯本岛中部、大运河支流西岸,在地理位置、特色资源等方面都缺乏优势。2009年年初开始,社区居民在没有获得政府许可的情况下,开始在广场上摆摊销售二手书和生活用品,继而发展成为一个小有规模的市集。当年5月,San Barnaba 社区居民通过威尼斯市政厅正式向威尼托大区议会与威尼托大区政府提出合法使用 San Barnaba 广场空地的要求。经过近6个月的评估与考察,威尼托区政府正式划定 San Barnaba 社区的范围,并允许社区居民可以利用 San Barnaba 广场空间进行自主经营。威尼斯传统市集也从此形成。与此同时,威尼托区政府与威尼托文化遗产保护部为保证 San Barnaba 广场不遭破坏,对每天市集的开放时间、地点以及市集陈列架材质等均做出明确规定。如今,San Barnaba 已经发展成为集传统市集、玻璃制品店、蕾丝制品店、面具店、手工艺品店、书店、餐厅、宾馆等多种文化服务设施为一体的新型本土文化社区,该社区吸引了大量国外游客,成为他们在威尼斯观光购物的重要一站。在提升当地居民经济收益的同时,由于规制得当,并未使居民的生活受到影响,政府功能的合理发挥,为社区文化、经济以及生态环境的和谐构建奠定了基础。

进入21世纪以来,特别是近五年以来,随着国民受教育程度的提高以及网络新媒体的发展,公民社会参与能力与参与途径已经不再是制约公民参与的主要因素,关键是要进一步明确"人"的参与主体地位,并通过互动机制的建立,增强民众的参与信心。"社区"作为存在于政府和国民个体之间的特定区域,可以更多地发挥沟通功能,既可以代表居民与政府对话,也可以使社区成员在共同的参与行为中形成社区归属感和参与满足感。

(二) 认识到个体的"人"参与公共文化构建的客观规律

康德认为"人是目的,不是工具","一切人都是目的,而且一切人又彼此地都是手段"。亚当·斯密在《国富论》中提出"理性经济人"理论，他认为假如一个人在需求中能够唤起另一个人的利己之心，让对方认为与其合作是一件对自己有益的事情，那么，才有可能说服对方。

台湾"社区营造"的例子也说明了这一点，在开始阶段，当社区居民并未认识到社区文化发展、公共空间营造与自身利益之间的关联时，会向社区营造工作站要求直接的经济回报，例如开会要发便当等。"社区营造"发展到今天，虽然被批评者认为是为一些NGO组织提供了承揽政府项目的机会，但客观来讲，其对于改善台湾城乡社区的环境、开发社区文化资源、增强社区凝聚力、提升居民文化自豪感等起到了积极的作用。在台湾随处可见的志工，当被问及是否有补助时，他们往往非常自豪地说"都是无偿的，没有报酬"。当社区居民将自身得失与社区发展联系到一起时，其会逐渐意识到每一个人的积极参与对于社区发展的意义以及社区发展将给每一个人带来的回报，包括物质层面的回报和精神层面的回报。

因此，我们在社会文化发展的过程中，不仅不必对个体所表现出的利益诉求表示失望，而且要对这一诉求进行合理的引导与满足，使个体在社会参与的过程中获得物质和精神两个层面满足感的平衡。

（三）围绕提升个体参与能力，探索高校与社区的合作模式

本文第一部分在对文化治理内涵的分析中提到，"文化治理"最终要实现的是以"合作"取代"管理"成为政府文化部门的基本执政思路，这一目标的实现，是以"在一个互动体系中，相互依存的各种政治、经济、社会组织逐步培育出的一种新的公民社会关系"[1]为基础的，而公民社会关系的培育，离不开公民参与意识、公民参与能力的培养，高校作为人才培养和智力输出机构，在这一过程中可以发挥重要的功能。围绕提升公民参与能力，高校与社区的合作模式可以从三个方面进行探索：一是高校相关专业直接为社区文化发展提供项目策划、执行方面的指导，包括对居民进行其所需的各种培训，如新竹教育大学环境与文化资源学系与竹南塭内社区的合作模式；二是高校相关专业在人才培养中融入与社区文化发展相关内容，引导学生关注社区文化发展需求，培养学生社会参与的意识和解决实际问题的能力，这一意识与能力将像种子一样，随着一批批学生

---

[1] 郭灵凤：《欧盟文化政策与文化治理》，《欧洲研究》2007年第2期。

走向社会，而不断播散和影响越来越多的人，如台中教育大学文化创意产业设计与营运学系的做法；三是高校相关专业与社区合作建立实习基地，在社区营造不断发展成熟之后，将会实现对高校的"反哺"，社区居民的参与热情、参与方式等都将影响到来此实习、实践的学生，使他们在鲜活的体验中，更深刻地理解个体与社区、个体与社会的关系。在高校与社区不断深化的互动合作中，文化治理所需要的"新的公民社会关系"将得以构建。

综上，无论是城市还是乡村，文化治理目标的实现，离不开对"人"的关注，离不开对"人"的文化主体性的激发。党的十八届三中全会提出"创新社会治理，必须着眼于维护最广大人民的根本利益，最大限度增加和谐因素，增强社会发展活力"，文化治理与社会治理密不可分，如何从当前社会发展与文化发展的实际出发，在确定科学理念的基础上，顺利实现由"管理"向"治理"的转型，不断探索行之有效的治理方式，是当前社会文化发展所面临的重要课题。

（李艳：首都师范大学文学院文化产业系副教授）

文化创意产业视野下的传统艺术传承与开发

——以台湾传统艺术中心为例

罗赟

摘要： 2002年1月，台湾传统艺术中心正式挂牌运用。中心实现了艺术传承和休闲娱乐的融合发展，在保护传统艺术、进行文化教育的同时，也为大众提供了休闲娱乐好去处。传统艺术中心用体验式传播推广民俗文化、动态演出传播传统艺术、依靠创意在细节中体现匠心，这些做法都是值得学习和借鉴的。可以看出，让艺术在人民的生活中发展，在产业的推动中传承，是一条双赢的良性循环之路。

关键词： 文化创意产业 传统艺术

"文化创意产业"是21世纪的时代趋势，也是知识经济的重要组成部分。如何在产业视野下保护并开发传统艺术，是文化发展的重要课题。台湾地区早在20世纪80年代，就开始注重文化产业的发展，其中传统艺术中心的开发与运营，是台湾文化创意产业与传统艺术结合发展的重要代表，也是我们值得研究和学习的案例。

一 关于台湾传统艺术中心

台湾传统艺术中心设立于宜兰县冬山河风景区下游，园区占地24公顷，依据传统戏曲、音乐、舞蹈、工艺及各项民俗杂技的需求所筹建。园区内分为一庙（文昌祠）、二馆（蒋渭水演艺厅、曲艺馆）、三条街（民艺街、传习街、临水街）。全台湾首座官祀庙宇文昌祠，主祀文昌五圣君、配祀戏曲及工艺等祖师爷；民艺街囊括各种不同类型工艺家示范展演、工艺品展售，亦有DIY课程可参与体验；黄举人宅、广孝堂则展现闽南式传统建筑特色。此外，每年四季都会设计不同的传统艺术飨宴，规划传统戏剧、音乐、工艺、舞蹈、童玩、民俗技艺等动、静态展演活动，是台湾传统艺术总汇之地。[①]

传统艺术中心的建筑由简学义、陈森藤、蔡元良、黄声远等多位台湾知名建筑师合作，把台湾传统建筑表现得十分精美，也让艺术中心园区荣获"2001台湾建筑佳作奖"。整个园区的房子以红砖为主材，多为两层楼高，街道则铺设灰色石板，保留了传统建筑和街道的古朴美。园区按照功能可以划分为四大区域，第一部分是传统艺术传习区，提供传习、排演、研究、教学等活动；第二部分是传统建筑体验区，包括广孝堂、黄举人宅两个历史建筑，另建有文昌祠、戏台等传统建筑；第三部分是传统工艺推广区，包括传统工艺坊、童玩坊等传统工艺体与售卖；第四部分是景观体验区，包括湿地、内河道、野外广场、民俗植栽园等。在园区内，自然景观和人文景观相得益彰，观光场所和体验场所和谐共处。整个艺术中心，以动静结合的方式展示传统民俗文化。动态展示是以园区内市街聚落区以及水岸的露天舞台、田园景观区等为主，定期举办不同的技艺表演活动；静态展示以展示馆的传统工艺没术与戏剧馆相关文物展示为核心。展现了传统艺术与现代创意设计相结合的融合发展理念，让人在轻松愉快之中领略文化与艺术之美。

二 台湾传统艺术中心的启示

（一）体验式传播推广民俗文化

俗话说"十里不同风，百里不同俗"，民俗文化是由广大人民所创造、所享有与传承的生活文化，是一个国家与民族的重要遗产。民俗文化包括服饰文化、饮食文化、居住及特有的民族节日等民俗风情。由于各地的地理环境和历史背景不同，各民族的文化也各有特色。对于民俗文化的开发，是旅游产业发展的重要环节。以传统艺术中心为例，在这里能够体验到台湾传统的饮食、服饰和居住文化，并且，所有的传播都不是生硬的说教，而是体验式传播。

在中心园区内，最令人流连的是各种工艺店。从盐巴店到肥皂店再到

---

① 传统艺术中心官方网站，http://art.pcsc.com.tw/ncfta/aboutncfta/aboutncfta.jspx?me=1。

陶艺馆、玻璃馆等，都各具特色，不仅还原了居民传统的生活美学与工艺，还能够让游客参与进来，一起体验手工的乐趣。以盐巴店为例，在店的大门口，就有一个装饰精美的木槽，中间盛放着没有加工的粗盐，游客们忍不住都要抓上一把，体验一下盐在手心的质感。在木槽旁边，还有一个供游客体验用盐洗手去污的地方，体验步骤是先用盐缸里的盐搓手，再用木勺在旁边的水槽里舀水冲洗。道理虽然简单，但是对于久居城市的人而言，却是一种新鲜的感受。用惯了化学制剂的城市居民，在这里勾起了对传统工艺的兴趣和情感。在盐巴店内，不仅陈设着各种不同来源、不同味道、不同用处的盐，还按照不同生日，把三百六十五天对应起三百六十五种不同颜色的盐，并且配上说明文字，解读这天出生的人的性格才情。这样的创意想法，给盐的科普增添了趣味和情调。在传习街上，有很多店铺是带有体验项目的，如这里有全台湾唯一一家制作油伞的工坊，游客可以在这里用颜料在油伞模型上绘制自己喜欢的图案；还有肥皂工坊，游客可以体验手工制作肥皂的过程。这些民俗文化的体验式传播，寓教于乐，老少皆宜。

国内的旅游资源，往往依托于风景名胜和历史建筑，由于资源丰富，地大物博，还处于粗放经营的状态。对于非资源依赖性的民俗文化项目，则并没有花精力去开发。很多地区对于民俗文化的解读，还停留在吃个农家菜的阶段，并没有把民俗文化中最精髓的地方挖掘出来。对于很多比较热的少数民族民俗村而言，有的过于艺术化，文化真实性展示不明显[1]；还有很多民俗村的内容和服务雷同，没有当地特色；有的则与自然景观的结合过于粗制滥造，没有现代感和设计感，体现不出民俗文化的闪光点。我国著名的民俗学家刘锡诚认为，民俗与旅游是一对孪生兄弟，现代旅游活动中，只要旅游者离开他惯常的居住地到异地时，就会感受到一种与自己惯常居住地不同的风土人情，如居所、饮食、服饰、礼仪等。这种对于风土人情的感受，跟看山水名川、奇峰异石同样重要，实际上是整个旅游过程中最具有人文色彩的部分，也是把人的精神和自然景观合二为一的过程。

---

[1] 《民俗文化旅游品牌战略研究——以刘三姐文化旅游为例》，《旅游经济》2010年第8期。

（二）动态演出传播传统艺术

传统艺术中心既是台湾当局指定的传统艺术调查、保存、传习和推广中心，也是传播中心、体验中心。台湾艺术中心就建立在园区内，占地1.8公顷，设有1055席大表演厅、300席实验剧场及音乐资料馆，这个载体承载着许多非物质文化遗产的保护与开发。2015年10月17日—11月1日，2015亚太传统艺术节在此举行，来自中国大陆、台湾地区，日本、印尼当地等多个艺术团体齐聚一堂，全面展现小戏、偶剧和当代精品的艺术风姿。这样的基本功能定位，把传统艺术中心与纯粹的体验型民俗园区别开来，不仅能吸引外地游客，也能把它建设成为本地传统艺术爱好者的乐园。

在参观传统艺术中心期间，正好遇到园区中心戏台上演歌仔戏，戏台下面密密麻麻地坐了许多观众。歌仔戏是福建及台湾地区的汉族传统戏曲之一。起源迄今约有百余年历史，相传歌仔戏是由福建漳州地区的"歌仔"（锦歌），结合车鼓小戏的身段与地方歌谣小调发展而成。"歌仔"原为说唱艺术，自明代以降即流传于漳州地区，锦歌为每首四句的汉族民间小调（以七言或五言为一句），原先仅是描述日常生活的歌谣，后来才发展成演唱地方故事的小调。"车鼓"则属歌舞小戏，盛行于福建民间，随着移民的迁移，歌仔音乐与车鼓小戏乃传入台湾。目前歌仔戏与京剧、豫剧在台湾戏曲舞台上呈三足鼎立局面。根据《台湾省通志》及《宜兰县志》的记载，皆谓歌仔戏起于宜兰员山结头份。既然跟宜兰关系紧密，在宜兰的传统艺术中心里面定期上演歌仔戏，就成了水到渠成的传播与推广方式。对于歌仔戏喜爱的观众可以专程前来观看，没有接触过的游客也可以驻足观赏，了解这种民间戏剧的美。有时候，这个戏台也会上演木偶戏，在节假日还有很多表演团体来这个舞台表演。这种动态的展示，在静态的空间中热闹起来，响亮起来，是对空间的升华，赋予了空间时代感和历史感，恰到好处地把人们带到传统艺术的时空对话中。

国内"一窝蜂"发展起来的民俗文化村，有很多初衷并不是保护传统文化，发扬民俗文化特色，而是纯粹商业推动，这样的项目很难从格调和气质上胜出。还有一些项目受经济利益的驱使，反而对传统艺术反而造成侵害。所谓"不忘初心"，文化创意产业发展的过程中，不忘记对传统艺术的保护与传承，反而会让自身的发展具有可持续性和高附加值。

（三）依靠创意，从细节中体现匠心

在旅游体验中，细节很容易影响游人的感受。如游览的顺序是否合理、休息场所是否便利、指示是否清晰、是否有干净的卫生间、解说和图示是否到位等都会影响游客的满意度。这些设计，不仅要科学，还应该亲切而有创意。

在园区内的文昌祠旁边，有条美食街，有各种宜兰小吃供游客品尝。走到附近，就会被宜兰饼、古早味面茶、包心粉圆、金橘柠檬、花生冰激凌等美食的香味吸引。游客一路走一路吃，既能了解宜兰的风土人情，又省去了旅途中的饮食安排的麻烦。值得一提的是，星巴克就在小吃街对面，对于很多有现代品牌依赖症的人而言非常惊喜。星巴克主要销售饮料，与小吃和主食配合起来，既保证了品质，又不妨碍当地美食特色的推广。现代服务业的标准化作业是品质的保证，很多人的日常生活离不开它们。把这些知名品牌的服务商引进园区内，融入园区的整体建筑风格中，只要不破坏园区的整体协调，就能给服务增添保障。

在园区内，还无处不见各种创意，把趣味和实用结合起来。在入口处，有个木质的公告栏，上面密密麻麻挂着各种印有图画和字的小纸片，旁边有一个半人高的抽签桶，抽出签来对应纸片，而纸片则是各个商铺的打折券，游人可以自取。这个细节虽小，但充满了趣味性，游客们参与得高兴，商家也乐得一见。在园区内，各种休息的椅子都是特色木雕，比如有的椅背是身着传统服装的小人，有的椅腿是刻画生动的面具等。这样的细节融入园区的整体建设中，使得园区移步即景，生动活泼。

三　文化创意产业视野下的园区发展之路

"文化创意产业"一词1994年在台湾被提起。1994年，为了应对工业化转型所产生的城乡失衡以及振兴地方产业，台湾"文建会"提出"社区总体营造政策"，并提出了"文化产业化、产业文化化"的政策和发展文化创意产业的理念。"文化创意产业"概念正式出现在台湾的文化领域中，并一度成为"社区总体营造政策"的核心。[1]

---

[1] 参见魏然《台湾文化产业论稿》，吉林人民出版社2010年版。

2002年，为了进一步推动文化创意产业发展，台湾当局制订出"挑战2008：台湾发展重点计划"，意在弥补过去五十年来注重传统工业和高科技工业发展的文化缺失，打造以文化和美学为核心基础的文化创意产业。其范畴主要包括三个方面[①]：第一，文化艺术核心产业：以精致艺术的创作与发表为主，如表演（音乐、戏剧、舞蹈）、视觉艺术（绘画、雕塑、装置等）、传统民俗艺术等。第二，设计产业：建立在文化艺术核心基础上的应用艺术类型，例如流行音乐、服装设计、广告与平面设计、影像与广播制作、游戏软件设计等。第三，创意支持与周边创意产业：支持上述产业之相关部门，如展览设施经营、策展专业、展经纪、活动规划、出版行销、广告企划、流行文化包装等。该计划对人民生活形态的改变和台湾经济转型产生了至关重要的作用。台湾当局为保持文化创意产业良好的成长态势，2002—2009年，投入文化创意产业的总经费合计98亿元台币。[②] 2008年之后"文化创意产业"逐渐成为新的支柱力量。

在这样的大背景下，传统艺术中心发展起来。1990年，台湾提出了"筹设东北部民俗技艺园计划"，后于1995年转型为"传统艺术中心筹设计划"，并定位为"文建会"的附属机构。1996年筹备处成立，2002年1月28日正式挂牌运作，并于次年展开招商作业。2004年与统一超商股份有限公司签约，成立统一兰阳艺文股份有限公司负责园区营运，传统艺术中心本身则专心于艺术保存工作。[③] 这两套不同的体系，实现了艺术传承和休闲娱乐的融合发展，在保护传统艺术、进行文化教育的同时，也为大众提供了休闲娱乐好去处。由此可见，从宏观来讲，政府的大力支持，推动了文化创意产业的发展。文化创意产业的发展又给传统艺术的保护赋予了活力和动力。这样一种融合发展的道路，实际上是让艺术在人民的生活中发展，在产业的推动中传承，是一条双赢的良性循环之路。

（罗赟：首都师范大学文学院文化产业系讲师）

[①] 于国华：《文化创意产业：台湾文化政策中的"产业"发展》，《福建艺术》2006年第3期。
[②] 《创意台湾——文化创意产业发展方案行动计划2009—2013》。
[③] "国立"传统艺术中心官方网站，http://art.pcsc.com.tw/ncfta/aboutncfta/aboutncfta.jspx?me=1。

日本"全球重要农业文化遗产"的
现状与经验

杨 慧

摘要： 全球重要农业文化遗产是由联合国粮食及农业组织（FAO）在全球环境基金（GEF）的支持下发起的全球性农业文化遗产保护和发展项目。截至2015年10月，全球共有14个国家的32处农业生态系统被联合国粮农组织认定为"全球重要农业文化遗产"，而其中日本有五处入选。通过对日本的五处"全球重要农业文化遗产"的现状进行归纳与分析，希望日本在这些农业文化遗产项目的管理体制、财政措施以及相关文化产业建设上的经验，能对我国的全球重要农业文化遗产的保护与发展有所启示。

关键词： 全球重要农业文化遗产　联合国粮农组织　日本农业　农业文化产业

一 "全球重要农业文化遗产"概述

全球重要农业文化遗产（Globally Important Agricultural Heritage Systems，GIAHS），是由联合国粮食及农业组织（Food and Agriculture Organization of the United Nations，FAO）在全球环境基金（Global Environment Facility，GEF）的支持下，发起的全球性农业文化遗产保护和发展项目。联合国粮农组织对全球重要农业文化遗产定义为："农村与其所处环境长期协同进化和动态适应下所形成的独特的土地利用系统和农业景观，这种系统与景观具有丰富的生物多样性，而且可以满足当地社会经济与文化发展的需要，有利于促进区域可持续发展。"[1] 在这一项目的设立下，截至2015年10月，联合国粮农组织

---

[1] 白艳莹、闵庆文、刘某承：《全球重要农业文化遗产国外成功经验及对中国的启示》，《世界农业》2014年第6期。

在全球共认定了 32 处"全球重要农业文化遗产",具体分布为阿尔及利亚 1 处、智利 1 处、中国 11 处、印度 3 处、伊朗 1 处、日本 5 处、肯尼亚 1 处、摩洛哥 1 处、秘鲁 1 处、菲律宾 1 处、韩国 2 处、坦桑尼亚 2 处、突尼斯 1 处、沙特阿拉伯 1 处(2015 年新加、暂定),共覆盖了 14 个国家。同时,全球还有 95 处农业文化系统被列入了 GIAHS 的考察范围,被认为是潜在的全球重要农业文化遗产的候选地。[①]

从联合国粮农组织的界定来看,这些农业生态系统主要可分为几个大类:(1)山地稻米梯田农业生态系统,即将梯田和森林利用较好地有机融合,以菲律宾的依富高水稻梯田为典型。(2)多熟种植或混合种植农业系统,即有突出表现的多种作物联合耕种,甚至结合气候多样性和地貌多样性进行生产安排,较好的例子是秘鲁的的喀喀湖附近的农业系统。(3)林下叶层农业系统,即那些使用了森林多层生态的农业,新几内亚岛等太平洋岛屿国家是其典范。(4)游牧或半游牧系统,即融合牧草、放牧、水、盐、森林等多要素为一体的,具有流动性和多样性的畜牧文化景观,如蒙古和也门的一些牧场。(5)古代灌溉等水土管理系统,这一类的农业文化遗产的难能可贵之处在于大部分是旱地如何在有限的自然条件下保持水土与农作物的多样性,典型是北非的马格里布绿洲。(6)低于海平面的农业系统,多指湿地、三角洲等在维持水土和创造耕地上有独到技术的农业系统,这一方面表现突出的有印度西南部喀拉拉邦的库特兰德湿地。(7)部落农业遗产系统,这些农业系统包含着各种传统部落对种植的农业实践,尼泊尔帕坦的稻鱼文化便是典型。(8)高附加值作物农业系统,即那些传统的进行某种高附加值的农业生产的系统,如伊朗、阿富汗、印度克什米尔地区的藏红花农业系统。(9)打猎—采集农业系统。这是一种较为特殊的农业系统,如乍得的野稻采集等。[②]

二 日本"全球重要农业文化遗产"现状

日本虽是一个岛国,但推敲、追究起来,其历史文化发展脉络却更属

[①] 数据来源:世界粮农组织网站,http://www.fao.org/uploads/media/COUNTRIES_WITH_DESIGNATED_GIAHS_SITES_WITH_POTENTIAL_SITES2.pdf。

[②] 数据来源:世界粮农组织网站,http://www.fao.org/giahs/giahs/agricultural-heritage-systems/en/,2015/11/7。

于农业文明而非海洋文明。究其原因，恐与中国为代表和起源的东亚大河农业文明的影响密不可分。"从东亚文明系统的地理形势上论，日本乃是东亚大陆的一个侧翼。这种特殊的地理形势，使日本古代文明成为了东亚大河农业文明的一个极典型的变种。这里'变种'的意义在于：日本农业文明是东亚大陆文明直接输入的产物，其基本模型也是东亚大河农业文明式的。同时，日本农业文明又具有其民族性和列岛性。从东亚大河农业文明在东亚大陆发源时起，这种文明就已经开始输入日本，此后的输入一直源源不断。'大化革新'表明东亚大河农业文明之日本变种已经确立。在日本'明治维新'之前，日本始终是作为东亚大河农业文明系统的一个子系统而存在，具有母系统的一切基本特质。"[1]

迄今为止，日本共有五处农业生态系统被联合国粮农组织认定为"全球重要农业文化遗产"：

（1）佐渡岛稻田——朱鹮共生系统（Sado's satoyama in harmony with Japanese crested ibis，トキと共生する佐渡の里山）。佐渡岛属于日本新潟县，是日本的第六大岛屿。佐渡岛在以前曾一直是珍稀野生动物朱鹮的栖息地，然而从19世纪开始，工业化的高速发展等人类活动对其造成了极大破坏，朱鹮数量急剧减少，而在2003年，日本本土出生的最后一只朱鹮死亡。所幸中国曾在1998年赠送过两只朱鹮给日本，于是日本政府高度重视对来自中国的这两只朱鹮的饲养繁育，如今的佐渡岛上朱鹮的数量又得到了恢复，且均为中国朱鹮的后裔。而更为重要的是，为了给朱鹮营造良好的生存环境，兼顾当地的农业发展，佐渡岛的农业生态在传统农业文明的基础上采取了更多的措施，来培育生物多样性、保护农耕与恢复生态，"如在田间修建土质的积水洼地和积水沟渠，为鱼类提供生存环境；修筑可使泥鳅、鱼类和小型水生物在田块间自由活动和逃生的'鱼通道'；秋收后水田重新灌水，为朱鹮提供过冬和觅食的场所，也为田间生物创造一个全年的生活环境；人工建造毗邻稻田的水生群落生境，为水生生物提供了常年的避难所，也是生活在水田及周围生物的重要补给源"[2]，最终成为一个保护稀有动物、恢复当地生态环境、推动本地农业发展的成

---

[1] 张敬秀、田建平：《东亚大河文明系统论略》，《内蒙古大学学报》（社会科学版）1995年第1期。

[2] ［日］山本雅仁：《朱鹮之岛：日本佐渡岛稻田——朱鹮共生系统》，张永勋译，《世界遗产》2014年第9期。

功案例。该地于 2011 年入选全球重要农业文化遗产。

（2）能登半岛山地与沿海乡村景观（Noto's Satoyama and Satoumi，能登の里山里海）。能登半岛的这一区域属于日本石川县，能登半岛自身乃是日本本州北岸的最大半岛。这一区域有山有海，山海之间的村落农业系统包含了多元复杂的生态，如次生林、农田、灌溉池、草场、潮汐滩地、海草场等。然而全球性的城市化、农村人口减少以及老龄化等问题使得这一独特地区的农业生态面对重重危机，农业土地被征用为工业用地、住宅用地，低价进口木料对能登林业市场的冲击等，使得传统的里山里海（Satoyama and Satoumi）面对着饮水不足、水土流失等问题。在 2011 年能登半岛山地与沿海乡村景观入选了联合国粮农组织的"全球重要农业文化遗产"后，由石川县政府牵头、联合区域相关的四城五镇，以及当地的农业、林业、渔业、商业和旅游业，让该地的农业文化遗产才得到了较好的保护。[①] 还值得一提的是，该地的"奉灯祭"于 2009 年被联合国教科文组织列为人类非物质文化遗产。该祭祀活动是为了祈祷丰收和感谢神灵，故也与农耕仪式形成配合。这一祭祀习俗与庆典，与能登半岛山地与沿海乡村景观一起，组合成了当地的旅游文化资源，拉动了当地旅游业的发展。

（3）阿苏可持续草地农业系统（Managing Aso Grasslands for Sustainable Agriculture，阿蘇草原の持続の農業）。该农业系统位于日本的九州岛熊本县东北部，这一区域较为特殊的是在熊本县阿苏地区分布着许多活火山。熊本正是以这种复式火山而闻名，其中最大的火山口周长 128 千米，是世界上最大的活火山之一。而正是这一独特的地理条件造就了当地独特的农业方式和农业文化，被当地人称为"水火共存的农业"[②]。虽然火山的喷发对当地的农业存在着不定期的威胁，但当地人也利用火山灰作为丰富的土壤原料进行草场建设。以草为本，阿苏草原现在的农业生产包括饲料种植、干草制成、野草堆肥、草场放牧、稻田开发、屋顶材料生产和生物资源培养等。阿苏草场更是将自身打造成了一个融农产品、自然风光、火山文化等于一体的文化产业，在食品业和旅游业都树立起了"阿苏草

[①] Evonne YIU, "Noto Peninsula after GIAHS Designation: Conservation and Revitalization Efforts of Noto's Satoyama and Satoumi", *Journal of Resources and Ecology*, Vol. 5, No. 4, 2014, p. 365.

[②] Food and Agriculture Organization of the United Nations (FAO), "Managing Aso Grasslands for Sustainable Agriculture", http://www.fao.org/family-farming/detail/en/c/282483/, 2015.

场"的品牌（Aso Grassland Label）。阿苏可持续草地农业系统于2013年被联合国粮农组织选定为"全球重要农业文化遗产"。

（4）静冈县传统茶—草复合系统（Traditional tea-grass integrated system in Shizuoka，静岡の伝統的な茶草場農法）。静冈县位于日本东京与大阪之间，地处日本交通要道之上。静冈县还是日本最大的茶叶产地，多年产量位居日本第一。"2011年，日本全国的茶园面积为4.62万公顷，静冈县就达到1.87万公顷，占全国约40%，而茶叶流通量占全国的约60%。"[1] 静冈县的茶园的一大特殊之处，就在于对草地的利用。在静冈，茶树的四周多种植着各种草类，春夏季任其生长保持水土，而到了秋天则将其割下，覆在茶树的根部，一方面保护了茶树的根部使之得以顺利保暖过冬，另一方面逐渐枯萎的草木又成了茶树来年的养料。此法在古代日本流行于多地，而以静冈的绿茶种植使用得最为典型。"在茶草场中，可观察到300种以上的草地植物，其中有7种被确认为特有物种。这种农业与生物多样性齐头并进的发展方式受到世界的认可。"[2] 静冈县的这种传统茶—草复合系统于2013年被联合国粮农组织确立为全球重要农业文化遗产。

（5）国东半岛林农渔复合系统（Kunisaki Peninsula Usa Integrated Forestry, Agriculture and Fisheries System，国東半島・宇佐の農林水産循環システム）。国东半岛位于日本大分县东北部，这里既有农耕地，也有池塘和森林，因此，该地区的独特农业系统，则是将种植业、渔业和林业融为一体。国东半岛这里最突出的特色当属一种叫作溜池（Tameike）的蓄水池，用以存贮泉水或河水来进行水稻耕作或树林保护。有研究者指出最早的溜池在日本弥生时期就已出现（公元前300—公元300年）。而在国东半岛这里的溜池则多是江户时代（1603—1867）的遗产[3]。凭借溜池进行的农业生产中有两项活动较为独特，一是香菇种植（Shiitake Mushroom Farming），二是七岛草编织（Shichitoui Mat Weaving）。国东半岛林农渔复合系统在2013年入选全球重要农业文化遗产。

---

[1] 新华网日本频道，《记者探访日本最大茶乡 看日本茶园长啥样》，http://japan.xinhuanet.com/jpnews/2013-11/12/c_132878706.htm，2015年11月7日。

[2] 大公报：《静冈"茶草场农法"有机种绿茶》，http://news.takungpao.com/paper/q/2013/1118/2044713.html，2015年11月7日。

[3] Kazem VAFADARI, "Tameike Reservoirs as Agricultural Heritage: From the Case Study of Kunisaki Peninsula in Oita, Japan", *Journal of Resources and Ecology*, Vol. 4 No. 3, Sept. 2013, pp. 220, 222.

三 日本"全球重要农业文化遗产"的保护与运作经验

（一）管理体制

农业文化遗产在日本属于政府职能部门农林水产省负责，其下的农村振兴局则直接积极推进着日本全国的全球重要农业文化遗产的保护和申报工作，并将GIAHS的认定工作的最新会议、进展等信息及时向地方政府传递。而县市两级则负责更具体的政策落地问题，往往通过成立专门机构对全球重要农业文化遗产的入选地进行保护和发展，如能登半岛山地与沿海乡村景观全球重要农业文化遗产执行委员会（能登の里山里海世界農業遺産活用実行委員会）、阿苏地区全球重要农业文化遗产推进协会（阿蘇地域世界農業遺産推進協会）等都是典型。同时，这些"全球重要农业文化遗产"之间还形成了联盟关系，"建立了日本GIAHS网络联盟。在日本的五个GIAHS保护试点'日本大分县国东半岛林—农—渔复合系统''日本能登半岛山地与沿海乡村景观''日本熊本县阿苏可持续草地农业系统''日本佐渡岛稻田——朱鹮共生系统'之间建立涉及28个地方政府的网络联盟"[①]，彼此之间交流经验、分享价值。

（二）财政措施

为了鼓励当地的居民从事与全球重要农业文化遗产相关的行业与工作，使这些文化遗产得以长期存续下去，日本的五个"全球重要农业文化遗产"入选地都出台了相关的税收减免和财政鼓励的政策。如佐渡岛稻田——朱鹮共生系统，"对佐渡岛上坡度在1/20及以上的半山区，每户每年每10公亩补2000日元；对水稻田冬季灌水的农户，每年每10公亩补2000日元；对修建非硬化的积水沟渠的农户，每年每10公亩补3000日元；对提供鱼通道的农户，每段每年每10公亩补4000日元；对创建水生群落生境的农户，每年每10公亩补7000日元；对进行了以上各项中的两项和两项以上的行动的农户，每年每10公亩另补3000日元；对野生生

---

① [日] 山本雅仁：《朱鹮之岛：日本佐渡岛稻田——朱鹮共生系统》，张永勋译，《世界遗产》2014年第9期。

物调查活动的协助组的负责者,每次补偿4000日元"①。而又如能登半岛山地与沿海乡村景观,则得到了石川县森林环境税(Ishikawa Forest Environmental Tax)以及里山创新基金(Satoyama Creation Fund)的支持。石川县森林环境税自2006年起征收,是一种日本的县级强制税种,每年个人需缴纳500日元,而企业则需缴纳1000—40000日元。该项税种平均每年能为维护当地生态系统收取3.7亿日元。②

(三) 文化产业建设

全球重要农业文化遗产,顾名思义,除开农业生产属性,其本身承载的文化价值也是珍贵的人类遗产。日本的这五处地域,都结合当地的旅游资源,将农业文化遗产与旅游、节庆等文化产业一体发展,使得农业文化遗产不仅是一种文化景观游览,也是一种文化体验消费。如富士山就在静冈县内,静冈的农业生态旅游路线与富士山观光已经开始出现融合;而阿苏可持续草地农业系统,则利用了其独特的火山资源以及对火山依托而生的农业文明的独特性,联合当地的阿苏神社,将传统的火把祭神仪式(火振り神事)发展成了更有影响力和号召力的节庆。而另一种常见的文化产业运作方式,是将当地的农产品进行品牌打造。像静冈县传统茶—草复合系统的茶叶产品本就是日本茶业的名牌,而其余的类似于"阿苏草原再生水果""能登稻田米""朱鹮稻米"等品牌也在近几年被推动打造出来,以其绿色、健康、传统等特色作为主要卖点,虽然价格高于日本市面上的同类农产品,但大都取得了不错的销售成绩。而农产品的畅销,又倒过头来正向激励了当地农人进一步维护与发展当地的特色农业。

(杨慧:首都师范大学文学院文化产业系讲师)

---

① [日]山本雅仁:《朱鹮之岛:日本佐渡岛稻田——朱鹮共生系统》,张永勋译,《世界遗产》2014年第9期。
② Evonne YIU, "Noto Peninsula after GIAHS Designation: Conservation and Revitalization Efforts of Noto's Satoyama and Satoumi", *Journal of Resources and Ecology*, Vol. 5, No. 4, 2014, p. 365.

曼谷唐人街的节庆文化建设
与旅游推广研究

宋　帆

提要：近年来，泰国曼谷唐人街立足于中国传统节庆文化，在此基础上发展旅游产业，取得了成功。本文旨在分析其节庆旅游产业发展的动因，旅游推广的策略和节庆旅游活动开展中的具体举措，并指出了其发展过程中存在的不足之处，而这些经验对中国如何开展节庆旅游有一定的启示作用。

关键词：唐人街　旅游　传统节庆

华人华侨在海外聚居地一般统称为唐人街。这些地方，在很大程度上保留和发展了中国的文化和传统，具有强烈的中国色彩，也因此成为当地人和外地旅游者消遣、休闲的景点之一。一般来讲，旅游资源分为两大类，即自然资源和文化资源。唐人街虽然缺少自然资源，但却有丰富的文化旅游资源。不仅有遗留下来的历史人文景观，更有丰富多彩的华人民俗文化，非常适合发展文化旅游产业。因其关联性高、涉及面广、辐射性强、带动性强，目前文化旅游业已成为21世纪最具有活力的新兴产业。

在泰国，华人占据当地人口的数量约十分之一，已经深深融入了当地社会。作为一个旅游国家，泰国的唐人街不仅是当地华人聚居地，更是作为旅游的特色景点和项目被加以开发和经营。其中，曼谷唐人街地处泰国首都，其规模及繁华程度，对游客的吸引力，在东南亚各地的唐人街中，堪居首位。

曼谷唐人街，位于泰国首都曼谷市区西部，长约2公里，由三聘街、耀华力路、石龙军路三条大街以及许多街巷连接而成，是曼谷的著名老街区之一，也是世界历史最悠久的唐人街区，在曼谷的行政区划为三攀他旺区。这里还是著名的商业区，经营者几乎全是华人、华侨，大多经营中国商品。浓郁的潮汕风情，是曼谷唐人街最大的特色，潮洲话通行无阻。

200多年的历史赋予了这里独特而丰富的旅游资源。曼谷唐人街以此为文化资源,尤其注重中华传统节庆文化的开发和推广,以此吸引游客,带动唐人街经济发展。

一 泰国社会对中国传统节庆文化的认同是曼谷唐人街发展节庆旅游产业的民间基础

文化是节庆旅游产业的灵魂,文化旅游产业开发一定要着眼于广阔的文化背景和民间群众基础,才能使旅游的发展保持自己的文化特色,充分挖掘市场。

(一)泰国华人社会的民族文化认同和节庆习俗文化资源的传承

自1955年亚非会议尤其是1975年中泰建交以来,两国关系一直稳步发展,1955年中国政府取消双重国籍政策,大量泰华侨加入了泰国国籍,成为"华人"。一般来说,华侨指的是海外移民,而华人指的是一定程度上保持中华文化传统的具有中华民族血统的外籍公民。1979年,泰国出台新的移民法规定每年某一国的移民数量不得超过100人。由于移民数急剧减缩,而华侨与泰人通婚增多,使得华人数量日益庞大,华侨数量逐年减少并出现老龄化的特点。据统计,1960年泰国华侨人口为40.9万人,占泰国总人口的1.6%。1990年华侨人口为24万人,90%以上为50岁以上的人。而华人华侨的总数为480万人,华侨仅占4.9%的比例。[①]根据《华侨华人蓝皮书:华侨华人研究报告2013》的统计,2011年泰国华侨华人为718万人,占泰国人口比例10%左右。其中,潮州籍依然位列榜首,比例增至65%。潮州人多集中于曼谷。泰国华侨社会已经转变为泰国华人社会。泰国华人占泰国人口比例非常高,但华人和当地社会的融和程度也是相当高的,由于华人后代很多继续选择与泰国人通婚,其第三代、第四代后裔又由于从小接受泰式教育,使得泰国华人的身份认同感发生了深刻的变化。

认同,是个人或群体在社会交往中,通过辨别和取舍,从精神上、心

---

① 陈晓宏:《战后中泰关系视域下的泰国华人认同研究》,硕士学位论文,广西民族大学,2013年。

理上、行为上等将自己和他人归属于某一特定客体。当我们考察人的社会属性时，我们可以把认同分为政治认同和文化认同。泰国华人加入泰国国籍，接受了当地的社会制度，从政治认同方面来说，已经认同自己成为泰国人。但文化认同是复杂的，具有双重性和多元化的特质。泰国华人并不愿意完全接受泰式文化。虽然由于受生活环境的影响，泰国华人的语言和衣食住行的很多方面已经本地化，甚至由于种种原因不能让自己的子女接受华文教育，但华侨华人尤其是潮汕人仍然有很深的寻根意识，保留和继承了中国传统文化，尤其体现在对中国生活方式、思想观念以及对传统习俗的传承。节日认同便是文化认同的一个重要方面，它是华人族群实现文化维系，传承和教育功能的最直接的认同工具。这也是在泰国华人社会里得以保留丰富的中国传统节日习俗的根本原因。

在曼谷唐人街，由于自泰国五世王时期便成了华人华侨的聚居社区，更集中保留了丰富的节日文化习俗。曼谷唐人街以潮汕华人居多，其节日文化具有鲜明的地方特色。除了春节等传统节日外，斋节和中元节也非常盛行，即便是最传统的春节，也有不同的地方习俗特点，如盛行祭祖、拜土地爷、拜观音等。泰国华人在中秋节时还盛行拜月习俗。

中国有许多传统节日，如春节、端午节、中秋节等。在中国许多地方尤其是城市，节庆的商业气氛远多于文化气氛，而民俗保留较完整的农村地区又交通不便，缺乏其他旅游资源的配套，难以发展节庆文化旅游产业。曼谷作为国际大都市，旅游业和交通都很发达，唐人街的文化资源更容易转化为旅游资源。

（二）华文教育的兴起，提高了中国节日民俗文化的影响力

20世纪80年代末期泰国开始放宽对华文教育的限制，1991年泰国华侨崇圣大学的建立，使华文教育迈上一个新台阶。泰国政府出台促进汉语教学的五年战略规划（2006—2010）。一个国家制定全国性的汉语教学战略规划，泰国当属第一。至2008年，泰国基本实现所有中学开设汉语课。2011年，各国立和私立大学开设汉语学士学位的大学共有21所，华文民校100余所。[1]

改革开放后，中国经济的发展，综合国力的提升，中泰贸易的不断升

---

[1] 陈秀珍：《泰国汉语教学现状及展望》，硕士学位论文，河北师范大学，2011年。

温,使得泰国出现汉语热。推广汉语教学也是中国政府提高文化软实力的战略性政策。国家汉办在泰国政府支持下开设了孔子学院12所,孔子课堂11个,居东盟各国之首。汉语成为泰国仅次于英语的最重要的外语。不仅华人子弟,大量泰国学生也积极学习汉语。汉语热带动了中国文化热,加速了中国节庆民俗文化的影响力。几乎所有汉语课本都有中国节庆习俗的内容的课文,是汉语课程学习的重要内容。汉语学习者受中国文化的影响较大,他们关注并积极参与中国节庆习俗文化旅游活动,把它作为了解中国文化的窗口。

(三) 泰国文化与中国传统文化的交融与整合

一个文化体系容易吸纳与自己同质和一致的文化特质,而排距异质的和非一致的文化特质。[①] 泰国文化和华人文化都属于东方文化,在很多方面具有同质性。这也是泰国唐人街的华人文化得以保存并不断发展的原因。在西方文化的包围下,美国、加拿大等许多西方唐人街文化逐渐被涵化而出现衰退的趋势,但在泰国,华人文化与当地泰国文化经过接触、碰撞、涵化、协调、彼此汲取和改变,历经200余年,整合形成了适应唐人街这个生存环境的独特的区域文化,并保持繁荣发展的态势。

在曼谷唐人街的节庆文化中,我们也可以看到两种文化的相互交融和整合。例如在泰国,除了春节外,斋节也是很盛大的习俗。斋节的起源,众说不一,一般认为由中国福建传入,时间为每年阴历的九月初一到初九。人们通过斋戒获得修行,净化心灵。如今,泰国斋节不再是专属华人华侨的节日,虽然泰国信奉小乘佛教,并不吃素,但越来越多的泰国人相信吃斋对提高修行和身体健康是有益处的,吃斋非常盛行。据泰国的开泰研究中心统计,2013年斋节期间,曼谷市民平均每人每天素食支出约200泰铢。2014年,曼谷斋节资金流量更高达约37亿泰铢。[②] 而受佛教和泰国文化影响,泰国的斋节期间,不仅有吃斋、迎九皇大帝等中式风俗,还有守戒礼佛、布施行善等泰国佛教节日习俗。

受当地饮食文化的影响,传统的节日食品也拥有了浓郁的地方特色,

---

① 郭齐勇:《文化学概论》,武汉大学出版社2014年版,第198页。
② 数据来自中国驻泰大使馆经济商务参赞处官网:2014年曼谷食斋节资金流量料达37亿泰铢,2014年9月17日,http://th.mofcom.gov.cn/article/jmxw/201409/20140900734707.shtml。

如以榴莲等热带水果原料加工为馅的月饼，用椰浆制作的泰式粽子等。

与中国的节日习俗有关的词汇还进入泰语语言中。例如"斋""财神爷""土地神""福禄寿""初一""元宵""兴""压岁""红包""风水"清明"等，其发音按照潮汕方言发音。泰国人在春节到来的时候几乎人人都会说"新年如意""恭喜发财"。

泰国人素来爱热闹，重礼仪，喜欢举办各种仪式，各种传统泰式节日活动规模宏大，泰国人也乐于接受丰富多彩的中式节庆文化。这也有助于这些中国传统丰富而独特的节庆文化习俗在泰国得以传承发展，而这些宝贵的文化资源为进一步进行旅游产业开发赢得了先机。文化的多样和多元性是节庆旅游发展的内在动力，而泰国人对华人习俗的接受甚至参与，使得以节庆习俗文化为基础的旅游产业发展有了更深厚广泛的民众基础。

二 切合当代语境下的旅游市场定位：适应泰国旅游业最新发展趋势

20世纪50年代，美国在泰国设军事基地，芭提雅逐渐成为旅游胜地，并推动了全泰国的旅游业发展。1981年，泰国从旅游业获得大量收入，泰国从农业国家变成了新兴工业化国家。1982—1986年，旅游业的发展被纳入国家经济与社会发展计划中，被视为赚取外汇的主要来源，旅游业获得了快速发展。1987年，政府还将当年度定为泰国旅游年。之后泰国的旅游业便进入了黄金发展期，虽然遭遇了1997年金融危机，但旅游业很快得到复苏。据世界银行发布的《全球经济展望》报告，泰国在2009年到2011年的旅游收入分别为194亿美元、234亿美元、251亿美元，约占GDP的7%，增幅14%，远高于其他东盟成员国。2012年泰国旅游收入达321万亿美元，同比增长27.9%。[①] 另外，当今泰国旅游业的发展也日趋成熟，出现了新的发展趋势。

（一）文化旅游产业发展迅速，文化资源不断转化为旅游资源

泰国旅游业最初较多地依赖海滨自然风光作为旅游资源，而忽视了对

---

① [泰]爱丽：《论泰国旅游业发展及其对泰国经济的影响》，硕士学位论文，吉林大学，2014年。

文化资源的开发。随着旅游业的发展，泰国越来越重视文化旅游资源的开发。泰国旅游局明确将国家旅游资源分为三类，即自然风光资源、历史古迹资源和文化民俗资源，提升了文化资源的开发尤其是民俗资源的开发的地位。泰国旅游局宣布2015年为"探享泰风情"年，以泰国传统文化及传统生活方式为旅游推广主题。

泰国政府旅游发展政策新变化推动了曼谷唐人街文化资源向旅游资本的转变。曼谷唐人街区最初仅以商业功能为主，尤其是耀华力路，以黄金销售著名。泰国70%的金店集中于耀华力路。另外，中国特色商品和中式美食闻名。但这些商品多不属于泰国人日常必需消费品。曼谷商业区众多，随着功能齐全的大型现代化商城数量递增以及从市区向周边扩散，唐人街靠单一的商业功能难以吸引游客，必须大力开发区内的文化旅游资源。

唐人街区所属的三攀他旺区在2003年明确制定了本区的旅游发展策略和目标，包括了以下三点：（1）整合本区各旅游资源，打造健全完善的旅游产业链；（2）在保留和保护唐人街的华人传统文化的基础上发展旅游业；（3）让本区既成为旅游胜地，同时也是本地居民的宜居地。[1]

从历史古迹资源方面来看，唐人街区拥有金佛寺等不少寺庙和历史悠久的古建筑，但曼谷历史古迹众多，唐人街的景点缺乏很强的竞争力。在游客跟团旅游的行程中，往往没有唐人街。唐人街的独特优势在于这里的民俗资源，而民俗资源在节庆旅游中会得到最集中的呈现。在整合当地其他旅游资源的基础上发展节庆旅游，成为曼谷唐人街旅游发展的策略。节庆旅游的发展大大地提升了唐人街对游客的吸引力。

在2005年斋节时期对唐人街的597名旅游者的调查中显示，被调查者中89%非首次来唐人街旅游，其中34%的人经常来。而对他们历次来唐人街的旅游动机进行调查的数据显示，排在第一位的是为了来这里购物消费，第二位的是参加斋节活动，第三位的是参加春节庆祝活动。[2] 唐人街的游客中回头客是相当多的，而参加节庆活动成了游客多次来唐人街的重要动机。另一项调查将外地人来到唐人街的动机划分为参观街区面貌、

---

[1] ［泰］Vorrachai Rojanaporntip："The Relationship Between Community Identity and Tourism Development in Samphanthawong District, Bangkok", Bangkok: Chulalongkong University, 2005年。

[2] ［泰］安测那·素颂基：《不同媒体形式对文化旅游的宣传推广绩效研究——以曼谷斋节为例》，曼谷：泰国宣素那也皇家大学，2005年。

经济原因和了解当地文化三类，结果显示这三者的比例为3∶27∶20[1]，有相当一部分人来到唐人街是因为这里文化资源的吸引力。文化旅游已经日益成为唐人街的特色。

（二）泰国国内旅游日益发展

近年来，泰国国内旅游不断发展，改变了旅游者的构成格局，而由于旅游设施不断健全，旅游散客人数也逐年增长。由于外国游客尤其是跟团游客在曼谷停留时间短，唐人街常常不在外国旅游团的行程内。唐人街最著名的历史景点为金佛寺，来此旅游的也多为泰国国内游客。因此，唐人街的节庆文化旅游活动的参与主体为国内游客或散客。唐人街节庆旅游产业的发展得益于泰国国内旅游的发展。据统计，2002年曼谷游客共2651万人次，国内游客占1678万人次，2004年曼谷游客共有3279万余人次，其中国内游客为2109万人次。国内游客不断增多，而到曼谷的游客中来唐人街旅游的比例也增至22%以上。[2]

（三）政府强调旅游产业的可持续发展

1995—1996年，泰国旅游观光局开始着手生态旅游政策与规划的制定，并制定了《1997—2003年促进旅游业发展的政策》，该政策充分考虑了旅游的可持续发展，例如加强环境保护和旅游管理水平，提升旅游服务质量。2001年泰国政府制定了《关于可持续旅游发展的国家议程》，对泰国旅游产业进行全面升级。其中，可持续旅游发展战略是其核心战略之一。[3]

节庆文化是一种特殊的旅游文化资源，它是人类的非物质文化遗产，不仅能满足游客的物质需求，也能满足游客的精神需求。节庆旅游文化的发展顺应旅游可持续发展的需要，能有效传承文化，推动旅游经济产业与传统文化发展的融合，实现传统文化的产业化，追求旅游产业和传统文化的可持续发展。

---

[1] ［泰］安测那·素颂基：《不同媒体形式对文化旅游的宣传推广绩效研究——以曼谷斋节为例》，曼谷：泰国宣素那也皇家大学，2005年。

[2] ［泰］Vorrachai Rojanaporntip："The Relationship Between Community Identity and Tourism Development in Samphanthawong District, Bangkok", Bangkok：Chulalongkong University, 2005年。

[3] 王育谦：《泰国可持续旅游发展战略及借鉴》，《东南亚纵横》2006年第10期。

三 多方主体共同参与,打造旅游文化品牌

节庆旅游的推动离不开多方主体的共同努力和积极参与。而唐人街的节庆旅游产业运行模式是从国际到国内、从政府到民间的多方主体的共同参与。

(一) 泰国王室对节庆旅游活动的认同和支持

泰国王室对中国传统节庆活动的支持大大提高了节庆活动的影响力。2004年中泰联合创办了第一届"欢乐春节"活动,诗丽吉王后专程莅临唐人街为活动揭幕。之后的2012年,王后再次莅临。十年内王后两次亲自莅临外国节庆活动,这是很少见的。

泰国的诗琳通公主更是大力推进中泰文化交流,自1981年以来,诗琳通公主20余次到访中国,足迹踏遍中国各地,撰写出版了多种有关中国的书籍,翻译了许多包括中国唐诗在内的中国文学作品,在泰国影响深远,被称为"中国通公主"。公主还获得了泰国法政大学1997年度人文学中文荣誉博士学位和2001年北京大学名誉博士学位。

每年传统春节到临之际,公主都幸临耀华力路崇圣牌坊,为迎春活动主持开幕礼,转达王室对华人华侨的新春祝福,并随后在周边寺庙礼佛,品尝路边摆卖的美食,与市民亲切互动。泰国王室在泰国民众心目中的地位极高,王室对中国传统文化的尊重、对节庆活动的支持和重视提升了唐人街节庆活动品牌形象。

(二) 泰国政府对中国节庆活动的重视和支持

在曼谷唐人街,当地华人华侨的传统节庆活动很多都由政府主办或协办,如2014年春节的庆祝活动由泰国国家旅游局、曼谷市政府主办,斋节活动是由区政府和区文化部主办。政府投入大量人力、物力,在唐人街举办各项活动,曼谷市长或副市长等重要领导亲自参加开幕式。在泰国政府的重视下,中国传统节庆已成为曼谷招徕游客、促进旅游业发展的重要方式。

政府还重视对节庆旅游的宣传推广。例如2015年年初,泰国总理巴育上将就专门发表了电视讲话,宣布今年全国的节庆活动规划,尤其提到

春节等中国传统节庆活动将扩大规模，吸引更多民众参与。泰国旅游局也多次召开记者招待会，为中国传统节庆活动的相关旅游项目做宣传推广。

（三）积极寻求中国政府的支持，加强国际交流，丰富文化活动内容，提升旅游形象

以华人最重要的节日春节为例，中泰政府将每年春节活动的举办作为中泰加强文化交流的大好机会，积极促进两国友好关系的发展。2004年中泰联合创办了第一届"欢乐春节"。2005年春节，时任中国总理温家宝亲笔致信，对活动开幕表示祝贺。至2015年，该活动已成功举办11届，泰国总理，诗琳通公主以及中国政府驻泰大使，中国文化部重要官员都会亲自出席每届开幕式。中国文化部每年在全球约百个国家和地区的唐人街举办春节节庆活动，当中以泰国的"欢乐春节"活动规模最大、规格最高、影响最广泛，已经成为一个文化品牌，而其中的许多文化表演活动都在唐人街举行，促进了唐人街节庆旅游的发展，提升了唐人街的地域形象。

（四）社会各界积极参与支持节庆旅游活动的开展

泰国华人民间团体有一百多个，如有潮州会馆、广肇会馆等重要的华人会馆，除此还有众多潮人宗乡会、行业会、慈善会等。每逢春节很多民间团体和组织都到中国大使馆拜年，协助政府举办和组织迎春庆祝活动和新春游行等。各华人企业及华文学校等机构也积极参与活动。社会各界的参与使得节庆活动丰富多彩，更具鲜明的地方特色。

（五）传统媒体和新兴媒体的宣传推广

由于节庆活动具有时效性，所以媒体及时有效的宣传和话语引导对节庆旅游活动举办的成功与否具有很关键的推动作用。媒体不仅能深入广泛地传播节庆文化，还能对节庆文化活动进行推广营销，推动节庆文化的发展。

在泰国，媒体对唐人街的节庆文化活动的宣传不仅限于报纸杂志，还包括电视。电视普及率高，方便快捷，更能提供声音、图像等多媒体信息，容易使观众获得深刻印象，有较好的宣传效果。虽然电视媒体宣传成本较高，但在泰国，每逢节庆活动，各电视媒体都会以广告宣传或综艺节

目等各种形式对节庆活动进行宣传推广,并成为游客节庆旅游信息的主要来源渠道。

参加泰国唐人街节庆活动的游客中,华人占大多数。泰国目前有6份主要的华文报纸,这些报纸的消费主体就是泰国华人。泰国报纸尤其是华文报纸对每次的节庆活动都会有报道。

另外,随着网络等新媒体的发展,新兴媒体对节庆活动的宣传作用也日益令人关注。泰国1672旅游咨询热线24小时开放提供各种旅游咨询服务。各政府网站都会通过网络发布每次节庆活动的相关信息,许多国外媒体也会报道。

四 曼谷唐人街的节庆活动的具体策划:丰富多彩,充满创意

(一)整合当地其他的旅游资源,打造节庆文化产业链

唐人街自身拥有许多旅游资源。这里的街区建筑许多为骑楼式建筑,体现了中国闽粤地区建筑风格,并颇具古风。这里有不少经营中国商品的百年老店,尤以金店著名。这里还有不少国语影院和潮州戏院,街头出售华文书报,店铺的招牌都是中文,节日里更是挂满中文的庆祝横幅,构成独特的语言景观。这里有拥有世界最大金佛的金佛寺,还有华人建立的龙莲禅寺、天华医院等历史悠久的中国寺庙,香火旺盛。这里有唐人街的标志性建筑——诗琳通公主亲笔用汉字题写的"圣寿无疆"的崇圣牌楼。这里的花市、街边小食街等非常著名。虽然在世界各地都能品尝到中国美食,但曼谷唐人街还拥有如炖燕窝、鱼翅羹、潮州果条等独有的特色小吃。唐人街著名的美食夜市川流不息,一直开到天亮。这些已有的种种旅游资源都是在唐人街发展节庆活动的优越条件。如唐人街的斋食非常著名,也是每年斋节吸引大量游客的重要原因。

(二)曼谷节庆旅游活动的开展以游客为本,尤其强调游客的参与性和节目的创意性

2011年斋节,在唐人街头现场表演制作了85米长的世界最长的中式油条为国王祝寿。2012年端午节庆,唐人街上展示了巨型粽子,还现场举办了别开生面的吃粽子比赛。2013年春节,曼谷市政府在唐人街举办崇圣

展览展出国王陛下的珍藏照片,并举办耀华力路历史图片展览。现在唐人街每年春节,都会有中国文化展示活动,并且规模逐年扩大。2014年春节,除了传统的舞狮舞龙表演、街头歌舞表演等以外,还在唐人街搭建大量摊位,举办唐人街历史文化展览,免费中医药咨询,书法艺术展示,古民俗展示,美食制作展示等,甚至还有为游客用潮州古法美容术挽面、为游客看相看风水等活动,使游客可以尽情参与,感知中国文化的魅力。

即使是传统的节庆表演,也注意不断推陈出新。如2012年举办了舞狮比赛,邀请全国18支舞狮团队来竞争曼谷市长的奖杯。受泰国文化的影响,表演前还举行拜师礼,为"狮子"扫身礼,舞狮的表演设计还体现了不同的泰式风格,包括"采青"表演,"青"指青菜,一般用生菜,狮子在进行一番舞蹈动作后把生菜吞下,寓"生财"之意。[1]

(三)曼谷唐人街节庆活动还注重利用节庆文化符号来渲染节庆气氛,打造品牌形象

每一种文化都有自己鲜明的文化符号。如在春节期间,整个街区以中国红为主,到处是红灯笼、红色横幅、红色对联,人们自发穿着红色的衣服。街头播放着中国传统民乐,锣鼓阵阵,大头娃娃不时向游人问候新年,使游客耳闻目染,从这些中国文化符号中感受着节日喜庆吉祥的欢乐主题。出售的节庆商品也富有特色。如2015年这里出售的设计可爱的吉祥龙就成为一大亮点。而到了斋节,则到处插着黄旗,或贴满写有"清斋"字样的黄纸幅。不少持斋者穿着白衣白裤,代表持斋戒对心灵的净化。

旅游内容丰富多彩,主题突出,气氛热烈,并且每年不断创新,注重文化性、趣味性和参与性,也是吸引游客多次前来的重要因素。

五 发展街区基础设施建设,谋求曼谷 唐人街节庆旅游产业的进一步发展

泰国的唐人街区发展旅游产业面临着种种困难,在发展中也出现了不少问题。唐人街人口密度相当大,是曼谷最拥挤的街区。全区面积为

---

[1] 盘美凤:《泰国舞狮文化研究》,硕士学位论文,重庆大学,2012年。

1.42平方公里，占曼谷的0.09%，人口却有67230人（2005）。由于唐人街区历史上一直为商业繁华的地区，地价昂贵，寸土寸金，为了商业发展的目标建立了不少商铺，使得道路面积不断缩小。街区内石龙军路的平均宽度只有11米，人行道有2.30—3.10米。耀华力路平均宽度19.10米，人行道宽度为2.50米。区内众多街巷平均只有3—5米。区内居民人口多，道路窄，很难应对节庆旅游突然增加的人流量。为了保障活动的顺利进行，必须加强旅游活动期间的管理。虽然节庆活动期间政府会对唐人街增派交通警力，春节和斋节等人流多的时候对整个街区进行交通管制，使唐人街成为热闹的步行街。但却仍然有过于拥挤、停车不方便及交通堵塞等问题，影响了旅游发展。

另外，区内也存在排水、供电等问题。[1] 节庆旅游产业必须在社区基础设施建设发展的前提下才能获得健康良好的可持续发展。环保问题也是重要问题之一。节庆期间唐人街推出小型无污染专线车，确保"绿色节日"，也加强了垃圾处理工作，寻求旅游的可持续发展。但根据对唐人街旅游者的调查，显示景区的环保问题仍然是游客最不满意的问题之一。政府应加强环保的管理。唐人街的民居和商铺多为百年以上老建筑，许多建筑过于陈旧，如何在保护古老建筑风貌的基础上改造街区面貌，也是一个亟须解决的问题。

曼谷唐人街以中国传统节日习俗为基础，发展节庆旅游产业，不仅弘扬了传统文化，也提升了旅游竞争力，创造了可观的旅游效益。其成功经验和运行模式，对中国发展节庆旅游产业也有很好的启示作用。而积极进行街区建设，加强管理，追求可持续的健康发展，也必将使唐人街节庆文化旅游业更加繁荣。

（宋帆：上海外国语大学东方语学院泰语专业讲师）

---

[1] ［泰］Vorrachai Rojanaporntip："The Relationship Between Community Identity and Tourism Development in Samphanthawong District, Bangkok", Bangkok：Chulalongkong University, 2005年。

韩国流行音乐产业的发展及启示

贾 佳

摘要：在全球音乐产业发展低迷的十余年时间里，韩国流行音乐产业取得的成就引人注目。韩国流行音乐产业席卷了中国、东南亚、欧美等国家（地区），走向了全球化发展的道路，成为韩国走向世界的新文化名片。纵观韩国流行音乐产业的发展，有许多独到且可圈可点的有力措施和战略。本文对韩国流行音乐的产业发展进行研究，并针对中国流行音乐产业的发展提出一些可借鉴的启示和思考。

关键词：韩国　流行音乐产业　发展研究　启示

一　韩国流行音乐产业

从全球范围来看，韩国流行音乐产业是世界流行音乐产业发展的后起之秀。20世纪90年代，受经济危机影响，韩国选择了流行音乐产业作为文化产业支柱产业进行扶持发展。为了谋求更多市场和经济规模，同时顺应世界互联网发展潮流和数字化即时传播的特点，韩国流行音乐产业最终走向了全球化发展的道路。

如今的韩国流行音乐产业频繁席卷全球，以流行音乐为龙头，创新多元的流行音乐产品和消费方式，韩国流行音乐产业已经形成较为完善的产业链条，成为韩国国家有力的文化品牌和象征。不仅拥有SM、YG、JYP等众多娱乐经纪公司和流行音乐人，还将音乐产品远向东南亚、欧洲、美洲等地区输出。成功举办有Mnet KM Music Festival、Melon音乐奖、首尔音乐奖、金唱片奖、Mnet亚洲音乐大奖等大型音乐典礼。2013年韩国音乐产业经济规模达1.7万亿韩元，共实现4.4万亿韩元收入。①

---

① http://news.xinhuanet.com/newscenter/2009-02/09/content_10784595.htm，2009年2月9日。

二 韩国流行音乐产业的发展历程

韩国流行音乐产业的发展大致经历了三个阶段,这成就了韩国流行音乐产业的连级跳发展(见表1)。可以看出,韩国流行音乐产业的每个发展阶段,都有其特殊背景。

表1　　　　　　　　　韩国流行音乐产业发展阶段①

	第一阶段	第二阶段	第三阶段
时间	20世纪90年代	20世纪90年代中期至2004年	2005年至今
主要代表组合	徐太志和孩子们、酷龙、Fly to the sky	HOT、SES、神话、GOD、FIN.K.L、Jewelry、1TYM、Baby VOX、BIGMAMA、NRG、东方神起	SS501、BEG、SJ、JYJ、Bigbang、Kara、Wonder Girls、少女时代、FTIsland、2AM、2PM、SHINee、After School、4minute、2NE1、F(x)、T-ara、Rainbow、BEAST、MBLAQ、Secret、CNBlue、MISS A、Infinite、ZE:A、Girl's day、Sistar、Teen Top、Apink、Crayon Pop、WINNER、Got7、AOA、Red Velvet
主要公司	Loen、DSP	Loen、DSP、SM、JYP、YG、TN、Woollim、NH-Media	Loen、DSP、SM、JYP、YG、TN、Woollim、NH Media、Pledis、F&C、C-JeS、J.TUNE、CUBE、Good、TS、MBK、Star Empire、Starship、Chrome、AB、Dream Tea
主要地区	韩国	韩国、中国、日本、东南亚等国家	韩国、中国、日本、东南亚、欧美、南美洲、中亚、非洲等国家
涉及领域	音乐、戏剧	音乐、戏剧、电影、电视剧、游戏	音乐、戏剧、电影、电视剧、游戏、动漫、综艺、韩语、韩国美食、韩国旅游
关键词	转折点	韩流风潮	爆发期

(一)韩国流行音乐产业发展转折点

20世纪90年代初,全球都在风靡Rap说唱的音乐形式时,韩国传统音乐人对新文化的进入持排斥态度,认为韩语不适合这种说唱音乐形式,韩国流行音乐音乐人继续固守习惯思维创作音乐作品。1992年,组合徐太志和孩子们开启了韩国流行音乐产业新的发展篇章。组合徐太志和孩子们创作的音乐与之前流行的音乐风格截然不同,节奏强烈、表演奔放,音

---

① 资料来源:作者收集整理。

乐内容又紧贴时事问题，正好击中当下韩国年轻人的音乐欣赏需求和内心需求。组合徐太志和孩子们是偶像文化真正的溯源，"徐太志症候群""新生代""Fan Club""Anti 文化"等都是由此而生……组合徐太志和孩子们的出现让韩国的流行音乐产业的发展走入了历史转折点，在此之后，一批 R&B、Hip-Hop 音乐人陆续出现，各种曲风和音乐形式开始盛行，此时的韩国流行音乐产业如注射强心剂般，活力十足。

（二）韩国流行音乐风潮形成

组合徐太志和孩子们可以说是 20 世纪 90 年代韩国流行音乐史上的传奇，但他们还只是一个组合，在当时并不足以推动形成巨大的"韩流"音乐风潮。20 世纪 90 年代至 2004 年，HOT 等偶像组合在国内外市场的活跃，推动韩国流行音乐形成风潮，并使韩国流行音乐产业除了音乐领域外，产业链条还触及电影、电视剧领域，韩国流行音乐产业进入了一个繁荣时期。在当时亚洲流行音乐市场还极度缺乏偶像组合的情况下，这些偶像组合一经推出立刻吸引无数粉丝，音乐或充满动感旋律或缠绵抒情，歌词热烈奔放、自由不羁，舞蹈整齐协调，再配上梦幻炫彩的服饰、妆发和表演舞台，让很多青少年对此产生了强烈的共鸣。这些偶像组合快速进入日本、中国等流行音乐市场，并逐渐在东亚、东南亚地区流行刮起"韩流"音乐风潮。

（三）韩国流行音乐产业发展爆发期

2005 年至今，层出不穷的偶像组合和数量猛增的娱乐经纪公司体现了这一时期韩国流行音乐产业的爆发，韩国流行音乐产业着眼于全球化发展策略，彻底打开了海外市场，产业链条向综艺等其他领域更加多元化延伸。这期间韩国流行音乐乐坛爆发涌现出 SS501、Super Junior、Wonder Girls、少女时代、Bigbang、FTIsland、CNblue、2PM、SHINee、2NE1、Beast 等代表偶像组合以及 BoA、Rain、Seven、Psy 等流行音乐 Solo 歌手，亚洲音乐市场的很大一部分是由韩国流行音乐偶像组合主导。作为世界"韩流"中心内容的韩国流行音乐开始传播到世界其他地区，韩国流行音乐市场快速扩张，韩国流行音乐产业发展进入爆发期。

三 韩国流行音乐产业的发展研究

韩国流行音乐产业在基础上远不及欧美、日本等国家（地区）有优势，但韩国用了十余年时间，以许多独到且可圈可点的有力措施和战略，迅速跻身世界十大音乐市场，韩国流行音乐席卷全球。韩国流行音乐产业的发展，是多种因素共同作用的结果。

（一）全球化发展战略——提供国际视野

韩国发展流行音乐产业，最初就将产业发展视野定位于国际范围，在发展过程中坚持全球化发展战略。SM、YG、JYP、F&C、Cube等主要娱乐经纪公司目前各有主打市场和定位，积极与海外公司合作。各大娱乐经纪公司在日本、中国内地及香港地区、泰国、美国等地开设海外办事处，所推出的偶像组合和歌手们基本上是韩国出道发展，继而日本出道，主攻中国及亚洲市场。多年发展，目前SM、JYP公司主攻中国、欧美市场，YG公司现阶段打欧美市场，并积极开拓中国合作部分……显而易见，这些娱乐经纪公司的发展视野都不局限于本国甚至亚洲范围的市场，全球化发展策略明显。

为了保证所创作的音乐有更大更广泛的吸引力和影响力，韩国流行音乐产业中还吸纳能够讲流利英语的歌手以及欧美国家的音乐人。BoA、SE7EN、Rain、Wonder girls等韩国一些偶像组合和歌手不断尝试通过发行英语专辑扩大他们的流行音乐事业，抢占欧美音乐市场，为今后韩国流行音乐进军欧美市场起到一定的积淀作用。2012年，YG公司旗下的男歌手Psy推出新歌《江南Style》，韩国流行音乐在欧美地区的音乐市场真正实现了突破。Super Junior、少女时代、Bigbang、2NE1等偶像组合先后收到欧美国家和地区的演出邀请和音乐合作，他们的歌曲在国际音乐排行榜上一路攀升，专辑和演唱会门票在亚洲以外地区的销量高达数百万，SM、YG等娱乐公司的股价都随之暴涨。韩国流行音乐产业的全球化发展战略显现成效。

（二）练习生制度——专业人才保障

韩国流行音乐产业的快速发展，与来自韩国国内多家娱乐经纪公司多年的精心策划息息相关。SM、YG、JYP 等娱乐经纪公司用练习生制度选拔和培养音乐人才，几乎主导了韩国流行音乐产业。韩国的练习生制度有着相当成熟的运作流程和模式，常见于娱乐经纪公司培养新一代流行音乐偶像组合或 Solo 歌手。各大娱乐经纪公司通过定期在国内外地区开展选秀活动以及星探发掘工作等途径选拔有潜力成为艺人的优秀学员，签订培训合同发展为练习生。随着练习生制度的完善，现在各大娱乐经纪公司，有的甚至会每周固定时间都接受公开试镜，以吸引来自世界各地有潜力的青少年前来参加选拔。

娱乐经纪公司对选拔的练习生进行严密监管及设有完善的训练制度，提供住宿等环境，其他事情则全部自己承担。练习生除了正常学校学习外，需到所属娱乐经纪公司进行作为艺人应有的歌唱、舞蹈方面的课程和练习，接受表演和外语方面的训练，如日语、中文以及英语，来满足全球市场的需求。有数据显示，通过选拔成为练习生的比例是 800∶1，竞争十分激烈，从练习生成为艺人的比例则是 10000∶1，成功率非常小。由此能在如此严厉的练习生制度下培养并出道成功的艺人，其综合素质非常扎实全面，在专业舞蹈技巧、唱功、说话之道、综艺感、演技等方面都可以胜任。有如此全能型的艺人，这就为韩国流行音乐提供了人才保障，成为韩国流行音乐能够保持强进势头发展的原动力之一。

（三）音乐制作国际化——打开国际市场

韩国流行音乐能够将市场打入全世界，这背后有来自全球各地的词曲家们的通力合作，越来越多的外国优秀词曲家们开始参与到韩国流行音乐的创作中。这种与外国优秀词曲家的合作方式，是在全球流行音乐市场获得音乐普遍性的方法，同时大大提升外国听众对韩国流行音乐的共鸣感，也是使韩国流行音乐产业的发展变得坚实的有力保障，为韩国流行音乐进入国际市场扫除地区屏障。

其实，主要娱乐经纪公司都拥有自己专属的词曲家，但想要打造像他们这样的全天候专业词曲家不是一件容易的事情。为了保障韩国流行音乐能够产生更大的世界影响力，这些公司开始打造与外国词曲家相连接的创作网络。国际化制作方式包括直接邀请外国的优秀词曲作家为公司旗下的专属艺人创作歌曲。韩国女歌手李孝利于 2013 年 5 月发行的专辑《MON-OCHROME》，其主打歌曲《Bad Girl》是挪威作曲团队的杰作。少女时代的《The Boys》由迈克尔·杰克逊的制作人 Teddy Riley 负责作曲。音乐制作国际化的合作方式还有韩国娱乐经纪公司会将专属词曲家派遣到海外，以及通过远程视频会议与全世界的词曲家们进行商讨。利用这种结合方式，歌曲的编曲及作词来自全世界多国音乐人，百里挑一且流水化制作，歌曲的创作效率极大提高，仅需花费一两天时间就能创作出一首歌曲，两周时间内就能创作出 5—10 首歌曲。这种方式很好地协调了外国词曲家们的音乐优秀部分与韩国抒发感情的良好融合。另外，韩国流行音乐的偶像组合里成员背景也越来越走国际化，或是外国成员或是有着多年的外国生活背景，中国、泰国、美籍华侨、加拿大籍华侨、美籍韩裔等在韩国流行音乐组合里比比皆是。各大娱乐经纪公司还会专门制作组合小分队进行海外活动或者针对日本、中国等海外大市场制作日语、国语专辑歌曲。

（四）创意包装和宣传——影响力急速扩散

包装和宣传对于韩国流行音乐产业的发展起着不可忽视的作用。韩国的流行音乐产业拥有一套十分完整的造星机制，对于音乐的包装和宣传同样也有着十分丰富的经验和运营模式，这也是韩国流行音乐产业发展必备的动力之一。

通常，韩国的偶像组合和歌手们每推出新专辑，都会以相搭配的全新服装造型出现。首先，为了凸显自身音乐特性，准确抓住大众眼球，会在服装造型上下足创意功夫，一旦独特的创意造型被大众接受，知名度会迅速提升，连专辑音源、实体唱片的销售都会有所带动。比如，2PM 组合就是"野兽偶像"的造型定位，Brown Eyed Girls 则主打御姐风，组合 T-ara 有百变女团的美誉，每次造型都会有强烈的变化。其次，韩国流行音乐有的专辑有近一半的收录歌曲会进行 MV 拍摄。这种 MV 有利于整合更多资源，扩大受众范围，所营造的美好意境还能弥补音乐本身的缺憾，甚至还可以提升音乐本身的表现力。韩国的流行音乐多配有舞蹈进行诠释，有些还会推出舞蹈 MV 和剧情 MV 两个版本。有编排舞蹈的歌曲，会着重强调一个相对简单但是很有代表性的舞蹈动作，通过和音乐的配合会在歌曲高潮部分不断重复地跳。这样，大众对音乐会产生更多的兴趣点和记忆点，往往在记住音乐的同时学会舞蹈，学会舞蹈的同时喜欢上音乐。这种方式已经成为当前韩国流行音乐的标志，音乐与舞蹈结合增加了音乐的感染力与传播力，比较有代表性的有 Wonder girl《Nobody》复古舞、Psy《江南 Style》的骑马舞。最后，专业的音乐打榜节目进行周期性宣传。SBS《人气歌谣》、KBS《音乐银行》、MBC《音乐中心》以及 MNET《M! Countdown》等是进行音乐宣传的首选电视音乐打榜节目。这些音乐节目通过各项指标设置一个奖项，能切实反映观众对歌曲甚至是歌手的喜爱程度，这为韩国偶像组合和歌手们带来了竞争意识，给韩国流行音乐带来了刺激感，更成为这些偶像组合和歌手们音乐受欢迎度的一个衡量标杆。

（五）相关产业间互动——多渠道海外输出

韩国流行音乐产业是韩国文化产业走出去的急先锋。在韩国流行音乐、电视剧、韩国电影、韩国广播、韩国综艺节目、韩国旅游线路制作等汇成"韩流"影响世界的同时，流行音乐又都贯穿于这些相关联产业之中，影视剧 OST、综艺节目主题曲、广播音乐节目录制、旅游线路的音乐路线制定等新的发展模式都相继出现，依靠这些相关联的产业和平台，韩国流行音乐产业进一步扩大传播力度并发展起来。单纯唱片售出时代已经不再，这种极致挖掘多渠道的流行音乐产品输出方式，是当今韩国流行音乐产业进一步发展的高效渠道之一。

作为韩国文化产业支柱产业的流行音乐产业打入海外市场取得佳绩，很多人在喜爱韩国流行音乐的同时，对韩国文化产业其他的相关产业文化产品也产生了兴趣。喜爱韩国流行音乐的人，往往因为爱屋及乌，也同样开始喜爱韩国的网络游戏、电影、电视剧、综艺节目等，成为"韩流"忠实粉丝，甚至韩国产服装、化妆品、IT 产品、韩国美食以及韩国旅游等项目的出口量都跟着大幅增加。韩国流行音乐带动了网络游戏、电影、电视剧等文化产业其他相关产业的发展，更推动了相关产业文化产品出口的大幅增长。

（六）与科学技术结合——互联网平台传播

韩国的信息技术的研发与利用走在世界的前列，成为信息化发展水平发达国家之一。韩国高速互联网服务闻名世界，建立了无处不在的宽带固网与移动互联网网络，使得公共互联网末端宽带速度可以普遍达 1G 以上，移动互联网宽带接近10M。① 未来创造科学部还建立全新的电子信息产业支援基金，总额达1200亿韩元。② 这些都对韩国文化产业国际化发展和数字化发展起到有力的支持作用。韩国流行音乐的科学技术运用能力不断提高，使韩国流行音乐具备了很强的国际竞争力。

韩国流行音乐产业发展将流行音乐与数字技术紧密结合，呈现网络化、数字渠道传播的趋势。韩国国内主要的娱乐经纪公司都在运营着Facebook、Twitter等粉丝主页，主要的偶像组合和歌手们也通过SNS（社会性网络服务）与世界范围粉丝们进行交流。一旦有偶像组合或者歌手出新歌，专辑的音源和音乐MV即通过YouTube首发，然后又在Facebook、Twitter等各种社交服务平台上进行同步推送，歌手们通过自己的个人社交网站在其追随粉丝圈内大力推销，增加其传播效应，从而实现了跨区域跨文化领域的快速传播。2012年8月，韩国偶像组合Bigbang在北京举办全球巡演最后一场演唱会，仅靠互联网的宣传力量就创造了演唱会极短时间内抢购一空的销售盛况。科学技术使得流行音乐的传播和推广发生极大的变化，支撑流行音乐逐步发展成为一个体系健全的文化产业重要产业门类。韩国流行音乐取得如此效应，依托科学技术支持的互联网各种平台可谓居功甚伟。

（七）政府官方支持——产业的坚实推手

从韩国流行音乐产业的发展和影响力的提升来看，总是与政府官方支持方面密切相关。韩国每年对包括流行音乐产业在内的文化产业有不菲的专项拨款。韩国政府还设立了多种专项振兴基金，如文艺振兴基金、文化产业振兴基金、信息化促进基金等，很多地方政府也设立了专门的文化基金。韩国文化观光部设立文化产业振兴院，由其全面负责文化产业具体扶持工作，同时侧重音乐、动画等产业的发展。韩国政府先后发布"音乐产业振兴5年计划"与"音乐产业振兴中期计划"等，支持流行音乐产业发展成为核心文化产业，增加政府投入资金，推动韩国流行音乐产业的国际化拓展，这些计划为"韩流"音乐风靡亚洲奠定了基础。2015年，

---

① http://www.cssn.cn/sf/bwsf_zhlwz/201310/t20131022_447322.shtml，2013年4月15日。
② http://epaper.ccdy.cn/html/2013-10/01/content_107761.htm，2013年10月1日。

韩国还将建立"全球韩流明星培训中心"项目,主要以东南亚及全球各地韩国流行音乐志愿者为对象,进行韩国流行音乐的旅行商品和直接体验韩流的机会,与此同时计划挖掘和培养有潜力的流行音乐新人。这是韩国首个出口"韩流"的国家级事业。

韩国政府会动用国家力量宣传和推广韩国流行音乐。政府积极邀请流行音乐组合或歌手们为国家或政府组织代言,还亲自组织各种活动,邀请流行音乐组合和歌手们前来参加。例如,韩国总统朴槿惠就职典礼邀请了Psy等韩国流行音乐歌手前来献唱,朴槿惠还在2014年Mnet亚洲音乐大奖上出现并视频致贺词,称MAMA是"创造经济"的典范,以"文化"为主题的发言将韩国流行音乐产业推向了更加深远的层面。

(八)改善版权问题——法律力量保驾护航

近年来,版权问题在韩国流行音乐市场上得到了进一步的重视,韩国政府针对已有的版权法,出台了一系列立法修正案,以进一步改善产业的法律环境,并下大力气协助权利人打击数字音乐盗版。这让此前被数字音乐网络盗版和实体音乐销量锐减搞得苦不堪言的韩国音乐人重新看到了希望,韩国流行音乐产业的健康发展有了法律力量保驾护航。2006年12月的修正案将ISP(网络服务提供商)安全港条款引入韩国版权法之中,还引入了"录音制品制作者的数字声音传输权"。据此,不仅是韩国的录音制作者可从数字音乐服务中收取报酬,而且外国的录音制作者也可以向使用其录音制品的韩国本地广播组织收取报酬。政府更为保护音乐版权,针对盗版和非法在线下载现象常设了警察取缔小组,对非法复制和流通进行持续的管制,以保障创作者的权益。

产业法律环境的改善所产生的积极影响在流行音乐市场中体现明显。2009年上半年,韩国的音乐销售额增长了18%,其中数字音乐的销售额增长了32%,实体音乐的销售额增长了5%。[①] 在国家金融危机大背景下,这一销售业绩相当突出。目前,韩国的数字音乐销售收入已经占到音乐销售总收入的50%以上,韩国实体音乐的销量经过连续多年的萎缩,现在也已趋于平稳。这一切都归功于韩国政府近年来在版权法律保护方面做出的不懈努力。

---

① http://ky.chuban.cc/lw/200911/t20091126_59128.html,2009年11月26日。

四 韩国流行音乐产业发展的启示

中国的流行音乐曾在东南亚范围产生巨大影响，取得一定成绩，但目前中国流行音乐产业的发展却不尽如人意。综上所述，韩国流行音乐产业的发展有着很多可借鉴之处。结合中国流行音乐产业目前的发展态势，应该注重以下几点。

（一）促进形成专业的流行音乐人才培养体制

中国流行音乐的发展应该借鉴韩国流行音乐人才的培养和选拔方式，逐渐形成较专业的流行音乐人才培养体制，出现一些专业的公司培养一批实力与形象并重的歌手。大众所熟悉和喜爱的中国流行音乐歌手以港台地区的居多，内地流行音乐人才极度匮乏。通过音乐类的选秀节目虽然是一种发掘音乐人才的途径，但要想获得更好的发展，还要有更多专业的娱乐经纪公司可以对人才进行系统培训。各大音乐类选秀节目推出的新人，与韩国培养了多年的艺人相比，创作、歌唱以及舞蹈能力都明显不足，歌手们的形象单一，风格雷同，影响力稍纵即逝。另外，今后的流行音乐产业将是数字音乐为主导，数字音乐又是科学技术与音乐结合的复合专业，除了唱跳俱佳的音乐人才以外，还需要更多专业的数字音乐制作人才以制作更好的音乐作品。因此，中国在高等教育上还要花更多的时间与精力，多增设数字音乐类专业，在学校中采取更为可靠、有效的教学方式培养数字音乐的专业人才。

（二）全面利用互联网新媒介进行宣传和推广

韩国的流行音乐产业之所以产生那么大的影响力，与韩国善于利用互联网等各种新媒介作为最主要推手，不断放大受众人群覆盖范围密切相关。韩国国内不仅互联网普及率高、电视台 live 音乐打榜节目成熟，有专业的音乐宣传网站（如 Melon 等），还善于全面利用互联网新媒介进行流行音乐的宣传和推广。这种基于传统媒介进行宣传的基础，同时又充分利用互联网的新媒介对流行音乐产品宣传的做法，可谓一举多得。不但提升了唱片实体销量、歌曲曝光度和歌手知名度，还拓展出多种流行音乐市场宣传和销售渠道。所以，在各种不同媒介融合的今天，中国要全面利用互联网等新媒介创新流行音乐的宣传和推广，以便更好更充分地利用其获得益处。中国拥有许多优秀的音乐人才以及广阔的音乐市场，需要加以有效利用新媒介来营造出一个积极而富有生命力的流行音乐宣传和推广空间。

(三) 重视互联网数字音乐生态改变产业模式

中国当前传统唱片衰退的根本原因其实并不是数字音乐和盗版的问题，而是唱片公司在音乐制作和歌手培养方面能力不足，同时还没有很好地了解数字音乐生态，无法适应互联网时代音乐市场需求快速的变化和发展。互联网本身起加快信息流通的作用，好的音乐作品因为互联网的存在会更容易普及和传播。传统唱片公司要主动寻求改变，倾听这个时代的要求，打造出大众喜爱的音乐人才和音乐作品，整个互联网资源进行好的宣传和营销。数字音乐和互联网是未来音乐产业的发展趋势，唱片公司要学习运用互联网来销售音乐产品。在今后的流行音乐产业发展中，音乐版权问题是必须关注的重要方面，这关系到整个产业的良性发展。音乐版权是保护歌手和音乐制作人权益的屏障，通过良好的音乐版权保护才能够充分挖掘歌手和音乐的价值。期待在不久的将来，中国也将构建起健康的数字音乐盈利模式，促进流行音乐产业健康发展。

(四) 规范流行音乐产业相关政策与产业环境

目前，中国正在加快速度完善文化产业相关法律法规，提高文化建设法治水平，但针对流行音乐产业的基本法律法规的制定还处于初始阶段，统一、规范、竞争、有序的现代音乐文化产业市场体系尚未建立，制约了中国流行音乐文化产业的正常发展。中国应该借鉴韩国政府的相关做法，加快对流行音乐产业的立法推进。一方面，要完善流行音乐产业的版权保护方面的立法，着重对中国现行版权相关法律制度不完善之处进行立法修改，同时制定更具操作性的打击音乐侵权盗版的法律法规。另一方面，完善流行音乐产业投资和税收法律政策。通过明确民间和外来投资的法律地位、权益保护和退出机制等问题，优化流行音乐产业的税收环境，由此引导更多大型企业和社会资本在税收政策下流入流行音乐产业，助力中国流行音乐产业的可持续发展。

(贾佳：四川农业大学文化产业管理系助教)

文化创意产业与新媒体教育

栏目主编：罗赟

按语：文化创意产业与新媒体教育层次丰富、形式多样。本卷学刊编发的首都师范大学、中国劳动关系学院的两篇文章，从不同角度展现了对文化创意产业与新媒体教育的思考。

文化产业管理专业阅读书目体系构想

——以首都师范大学文化产业管理专业为例[①]

秦 勇

摘要： 文化产业专业的新生性、跨学科性，决定了其专业知识体系的不成熟性。构建一个相对完整的阅读书目体系，某种程度上能弥补这一缺憾。同时，要改变大学生的碎片化阅读现状，也急需一个专业的阅读书目体系。鉴于此，围绕专业阅读、核心阅读、方向阅读三个维度，本文设想通过推荐成熟的专业教材、罗列广泛的泛读书目及通过点评近百本经典专著，为文化产业专业学生设计一个可以通过阅读来构建相对完整的文化产业知识体系的路径。

关键词： 文化产业 专业阅读 书目体系

文化产业专业，作为一门新兴学科，其不成熟性主要体现在专业知识体系的不成熟。文化产业专业的跨学科、多学科融合的特点，又决定了其形成专业知识体系的困难性。无论是文化产业的课堂教学，还是文化产业的专业研究，都难以将其所涉及的各学科知识体系无所遗漏地组合起来。在当下高等教育以教师为主向师生互动为主的教学方向转化的过程中，学生的前期知识储备对专业教学成败显得越来越重要。即是说，专业学生的自我阅读与自我学习对建构专业知识体系尤为重要。在这个体现为碎片化阅读的网络时代，大学生不会读书、零散化读书的阅读状态令人堪忧。[②] 对文化产业专业的学生

[①] 本文系首都师范大学学术学位研究生精品课程群建设《文化产业理论与实践》课程群建设项目成果，2014年首都师范大学教改项目"文化产业本科人才培养必读书目体系构建研究"成果，2015年首都师范大学文化产业专业建设质量提升项目成果。

[②] 陈品：《大学生阅读调查：阅读状况报告告诉我们什么》，中国教育新闻网，2010年10月24日，http://news.jyb.cn/book/rdss/201004/t20100424_355626.html。

来说，专业阅读状况同样并不乐观。[①] 鉴于此，本文以首都师范大学文化产业专业学生阅读书目体系的构建为案例，探讨如何为文化产业专业学生设计一个可以通过自我阅读来构建相对完整的文化产业知识体系的路径。

文化产业专业的学生需要读哪些书？这个问题涉及对书的选择标准与文化产业专业学生的培养目标密切相关。不同学校因具有不同的专业优势，会为文化产业专业提供不同的专业背景环境。首都师范大学是一所侧重人文积淀的学术型大学，首都师范大学文化产业专业生长的学术背景是"文史特色"，因而结合这一学术优势与文化产业专业的学科自身（经济、管理）特色发展需要，首都师范大学文化产业系为文化产业专业的学科特色定位是"文史基础、创意灵感、操作技能、管理智慧"。除了"操作技能"需要在实践中不断学习外，其他特色都有赖于专业书籍的阅读。整体上，我们把文化产业专业学生需要读的专业书籍分为三大部分（专业基础阅读书目、专业核心阅读书目、专业方向阅读书目），每部分又分若干小类，在每一类中突出对一些经典书目的推荐，希冀通过100余本书的推荐，可以为文化产业本科生构建出一套知识体系。下面就简单地对这些书目的分类与设置予以说明。

一 构建文史基础、经管特色的专业基础阅读书目

文化产业专业是一个复合经济、管理、文史等多专业知识的复合专业。这既是这一专业超越其他传统学科专业的特点，也是这一专业的多专业知识融合的困难之处，即文化产业专业本科生要想进入文化产业专业学习，必须有多专业知识背景，这一知识背景除了通过专业课程学习，更多的是需要通过专业基础书籍的阅读来构建。我们认为文化产业专业基础应该包括经济学、管理学、社会学、文化学、文学、历史、哲学至少七个学科的知识内容，但我们在筛选书目的时候发现，作为文化产业的经济学不能脱离文化伦理的维度，作为文化产业专业基础的文化学也离不开文化研究的内容，所以在专业基础阅读书目的构成上，我们构想的文化产业专业

[①] 秦勇：《文化产业专业学生专业书籍阅读状况调查分析》，《燕京创意文化产业学刊（2014年卷）》，文物出版社2014年版。

阅读书目体系事实上给出了九个学科的知识内容，即除了上述七个学科外，还包括伦理学与文化研究。要打通九个学科的知识内容并不容易，为了便于文化产业专业本科生对每个学科知识内容的学习，我们首先推荐各个学科进行自学的较为优秀的学科教材；然后推荐35本经典的各学科的学术名著，每本经典著作都配以内容简介与专业性的阅读心得，可以为专业阅读提供一定的指导；之后我们为了便于文化产业专业的学生继续深入学习各专业学科的知识，提供了更为广泛的任选泛读书目，这些任选泛读书目并非必读书目，但可以为学有余力的学生提供进一步学习的思路。

文化产业专业基础阅读书目所涉及的九个学科，都是我们在文化产业专业知识教学中频繁接触到的知识内容。作为文化产业专业的学生如果不懂经济学、管理学知识，基本上无法融入对文化"产业"问题的理解中，但是作为文化产业专业的学生如果对"文化"内容没有深刻的理解，就无法理解文化产业作为"内容产业"的意义。文化产业专业的学生要了解的"文化"既包括文学、历史、哲学、文化学这些基础人文知识，也包括社会学、文化研究等应用性的文化知识。在文化产业知识的专业阅读中，我们认为社会学知识，尤其是社会学的调研方法在文化产业专业学习中非常有学习的必要性，文化学知识，尤其是对"文化"的多维度理解，对深入领悟文化产业专业属性非常有必要。文化产业专业的学生除了要阅读进入各学科的入门教材外，我们还为每个学科知识的学习提供数本精读书目，文化产业专业基础书目的所提供的35本精读书目，也并非需要每位专业学生都要读懂读通，只要每个学科大体上阅读一两本，就能对每个学科有较为深刻的认识，至于认识程度的深浅要靠以后的兴趣来做推动力了。

二 构建文化产业自身知识体系的专业核心阅读书目

文化产业专业基础薄弱，根本原因就在于没有成熟的专业教材，也缺少成熟深刻的专业著作。我们筛选了部分与文化产业密切相关的教材和著作，将这些书籍分为文化产业基础理论阅读书目、文化产业营销与管理阅读书目、西方文化产业阅读书目与中国文化产业阅读书目四个部分。文化产业基础理论阅读书目所选择的书籍大多是在文化产业研究领域中经常被引述的经典著述或非常前沿的新兴理论著述，这些著作某种意义上奠定了今天的文化产业专业的独立性。在这部分著述中，我们选择了较为有影响的教材作为入门的经典阅读教材，又推荐了20本经典的或前沿的专业著作作为经典必读书目，给每本书都做了内容介绍与读书心得，此外，作为任选泛读部分，我们选择了几十本相关文化产业的著作，为学有余力的文化产业专业学生作为泛读选择内容。第二部分文化产业营销与管理阅读书目可供选择的密切相关文化产业的经典著述非常之少，考虑到文化产业管理专业面向文化产业经营管理实践中，需要引入更多的营销与管理的知识，所以在这部分所推荐的经典必读书目是相关管理专业的经典书目。这些经典著作所阐述的理论知识与文化产业营销管理有一定联系，对文化产业营销与管理知识体系的构建也有重要价值，因而我们予以积极推荐。此外，相关营销与管理的任选泛读著作的推荐，可以进一步拓展文化产业专业学生的营销管理知识面。

西方文化产业阅读书目与中国文化产业阅读书目相对较少，在经典必读部分，我们选择一些案例性的西方文化产业著作予以推荐，推荐较少的中国文化产业经典必读书目。推荐较少的中国文化产业经典必读书目，是因为中国文化产业发展尚不够成熟，缺乏经典著作沉淀的时间，推荐不当反不如暂不予推荐更合适。虽然推荐相关中国文化产业的经典必读书目很少，但在任选泛读书目中，还是列举了一些我们认为比较好的中国文化产业的相关著述。

三 构建可自主选择的文化产业专业方向阅读书目体系

文化产业的内容丰富，甚至可以说无所不包，但文化产业专业学生在有限的学习时间里不可能一网打尽地掌握相关文化产业的所有知识，所以我们更倾向于帮助文化产业学生在专业学习的同时，结合选修课程体系，自主地选择文化产业内部的一个方向，从而依照这个方向进行阅读书目选择。文化产业内部有很多细化的专业方向，但我们不可能在此一一列出，只是依据首都师范大学文化产业专业的教学实际，将文化产业专业方向粗略地分为文化传播与媒介经济方向、出版经济方向、广告营销方向及影视戏剧产业方向这四个主要方向。

文化传播与媒介经济其实是两个不同的方向。文化传播更侧重信息的传播，只是在我们文化产业教学实践中，偏重对文化内容的传播教学而已，因而在专业方向的引导上我们倾向于推荐一些传播学的经典阅读书目。媒介经济侧重于传播学知识与经济管理学知识的结合，讲授媒介经济知识离不开讲传播学的内容，因而我们将这两个方向并置在一起，推荐了15本经典的文化传播类著作供专业学生做方向性阅读。媒介经济学相对来说也是缺乏经典阅读书目，我们在推荐阅读书目中推荐得少了一些。出版经济其实可以包括在媒介经济或文化传播方向之内，但由于现实中出版经济发展较为成熟，而且图书相对于其他媒介较为特殊（没有广告收入），具有很强的市场独立性，又是文化产业专业学生择业的一个重要取向，因而我们推荐了出版、编辑及出版产业运营的相关著述供专业学生方向性阅读。广告营销特点与图书出版相反，其核心竞争力在于广告收入，因而其所有创意与经济诉求联系之密切远远超过其他文化产业。我们将广告营销单列一个阅读方向，也正是考虑到广告营销的特殊性及其在文化产业行业中的重要地位。任何文化行业没有广告意识，在信息传播泛滥的今天都难以在激烈竞争的市场中立足，因而广告营销相关专业书籍的方向性阅读是我们提供的一个重要参考书目系列。影视戏剧产业方向，其实囊括了影视业、戏剧业两个不大相同的方向，这两个方向既是艺术又是产业，要想介入这两个行业必须同时掌握影视戏剧艺术与影视戏剧产业这两个方面的知识与经验。在这个方向，我们在经典阅读书目中同时推荐了相关艺术与产业的两方面书籍，供学有余力的文化产业专业学生课余时间阅读。在文化传播与媒介经济方向、出版经济方向、广告营销方向及影视戏剧产业方向这四个方向上，我们同时推荐了较为经典的入门自学教材与任选泛读书目，供学生们自由选择。

文化产业专业知识是"泛"与"专"的结合，只有普泛地了解文化产业各行业的知识，才能全面了解文化产业，也只有在"泛读"的基础上，进一步"缩小"阅读范围到某一个方向甚至某一个"点"上时，才能由"泛"入"专"——自主阅读是唯一的捷径。

（秦勇：首都师范大学文学院文化产业系副教授、文化产业系主任、研究生导师）

增权理论视角下的工人互联网教育项目效果探析[①]

高传智

摘要：进入 21 世纪以来，新生代农民工群体引发的社会问题日益引发各界关注，其中如何运用互联网、自媒体，改变该群体的信息弱势进而获得更好的发展机会，成为发展传播学中的重要议题。本文以增权理论中的外力推动模式为分析框架，对在珠三角地区实施的一个工人互联网教育项目效果进行了评估和探讨，在此基础上提出尽管项目结果远逊预期，但仍需要总结经验，继续借助外力推进工人群体的信息增权。

关键词：增权　新生代农民工　互联网　自媒体

一　研究背景

当中国正在变成一座"世界工厂"时，同时也意味着中国正在形成世界上最庞大的产业工人群体。国家统计局数据显示，2014 年全国农民工总量达到 27395 万人，其中年龄为 16 岁至 30 岁的年轻农民工约为 9123 万，这个被称为新生代农民工的群体，尤其值得关注。

从代际看，他们属于第三代农民工，具有一定文化，不掌握农业生产技能，不愿意也不适应回到农村，强烈认同并追求城市生活方式，有一定的平等和抗争意识，向往发展型生存。但矛盾的是，当前城市发展还不能解决如此庞大数量群体的户籍及与之相关的教育、医疗、社保等问题。同时一些用工企业不遵守劳动合同，侵犯工人权益情况屡见不鲜，更是加剧了新生代农民工的生存困境，导致这一群体极易出现各种心理问题，如相

---

① 本文为国家社科青年项目"新生代农民工自媒体传播增权研究"研究成果，项目批准号 13CXW036。

对剥夺感和不满情绪强烈，过客心态和抵触情绪蔓延，自卑心理和孤独情绪明显。

"回不去、留不下"，正在让新生代农民工群体进入"死胡同"，自杀、罢工、犯罪现象频发，如果不从根本上解决上述问题，将引发社会动荡。2010年，中共中央一号文件首次提出"着力解决新生代农民工问题"，但此后2011年"潮州古巷事件""广州增城事件"、2012年"中山沙溪事件"等多起以新生代农民工为主体的群体暴力事件依然连续发生，其中以论坛、微博为代表的自媒体扮演着自我觉醒、信息传递、情绪发酵、协同行动等重要角色。同样，在近年来此起彼伏的集体维权、罢工等工潮事件中，也可以观察到自媒体起到了不同程度的类似作用。在众多有关于此的研究视角中，关注个体或群体处于失权或失能状态和改善的增权（empowerment，亦被译作赋权）理论，成为重要的认知和分析框架。

二 理论框架

一般认为，增权是指充实或赋予弱势个人或群体发展的权力。其权力界定分为能力和关系两个角度，具体到农民工群体可分为个人能力、人际交往、社会参与三个评价层面，主动增权和外部推动两种模式。[①] 在传播学领域，发展传播学近40年的发展走向之一，就是增权问题的中心化。[②] 该理论以关注边缘人群的权利为起点，强调在社会网络中的小媒介运作以及草根传播手段的运用。[③]

新媒体对弱势群体增权的效果究竟如何，成为研究的主要命题之一，同时作为一种分析框架，关于增权的研究方法也被纳入讨论范围，如有学者通过研究中国稀有血型网络社群在个体（心理）、人际（互动）、社群（归属感和集体行动）三个层面的增权过程和效果，提出了情境式的实践研究取向必要且有价值，认为增权理论作为一种实践性的社会研究，在很大程度上可以解决目前在新媒体研究中存在的有理论无研究、有个案无分

[①] 陈树强：《增权：社会工作理论与实践的新视角》，《社会学研究》2003年第5期；范斌：《弱势群体的增权及其模式选择》，《学术研究》2004年第12期。
[②] 谢进川：《试论传播学中的增权研究》，《国际新闻界》2008年第4期。
[③] 丁未：《新媒体与赋权：一种实践性的社会研究》，《国际新闻界》2009年第10期。

析框架的通病。①

进入2010年，以微博为代表的自媒体开始崛起并在中国舆论场中举足轻重。自媒体是指为个体提供信息生产、积累、共享，传播内容兼具私密性和公开性的信息传播方式。因为低门槛、实时性以及人脉链接的独特性，微博形成了以往传统增权方式难以比拟的增权优势，弱势群体可以通过微博平台建立自助和互助体系的方式实现社会资源分享、个人权能增值以及利益群体形成。以新浪微博为例，由新生代农民工和关注该群体的NGO、公共知识分子开设，以声张该群体权益为目的的活跃微博在300个以上，他们相互呼应，提出权利目标，组织维权活动，交流抗争策略，形成了"孙恒为劳动歌唱""关注新生代农民工""打工者中心"等粉丝人数从几百到十几万不等的网络群体。

现有的围绕农民工自媒体增权的研究都集中于增权模式中的主动增权，对外部推动的增权模式没有涉及。原因是现实中极少有长期的、有组织的专项行动，对农民工的自媒体建设和使用进行指导。2012年12月，一家注册于香港的非营利机构艾珂社会议程研究所（ICO），得到联合国民主基金（UNDEF）的正式批准并获得经费资助，推出工人互联网教育项目，利用互联网及社交媒体，对16—24岁的年轻外来工进行增权，通过网络学习，帮助年经外来工提高知识水平及发展能力。这为考察外力推动模式下的自媒体增权提供了难得的分析个案。

三　研究个案

ICO工人互联网教育项目执行时间为2013年2月至2015年1月，实施范围在珠三角和长三角，两地各有一所高等院校作为合作伙伴参与项目，分别是深圳职业技术学院和南京财经大学。另外，还有10个当地公民社会组织参与其中，共同构建年轻外来工的支持机制。该项目的总体目标是"青年增权"和"人权保护"。

具体而言，项目的实施办法，一是通过使用互联网和社交媒体，用户将会意识到他们作为雇员所拥有的权益。项目会通过教育的手段，如社交

---

① 丁未：《新媒体赋权：理论建构与个案分析——以中国稀有血型群体网络自组织为例》，《开放时代》2011年第1期。

网络、网络论坛、信息共享和相互支持来提供这些重要的内容；二是在青年支持伙伴（学生）以及公民社会组织（NGO）的协助下，互联网和社交媒体上面的用户，将会在外来工中建立一个有效的支持网络；三是该项目将会从用户中挑选、培育一组核心成员，这批核心成员将掌握如何收集工厂一线作业员工在劳工权益方面的关注重点。在共有的关注和目标之下，这些核心成员将能够向利益相关方，如雇主、政府官员和公民社会组织等清晰地传达工人的声音、明确地阐述工人的诉求。

项目在设计之初，预计的直接受益者包括1000名参加培训工作坊的活跃工人，而且通过在线学习和现场培训后，这1000名核心工人，拥有足够的能力指引他们的同辈群体清晰地表达诉求，并且利用互联网和社交媒体建构互动、互助的平台。根据他们接受的信息和培训，应该能够间接吸纳约5万名青年外来工一起参与互联网教育和互助支持网络。

2005年4月，项目进入收尾评估阶段。笔者根据两次参与式观察和深度访谈，发现效果实施不明显，距离项目最初宏大的成果预期相差巨大，在项目负责人看来，"如果对结果打分的话也就是55分"[①]。以笔者的统计，在项目实施完成后，至2015年11月初，在被培训的近千人中，仍能坚持使用新浪微博的年轻工人，不超过50人，这与项目申请时的目标设定，相差过于悬殊。

四 分析与讨论

是什么原因，使得ICO工人互联网教育项目，在投入巨大的人力、财力和时间后，成果竟然如此有限？这构成了本文要分析的核心问题。

笔者对项目的负责人、执行人、授课教师、承担配合工作的劳工NGO负责人、被培训的工人进行了深度访谈，并结合自己两次实地调研，得到的原因主要有：

（1）被NGO招来所培训的年轻外来工，本身对互联网增权的兴趣和信心不大。培训现场教会发微博后，缺乏主动学习的愿望，而且发微博也没有能马上看得见的收益和效果，学习结束后，就不再更新。"培训的时

---

① 2015年4月26日，笔者在深圳该项目座谈会上，请项目负责人刘博士为结果打分，得到的回应。

候大家很鸡血,也开通,但慢慢就没有声息了,想问大家对工人到底有没有用?"①

(2) 即使开始能够坚持下来的工人,也会因精力、能力不够,逐渐放弃坚持微博发声。为尽可能地提高收入,工人的工作时间一般很长,加班频繁,"每天上12小时的班,有什么时间来专门弄什么微博呢?"② 再加上限于生活圈子狭窄,微博内容比较平淡,发出后很少获得响应和反馈,粉丝数量很少,"新媒体的运作,不是那么简单的。很多搞媒体的人都搞不好,更何况我们工人了"③。

(3) 工人群体以经济利益诉求为主,利益冲突而聚,利益解决而散,并没有形成命运共同体的意识,更没有发现外界所期冀的所谓中国工人阶级再形成,所以也很难形成稳定庞大的互助网络。这表明项目设定之初,实施者并没有对这个群体的需求完全理解。"工人的心思就在于如何挣更多的钱,如何找个女朋友"④,"一是工人缺乏对自己阶级的认同感,二是没有维权意识,涉及维权时,发声就很少"⑤。

(4) 即使是坚持微博发声的工人,也因为感到外界给予的压力难以为继。近几年来国家有关部门对互联网的管控更加严格,工人在微博上的发言,当被认为是过激言论时可能会遭到线下的调查,这也在客观上削弱了工人运行微博的积极性。"转发了几个集体维权行动微博,国保去蓝衣人公益机构打招呼,我就成为危险分子。"⑥ 另外,运营商为了安全,也会进行内容审查采取删帖行为,工人原本就不强的互联网传播能力受到限制。

(5) ICO自身在项目实施过程中,对工人在互联网上应该呈现的公众形象,并没有清晰的设定,使得外界对网上工人的发声形成不了深刻统一的印象,也制约了传播效果。具体负责项目实施的执行负责人,说她一个很大的困惑就是"工人是什么样的形象,想表达什么形象,这个gulf在哪里?想问大家,什么是工人?"⑦ 另外一家工人办的自媒体,也对此

---

① 对项目执行人蔡女士的访谈。
② 对参加项目培训的工人A的访谈。
③ 对参加项目培训的工人B的访谈。
④ 对参加项目培训工友C的访谈。
⑤ 对支持项目培训一NGO负责人李先生的访谈。
⑥ 对参加项目培训且坚持微博发声的工人D的访谈。
⑦ 对项目执行人蔡女士的访谈。

有过评论，"就现状而言，如何有效应对来自互联网以及来自劳工界活动的既有消息乱象，就已经很成问题了，而且越来越让人觉得茫乱。其一，工人虽然可以上网发帖、发微博、发照片，但碎片化、交代不清问题、道义控诉多过理智诉求的现象相当普遍，可供研判的有效信息相对少得多。越发膨胀的资讯堆砌让人无所适从，如同身陷大量杂乱信息、缺乏航标的汪洋大海中"①。

（6）作为自媒体本身，近几年也发生了变化，网民的信息关注从微博向微信迁移的趋势越来越明显。但两者存在显著不同：微博是面向公众，有比较强地向社会各阶层发声的可能，而微信更多是朋友圈，身份高度同质化，降低了与社会各阶层进行信息互动的概率。另外，微博上的公众对这个群体的悲惨境遇也产生了信息疲劳，见怪不怪。所以传播效果变弱，也降低了工人参与微博自媒体信息发布和传播的热情。

还有一些其他原因，如工人反映微博比较耗流量，因此更多人使用QQ群，这样仅限于几个朋友间的熟人聊天。上述原因都导致ICO工人互联网教育项目效果不彰。一个个案可能说明不了太多问题，也很难就得出互联网增权的外力推动模式无法成功的结论，但至少可以引出以下讨论：

第一，受困于以上原因，新生代农民工互联网增权的外力推动模式确实艰难。ICO工人互联网教育项目在得到较充裕的经费资助，并有与工人联系紧密的劳工NGO支持，取得的成效尚且如此不尽如人意，其他外力推动模式更是困难重重，结果难言乐观。

第二，新生代农民工的互联网增权又不得不借助外力推动。一是工人本身就是信息使用的弱势群体，存在表达能力的局限。对一般工人而言，微博上短短的140字，想表达清楚并不容易。笔者调研中有专门面向工人的自媒体总编坦言，"工友写来的东西，根本不能用，需要有人辅导和修改"②，这也是ICO工人互联网项目在设计之初，引入大学生与工友结成对子的初衷；二是本身借助网络进行信息传播和舆论营造，就是一件需要专业技能的工作。如怎样讲工人的故事（调研中发现工人自己做的访谈自己都不愿意看），怎样与其他社会阶层进行有效互动，以及工人在网络上的总体形象和话语策略，都需要专门的设计。所以，必须借助外部力

---

① 对一工人自媒体QH社负责人的访谈。
② 对一劳工自媒体JJBL总编的访谈。

量,仅靠工人群体中的极少数精英是远远不够的。

第三,互联网带给当下中国弱势群体的话语权提升,并不像预想中的那样有效。在网络社交媒体出现之初,人们对弱势群体的话语权有了很高的期待,但从现实看,目前弱势群体因为种种局限,并没有充分利用互联网带来的信息平权优势。而与此同时,网络舆论的管控者,在经历了初期的没有经验、应对失措阶段后,有了十多年的经验积累,已经形成了有效的控制机制,如通过控制网络运营资质来促使运营商进行内部审查,设立大量的网络舆论引导员等。可以预见,在现有政经生态下,在未来十年左右的一个时期,弱势群体在网络上可见的表达将越来越趋于平和,这对弱势群体话语权的提升影响比较复杂,有待新的个案和研究解析。若从积极的角度看,对陷于社会交往困境的新生代农民工,自媒体为他们提供了直接发声和组织抗争的信息渠道,其间避免过激的言语和超越现实的号召,对预防诱发"群体极化"效应和非理性集体行动是有利的。因为在弱势群体的生存困境被理解并得到持续改善的前提下,对于这么大而复杂的国家来说,也许是更稳妥的解决之道。

(高传智:中国劳动关系学院文化传播学院副教授)

创意孵化器

栏目主编：罗赟

按语：《创意孵化器》栏目是本刊的特色栏目之一，除发表硕士、博士研究生的学术成果，也刊发少量本科生的优秀学术论文。本栏目的目的，一方面鼓励青年学子向心学术，另一方面也向公众展示青年学术创意。

基于创意阶层的众创空间的
发展及转型分析

裴菁宇

摘要：我国经济正处于重要转型时期，创意经济的发展已成为我国经济增长的新引擎，而创意阶层的崛起和创业平台的勃兴正是现阶段城市繁荣和经济增长的关键。开放性、低门槛、专业化的平台具有对于创意人才和人力资本的强大吸引力，而集聚了众多创业微主体的众创空间的快速发展已成为文化创意产业发展的活力源泉和基本生态。充分调动创意阶层，完善众创空间，对于落实"大众创业，万众创新"战略，促进文化产业和相关产业发展，激发经济内在活力有着重要意义。

关键词：创意阶层　众创空间　转型

自1998年英国政府正式提出"创意经济"这一概念以来，发达国家和地域纷纷将创意产业的发展提升到了国家战略层面，而创意阶层作为创意产业中最为重要的产业资源，正在全球范围内迅速崛起。创意阶层的崛起有力地带动了小微型企业的快速发展，众创空间正是为小微型创新企业提供低成本、便利化、开放式的新型创业服务平台。

2015年7月，李克强总理造访了北京市中关村创业街，并调研了3W咖啡，将"众创空间"再次推向热点。在此前的国务院会议上，国务院颁布了《国务院办公厅关于发展众创空间推进大众创新创业的指导意见》（以下简称《意见》），该《意见》意在通过国家政策加快实施创新驱动发展战略，适应和引领经济发展新常态，顺应网络时代"大众创业、万众创新"的新趋势，加快发展众创空间等新型创业服务平台，营造良好的创新创业生态环境，激发亿万群众创造活力，打造经济发展新引擎。

我国经济的发展已经走过了要素资源竭泽而渔式开发、财政信贷货币大放水推动这两个初始阶段。资源能源过耗的制约、环境劳动力红利消失、产能严重过剩等情况,决定了我国经济必须通过转轨转型以寻求新的拉动力。[①] 世界经济发展阶段理论告诉我们,在一国经济进入第三阶段后,必须依靠提高全要素生产率来促进经济发展、提高经济发展质量。而提高全要素生产率的根本性措施就是依靠创新革新创造。国家顺应中国经济发展趋势,根据中国人口世界第一、就业压力巨大的国情,提出"大众创业、万众创新"思路是完全符合国情的,是完全及时必要的。

一 "创意阶层"的内涵

"创意阶层"这一概念最先是由多伦多大学教授理查德·佛罗里达提出的,他在《创意阶层的崛起》一书中指出,在创意经济时代,经济发展对于创意的渴求、良好的技术设施和知识产权保护制度以及高效便利的条件和创意生活圈催生出了一个新的阶层,即创意阶层。他将创意阶层分为"具有特别创造力的核心"和"创意专家"两个部分,"具有特别创造力的核心"包括科学家与工程师、大学教授、诗人与小说家、艺术家、演员、设计师与建筑师等,以及现代社会的思想先锋包括编辑、文化人士、智囊机构成员、分析家以及其他"舆论制造者"。"创意专家"则广泛分布在知识密集型行业,如高科技行业、金融服务员、法律与卫生保健业以及工商管理领域。

首都经济贸易大学教授蒋三庚在其专著《文化创意产业集群研究》中根据创意产业链的不同环节,将创意人才的类别进行了划分。其中,科学家和工程师、诗人与小说家、设计师与艺术家等是创意的生产者,他们直接输出创意产品,他们通过对现实事物的理解和认知衍生出无数新的想法和可能。编辑、文化人士、广告策划人等是创意的策划者,他们不但能够直接生产创意,更懂得如何去激发创意生产者的灵感,知道应如何将创意整合,并以最为恰当的形式呈现出来。项目经理、经纪人等是项目成果的经营管理者,他们了解创意但并不直接生产创意,他们是创意和市场间的中间人,通过经营创意产品实现其价值,获得收益。

普遍而言,创意阶层虽然身处不同的行业和领域,但他们具备一定的

[①] 余丰慧:《打造"众创空间"要有硬措施》,http://yufenghui.baijia.baidu.com/article/44850,2016年2月4日。

共性特点。首先，创意阶层具有创造力且重视个人能力的表达，他们的年龄构成趋向年轻化，在工作中具备更强的灵活性和随意性，少受传统社会形态和工作体系的束缚；其次，创意阶层受教育程度较高，多为精英人群，佛罗里达在定义创意人才时就是以一个地区拥有学士以上学历人数占总人口的百分比来反映创意产业人力资源情况的；最后，他们追求多样性并富有包容性，渴望获得对各种差异都能兼容并包的环境，主要以团队化的形式进行创造。

我国的创意文化市场正在逐渐形成和完善，创意附加值的社会认知度也不断提高。随着社会物质文明的发展，各种行业均呈现出多元化的趋势，随着人们对精神文明追求的增加和文化程度的提升，对创意的追求也在不断提升。但就目前而言，我国现已存在的创意阶层占总就业人口的比重较低，截至2013年年底，文化产业的增加值在GDP中所占比重不足4%，与发达国家（美国25%，日本16%）相比，我国传统产业所占比重大，而创意产业所占比重较小，我国创意产业能够吸引的就业人数偏少，创意阶层不具规模。

二 众创空间的发展业态

创意阶层的创造性和灵活性使得他们需要一种更为便利和开放的创业平台，而众创空间正可以面向所有公众群体开放，通过部分服务免费、部分收费，或者会员服务的制度，为创业者提供相对较低成本的成长环境。创意阶层多接受过良好教育，使得他们了解各领域的知识，且具备精英意识和挑战精神，能够利用简化的空间进行研发，从而实现效益的最大化。同时，由于创意阶层存在多样性和包容性，创业者可以通过众创空间中的各种活动促进彼此之间的交流和圈子的建立，共同的办公环境能够促进创业者之间的互帮互助、相互启发、资源共享，达到协同进步的目的，通过"聚合"产生"聚变"的效应。因此，创意阶层成为众创空间的主要使用者和提供服务的对象。

新一代创业者具有专业知识、创新能力，但缺乏创业经验，对政策信息、产业知识、市场情况了解不够，容易形成盲目创业。小微企业发展初期不了解企业管理的专业知识，没有人力资源管理和财务控制的能力，其中更大的问题是资金的缺乏使得创意无法走入市场，变成财富。而众创空间作为支持"大众创业,万众创新"的专项服务平台,能够保证创业孵化一体化价值链的完善,并帮助创意阶层整合资源,使其逐渐做大做强。

据统计,目前我国小微文化企业的数量占文化企业总数的80%,从业人员约占文化产业从业人员总数的77%,实现增加值约占文化产业增加值的60%。近年来,我国小微文化企业发展迅猛,在活跃文化市场、激发产业活力、促进文化创新、增加社会就业、丰富文化供给等方面发挥了积极作用,但与此同时,小微文化企业面临着贷款融资难、经营管理相对落后、人才短缺等难题。从小微文化企业的发展现状来看,创业需要环境的改善,小微企业的发展需要政策、资金等方面的扶持。而众创空间正是为小微文化企业提供了解决这一系列问题的平台。

众创空间是顺应创新2.0时代用户创新、大众创新、开放创新趋势,把握互联网环境下创新创业特点和需求,通过市场化机制、专业化服务和资本化途径构建的低成本、便利化、全要素、开放式的新型创业服务平台的统称。[①] 个性化的分散创意和海量的小众需求在互联网时代得到了充分满足。简而言之,众创空间是具有加工车间、工作室功能的开放实验室,是创客们共享资源和知识、产品发明和实现的场所,它将创意、发明、创新、创业转化为一个有机的过程,成为创业的集散地和创新社区的中枢。

据中国产业调研网发布的《中国众创空间行业现状调研及发展趋势分析报告(2015—2020年)》显示,2014年,全国科技企业孵化器数量超过1600家,在孵企业8万余家,仅就北京市而言,各类孵化机构超过150家,国家级孵化机构50家,入驻企业超过9000家。目前做的初具成效的有北京中关村创业大街、上海新车间、深圳柴火空间、武汉光谷等;创客空间、创新咖啡、创新工厂等,都是其具体表现形式。但是,从另一种主流业态——创客空间的视角来看,中国创客还处于发育期,数量规模都较小。因此,我国众创空间的发展过程中,还存在一些不可忽视的问题:

第一,由于国家尚未出台对于众创空间的认定标准,导致创客概念成了人人可以借力的"时尚标签",很多众创空间并不能抓住创客的"痛点"——缺钱、缺资源、缺人才。根据重庆某咨询机构的一项调查,创

---

① 朱丽、庄文静、邓纯雅、谢丹丹:《2015培养属于你的"创客"》,《中外管理》2015年第1期。

客们在选择众创空间时,在地段、商业配套、房租、创业辅导、投资人对接、事务代办等选项中,创业辅导、房租、投资人对接三项得票最高,分别占总体比重的25.4%、21.3%、17.5%。[①] 这反映出当下的互联网创业者,对于众创空间的软实力要求越来越高。但是现实却差强人意,一些开发商开发的创客地产,仅仅包装一个创客概念,还是停留在卖房子和提供一个办公场地的传统思维上,而忽略了为创业者解决培训、融资、社交等问题,众创空间广告中承诺的创业导师培训、融资对接、事务代办等服务也并未真正落实到位。

第二,众创空间的发展需要进行扩张以形成规模优势和集聚效应,在市场上形成竞争力,但目前存在的众创空间大多为了扩大规模,致使内部各类型小微企业混杂。各创业团体之间的项目类型、项目发展所处阶段、发展中所需帮助等均不相同,这就导致众创空间需要随时提供种类繁多的协助内容,缺乏专业性和针对性。为管理构成复杂的内部企业,管理运营队伍需要扩大,但是在规模扩大之后,受限于管理团队自身的认知和管理水平,很难妥善处理联合办公所带来的一系列问题。而且,由于各创业团体目标不同又注重自我意识,联合办公和资源共享虽然可以激发彼此的灵感,但也存在不好集中管理,集体活动参与度低,长期保持活跃的参与人数少等困扰。

第三,联合办公空间缺乏持续盈利能力。在众创空间发展较快的大城市中,场地成本、运作成本普遍偏高,而这些创业空间的成立并不是纯粹的商业行为,对政府的依赖程度较高,而政府的政策并不完善,不能提供均衡的保障。小微企业发展初期难以低成本地获得创新创业资金和政府采购项目支持,申请到的信贷机构贷款、政府研发及创新经费资助都较低。要想真正解决创业企业级创客的资金需求,还有赖于专业化的天使投资人队伍,但就目前来看,我国的天使投资人并不多,所能资助的企业只是少数,因此许多办公室、咖啡馆因为无法保本大量亏损而结束运营。

三 众创空间的转型

我国经济正处于旧的增长方式向新模式、新业态转换的阶段,而随着

[①] 李国、郑荣俊:《重庆众创空间调查:有窝难孵小鸡 配套机制缺乏难抓创客"痛点"》,《工人日报》2015年8月13日。

新经济萌芽,"创新创业"这一经济发展的新引擎也需要通过转型以适应新时代的发展需要。自 2006 年北京最早启动"三验"应用创新园区(AIP)的探索至今,众创空间在我国发展已有近十年的历史,随着"互联网+"的兴起和发展,传统的层级型企业发展模式将被彻底颠覆,众创空间将通过把创新与创业相结合、线上与线下相结合,投资和孵化相结合打造全新的公共服务平台。

(一)从"发明家"到"企业家"

众创空间的核心价值并不在于提供办公场地,而是在于提供辅助创新创业的多元化扶持。它更多的是提出了一种创业文化、氛围、环境和社区的概念,注重的是综合服务能力,此外还应包括提供创业的法治、文化、市场环境以及社会生活的服务。从基础性的举办沙龙、训练营、培训、大赛等活动,到为小微企业提供融资对接、工商注册、补贴政策申请、法务顾问等便利,众创空间能够全方位地协助初创企业健康迅速成长。个别创业服务机构还设有天使基金,以帮助初创企业渡过难关。自此,"创客"们不再仅仅是持有创意、富有挑战精神的"发明家",而是被逐渐培养成为业务熟练、深谙市场运作规律、懂得法律和政策条例,综合素质过硬的"企业家"。这样,创业企业才能具备独立发展的能力,完成初始阶段,开始向真正的企业转变,迅速走入市场,接受大众的检验,众创空间也能借此获得相应回报,实现自身存在价值。

(二)从"大众"到"小众"

众创空间的发展使得创业和创新不再是针对集中在精英阶层,特别是一些从大企业离职的高管或某个行业里的知名人士的"小众"行为,而是意在打造一个面向社会大众开放的、全民创业的公共服务平台。但根据不同人群需求的不同,不同企业发展程度的不同,不同行业的侧重点不同,不同平台擅长的领域的不同,众创空间不可能一概而论地对他们都提供均质化服务。因此,众创空间走向分众化和个性化是其未来发展的必然选择。就我国现存的众创空间模式来看,主要分为活动聚合型、培训辅导型、媒体驱动型、投资驱动型、地产思维型、综合创业生态体系型六大类,创业企业可以根据自身的需求和所处的发展阶段选择适合进入的众创空间,众创空间也可以利用自身优势在所擅长的领域为创业企业提供最专业、最准确、最到位的服务。同时，各平台之间可以进行跨平台的人才和信息的交流与合作，以实现资源的合理配置，加速资源的流动和调换，以期在有限的时间和空间内实现效益的最大化。

(三) 从"孵化器"转化为"加速器"

由于现在提供众创平台的多是企业而非政府，企业以营利为目的，希望通过现阶段的投资获得长远的回报，而不是从事公益性活动。作为"孵化器"而言，众创空间大大降低了企业创业的准入门槛，但这些创业企业的水平和质量参差不齐，项目未来是否能够成功难以预估，这就使得许多小微创业企业难以通过市场的考验，容易在竞争中淘汰，由此浪费了前期的投入，甚至占用了其他企业的资源。因此，众创空间可以将"孵化器"转变为"加速器"，不再仅限于从无到有地培养新型企业，而是通过综合性平台将有价值的企业和项目推向市场，做大做强。即稍稍提高标准，引进已有阶段性成果的小微企业，这种有阶段性成果的微小企业的产品已经初具雏形并已经通过了一些检验，但是缺乏市场占有率，将其引进可以大大降低投资风险，省去前期"孕育"的时间，并能节省大量人力和资源的投入，防止投资失败的情况发生。

(四) 从提供廉价办公场所转换为提供无限扩展的空间

作为为广大创新创业者提供工作空间、网络空间、社交空间和资源共享空间的平台，众创空间将继续为小微企业提供廉价场地，以缓解企业创业初期资金缺乏的问题。但有限的场地不足以支撑越来越多小微企业的涌入，简陋的办公设施和嘈杂的工作氛围不利于创意工作的进行。而且受制于场地的局限性可能导致一些初具想法但还没有成型产品的企业无法进入，失去获得外界支持的机会，也可能使得一些不适合长期在固定场所进行的项目占用空间，形成浪费。因此，众创空间可以转向提供"虚拟空间"的使用，即企业挂名在该众创空间之下，享受众创空间所提供的优惠政策和平台所带来的便利，并可以借助大企业的名气打开市场，获得市场信任度，但这一企业的发展过程不局限于场地内部，甚至不会局限于该地区内部，可能无限度地扩展，实现跨区域的交流和联合。

四　结语

现在我国的创业、创新还处于质变之前的量变阶段，属于在限制较少、市场化程度较高的移动互联网领域的"小创业""小创新"，成功的仅仅是个案，还不具备燎原之势。未来的创业、创新，势必是基于大量创意人才和优秀创业平台而进行的，与更广层面的体制改革、打破垄断壁垒以及国家创新相结合的创业创新。由此，我国经济增长潜力将得到极大释放，经济新常态将行稳致远。

（裴菁宇：首都师范大学文学院文化产业硕士研究生，指导老师：包晓光）

思维在线直播演唱会
商业新模式探析

潘杨燕

摘要：在人们的物质生活水平不断提高的情况下，人们的娱乐消费形式也逐渐丰富。随着时代的发展与进步，众多歌迷喜欢的演唱会也一直在锐意变革。2014年是移动互联网元年，在互联网思维下，新媒体技术对传统音乐产业的转型升级，其背后蕴含着互联网时代文化经济创新发展的产业逻辑。本文着重分析了在互联网思维下的演唱会即在线直播演唱会火爆的原因，以期对今后音乐产业的创新发展提出建议。

关键词："互联网+" 在线直播演唱会 场景 粉丝经济

李克强总理在2015年的全国两会政府工作报告中用了"互联网+"，"互联网+"就成为2015年的热词。对于音乐行业而言，"互联网+音乐"已是大势所趋。2014年视频网站对音乐产业的再造创新，使得在线直播演唱会进入大众生活。

众所周知，曾经有段时间互联网对音乐产业的打击着实不小。音乐数字化取代了卡带和CD。MP3播放器的流行虽然使得大众对音乐产品的需求猛增，但是这也严重影响了实体唱片的销量，挫伤了传统音乐人的积极性。网络盗版音乐使得人们不用付费就可以享受各种新歌的快感。如今，在国家政策的大力倡导与支持下，互联网刮起一阵旋风，给音乐产业带来了一次新生，视频网站正好站在了风口上。2015年，腾讯视频全年将高密度推出50场演唱会，乐视将推出不少于50场付费演出……一个新的细分市场正在成形。

2014年12月23日，网络直播的腾讯视频原创音乐节目《Hi歌》大结局由网友投票产生年度Hi歌；圣诞节至元旦期间，乐视网一共推出了羽泉、李志、凤凰传奇三场直播演唱会；12月31日，湖南卫视一年一度的跨年演唱会也由芒果TV网络直播。在线直播演唱会的尝试始于两三年前，但真正引起行业震动的是2014年8月2日汪峰的鸟巢演唱会。除亲临鸟巢现场外，用户还可通过乐视网PC端、移动端付费观看，定价30元、会员价25元。据统计，此次演唱会网络付费收看75000次，其中观看直播48000次，回看27000次。最终网络收费毛利超过200万元，比乐视音乐总监尹亮预期的100万元翻了一番。[1] 据悉，2014年8月至今，汪峰、张惠妹、赵传、华晨宇、莫文蔚、崔健、陈翔、陈晓东、曹格……都先后举办了"在线演唱会"，多个演唱会的线上观看人数超过百万，不少演唱会的线上收入几乎实现了与线下收入持平。然而，在线直播演唱会为何呈现出如此火爆的局面，笔者认为，原因是多方面的。

一 场景时代的互动与便利性

2014年，移动互联时代的中国发生了深刻的改变。传统演唱会场景相对固定。艾瑞咨询的报告指出，2014年中国移动互联网用户的多屏行为已经非常普遍，64%的移动互联网用户在闲暇的时候"玩"手机。在线直播演唱会在这种传统演唱会观众和移动互联网用户重叠的固定场景中捕捉到契机，为他们创造了足不出户即可观看演唱会的全新体验。

传统媒体的要素主要是内容和形式，互联网媒体在传统媒体的基础上多了社交元素，而移动互联网媒体则比互联网媒体多了场景元素。场景作为移动媒体的关键，它"决定了人们的行为特点和需求特征"[2]。对于在线演唱会的用户来说，不一定总是有时间和精力专门到别的城市听某个歌手的演唱会，在如今的互联网时代，如果用户在家就可以直接打开电脑，即使手中没有电脑只有手机，用户也可以直接打开手机观看在线直播演唱会。比如，2015年6月19日20时腾讯视频直播的"李荣浩全国巡回演唱会"上海站，演唱会正值端午佳节之际，处于除上海以外城市的上班族歌迷们是很难准时到达上海观看演唱会的，有了在线直播演唱会，歌迷

---

[1] 陈丹：《视频网站掘金在线直播演唱会》，《综艺报》2015年第1期。
[2] 腾讯科技企鹅智酷、中国人民大学新闻学院新媒体研究所：《中国网络媒体的未来(2014)》，http://tech.qq.com/a/20141112/048252.htm#p=1，2014年11月12日。

们只需要下班回到家打开电脑，即可享受一场无须浪费大量财力与精力的视听盛宴。此外，对于信息不对称的歌迷朋友来说，要是之前对自己喜欢的歌手什么时候开演唱会并不知情，在他（她）知道消息后，票已售罄，此时，在线直播演唱会也是一个不错的选择，它使得没有第一时间请到实体门票的歌迷不会失落而归。在线直播演唱会的用户只需要动一动手指，即可轻松享受歌手的音乐大餐。在线直播演唱会给用户观看演唱会提供了很大的便利性。

另外，对于在线直播演唱会的用户来说，他们不仅能作为演唱会的观众，更重要的是他们能作为参与者去实时互动。比如，在2014年9月27日莫文蔚的台北"莫后年代演唱会"上，腾讯启动了从线上到线下的O2O全程互动。为了调动用户的积极性，方便用户进行互动，腾讯推出通过网友票选出"在现场最想听到的金曲"，莫文蔚则根据票选结果，选出投票排名前几名的歌曲现场独家演绎。2014年9月25日的最新数据显示，莫文蔚经典歌曲《忽然之间》获得了网友2.6万的投票，名列第一，《他不爱我》以2.4万的投票位居次席，歌曲《如果没有你》凭借近1.9万投票位列第三。加上《阴天》《广岛之恋》等曲目，网友票选的TOP10歌曲已经拿下13.8万的投票。有了互动，歌手在演唱会上的曲目不再固定，用户成了演唱会的参与者，经过投票他们将体验到参与感，自己喜爱的演唱会不再是由歌手或者主办方说了算，自己也能决定歌手在演唱会上唱什么曲目。某些歌迷朋友体会到了票有所值的快感。为了激励用户抢票，腾讯视频还制作了专题页面，网友在2014年9月27日前登录到页面，参与提前预订就可获得一系列奖品，包括莫文蔚限量签名单曲、个人签名照等纪念品。同时，腾讯视频好莱坞会员在将来也可以获得高清视频点播回放等一系列会员优先特权。在移动端，腾讯视频还定制了演唱会移动端的H5页面，进一步扩展了用户参与场景，推动用户在手机上完成更多即时性的互动体验。在腾讯视频的全力运营下，截至2014年9月25日，演唱会在腾讯推广页面上已经超过13万网友抢先预订了演唱会直播。而在2014年9月6日华晨宇"北京火星演唱会"的线上直播中，网友们在芒果TV和QQ音乐平台上一共送出了18万朵3D虚拟鲜花，这些虚拟鲜花每朵售价20元。对于粉丝来说，虚拟鲜花为自己对偶像的喜爱表达了自己的一份心意，弥补了华晨宇粉丝不能当面送鲜花的遗憾。另外，还有5万人参与线上投票决定演唱会的安可曲目①——《Why Nobody Fights》。这也满足了粉丝们想要再听经典曲目的心愿。在2014年10月31日的陈晓东台北"Circle演唱会"中,用户们上演了一场无比欢乐的弹幕互动戏码。各地的用户加起来上百万,把一场演唱会变成了几百万粉丝的弹幕狂欢,这给用户带来了前所未有的体验。

二 粉丝经济的深耕运营

媒介环境越来越碎片化,不变的是粉丝对偶像的忠诚与情感。粉丝经济是媒介汇流下的新经济模式,是企业迈向多元创意社会的因应之道。粉丝经济,是粉丝以情绪和这个世界紧密拥抱。消费者化心动为行动,投入情绪资本,化为偶像支持度与重复购买行为。"情绪资本"成为企业与品牌营销面对媒介汇流的不变方程式。首先提出"情绪资本"概念的是英国营销专家凯文·汤姆森(Kevin Thomson),他于1988年出版《情绪资本》一书,他认为"情绪资本"由外在情绪资本与内在情绪资本两大核心组成。外在情绪资本存在于顾客和股东的内心,是品牌价值和商誉;内在情绪资本则指向员工的内心,包括企业员工的感受、信念和价值观,企业价值不是数字,是消费者、员工还有领导人情绪结合。② 粉丝经济以情绪资本为核心,以粉丝社区为营销手段增值情绪资本。粉丝经济以消费者为主角,由消费者主导营销手段,从消费者的情感出发,企业借力使力,达到为品牌与偶像增值情绪资本的目的。粉丝经济以情绪资本计价,从消费者的角度评估偶像与品牌符号在消费者心目中的地位。情绪资本是消费者对品牌与偶像的喜爱程度、熟悉程度、忠诚程度、感知程度,以及消费者对品牌与偶像的联想等无形资本。建构于粉丝社区的粉丝经济无法挡,情绪资本是关键。情绪资本是消费者死心塌地重复消费的关键。情绪资本的新意在于,消费者投入情绪于媒介内容和品牌,建立与电视节目、电影、明星还有品牌的情感关系,这种关系是长期的、忠诚的投入,明星、品牌还有影视节目的价值,奠基于情绪资本。各个视频网站借助粉丝对于

---

① 安可曲目:Encore的音译。原指应观众强烈邀请返场演唱,现在多了些作秀的意味。Encore名词的意思是:要求再唱。即是再来一遍的意思。
② 张嫱:《粉丝力量大》,中国人民大学出版社2010年版,第86页。

偶像明星的喜爱，为没有条件到实地去看自己偶像的演唱会的粉丝提供了一个机会，即粉丝可以选择观看在线直播演唱会。传统演唱会原本是吸引偶像明星粉丝买票消费的一种方式，实际上一种粉丝经济模式。在线直播演唱会实现了粉丝经济的深耕，不仅可以囊括想要去实地观看演唱会而不得的用户，还可以吸引更多的"路人"逐渐转为粉丝，因为在线直播演唱会可以大大节约成本，这样会使越来越多的原本不是演唱会爱好者的人们越来越乐于付费观看演唱会。

安德鲁·都铎在《形象与影响》一书中将明星与观众的关系分为情感喜好、自我认同、模仿、投射四种类别。[①] 情感喜好表现为只是单纯喜欢；自我认同表现为观众能感同身受，并达到与明星的个体同化的地步；模仿表现为明星的行为对于观众而言是一种楷模；投射表现为观众自己的现实世界直接源于明星他界。笔者认为，会买票去实地看传统演唱会的大多都是资深级粉丝，他们对开演唱会的明星不再是简单的情感喜好，而是达到了后三种类别中的一种。传统演唱会门票的价格一般都比较高，少则几百，多则上千，一般的粉丝是无法担负这么高额的门票价格的，面对高价格的门票，他们只能望洋兴叹。只有资深级粉丝才会无条件地为偶像明星的高价演唱会埋单。在这样的情况下，在线直播演唱会为各个普通级别的粉丝也提供了一个可以观看演唱会的机会，虽然不是在实地观看，但是这也让粉丝感受到了演唱会的气氛，弥补了不能看到演唱会的缺憾。这对视频网站和音乐人来说也是一种利好，在线直播演唱会通过 PC 端和移动端售卖的电子票为他们带了一笔不小的利润。

三 潜在价值巨大的免费直播

对于在线直播演唱会这一片新蓝海，优酷土豆和腾讯视频并没有采取收费模式。它们则走了另外一条对用户免费的道路。2014 年在优酷土豆直播演唱会的明星、组合包括萧敬腾、马里奥、泰勒·斯威夫特、林肯公园、SNH48 等。2014 年 10 月，优酷作为唯一一家海外直播平台，同步美国独家在线直播了乡村音乐天后泰勒·斯威夫特新专辑的首唱会。自 2014 年以来，腾讯视频先后直播了张惠妹、莫文蔚、崔健、陈晓东、蔡

---

① [英] 理查德·戴尔:《明星》，严敏译，北京大学出版社 2010 年版，第 27 页。

依林等歌手的演唱会；8月31日，腾讯视频主办的张惠妹"偏执面"演唱会，线上观众超过百万名；9月27日，莫文蔚"莫后年代"音乐会，最高在线用户量突破11万，播放量1700万次；蔡依林"呸 play"2014新歌演唱会，48小时播放量接近4000万次。

在线直播演唱会免费，这对用户来说实在是一个不可多得的好消息。这也是其火爆的重要原因之一。但是免费直播也有其巨大的潜在价值。这些在线演唱会虽然都对用户免费开放，背后有其商业计划。免费在线直播演唱会的最主要收益来源是各个广告主的广告赞助。金立全程赞助了腾讯视频的多场在线直播演唱会。张惠妹等歌手在演唱会现场多次提及赞助商并做宣传。腾讯视频音乐频道负责人冯涛透露，除总冠名之外，演唱会当中还植入了商业产品和内容，这些广告资源均由腾讯视频的商业团队拓展。冯涛表示，广告主最为看重的资源是在线直播视频的用户。因为在线演唱会的受众，他们相对来说比较年轻，有自己的个性，有自己的主张，往往敢于在互联网上进行消费。快销类广告主往往比较看重这部分人群。

2015年，腾讯视频仍然会将免费模式延续，它计划全年高密度推出50场演唱会。当然，对于是否收费，腾讯视频内部也有过博弈，不过最后，免费更有利于他们在整个音乐领域的发展并占据行业制高点成为共识。对于收费，腾讯并非排斥，只是在冯涛看来，目前时机仍未成熟。"收费这种模式，需要多方准备，如产品、用户体验、支付系统等。如果这些因素都完备，我认为腾讯视频应该是有天然优势的，因为QQ用户已经认同了互联网产品收费习惯。"[①]

在线直播演唱会的模式之所以能够成熟，与视频网站直播技术的成熟、固定以及移动网速的提升有极大的关系，当直播的用户体验有了翻天覆地的变化，就可以成为视频网站吸引用户的撒手锏。其实，体育直播已经较为成熟，而包括演唱会在内的演艺市场也正在以各种方式进行着探索和模式创新。尽管观看现场演出时那种声光电的全息体验或许永远无法替代，但是，免费（当然意味着有可能要忍受广告）的优势也是极具诱惑力的，而且现场演唱会毕竟只能在固定的时间地点举办，而粉丝则遍布城市与乡村，也会来自全国甚至全球。更重要的是互联网独有的长尾效应，可以用巨大的访问规模来支撑出，不逊色于甚至远超过实体演出的商业价

---

① 腾讯新闻2015年1月22日，《在线直播演唱会，下一个金矿？》。

值。目前，在线直播演唱会主要有用户付费和用户免费两种模式，但这种两种模式都是盈利的。前者收益显而易见，但付费可能会限制用户数量的增长；而后者，不但会吸引更庞大的用户，视频网站也会通过关联方式盈利，如直播冠名和插播广告等。总之，免费模式与其他互联网产品都要烧钱很久才能盈利不同，在线直播几乎一上线就是盈利的。另外，除了增加收入，明星"在线演唱会"也为主办方带来一些新的可能，如在线观看会形成传统方式难以获得的"大数据"：粉丝的年龄、地域、性别、购买力等消费特征数据，对于音乐产业公司来说极具商业价值。

四 结语

在线直播演唱会的蓬勃发展，需要音乐行业每一个环节的配合。除技术因素外，整个行业对于新模式的接受度也在一定程度上影响着在线直播演唱会的发展进程。视频网站要在在线直播演唱会这一片新蓝海中有所作为，必须解决好其与传统演出商和经纪公司的收益分配问题。视频网站必须为传统演出商和经纪公司解答好如下问题：演唱会在线直播会不会损失一批观众？会不会影响后续巡演？会不会降低DVD等版权收入？在线直播演唱会是一个创新模式。视频网站不仅仅是播出平台，它们还会为歌手提供包括宣传、商业化、节目包装及整体项目上线运作等诸多方面的帮助。而对整个演唱会产业链来说，视频网站通过全覆盖大平台的整合，突破了视频平台仅作为推广平台的功能局限，形成了从"宣发推广——互动体验——票务销售——在线直播"的一站式营销平台，进一步延展和丰富了演唱会的价值链条，对整个音乐产业的商业化提供了值得借鉴的经验。

（潘杨燕：首都师范大学文学院文化产业硕士研究生，指导老师：秦勇）

首都休闲文化管理与"美丽乡村"建设研究

——以八达岭长城文化带为例

王米琪

摘要： 近些年伴随着国内文化旅游的持续升温，包括"三山五园"、长城文化带在内的首都休闲文化景观越来越受到游客青睐。但与此同时，由于其存在管理不到位、管理不科学等一系列问题，休闲文化景观在带来经济文化效益的同时，也给周边美丽乡村建设带来负面影响，综合效益下降。本文主要以首都美丽乡村中的休闲文化资源——八达岭长城文化带为主要研究案例，深入探讨首都休闲文化管理与美丽乡村建设的辩证关系，为打造首都休闲度假品牌提供建议与对策。

关键词： 美丽乡村 长城文化带 首都休闲文化

一 首都美丽乡村中的休闲文化景观：资源现状、管理生态

（一）首都美丽乡村视野下的休闲文化景观

1. 首都美丽乡村概念的提出

为了贯彻党中央关于新农村建设的重要指示，加快农村发展进程。浙江省安吉县于2008年正式提出"中国美丽乡村"计划，并出台《建设"中国美丽乡村"行动纲要》，为其他地区农村发展建设指明了新的方向，"美丽农村"也成为新农村建设中的一个重要的专有名词。目前学术界对"乡村"的理解比较泛化。一种理解是"乡村"即"乡"和"村"："乡"是指乡（镇）政府驻地的镇，也就是小城镇，"村"是指周边村庄。这种理解，将"乡村"从行政单位和地理位置上进行划分，与城市相区别。另一种理解是"乡村"即"农村"，以从事农业生产为主的农业人口居住

的地区，是同城市相对应的区域，具有特定的自然景观和社会经济条件。这一定义的出发点是把农业产业作为农村赖以存在、发展的前提，没有农业的存在，农村就不成其为农村，农民就不成其为农民。以上两种观点，一则以行政单位与地理位置进行划分，二则以是否从事农业生产作为成为"乡村"的依据。

中共中央、国务院在《关于加大改革创新力度加快农业现代化建设的若干意见》中指出：城乡资源要素流动加速，城乡互动联系增强，如何在城镇化深入发展背景下加快新农村建设步伐、实现城乡共同繁荣，是必须解决好的一个重大问题。而北京作为全国的首都，新农村建设问题更是刻不容缓。2015年北京政府工作报告中指出，2014年以来，北京已有588个村庄启动美丽乡村建设，农村人居环境不断改善。乡村建设是一项庞大的系统工程，其中涉及经济、政治、文化、社会、生态等多方面因素。因此，乡村建设不仅包括环境建设，更包括生产建设、文化建设、社区建设等方方面面。"美丽乡村"建设不仅是外观上焕然一新的"形象工程"，更在于制度层面上的"内在美丽"。硬件质量不断提升的同时，软件发展也要亦步亦趋。因此，乡村要想真正做到"由内而外"的美丽，离不开乡村文化的开发建设。

2. 首都休闲文化景观的内涵

"休闲"一词，从字面上理解，指休息与放松。"休闲活动"，顾名思义，指的是人们在日常的劳动生产工作中为了达到恢复体力、心理平衡而进行的休息与放松活动，体现了一种崭新的生活方式、生活态度。休闲文化的发展与文明的进步、社会生产力的提高密切相关。因此，休闲文化与休闲产业的发展情况，一定程度上反映了一个国家与地区生产力水平的高低，也是衡量该地社会文明的重要尺度，代表着人们在物质文明、精神文明飞速进步的时代背景下的一种新的人生观、价值观。

据专家的研究预测，到2015年，发达国家将全面进入"休闲时代"。我国虽未跻身发达国家的行列，但作为全球第一大发展中国家，其经济水平、文明程度的飞速发展也已表现出了发达国家的势头。在全球意义的大众化休闲时代到来的背景下，休闲文化与休闲产业的发展面临着诸多机遇与挑战。北京作为我国的政治中心、文化中心，其常住人口、生产总值位居全国前列。此外，北京还拥有7项世界遗产，是世界上拥有世界文化遗产数最多的城市。无论从休闲活动的需求还是休闲文化资源的丰富性上来说，北京在发展休闲文化、休闲产业方面都有着得天独厚的优势。

（二）首都休闲文化的资源现状

1. 首都美丽乡村中的休闲文化资源类型

通过对首都乡村地区的走访，笔者按照休闲文化资源的属性，分为如下几种类型：

（1）古建筑遗址。古建筑是指具有历史意义的古代建筑，它们不仅具有文化价值，也蕴含着独特的美学与艺术特色，是我国历史长河中遗留下来的瑰宝。作为拥有3000余年的建城史和850余年的建都史的北京，自然留存下了众多具有历史价值的古建筑遗址。除紫禁城、天坛等位于城内的古建筑，在首都郊区，也有着颇为丰富的古建筑遗址。如长城、十三陵、红螺寺、卧佛寺等，每年吸引着京内外的大批游客前来观光旅行。

（2）天然风景区。天然风景区是随着时间与自然环境的变更，在非人工影响的前提下产生的天然景区，演变的时间变更下天然产生的景区。以山、水形式最为常见。京郊的天然风景区景色迷人，著名的如香山、十渡、雁栖湖等，成为双休日及小长假首都居民的绝佳去处。

（3）历史遗迹。历史遗迹指人类活动的遗址、遗物和其他有历史与纪念价值的遗迹。北京作为历史悠久的古都，拥有丰富的历史遗迹。京郊最为代表性的当属房山区周口店镇的周口店北京人遗址。周口店北京人遗址，是世界上材料最丰富、最系统、最有价值的旧石器时代早期的人类遗址之一。

（4）现代度假村。度假村业作为现代新型旅游景区，近几年在我国发展势头迅猛。度假村是根据依托的旅游资源，为旅游者提供休闲娱乐的建筑群。北京郊区面积广大，自然风景资源丰富，且交通便利，基础设施完善，十分适合度假村的建立。目前京郊较为成熟和完善的度假村众多，如蟹岛绿色生态度假村、密云云佛山旅游度假村、通州运河苑温泉度假村等。

2. 首都休闲文化的风貌与特色

（1）文化深厚，种类多样。从文化角度来看，北京因其特殊的历史文化背景，拥有众多历史遗迹和古建筑遗址；从地理位置上讲，北京郊区面积广大，自然条件优越，天然风景区众多，且自然资源丰富，适合发展新型度假村旅游。文化条件与自然条件使得首都休闲文化具有丰富的多样性。

（2）配套设施建设完善，发展较为成熟。作为经济发展较快、资源相对集中的首都，北京郊区地区的交通及其他基础设施建设也相对完善。而便利的交通，为首都郊区休闲文化景区的发展提供了必要的保障。交通带来了源源不断的客流，因此餐饮、服务等其他配套设施也渐渐完善，形成良性循环，使得休闲文化景区整体发展相对成熟。

（三）首都休闲文化的管理生态

1. 重视基础设施建设

首都休闲文化旅游大多开发自北京郊区。距市内路程较远，人烟稀少，地区发达水平低。因此，首都休闲文化地区基础设施建设的完善尤为重要。以八达岭长城为例。因北京地域面积广大，路程较远。为了使游客能够更加方便地前往长城景区，2007年4月，八达岭过境线工程开始动工。景区还先后启动了110辅路应急线工程、野生动物世界入口收费站道路改造工程、黑龙潭停车场出口道路改造工程等，景区内部交通实现单向循环，与八达岭高速的连接也更便捷。切实解决游客出行难、路程远的问题，为长城景区源源不断的游客量提供了保障。

2. 加强生态文明建设

作为原本人烟稀少、资源开发程度低的乡村地区，与城市相比，保持着较为自然简单的生态环境。乡村地区休闲文化产业的开发，将为乡村地区原本良好的生态环境带来巨大挑战。为此，各级政府部门在对乡村休闲文化产业的开发过程中，将生态文明建设放在重要位置。一切乡村资源的开发和利用，均离不开可持续发展战略的贯彻执行。据北京市园林绿化局相关负责人介绍，2015年，围绕农业结构调整、京津冀协同发展实施绿化4.2万亩，营造林海绵延、绿道纵横、公园镶嵌、林水相依的森林生态景观。

3. 打造旅游产业集聚效应

旅游产业作为具有明显空间集聚效应的产业，旅游产业集聚化发展可以促进区域旅游产业结构优化升级，加快现代化旅游产业的发展进程，使旅游产业向着高增值性、高技术性和高知识性的方向发展。首都休闲文化旅游资源丰富，地域面积较广，旅游产业集聚效应突出。以八达岭长城景区为例。2010年，延庆县计划以八达岭长城为龙头，以水关长城、岔道古城、残长城等长城景区为依托，建设面积55平方公里的"一轴两带多辐射"的长城旅游文化产业聚集区。目前，八达岭长城景区以八达岭长城为轴，东西两条文化带辐射周边，业已形成良好的旅游产业集聚效应。

（四）首都休闲文化资源生态与美丽乡村建设的关系

1. 首都休闲文化资源生态对美丽乡村建设的正效应

（1）为美丽乡村建设提供经济保障。经济是任何建设发展都离不开的重要基础，没有经济的支持，任何规划与畅想都只是纸上谈兵。"美丽乡村"的长足发展更是如此。随着人们生活态度的转变，"乐活"成为当下人追求的目标。首都乡村利用其丰富的休闲文化资源，为城市居民打造可供休闲娱乐的绝佳场所，顺应了当下人们的消费需求，势必将创造较为可观的经济效益。因此，首都休闲文化资源生态的建设与发展，能够为"美丽乡村"建设提供必要的经济支持，为美丽乡村长久、持续地不断发展提供源源动力。

（2）优化乡村产业结构，提高乡村人民生活水平。十八大报告明确提出培育发展战略性新兴产业，要以现代服务业为重点，推进服务业发展提速、比重提高、结构提升，形成以服务经济为主导的经济格局和产业结构。乡村休闲产业作为正在兴起的新型第三产业，资源需求少、市场潜力巨大，对于优化乡村产业结构、转变经济发展方式、提高农村居民生活水平有着重要作用。且首都乡村地区生态资源丰富，拥有湖泊、峡谷、草场等多样化的自然资源，为乡村休闲文化建设提供了良好的自然条件。随着北京郊区交通及其他基础设施的逐步完善，为首都乡村休闲文化产业奠定了坚实的发展基础。

（3）有利于首都乡村精神文明建设。古人云"仓廪实而知礼节，衣食足而知荣辱"，其意在说明物质水平对人们精神文明的影响。经济基础决定上层建筑，一个地区经济水平的发展，在一定程度上影响着该地区人民的精神文化水平。只有老百姓吃得饱、穿得暖，物质生活得到满足的前提下，精神文明程度才会随之不断提高。首都乡村地区休闲文化产业的发展，无疑对乡村人民的精神文明建设起到重要作用。休闲文化产业将为乡村地区的经济发展带来丰厚的产值，为乡村百姓提供多样的致富渠道与多种就业途径。在物质生活满足的前提下，乡村人民对于精神文化生活的需求便逐渐提高,进而使农村整体地区文明程度得到不断提高。

(4) 改善首都乡村环境生态建设。"美丽乡村"的美丽,最直接的体现便是乡村地区的外观风貌。首都乡村休闲文化产业的发展,与首都乡村外观美丽度的提高息息相关。在开发休闲文化项目的过程中,为了为游客提供整洁、美观的环境,展现乡村新形象、提高旅游吸引力,使游客乡村旅游留下美好印象,首都乡村地区的环境整体建设便成为当务之急。笔者通过对香山、八达岭长城景区的走访发现,景区周围的乡村地区大体上较为整洁,无论从房屋的建设情况,道路的清洁程度,相较于景区建设之前都有了很大的改善。首都乡村整体环境的逐步美化,既在于政府力量的管理与帮助,又在于村民们环境保护意识的不断提高。而首都乡村休闲文化产业的建设与发展,在其中起到了间接的作用。

2. 首都休闲文化资源生态对美丽乡村建设的负效应

(1) 游客不文明行为带来破坏。乡村地区一旦进行旅游开发,该地区的人口流动量较以往,势必会有较大幅度的增长。原本只有村民居住和生活的乡村,现成为四面八方游客前来休闲旅游之地,随之带来的矛盾也不断增多。首先,游客素质的参差不齐。随着游客接待量的大幅度提高,景区设施被损,甚至文物古迹被破坏等威胁也不断增多。近年来,无论国内或国外,游客在旅游休闲过程中做出不文明举动的例子屡见不鲜。2013年,具有三千五百年历史的埃及卢克索神庙中的石壁上发现游客留下的刻字。因为神庙内部已有几千年的历史,石壁上的刻字很难去除,对文物产生极其负面的影响。北京郊外的八达岭长城更是如此,遭受着因游客随意留念而产生的不同程度的损坏。文明旅游的积极倡导刻不容缓。

(2) 增加乡村环境污染。乡村地区因人烟较少,资源开发量小,与城市相比,保持着简单、淳朴的环境风貌。乡村地区休闲文化产业的开发,将为乡村地区带来更多的客流量。随之而来的交通污染、生活垃圾、噪声污染等也将随之而来。对原本的青山绿水、蓝天白云的美丽乡村带来威胁与挑战。乡村环境的污染的主体,不仅来自前来休闲度假的游客,也有一些休闲项目的经营者。游客们所到之处大声喧哗、随手丢弃垃圾等不文明现象屡见不鲜。而部分经营主体,为了利益最大化,随意排放废水垃圾等也对美丽乡村的环境带来负面影响。乡村旅游应是对乡村文化与环境和"重塑"与"再生",而不是破坏与抛弃。在乡村休闲文化产业的开发过程中,环境保护问题尤其重要。

（3）产业建设过程中易造成生态破坏。近年来，我国乡村旅游景区的开发或多或少出现过生态破坏的问题。如在漂流河段上修建休息区域，污染河流；在湿地公园内设置烧烤区域；移动或拆迁原有文物古迹，造成景区生态破坏；等等。在开发休闲文化项目的过程中，产业发展与生态发展间的平衡不容忽视。为保证乡村休闲文化产业的长足发展，维持其生态平衡与经济发展之间的内在关系，开发主体应重视生态环境的保护性开发，坚持落实可持续发展原则，充分创建一个绿色、和谐的生态文明休闲场所。

二 案例分析：八达岭长城文化带

（一）八达岭长城文化带界定

文化带是指具有相似地理单位的文化区域、文化类型及文化模式。文化的区域性是人类文化进步的重要特征之一，"一个国家的形成，同时也是它的地域形成的过程"。笔者认为，八达岭长城作为本身带有文化属性的历史遗址，其周围具有相似的地理单位，与八达岭长城文化密切相关的文化地区，均可划归到一起，组成八达岭长城文化带。以下简称为长城文化带。

（二）长城文化带周边的衍生文化产业

1. 长城衍生文化产业现状

（1）周边景区建设良好。八达岭长城景区以八达岭长城遗址为主，以古崖居、水关长城、岔道古城等周边其他历史遗迹为辅，致力于实现长城旅游文化产业的集聚。为了更好地传播长城文化、丰富游客体验、实现旅游多样化，八达岭长城景区内还建有长城博物馆、全周影院，供游客在游览长城之余，参观和欣赏长城文化。其中，长城博物馆是以万里长城为主题的专题性博物馆，全面反映长城历史文化及现状；全周影院则是采用360度环幕，在影院穹顶放映大型风光片《万里长城》，充分展现长城"上下二千年，纵横十万里"恢宏伟岸的历史风貌。长城专题博物馆与长城影片放映作为传播长城文化的重要载体，与长城景观相辅相成，加深游客对于长城历史、军事、建筑、文化艺术的了解，同时也增加了长城旅游文化产业的吸引力。

（2）特色旅游项目不断发展。早在2010年，延庆县就计划整合区域旅游文化资源，以八达岭长城为龙头，以水关长城、岔道古城、残长城等长城景区为依托，建设面积55平方公里的"一轴两带多辐射"的长城旅游文化产业聚集区。所谓"一轴两带多辐射"，是指以八达岭长城为轴，形成东西两带，辐射周边的旅游文化产业集聚区。东部产业带包括水关长城、石佛寺古村、长城脚下公社、探戈坞音乐谷、印象·长城，西部产业带包括岔道古城、长城天地、残长城、清凉盛景长城大酒店，辐射到周边的八达岭野生动物世界、八达岭滑雪场、阳光马术俱乐部等景点。其中建设较为成功的当属岔道村。岔道村位于八达岭长城脚下，至今已有450年左右的历史。2002年，岔道村由各级政府出资整修，按照明清风格进行古城复建工作，沿街建起明清风格的店铺，由商户经营古玩、丝绸、客栈等极具特色的打造复古民俗风情一条街。商户特色的明清复古风格吸引大批游客前来旅游观光，为岔道村带来新的发展机遇，与水关长城、探戈坞音乐谷、印象·长城、长城脚下公社共同形成高端休闲度假区。

（3）文化衍生品尚有进步空间。随着旅游产业发展的不断完善，人们文化消费水平的增强，旅游景区周边文化衍生品的销售成为旅游文化产业中必不可少的环节之一，往往能创造出不小的经济产值。文化衍生品，将某种文化内涵及特征经过提炼，运用到商品设计、加工、生产中，使无形的文化以有形的形式出现，实现文化的保留与传播，为原本普通的商品带来文化价值。作为首都乃至全国的重要景区，八达岭长城景区周边的文化衍生品发展不容小觑。据笔者走访，长城景区外常见的纪念品当属国旗、好汉证、文化衫。"不到长城非好汉"，受此俗语的影响，前来长城旅游的游客绝大多数会购买"好汉证"作为到长城一游的纪念；此外，在象征着中华民族精神的长城，有关爱国情怀的衍生品往往受到大家欢迎，如国旗，尤其受到外国游客的喜爱。虽然销售情况尚且良好，但从衍生品的文化创意角度来说，这些衍生品创新程度一般，质量尚可，同质化、可替代程度较高。长城历史悠久，故事众多，可挖掘的文化元素丰富多样。若能利用长城文化创作出更多更好的文化创意衍生品，势必会带来更好的文化效益、产业效益，从而带动长城景区其他周边文化产业的发展。

2. 长城文化带与衍生文化产业的互动关系

（1）长城文化带的发展为衍生文化产业的发展指明方向。产业发展作为一种经济行为，强调经济利益的最大化。因此，为实现经济效益，文化产业的发展在于以市场为导向。八达岭长城作为世界文化遗产、国家首批5A级旅游景区，享有极高的声誉，吸引世界各地游客前来参观。长城文化带的开发与完善，有利于增强长城景区内的旅游文化体验，提高旅游竞争力，吸引越来越多的游客前来参观。而游客数量的增多，使得长城景区衍生文化产业的市场群体不断扩大，进而有助于为文化产业的发展指明方向，促进其更好地向前发展。

（2）衍生文化产业的繁荣推动长城文化带的发展。文化是特定的人类社群在一定历史时期里形成的足以体现该社群的精神、气质和追求的行为模式、思维模式和情感模式的综合体。它在观念层面、制度层面、器物层面、符号层面、行为习俗层面均有体现。作为一种无形资产，文化的传播与保存，离不开物质载体。而长城景区衍生文化产业，恰恰为传播和保留长城文化提供了媒介与渠道。文化产业的经济主体借用长城文化元素，实现产品附加值，创造经济利益。而文化产品的广泛流通更是加速了文化的发展与传播。两者间的发展相辅相成，共同朝着有利的方向逐步迈进。

（三）长城文化带衍生文化产业与美丽乡村建设

1. 长城文化带中的美丽乡村：空间分布与特色

2010年，延庆县计划整合长城区域旅游文化资源，按照长城周围景区的地理分布情况，以八达岭长城为龙头，以水关长城、岔道古城、残长城等长城景区为依托，建设面积55平方公里的"一轴两带多辐射"的长城旅游文化产业聚集区。所谓两带，以八达岭长城为主干，呈东西走向分布，辐射周边的旅游文化产业集聚区。为服务周边的旅游产业、提高村民经济收入、进一步发展和完善乡村建设、美丽乡村紧紧依托长城文化带与周边文化产业进行空间分布，形成围绕长城文化产业的集聚情况。

2. 长城文化带在美丽乡村建设中的分量

八达岭长城作为世界人类文化遗产、全国重点文物保护单位、国家5A级旅游景区，在我国乃至世界各地的游客心目中具有重要地位和影响。长城文化带的发展，对于完善长城景区建设，传播长城历史文化，创造旅游产值等方面具有重要意义。周边乡村的建设与发展，离不开长城景区、长城衍生文化产业的带动。长城景区、长城衍生文化产业的发展，带来众多游客，创造大量消费市场。为农村居民创造了大量就业机会，从而提高农村居民经济收入。有了经济基础的保障,乡村环境建设、生态建设才会朝着美丽、现代的方向建设与发展;而经济地位提高后的村民,其文化水品,文明素质也将不断进步与提高。无论从美丽乡村的环境、生态建设,还是村民的精神文明建设,都将起到重要的支持作用。

3. 美丽乡村建设对长城文化带的影响

近年来,随着人们生活水平的不断提高,城市化速度的不断发展,交通手段的持续便捷,人们对闲暇时间的安排有了越来越多自主的选择。在此条件下,乡村休闲旅游越来越成为人们短期节假日放松休闲的首选去处。长城文化带作为北京郊区重要的乡村旅游资源,每年将接待大量游客的参观游览。从长城文化带景观建设方面看,作为长城文化带的一部分,美丽乡村的建设发展,一定程度上影响着长城景区整体的环境建设,代表着长城景区的风貌;从长城景区文化产业发展角度来说,长城文化带周围的乡村居民,作为部分衍生文化产业经营主体,其在文明素质、服务能力的水平,一定程度上影响游客对长城景区的印象,从而对长城文化带的发展带来影响。

4. 我们的建议

长城文化带的发展与美丽乡村的发展相辅相成。两者相互促进,共同进步。因此,长城文化带建设与长城周边乡村建设应两手抓。关于长城文化带建设,我们有如下建议:

(1)推出多样化文化旅游项目。文化产业需以市场为导向,这就要求长城文化景区及其衍生文化产业需从消费者需求出发,按照不同消费者的不同需要,提供符合消费者需求的产品。不同年龄、不同性别的文化消费人群具有不同特点。在设计旅游项目时,应充分了解不同消费者的心理需求,切实满足消费者需求。例如,针对带孩子出游的年轻父母,可利用现有资源条件,开发"爸爸去哪儿"式的自助体验亲子游项目,重点打造父母与孩子共同参与共同体验。如北京延庆龙湾国际露营公园举办的"金蜗牛亲子音乐生活节",集儿童游乐竞技、音乐演出、餐饮、购物为一体的大型亲子嘉年华活动。它在活动的设置上从大型游戏、亲子互动到音乐欣赏、动物观赏,动静结合,保证所有家长和孩子都能在活动现场找到自己喜爱的项目,进行一场真正的"体验式"亲子互动。活动收到良好效果。

(2)文化衍生品创意开发。作为传播、展现长城文化的重要载体、创造经济价值的重要商品,长城文化衍生品的创意开发尤为重要。目前八达岭长城周边文化衍生品,无论从种类上、质量上、创意程度上都存在较大的发展空间。文化消费的特点受消费主体的不同特征所影响,不同文化消费者需通过文化消费,满足其不同需要。这就要求我们在文化衍生品的开发上,也要考虑不同消费主体的不同特征,推出具有针对性、个性化、多样化的文化衍生品。此外,拓宽将文化品牌衍生品开发思路,将其运用到多种生活的方方面面当中。如拼图、积木、扑克等便于携带的娱乐用品;服装、背包、首饰等装饰用品;茶杯、抱枕、挂画等日常家居用品。如此一来,长城文化衍生品不仅仅作为长城到此一游的纪念品,更是集实用性、观赏性于一体的日常文化产品,进一步满足消费者的需要。

关于美丽乡村建设,还应注意以下两点:

(1)经济效益与生态效益共同发展。美丽乡村的建设与开发,首先要以保护原有生态为前提。与城市相比,乡村地区主要优势便在于其良好的生态环境,如果一味追求经济效益而导致环境破坏,美丽乡村也就谈不上美丽,势必也会影响该地区的长久发展。因此,在休闲文化产业化开发中,应始终贯彻可持续发展战略,大力发展循环经济,提高资源利用效率,平衡乡村休闲文化产业生态发展与经济发展之间的内在关系。并在打造乡村休闲旅游项目的过程中,注重乡村本身生态环境的利用,如田园风光、湿地特色等乡村特有生态条件,以展示美丽乡村良好生态为目的,推动美丽乡村建设与保护。

(2)提高村民文明素养,展现农村美丽风貌。人是美丽乡村的重要主体,美丽乡村要想"美丽",离不开乡村居民的文明素养的提升。而乡村地区居民,往往受到地理因素、经济因素的限制,受教育程度不高,其文明程度仍有较大进步空间。在此情况下,政府应充分调动各界文化资源,前往乡村地区开展长期或短期文化活动,给予乡村居民良好的文化学习机会。如派出大学生支教团,帮助乡村地区儿童并给予学业上的支持;开办下乡知识讲座,向村民普及科学文化知识;开展乡村文化娱乐活动,丰富村民精神文化生活,从而在潜移默化中提高村名文化素质。

三 结语

首都休闲文化产业与美丽乡村建设存在着正反两方面关系。一方面,首都休闲文化产业的发展能为美丽乡村建设提供经济保障，提升乡村居民文明程度及其生活水平，提升首都农村环境建设水平；另一方面，首都休闲文化产业发展也将带来生态破坏、游客诸多不文明行为、乡村环境污染等一系列难题。作为首都乡村重要的旅游产业带，八达岭长城文化带与周边乡村的美丽建设息息相关。目前，八达岭长城文化带已形成较好的旅游产业集聚效应，为周边乡村的发展带来积极影响，但其在开发当中也仍需要改进和注意的地方。相信在各项政策及建议的引导和推动下，八达岭长城文化带将增强其影响力，吸引越来越多的游客前来游览参观，从而带动周边乡村朝着美丽乡村的目标不断迈进。

（王米琪：首都师范大学文学院文化产业硕士研究生，指导老师：包晓光）

出版企业"微店"分销渠道分析

李红澄

摘要：2014年初，"微店"快速崛起，开辟了一块新兴的电商市场。跟随这一潮流，众多出版企业也竞相开辟了自己的"微店"业务。本文从出版企业微信销售图书这一具体分销渠道入手，着重阐述"微店"渠道的具体结构和优缺点，并分析了这一新兴业态对图书出版企业的几点启示。

关键词：出版企业　微店　图书分销　分销渠道

一　出版企业"微店"分销渠道的崛起

微店，顾名思义，即在微信上开店，是指企业组织借助微信公众平台，利用微信公众账号来发售商品的一种商品分销渠道。"微店"渠道的产生要从微信公众平台的出现说起。2012年8月23日，微信公众平台正式上线，组织或个人可以在该平台上申请微信公众账号，申请成功后，可发送文字、图片、语音、视频等多媒体信息，与特定的人群进行全方位沟通交流，一时间，公众号营销蔚然成风。2013年，微店平台出现，不同于淘宝等传统电商平台，微店平台是基于移动互联网而搭建，商家和用户通过移动智能终端实现线上线下的交易，如口袋购物的"微店"，京东商城的"京东微店""金元宝微店""有赞微商城"等。商家不仅可以在这些微店平台上开设自己的微店铺，还能通过微信的开放接口，链接到自己的微信公众账号，直接向关注自己账号的粉丝售卖商品。2013年8月，微信5.0版本中加入了微信支付功能，用户通过绑定银行卡，就能在微信上购买特定商户的商品和服务。2014年3月，公众平台的微信支付功能正式开放申请，公众账号也加入微信支付功能，微信公众账号与微信用户在支付环节正式对接。经过这一系列的发展和布局，微信商业闭环打造完成,微店渠道正式建立。通过微信进行商品和服务交易的商家和用户越来越多,商品交易范围也越来越广,涵盖服装、食品、化妆品等多个领域。

乘着这股热潮,出版企业也纷纷加入开"微店"的行列。2014年3月6日16:53,北京时代华语股份有限公司的一位负责人在自己微信的朋友圈公布了一则消息:微信首度卖书,在"精选商品"栏目"聚惠"中主打余秋雨的新版《文化苦旅》。17:30左右,该书的微信通路正式开启。原价38元,微信活动价为28元,单本包邮。据郎世溟透露,5天时间,该书4000册销售一空。① 2014年3月初,"读库微店"上线时,其主编热情洋溢地在微博上吆喝道:"欢迎大家选择自己方便的方式送钱来!"粉丝们也确实不负所望。光是取自民国老课本精华编排的日历本子《日课2014》,"微店"上的销量就达上千套。② 以华文天下的微店为例,在其最下端的公众号自定义目录中点击"进店购书",就进入了华文天下的"微店"。从选书下单,填入收货地址,再到用微信支付完成付款,总共不超过5分钟,接下来只需在家等着书送上门了,整个购买过程十分简单便捷。与在当当网、亚马逊等购书网站不同,购书者不需要打开电脑,只需微信手机客户端就能完成全部购书流程,没有烦琐的支付手续,也不需要跳转其他平台。这种简单便捷的购书体验,将公众号的众多粉丝转变成了实实在在的消费者,通过"微店"渠道卖书越来越为书业内部所接受。据称,在华文天下和读库的微店首次试水获得成功后,就有三四十家出版机构已经或准备开设"微店"了。微信看似封闭狭小的市场空间,居然引起了如此大的波澜,成就了"微店"这一全新的图书分销渠道,为传统出版业注入了新的活力。

二 出版企业"微店"分销渠道的优点

与其他图书分销渠道相比较,微店分销渠道具有如下优势:

第一,运营成本低。与打造移动 APP 客户端动辄十几万元甚至上百万元的开发与运营费用相比,在微信上开一家"微店"的成本极低。首

---

① 孙珏:《微信开始卖书,出版商如何行动》,《中国出版传媒商报》,http://www.sinobook.com.cn/press/newsdetail.cfm? iCntno = 18629,2015 年 9 月 21 日。
② 尹平平:《微店卖书,干打雷还是真下雨?》,《新华每日电讯》,http://news.xinhuanet.com/mrdx/2014 - 04/18/c_ 133271492.htm,2015 年 9 月 21 日。

先，微信面向企业、商家的公众服务号认证费为300元/年，除此之外不需再缴纳其他费用。企业只要通过认证，便可使用微信开放的各种接口功能。其次，各微商平台免费使用，即商家的平台使用费为零。以上这两点对于出版企业尤其是中小出版企业来讲是非常具有吸引力的，不需要巨额的资金投入，也没有进入壁垒的限制，这是"微店"渠道得以迅速为出版企业所接受的重要原因之一。最后，"微店"由出版企业自己运营，使得图书能够以较低的价格直接供应给消费者，略去了图书流转的中间环节，节省了销售成本。"微店"这种直接渠道的性质，有利于中小出版企业摆脱对强势图书分销商的依赖，提升出版企业对市场的控制能力。

第二，潜在消费者数量多，朋友圈强关系打造书企品牌。据统计，目前微信用户已达6亿，覆盖全球200多个国家和地区，发布超过20种语言版本，国内外月活跃用户超过2.7亿。[1] 拥有如此广泛的用户基础，微信平台潜在消费者的数量可想而知。另外，与微博不同，微信用户的关系网是基于强关系建立起来的。微博用户是基于虚拟网络社会建立的弱关系链而建立，而微信用户是基于手机通讯录的强关系链并通过"朋友圈"功能分享新鲜事而建立的。[2] 这种基于手机通讯录建立起来的好友圈具有较高的信任度，信息在这个链条上传递时失真率较低，营销说服力也较强。这大大增强了图书商品的宣传效果，对于提升图书品牌影响力、打造企业形象和口碑形成很大的优势。"微店"之所以能取得不错的销售成绩，正是因为它将社交网络与电商渠道结合起来，取二者之长，形成了自己独有的优势。

第三，完善的数据统计功能帮助书企明确市场定位。由于"微店"的商铺容量有限，无法将企业的全部图书产品放在"微店"的"货架"上，这就要求出版企业明确图书产品定位，做到少而精，为"微店"的顾客提供最需要的、最有用的书籍。微信公众号管理界面有丰富的数据统计功能，出版企业可以看到用户数量变动情况、用户的性别、使用语言等属性信息，以及消息的发送、分享和接口调用的情况，这些信息都会以量化指标或图表的形式显示出来，一目了然。另外，通过在后台查看用户的

---

[1] 孙乐琪：《2014年新媒体蓝皮书：中产玩微信草根玩微博》，《北京晚报》，http://www.bj.xinhuanet.com/bjyw/2014-06/25/c_1111312473.htm，2015年9月21日。

[2] 吴荆棘、王朝阳：《出版业微信营销研究》，《中国出版》2013年第8期。

反馈信息，出版企业还能和用户进行即时的沟通，与潜在的消费者及时交流。这些功能都能帮助出版企业及时了解消费者的所需所想，进行市场细分，确立最优产品组合，精准命中目标读者，为自己的图书产品打开销路。

第四，推广与销售功能结合，促进即时消费量的提升。"微店"所售图书多以文学艺术、休闲娱乐等大众图书为主，作为一种具有较强替代性的生活非必需品，大众图书价格弹性和市场需求变化幅度相对于其他种类的图书更大，即时消费的比率更高，冲动消费的比例更大。这就要求出版企业必须在图书营销环节下足功夫，尽可能地将潜在的消费者转化为现实的图书购买者。微店出现之前，微信公众号主要作为一种网络自媒体营销推广的工具，已被众多出版企业接纳并积极采用，取得了不错的现实效果。"微店"出现之后，又为微信公众号加入商品销售的功能，使之与公众号原有的商品营销功能结合在一起，促使读者在接收公众号发送的图书推广信息的刺激后，即刻就能完成图书购买行为。这种渠道结构与图书商品的特性十分吻合，迎合了读者的购书心理，有助于提升图书产品的销量。

三 出版企业"微店"分销渠道的缺点

与其他图书分销渠道相比较，微店分销渠道也存在一些缺点，主要表现如下：

第一，图书产品聚合性差，物流能力有待考验。"微店"作为出版企业的"自留地"，销售的都是自家的图书商品。与当当网、亚马逊等网络大型分销商相比，消费者可以选择的图书商品明显有限，在一家"微店"里只能购买这家出版机构的图书产品，没有更多的选择。正如京东图书音像部一位负责人所说："如果是你想买 5 本不同出版社出的书，你是会一家一家的到 5 家微店里去买，还是会一次性在电商平台上把 5 本搜出来付账完事儿？而且很多人是买别的东西时随手买了书，或者买了书还想买其他东西，微店现在能实现吗？"[①] 正是由于店铺容量小、企业专营的特点，

---

① 尹平平：《微店卖书，干打雷还是真下雨？》，《新华每日电讯》，http://news.xinhuanet.com/mrdx/2014-04/18/c_133271492.htm，2015 年 9 月 21 日。

"微店"无法提供各种各样的图书商品来满足购书者购物时的多样性需求,因此低聚合性是"微店"渠道的一个较为明显的缺陷。此外,大多数微商平台只是为企业和机构提供了一个开设店铺的平台,并未提供相应的物流和售后服务,这对出版企业的物流组织能力和售后服务能力是一个极大的考验。

第二,渠道环境封闭,难以向外部大规模推广。众所周知,微信作为一个强关系社交场域,其模式本来就是相对封闭和隐私化的。微信公众平台与豆瓣、微博相比,传播渠道较为闭塞,人们关注微信公众平台多是通过朋友圈、公众号;虽然点对点推送,但是读者可以自由选择阅读,并有权随时取消关注。[①] 正是由于微信这种封闭的特性,使得"微店"渠道与外部图书营销环境产生了隔阂,用户只能在微信内部进行搜索,才能取得对公众账号的关注,也无法通过外部进入出版企业公众号的"微店"。另外,封闭的特性还导致"微店"无法与外部具有较强传播实力的大型媒体进行广泛链接,因此失去了宝贵的外部引流机会,成为独门独户的商业圈。"微店"渠道这一明显的缺陷,切断了出版企业与微信平台外部间的市场关系。

第三,支付手段单一,信用体系不完备。虽然微信开发了微信支付功能,开放了支付接口并被"微店"商家大规模使用。但市场上早已存在其他更为成熟的支付平台,如阿里巴巴的支付宝,其巨大的用户数量是微信支付难以超越的。首先,许多购书者早已习惯了通过其他支付平台进行付款结算;其次,用户对支付平台的安全性具有高度要求,一旦选择了一种支付手段,用户忠诚度会非常高;再次,或许是出于竞争的角度,微信支付平台的兼容性较差。如"微店"消费者无法使用支付宝进行支付,这样消费者很可能由于支付平台的不兼容而被迫放弃购买;最后,从安全的角度出发,微信支付只支持资金的即时到账,对购书者与商家之间的交易不提供任何担保,一旦出现问题,消费者的利益将很难得到保障。

综上所述,微信的商业闭环已顺利打造完成,不过由于支付平台用户的转移成本较高、微信支付信用体系的不完善,"微店"分销渠道长久发展的阻碍依旧存在。

---

① 张聪、刘晓宇等:《浅析微信出版》,《科技与出版》2014年第7期。

四 "微店"分销模式带给出版企业的启示

第一，网络营销时代精准的市场分析，为出版企业市场分析和决策提供参考。在网络营销的时代，图书市场千变万化，出版企业在选择分销渠道时，必须提高对市场分析的重视程度，将科学的市场分析作为企业长久性和经常性的行为，只有这样才能发现市场机会，准确定位目标市场，将图书商品尽可能多地销售给有可能购买的消费者。此外，通过经常性的市场分析，可以使出版企业发现自身在经营中出现的各种问题，及时找到解决的办法，提高对风险的控制能力，巩固企业的产业地位。而微信公众号所具有的强大的后台统计功能，正好能将"微店"分销中的各种数据信息予以统计整合，形成研究商品的潜在销售量，分析不同市场间的销售潜质的现实数据和分析材料。借助于这些数据和材料，可以使企业更好地认识市场上商品的供求关系，把握市场未来的走势，制定相应的产品策略和营销策略，提高企业的经营效益。

第二，形成跨界合作思维，保证出版业的长久发展。所谓跨界思维，就是尽可能从多个角度出发、以宽广的视野来看待问题，并最终解决问题的一种思维方式。具体到出版产业中，就是要运用这种思维寻求不同行业领域间的合作，利用跨领域资源充实出版资源，以获得更宽广的市场和新的发展机会，最终实现产业的价值最大化。出版产业"微店"渠道之所以能够短时间崛起，正是利用了跨界思维，将社交网络与电商平台结合起来，整合了二者的优势资源，打造出全新的图书分销渠道，成为出版市场中难得的闪光点。因此，在"互联网+"的环境下，出版企业若想在产业中获得领先优势并长久地发展下去，只有放宽视野、实现观念上的跨界，才能破除思维的局限，产业创新才能永无止境。

第三，完善渠道链条，顺利实现企业和产品的价值。网络营销渠道是借助互联网络将产品从生产者转移到消费者的中间环节，它一方面要为消费者提供信息，让消费者进行选择；另一方面，在消费者选择产品后要能完成支付的交易手续。[①] 出版企业的网络图书分销渠道，由图书生产者到读者的流通过程中所经历的各个环节相互连接、相互依赖、通力合作来完

---

① 黄海滨、严中建：《浅谈网络营销销售渠道的优势》，《商场现代化》2008年第3期。

成图书产品的流通。而"微店"图书分销渠道,虽已构成完整的渠道链条,但各节点所提供的服务仍是不完善的,如前所述,图书产品聚合性差,还无法满足"微店"消费者的多样性需求;"微店"渠道封闭,开放性不足;"微店"支付手段单一,尚未提供担保交易,信用体系不完备等缺陷,这一定程度上制约了这种分销渠道的进一步发展,因而出版企业在选择构建"微店"这一分销渠道时,须对此产生足够的重视。

第四,采取多渠道分销,成就出版业的长久发展趋势。作为一种新兴的网络图书分销渠道,"微店"打破了原有的网络分销格局,形成了自己的特色,强化了出版企业的直接分销渠道。未来的出版业除了要把握新的渠道机会,还必须重视多种渠道的共同开发。因为只有同时发挥各渠道的优势,占领不同的细分市场,才能使企业能够最大限度地获取市场份额;只有不同渠道相互补充,共享市场信息,才能提高单个渠道市场开拓能力;只有多渠道共存的格局,才能减少对单个渠道的依赖,消除分销过程中的被动局面,提升出版企业对渠道的控制力以及在产业链中的地位,从而在未来激烈的竞争中获得成功。

由上可见,"微店"分销渠道是一种新型的图书网络发行渠道,具有成本低、用户基础广、互动性强等优点,引发了业内广泛的关注。作为一个新兴事物,"微店"分销渠道也具有一些缺陷,尤其是其渠道链中的某些环节尚未达到最理想的运行状态,致使渠道价值没有发挥到最大。但总体来讲,"微店"分销渠道作为一种新兴的图书网络分销模式,其崛起背后的意义是十分值得思考的。从产业创新的角度来讲,"微店"分销模式带给我们的不只是一种新的路径,更是一种全新的思维方式,其启示意义要远远大于现实意义。在今后的发展中,出版产业只有放宽视野,多反思,勤尝试,才能不断创新,在风云变幻的市场环境中取得长足的进步。

(李红澄:首都师范大学文学院编辑出版学硕士研究生,指导老师:杨霞)

当前城市社区文化建设状况调查

——以青岛社区为例[①]

白 杰

摘要：随着"单位体制衰微""社会功能外溢","单位人"逐渐变为"社区人",使得社区成为社会稳定发展的基础。虽然共同的生活环境为社区居民的互动交流提供了基础,但是,在经济和社会发展的新背景下,城市社区文化建设面临着越来越多的新问题,如住宅结构的独立化在很大程度上影响到人际交往的数量和质量;城市新移民大量增加,也使社区居民构成变得多元化和复杂化,方言不同、情感记忆不同的人们如果不能在良好互动的基础上,形成具有共同诉求的情感共同体、信念共同体的话,即便硬件设施再好的社区,也无法满足人们内心深处对归属感、认同感的追求和对精神家园的向往。因此,社区文化的开展有利于形成一种和睦、融洽、安宁的气氛,通过开展丰富多样的社区文化活动,使居民产生凝聚力与自豪感,可以为社会的稳定和发展奠定基础。中国于20世纪80年代开始建设社区文化,发展至今已经初具规模。本文选取青岛地区为此次社区文化建设调研的对象,通过实地调查、走访、收集和分析该社区文化建设过程中的各个关键因素,然后通过搭建各个因素之间的关系脉络来探讨治理主体、治理经验、存在的问题以及可持续发展的策略。另外,随着人口流动的加速以及外来移民数量的增加,社区建设出现了一些新的特征,这也使对社区文化进行分类研究显得尤为重要。

关键词：社区文化 认同感 归属感

[①] 本文为国家语委"十二五"科研规划项目"城市社区语言文化建设的理论与实践研究"（YB125—84）的阶段成果。

社区文化是在一定区域、一定条件下，由社区成员共同创造的精神财富及其物质形态，包括价值观、社区精神、道德规范、行为准则、公众制度、文化环境等，其中，价值观是社区文化的核心。而社区文化建设，是国家利用和借助文化的功能，为克服与解决国家发展中的问题而采取的一系列政策措施和制度安排。其主体是政府与社会，政府发挥主导作用，社会参与共治。社区文化建设强调公民的能动性与自主性，其权力向度是多元的、相互的，而不是单一的、自上而下的。此次调研分别选取了位于青岛市区的汕头路社区和城乡结合部的中韩社区作为开展调查问卷和实施深度访谈的对象。

一 汕头路社区文化建设状况

汕头路社区是珠海路街道办事处下属社区。该街道办事处实行"以家庭为点，以单位为块，以社区居委会为片，以街道为面"的"四位一体"的社区文化建设方案。此次选取汕头路社区作为调研对象，源于该社区充分利用管区文化名人多的优势，积极开展画展、文化体育节、演讲、歌咏比赛等文化活动。[①] 对此类社区进行调研，有助于探索和总结其社区文化建设的独特之处和可供借鉴的经验，以作为其他社区进行文化建设的典范。另外，该社区拥有较多来自浙江、福建等大城市甚至国外的外来人口，通过调查其社区文化建设多样性的现状，对于我们研究现如今社区人口多样性和社区文化建设多样性之间的关系具有启发意义。调查结果如下：

第一，社区居民普遍反映社区成立后文化活动举办频率相较以前有所提升，居民参与度也随之提高。其中80%的受访者表示曾参与社区举办的文化活动，20%的受访者表示从没参加过。其中在表示参与过文化活动的受访者中，只有1/4的受访者是以表演者的身份参与其中，剩余3/4的受访者则是扮演着围观者的角色，且绝大多数表示围观的原因是出于好奇心理。由此可见，居民参与度的提升更多来源于他们对新的文化环境的猎奇心理，而不是因为认同感和归属感的强化。另外，数据显示，参与者中

---

① 青岛市市南区人民政府珠海路街道办事处网站，http://site.conac.cn/www/162351093/60172019/index.html，2016年2月20日。

以60岁以上的老年人居多，而中青年群体所占比例相当低。其原因主要有以下两点：一是该部分受访者多为上班族，均表示工作日程紧张，没有时间参加各类文化活动。久而久之，社区文化活动成为专属于老年人的娱乐项目，对于即使有意愿参加文化活动的年轻人而言，显得格格不入。二是该部分受访者中包含部分外来人口。由于地域差异导致的文化差异成为阻碍其融入社区及积极参与社区文化活动的主要原因。而且，事实表明该社区街道办或居委会也没有开展专门针对外来人口的文化活动或者实施积极鼓励外来人口参与文化活动的政策倾向，而是"一视同仁"。其实这种"公平"对待的背后恰恰表现出对于外来人口的不公平对待。

此外，该社区居民倾向于组织自发性文化活动，包括书法展、话剧表演、象棋比赛等高雅文化形式。究其原因在于该社区人口构成中包含部分市文化局、教育局等事业单位的工作人员，该部分居民受教育程度普遍较高，加之社区文化环境的开放性和包容性，极大地强化了该群体的文化需求。因此，居民自发性的文化活动的举办频率要远远高于其他社区。另外，此种文化组织形式极易于形成小规模的社团组织，成员自觉形成的归属感和认同感在一定程度上具有排他性，不利于组织规模的扩大和居民参与度的总体提升，尤其是阻碍了外来人口参与度的提升。

第二，在社区环境文化建设方面，受访居民均持肯定态度。环境文化，主要包括社区容貌、休闲文化设施、生活环境等。受访居民除表示社区环境质量有所提升以及休闲文化设施较为齐全外，80%的受访者则表示社区的橱窗、条幅、展板、提示牌等变化明显，主要表现在数量、外表以及用语方面。其中，30%的受访者表示数量相较以前有所增多，另有30%的受访者表示外表相较以前更加干净整洁，而认为用语更加通俗化，形式更加多样化的受访者所占比例达40%。所谓用语通俗化就是指宣传语言的"去官方化"，以接近居民日常生活的语言表达方式进行相关信息的传达，而形式多样性则主要是指信息传达方式的多样化，即除文本以外，通过图表、插画等方式传达信息。

第三，社区成员在交往过程中体现出的文化，能够反映出社区的精神面貌、人际关系范式等文化特征。该社区外来人口占社区总人口数的35%，相较其他同类型社区，其外来人口占比相对较高。尽管居民构成相对复杂，但是受访者（当地居民和外来人口）均表示没有交流障碍。一方面，由于普通话普及度高，已发展为一种"基础外交"。对于外省人员而言，因其大多有长期生活在外的经验，自身语言在日常交流中会逐渐被普通话所同化；而对于定居于中国大陆的外国人而言，随着汉语热的兴起和发展，越来越多的外国人开始学习并掌握中国话，语言障碍的屏障被极大的弱化。另一方面，该社区居民受教育程度普遍较高，能够熟练掌握外语或者运用外语进行日常交流的人数占比较高。因此，当地居民与外来人口间的交流障碍在理论上并不存在，但是调查结果显示，只有30%的受访者表示经常互相交流，60%的受访者表示只是偶尔交流，另有10%的受访者表示从不交流。由此可见，理论上并不存在的语言障碍，由于先天性的心理隔膜和地域性限制，导致同一生活环境下的人们倾向于选择各自"画地为牢"。表面上是不同语言之间的摩擦与隔阂，实质上是人们各自所属文化圈的自我保护机制在发挥作用。这一现象所折射出的是社区文化建设过程中被忽略的语言文化建设问题。所谓语言文化建设，是指通过科学的语言规划、有效的培训引导，解决社区居民在生活与交往中遇到的语言问题、产生的语言矛盾。语言文化建设作为社区文化建设的组成部分，对提升居民语言文化素质、构建和谐社区语言生活发挥着不可替代的作用。

第四，经笔者调查走访发现，该社区制度文化建设主要借助以橱窗、展板、条幅等书面传播和口头传播两种方式。所谓社区制度文化建设是指与社区价值观相适应的规章制度、组织机构等。社区成立之前，口头传播的有效性远远高于书面传播，且先于书面传播发生。而在进行社区文化建设之后，书面传播则往往先于口头传播，同时书面传播凭借其"图文并茂"的优势使得信息的传达更具有效性。社区工作人员表示，该社区制度文化建设主要集中于环境保护、社会保障、文明礼仪、物业管理等方面。在社区制度文化建设影响方面，85%的受访者表示社区成立后，制度更加完善和透明化，相关信息传达的有效性得到明显提升。

通过对以上数据和相关信息的梳理和分析发现，该社区的环境文化建设、行为文化建设和制度文化建设都相对成熟。社区居民独特的社会身份、教育背景以及人口结构，使得该社区居民的文化自治程度和文化参与积极性相对较高。当然，在社区文化建设多样性方面，该社区仍然没有打破地域和文化局限性，对于外来人口和外来文化缺乏包容性。北京社区文化建设在处理文化多样性与包容性方面对该社区具有启发意义。以在北京扎根生长的回民社区为例。该社区成员由生活在北京的回民组成，回民文化并没有因为外来文化的身份而遭受排斥，相反该社区得以允许开展各类经济文化活动，其以饮食文化为主线，沿街建立大大小小的商铺，在保护和聚集本民族文化的同时，也借助其饮食特色吸引着其他文化背景的各地游客。胡同儿文化是北京土生土长的文化。近年来，为保护和传承胡同儿文化，政府对留存下来的胡同儿区域展开以旅游为主的社区文化治理。在开发当地文化资源的同时，也拉动了经济增长。当然由于旅游公司与开发商过度追求利益，忽视居民的主体性，也为当地居民带来些许困扰。但就文化包容性和多样性而言，北京社区文化建设经验对于青岛地区极具启发意义。

二 中韩社区文化建设状况

中韩社区隶属中韩街道办事处，是典型的城乡结合部类社区的代表。该社区文化建设的群众基础深厚，先后成立了文艺宣传队和青年篮球队，文化形式灵活多变。另外，数据显示，该社区的外来务工人员数量达3万人左右，社区人口构成更为复杂，具有典型的城乡结合部社区人口流动大的特点。因此，选取该社区作为此次调研的对象，一方面通过总结其社区文化建设的成功经验，对同级别的其他社区予以借鉴；另一方面，与市区社区文化建设进行对比，从而对差异形成的社会背景进行探究。调查结果显示，80%的社区居民表示社区文化活动举办频率相较以前有所提升。就居民参与度而言，64%的受访者表示参与过社区举办的文化活动，其中当地人占比80%，外来人口参与度仅为20%。尽管数据显示居民参与度较高，但在社区文化建设影响力方面，仅有43%的受访者表示有所影响，57%的受访者则表示没有变化。其中，在对社区文化建设持肯定态度的人群中，83%的受访者为当地居民，外来居民占比仅为17%。这一调查结果从侧面显示出该社区文化建设的局限性以及其文化内容建设与居民日常生活的脱节。另外，社区文化建设影响方面从高到低分别为环境质量、休闲娱乐、邻里关系、政府办事效率以及就业。通过以上数据分析发现，该社区的文化建设同样存在着排外情绪。与之不同的是，该社区的外来人口受教育程度低，工作不稳定，文化素质相对较低。调查过程中明确表示排外情绪的受访者不在少数。

此外，在社区环境文化建设方面，受访居民同样均持肯定态度，主要集中于社区环境质量改善，休闲文化设施齐全方面，另有少数受访者表示社区的橱窗、条幅、展板、提示牌等用语相较以前更加"接地气"，绝大多数受访者则表示没有变化。值得深思的是，就社区居民构成而言，城乡结合部社区相较市区社区更加"接地气"，其居民多以农民、普通上班族为主，群体受教育程度低，工作稳定性差，收入低。然而在社区环境文化建设方面，市区社区的宣传用语却更为通俗化。其背后反映出的是教育背景的差异和经济发展状况的差异对社区文化管理者管理理念和参与者接受姿态的影响，是不同价值观的表现。

三　社区文化建设状况总结

通过对以上两个社区的调查研究发现，尽管社区有等级之分，但其文化建设的开展对于社区自身形象的塑造和社区居民精神道德观念的形成均具有积极意义。无论是环境文化、行为文化还是制度文化，都属于精神文化的外在体现，能够折射出社区独具特征的意识形态和文化观念，是社区精神道德、价值观念的表现。与此同时，调查结果也显示出青岛社区文化建设的不足之处。具体来说有以下几点，首先表现为硬件设施过于固定，活动场地有限，一定程度上抑制了居民参与热情；其次是文娱活动举办频率较低，且大多集中于晚间，一方面居民文化需求得不到满足，另一方面晚间活动易影响居民正常作息；最后是文化建设缺乏包容性。一方面就社区文化治理者而言，其文化政策的服务对象局限于当地居民和当地文化，如橱窗、条幅等宣传用语依然只采用汉语标识，并没有因为外国人口的到来而采用多种语言加以注明。另一方面，当地居民在参与或自发组织文化活动的过程中，往往凭借地域性优越感而忽略外来人口的参与权利，主动将该群体排除在外。

为此，建议从以下几方面完善社区文化建设：首先，加强社区硬件设施建设，包括各种娱乐休闲设施、环保设施等，为社区居民营造舒适、和谐的生活环境；其次，注重对社区居民认同感和归属感的培养，通过适当增加文化活动开展次数，丰富文化活动类型以及合理制定活动开展时间，能够在潜移默化中树立和强化社区所有成员的主人翁意识，从而激发社区成员的认同心理和归属心理；再次，开拓社区文化建设视野，对外来文化持包容、开放态度；最后，打造具有自身特色的社区文化品牌。尽管部分社区文化建设经验具有普适性，但每个社区作为一个个体，应该着眼于自身的特殊性，努力挖掘自身的独特之处，然后通过各种文化形式以及调动居民参与度将其进行放大和深化。在社区特色文化保存和挖掘方面，台湾地区最具有代表性。20世纪80年代末90年代初，受"经济挂帅"和社区营造失衡影响，台湾社会出现了自然环境遭遇破坏、地方传统文化和地方个性丧失殆尽、社区认同和社区参与不足等问题，为此台湾于1994年推出"社区总体营造"计划，以文化建设推进社区营造，鼓励地方进行社区文化治理。[1]

以台北市为例，该地强调对地方特色的保存和挖掘，据此塑造出不同的社区发展主题。另外，台北地区注重发展社区教育，于1998年成立第一所社区大学——文山社区大学，此后又相继成立多所社区大学，在增强居民对当地文化的理解和保护意识之外，还为社区文化的持续发展培养出优质的管理人才，同时为社区文化品牌塑造了良好的形象和口碑。当然，台湾的社区文化营造也存在一些问题，如有观点斥责"社区总体营造"计划在变相为某些文化企业和社会组织提供政府大宗项目等。但不可否认的是，台湾的社区文化建设处于世界领先水平，其所创造的文化成绩和经济效应是有目共睹的。因此，我们不仅要学习台湾社区文化治理经验，更要汲取其文化治理的理念。在对外来文化持开放包容态度的同时，也要努力扎根于传统，结合当地的特色和实际情况，探索出适合自身社区文化发展的道路。

"社区文化建设"作为保护和发展民族文化的新手段，早在美国、英国、日本等发达国家得到很好的实践。中国虽然起步较晚，但台湾地区、香港地区以及北京地区的社区文化建设已相对成熟，各自形成了具有一定普适性的社区文化发展模式，对于以青岛为代表的，处于起步阶段的二线城市的社区文化建设具有极大的借鉴意义和启发性。社区文化建设的红利效应并不仅仅局限于单个的"社区"，其对经济效应和社会效应同样具有辐射作用。因此，青岛社区文化建设对于其旅游城市形象和经济效应的提升发挥着重要的带动作用和补充功能，完善社区文化建设手段，开放社区文化建设理念显得尤为重要。

（白杰：首都师范大学文学院文化产业专业2014级研究生，指导老师：李艳）

---

[1] 程美：《台湾地区的社区文化建设》，《山东行政学院学报》2014年第10期。

国产网络自制剧发展现状与未来前景

——基于网络剧《匆匆那年》与《盗墓笔记》的价值链分析

李 贺

摘要： 随着互联网与影视产业的不断融合，网络视频作为新媒体环境下的重要产业形态，逐渐成为各视频网站进行差异化竞争的热点。本文基于网络自制剧《匆匆那年》与《盗墓笔记》的价值链分析，探究两部网络剧在价值链构建中的成功之处，进而分析国内网络自制剧的在未来发展中所面临的挑战，并依据价值链理论尝试提出国产网络自制剧实现价值最大化的对策建议，旨在为国产网剧的发展提供借鉴。

关键词： 网络自制剧　前景探析　价值链分析

一　网络自制剧的定义与国内热门网络自制剧

（一）网络自制剧的定义

国内的视频网站中网络自制剧发展最早的是土豆网，土豆网在2010年率先推出了网络剧《Mr. 雷》，随后优酷网推出了网络剧《11度青春系列》。优酷土豆拥有大量的UGC资源，凭借在内容素材挖掘上的优势，一度成为网络自制剧产业的"领头羊"。两部网络剧在广告回报和收视率上的可观效益，使得国内主流视频网站发展重点转向自制内容的开发，由此开启了视频网站的"自制之争"，网络自制剧也成为视频网站的"标配"与视频网站差异化布局的战略支点。

目前国内对于网络自制剧的定义并没有权威的论述，综合目前国内学者的定义，总结为：网络自制剧是网络媒体独立或者参与投资，并且参与网络自制剧的剧本选择与构思、组织、拍摄、后期制作等全过程,且在互联网上播放的影视剧。

(二)国内热门网络自制剧

自2014年开始,视频网站行业集中发力,几大视频网站纷纷推出了类型繁多的自制剧作品。进入2015年更是被誉为网络自制剧的"井喷之年",类型多样、题材各异的网络自制剧相继播出(见表1),在收获大播放量的同时也打破了对国内网络剧题材单一,制作水准低劣的"差评"局面。

表1　国内视频网站主要网络自制剧(数据统计截至2015年12月)[①]

视频网站	网络剧	题材类型	播放量(万次)
搜狐视频	屌丝男士(第三季)	喜剧	123684
	极品女士(第三季)	喜剧	43870
	匆匆那年	偶像言情剧	114973
优酷土豆	万万没想到(第二季)	喜剧	88886
	报告老板	喜剧	35335
	名侦探狄仁杰	喜剧	30382
腾讯视频	暗黑者2	侦探/悬疑	149579
爱奇艺	花千骨2015	穿越/言情	156600
	灵魂摆渡	科幻/悬疑	118100
	盗墓笔记	悬疑	281000
乐视网	调皮王妃	喜剧	48255
	学姐知道	喜剧	11169

从国内视频网站的网络自制剧的影响力来看,搜狐出品和优酷出品在数量及关注度上的情况在现阶段自制剧产业的竞争中占据着良好的竞争优势。搜狐视频,自2012年推出了"网络神剧"《屌丝男士》第一季之后,引起了巨大的反响,在第二季与第三季中顺利抢下每年自制剧播放量的总冠军,由此也引发了各视频网站争相制作情景喜剧的狂潮。2013年之后

---

① 数据来源:笔者根据各视频网站统计数据整理。

伴随着网络剧《万万没想到》的热映，优酷、土豆与万合天宜公司深入合作，上线一批深受观众喜爱的迷你网剧，用户数量与关注度不断攀升。与此同时，爱奇艺、腾讯视频等主流视频网站也对网络自制剧的投入不断加大，网络自制剧在视频网站发展布局中比重不断提升。

二　网络剧《匆匆那年》与《盗墓笔记》的价值链分析

（一）价值链理论与网络自制剧的价值链构成

价值链概念是迈克尔·波特在《竞争优势》中首次提出的，波特认为："每一个企业对产品的生产是一个从设计到销售的过程，而企业就是在这个过程中进行种种活动的集合体。所有这些活动可以用一个价值链来表明。"[1] 波特的价值链理论表明：企业竞争的本质在于价值链的竞争，企业的价值链直接决定了企业的竞争实力。只有从整体上把握企业价值链的整体性，通过保持价值链条中关键环节的核心优势，构建良性的产业链条，从而在整个产业链条上实现最大价值总和，保持竞争优势。

虽然网络自制剧在当前的发展中，价值链体系一直处在不断地完善之中，但通过对比影视产业价值链的构成以及网络自制剧的生产流程，可以将网络自制剧的价值链划分为上游生产制作环节、中游宣传推广环节、下游盈利回收与衍生品开发环节。上游生产制作环节主要包括剧本的选择、投资融资、演员选定以及拍摄制作等；中游宣传推广主要包括利用媒体的宣传手段，进行前期宣传，使之获得受众关注与合适的播放平台；下游盈利回收与衍生品开发作为网络剧的终端环节决定着网络剧播放量与最终收益，确保实现网络剧价值最大化。

（二）网络剧《匆匆那年》与《盗墓笔记》

《匆匆那年》是搜狐视频于2014年倾力打造的周播网络大剧，该剧从播出开始至结束的两个月时间共斩获了7亿的总播放量。此剧播出后获得观众与业内人士的一致好评，被媒体赞誉为"零差评网剧"，许多专业人士称为"影视行业分水岭式的大作"。2014年作为网络自制元年，《匆

---

[1]　[美] 迈克尔·波特：《竞争优势》，陈小悦译，华夏出版社2012年版，第36页。

匆匆那年》在网络剧"迷你喜剧为王"的主导时代,开创了《匆匆那年》剧情剧与网络长剧的先河。①《匆匆那年》凭借独特的开发特点一改传统网络自制剧内容同质化、剧情拼凑、制作质量低下的"差评",在网剧市场中脱颖而出。

《盗墓笔记》是2015年爱奇艺独家播放的网络自制剧,该剧播出结束后共获得高达28.1亿的播放量,不仅创下了2015年网剧播放之最,同时也创下了网络自制剧的播放之最。与《匆匆那年》相比,虽然《盗墓笔记》在播出之后网友槽点不断,但是凭借自身的IP优势与运营策略仍然实现了最大价值。《盗墓笔记》作为2015年网络剧的代表作品,除了创造超高播放量之外,其特色还在于该剧采用差异化付费模式,打破了长久以来视频网站难以摆脱的付费困境。《盗墓笔记》付费模式的成功尝试,为视频网站在未来盈利模式的探索上提供了良好思路。

(三)《匆匆那年》与《盗墓笔记》的成功之道

《匆匆那年》与《盗墓笔记》作为近两年来网络剧发展成功的典型代表,从价值链分析的角度,两部作品在实现价值增值的过程中把握价值链的整体性,构建出良性的产业链条,实现了整个价值链条的最优价值。主要体现在以下几个方面:

1. 改编自热门文学IP,进行高投入、大制作

首先在题材选取方面:两部网络剧均取材于改编自热门文学IP。《匆匆那年》取材于改编自九夜茴的同名小说。该部作品广受读者赞誉,是当年最畅销的青春文学且热度不减。《盗墓笔记》则改编自南派三叔的同名小说,《盗墓笔记》作为网络小说的优秀代表,在连载期间集聚了超高的网络人气,实体出版后,长期占据国内图书销售榜前几名,具有较高的网络关注度与商业价值。优质网络文学IP奠定了其内容优质的根基。

其次在资金投入方面:两部网络剧均采用高规格的投入制作。其单集制作成本均超百万,完全比肩于一线电视剧的制作成本。网络自制剧一直以投入成本小、收益丰厚被各视频网站所追捧。但是低廉的制作成本也同样带来场景简单、画质粗糙的弊端,影视本身所应有的艺术性大打折扣。

---

① 中国经济网:《揭幕网剧与卫视大剧产业变革〈匆匆那年〉成分水岭》,http://finance1.ce.cn/rolling/201410/13/t20141013_3691747.shtml,2015年9月27日。

上百万元的成本大部分投入在内容制作上,为其成为高品质的超级大作奠定了坚实的后盾。

最后在制作技术方面:两部网络剧在制作上均采用4K拍摄+4K播出的制作模式,彻底颠覆了国产网络剧画质粗糙、艺术感差的通病。在此分辨率下,观众将可以看清画面中的每一个细节,每一个特写。高规格的制作不仅体现在画质的清晰体验,两部网络剧在后期制作方面整个剪辑与制作均启用专业化的制作团队,采用大电影式的精致剪辑。

2. 院线级的宣传推广

作为网络剧价值链的中游环节,宣传推广决定着网络剧价值链的输出,通过有效的输出使其本身的价值得到进一步的放大。《匆匆那年》与《盗墓笔记》作为网络剧发展的里程碑式作品,二者在网络剧上映前,采用专业化的大电影宣传模式,致力于打造网络视频行业宣传推广的顶峰级别。以《匆匆那年》为例其宣传发布会走过8个城市,并且在北京、广州等城市的电影院线进行点映,打破了传统互联网自制剧的推广形式,采用大电影式的宣传。[①]《盗墓笔记》在上映前同样携手李易峰、唐嫣等主演和主创人员,在各大城市进行前期宣传,并且充分利用互联网媒体进行全方位宣传造势。不仅如此在其他推广途径方面,两部都采用"线上+线下"的全方位宣传策略,推广覆盖了公交路牌、报纸杂志等各类新旧媒体,其规格完全比拟大电影式宣传。

3. 多元化的盈利模式

依照价值链理论,产品进入下游最终进入用户手中并被用户所接受是实现整个价值链实现价值增值的最终表现形式与确保收益最大化的关键。网络剧的一般盈利形式主要为广告盈利分成、用户付费收益等。传统网络自制剧一直采用免费播放的形式,而收益在于广告植入与播放量所带来的广告收益。两部网络剧在价值链实现的下游环节中均采用多元化的盈利方式,保证制作成本的回收,实现整个产业链条的价值增值。

《匆匆那年》除了采用传统的贴片广告形式外,同时采用网络剧首席赞助、特约赞助等形式。网络剧的首席赞助为智能手机ELIFE,全程特约赞助为美国迪巧儿童钙,另外其他赞助商还有捷达汽车、康师傅集团等,

---

① 资料引自:搜狐视频周播剧《匆匆那年》官网,http://tv.sohu.com/s2014/ccnn/

作为网络剧自制剧,大手笔的商业赞助在网络自制剧的历史上当属首次。① 另外在广告植入方面,《匆匆那年》结合网络剧特点本身进行广告植入,改善以往网络剧"广告硬植"所带来的观众反感。

《盗墓笔记》除了采用传统的贴片广告、广告植入、商业赞助等盈利模式外,率先采用了差异化付费收费策略,利用受众追剧的心态,拓展网络剧的盈利方式。差异化收费是指:非会员用户每周仅能观看一集,会员用户可以提前观看全集。此举打破了"免费为王"的网剧时代,开创了网络剧付费观看的先河。

三 国内网络自制剧未来发展的挑战与对策

(一) 网络自制剧未来发展面临的挑战

虽然《匆匆那年》与《盗墓笔记》凭借独特的自身特色实现了产业链条的价值最大化,但是两部网络剧的成功必然会被国内同行竞争者所效仿,进而加剧国内网络自制剧之间的竞争态势,使国产网剧的发展面临新的挑战。

1. 热门 IP 争夺渐趋白热化

伴随着类型网络剧在市场欢迎程度的不断攀升,尤其是像《匆匆那年》与《盗墓笔记》等由热门文学 IP 改编网络剧发展态势的火爆,在未来网络自制剧的市场竞争中处于价值链市场上游 IP 开发与改编市场的竞争逐渐呈现白热化。以 2015 年为例,2015 年 IP 改编剧比 2014 年增加了 15 部,增长率达 93.8%,增速迅猛。增长最多的来自小说改编剧,比 2014 年增加了 9 部。② 除了文学 IP 改编在现有市场中炙手可热,对热门游戏 IP、动漫 IP 的争夺已经"苗头"凸显。

2. 制作成本不断攀升

伴随着制作精良、观看体验优质的网络剧不断被观众所接受,传统制作水准低下、画质粗糙的网络自制剧被逐渐冷落。为了实现良好的市场效益,各视频网站与网络剧制作方必然不断加大对网络剧制作的成本投入。以 2015 年为例,全网站总计推出约 319 部网络剧,有 20 部网络剧投资高

---

① 资料引自搜狐视频周播剧《匆匆那年》官网,http://tv.sohu.com/s2014/ccnn/
② 赵珈仪:《中国网络自制剧发展前景展望》,《电视研究》2015 年第 7 期。

达2000万元以上。观众对超级网剧的热捧与制作方的利益诉求，促使未来更多的大制作网剧的不断出现，网络剧的制作成本投入不断增加。另外随着热门IP资源的白热化争夺，IP交易市场的价格不断攀升。正如国内最大的IP输出公司阅文集团CEO吴文辉所讲："2013年以前小说版权无人问津，现在却基本卖空……具体的版权价格一般几百万元一部，强IP收入可达上千万元。"① IP交易价格的攀升同样促使网络剧的成本投入不断提高。

3. 价值链体系亟待完善

虽然《匆匆那年》与《盗墓笔记》凭借对价值链的上游和中游环节的有效建设，获得良好的市场成效，但不可否认的是二者在价值链体系的完善上仍然有待提升。两部网络剧在获得成功之后，将IP资源的开发重点放在了后续网剧的开发上。如两部网剧获得良好效益之后，再次运用先前的发展模板开发第二季作品，《匆匆那年2》已经在搜狐视频开始播放，《盗墓笔记》制作方宣布第二季已经进入筹备制作阶段。但是作为网剧市场生命延续的关键因素——衍生品开发环节，一直在网络自制剧价值链中被忽视，造成产业链条的缺失。以《匆匆那年》为例，网络剧中经典的怀旧产品，并没有相关官方销售渠道。另外剧中人物的服装在淘宝上开始出售后，网剧制作方依然没有进行市场布局。

影视作品的衍生产品既是电影宣传的手段，也是开拓市场的利器，更是产业链上的掘金点。衍生品的存在从营销学角度来讲不仅起到宣传作用，同时有利于树立品牌，保持网剧的持久生命力。因此从网络剧价值链本身实现价值最大化的角度而言，网络剧价值链体系亟待完善。

（二）国产网络自制剧实现价值最大化的对策

1. 优质IP资源进行系列化经营

从未来发展形势来看，优质IP必然会成为未来网络剧开发的热门竞争点，但并不意味着占据优质IP就意味着成功。内容为王的网络时代，要想实现IP资源价值最大化，必须在占有优质IP资源的基础上对IP资源进行系列化开发经营。随着国家对知识产权保护力度的不断增加，也为优质IP的系列化开发提供了发展契机。网络自制剧制作者在拥有单一IP的

---

① 赵珈仪：《中国网络自制剧发展前景展望》，《电视研究》2015年第7期。

同时，应该不断拓展 IP 资源的产业链条，创造新的价值环节。以网络文学 IP 为例，除了可以进行网络剧的开发之外，还可以将网络文学故事制作成网络游戏的故事背景，而网络游戏产业链条的开发同时又可以带动后续衍生产品的开发。此外网络剧的成功同时还可以向电影产业转化，2015 年《十万个冷笑话》《煎饼侠》《万万没想到·西游篇》大电影的上映并取得良好的票房佳绩，便是热门网络剧进行电影产业链条拓展的最好例证。网络自制剧作为当下互联网平台的主要产业资源形态之一，可以突破原有的功能特征，通过借助 IP 资源进行系列化开发经营，从而使不同的产业链条中持续创造市场价值，进而实现网络企业的价值最大化。

2. 丰富网剧类型，提升网剧制作水准

虽然近两年来网络剧的类型化发展趋势凸显，但真正在数量上占据优势的仍然是迷你喜剧，但迷你喜剧"段子式"的笑点难以获得受众的持久青睐。近两年来，以《匆匆那年》《盗墓笔记》《花千骨》等题材类型多样的网剧不断收获高播放量，充分表明了在未来网络自制剧的发展中，题材丰富、内容多元的网剧类型才能保持网络剧持续发展的活力。

此外除了在内容体裁多元以外，网剧的制作水准正在逐渐成为影响受众接受的关键因素。随着网络剧观看逐渐成为受众的文化习惯，制作水准的高低成为广大受众的关注点。虽然《盗墓笔记》在 2015 年获得最高播放量，但该剧自上映之始便不断受到网民关于该剧制作水准低下的吐槽。这同时也印证了热门 IP 与高投入并不能保证受众的青睐。以 2015 年乐视自制剧《太子妃升职记》为例，由于该剧注重制作精良化，虽然在服装、道具等方面存在不足，但仍获得了广大受众的一致好评，上映两周便获得 2 亿播放量。[①] 其原因便在于精细化的制作水准通过了市场的检验。未来网络自制剧如果想获得长久健康发展，只有从根本上提高网剧的制作水准，才能获得持久市场竞争地位。

3. 拓展盈利模式，完善产业链建设

随着网络剧制作成本的不断攀升，长久以来一直依靠广告收益的盈利模式难以弥补不断提升的高成本压力，多元的盈利模式的探索势在必行。

首先，要逐步推进网剧付费机制。随着以《盗墓笔记》为代表的付

---

① 凤凰网新闻：《〈太子妃升职记〉火到炸裂　神剧之王是怎样诞生的？》，http://yue.ifeng.com/a/20160105/39754320_0.shtml，2016 年 2 月 21 日。

费模式的开展，为网络剧由免费向付费提供了过渡，同时也体现出中国网民在网络资源付费问题上有了质的改变。网络剧在未来付费机制的探索中可采用多样化的付费策略，例如根据观看内容与视频的清晰度进行差异化付费，这样既能保证收益，同时又能提升用户黏性。

其次，拓展版权分销渠道。网络剧一直以来均是依托网络平台，随着网络长剧的热播，未来网络自制剧在版权分销上应不断加强与传统电视媒体的合作力度，努力实现网络剧向电视媒体的版权输出。另外部分优秀网剧可以考虑与国外视频网站进行合作，对外输出中国网剧，拓展分销渠道，提高版权分销收益。

最后，加大衍生品开发力度，完善产业链建设。制作方在进行产业链开发过程中，应加大对网络剧衍生产品的开发力度。除了制作方自身进行开发外，还可以推进跨界融合，产生合作共赢的效果。如优酷、土豆与电商的合作，在视频播放过程创造"边看边买"的衍生产品开发形态。通过跨界融合与拓展网络剧衍生产品的开发路径，能够形成以网络剧为中心的价值网络，从而完善产业链条，实现网剧自身的价值最大化。

四 结语

《匆匆那年》与《盗墓笔记》两部网络剧作为网络剧发展历史中不同阶段的代表，凭借其价值链构建的成功之道，在激烈的市场竞争脱颖而出，创造了网剧自身价值的最大化。但两部网剧的成功之道也必然会引来同行竞争者的不断效仿，必然会加剧网剧市场的竞争形态，导致国产网络剧在未来的发展中面临热门IP争夺渐趋白热化、制作成本不断攀升、价值链体系亟待完善的严峻挑战。网络剧在未来发展中只有在IP资源的系列化经营、盈利模式的多元探索、完善产业链条建设等方面仍需要不断探索，才能走出一条适合中国网络自制剧良性循环的发展道路。

（李贺：首都师范大学文学院文化产业硕士研究生，指导老师：包晓光）

跨文化传播视角下的中国网络字幕组研究

张思楠

摘要：中国网络字幕组已经产生十年有余，作为互联网时代的产物，这个群体的出现无论是对于文化产业领域还是跨文化传播领域都具有重要意义。本文首先分析了中国网络字幕组的产生过程及原因，归纳出字幕组较为显著的传播特点，并且依据"编码与解码"理论对其重播过程进行了微观阐释。据此对字幕组做出了正、反两方面的客观评价。最后，笔者对网络字幕组未来的发展趋势进行了总结分析。

关键词：字幕组　跨文化传播　编码

一　字幕组的产生

字幕组是指兴起于互联网时代，将海外文化产品配上本国字幕的民间爱好者团体。[①] 目前国内字幕组数量较多，分类也较为多样和细化，主要包括动漫字幕组、电影字幕组、电视剧集字幕组、公开课字幕组、综艺节目字幕组以及明星论坛附带字幕组，等等。跨语言的字幕分享字幕组并不是中国特有的现象，但在中国拥有如此广泛的市场有其特定原因。

（一）国内文化产品无法满足受众需要

随着国人物质生活的极大丰富，精神文化需要也愈加强烈和急迫，目前国内诸如影视剧、综艺节目等文化产品来源大体分为国产和海外引进两部分，然而这些官方渠道的文化产品无论是在数量还是质量上都不能完全满足观众的需求，因而催生出了字幕组这一无偿为国人搜集、翻译更多海

---

① 张雯婷：《字幕组网络传播中的跨文化传播问题分析》，《青年记者》2013年6月。

外片源的群体。

大陆自制文化产品方面，虽然数量众多，但是质量却难以保障。具体体现在题材同质化严重、制作粗糙等方面，甚至产生不少为网友所诟病的"雷剧"。一是在题材方面，国内电视剧、电影题材匮乏且跟风严重。近年来国产影视产品翻拍现象严重，如金庸、琼瑶的几部经典作品均被"回炉重造"数次，而在观众间的口碑却一次不如一次。二是在制作方面，国产影视剧、综艺节目大多投入小、制作粗糙，并不能带给观众良好的观赏体验。与国产文化产品质量形成反差的是以美、英、日、韩为代表的海外文化产品，由于这些国家文化产业较为先进，其诸如影视剧、综艺节目等文化产品无论是在题材多样性还是在制作水准上都要高出国产同类产品不少，因而无偿翻译、分享海外影视和综艺产品的字幕组应运而生，并且由于国内观众需求的旺盛不断扩大。

我国虽然官方引进了一些海外文化产品，然而在引进的数量和内容上有严格的限制。2014年5月，广电总局勒令下架了《生活大爆炸》《傲骨贤妻》等4部美剧，重申了其于2012年颁布的《关于进一步加强和改进境外影视剧引进和播出管理的通知》，并且强调用于互联网等信息网络传播的境外影视剧，必须依法取得《电影片公映许可证》或《电视剧发行许可证》，未取得许可证的境外影视剧一律不得上网播放。这意味着国内观众从官方渠道获取海外剧片源的难度增加、速度滞后，对字幕组的期待和依赖也更加强烈。

(二) 国内官方翻译质量及速度差强人意

互联网一代的年轻人对传统的译制片很抵制。一方面是翻译质量古板且片源多被删减。如"作为官方代表的国内某著名电视台于2005年9月引进了《绝望主妇》。虽然《绝望主妇》之前在网上传播时好评如潮，但此台的收视率却让人大失所望。究其原因，观众最无法忍受的是此台字正腔圆的配音，被删减得面目不全的情节和韵味大减的翻译"[①]。而字幕组不但能够保证片源的完整性，而且在翻译调性方面更加轻松幽默，贴近观众的日常生活。另一方面，国内官方翻译速度较为滞后，甚至是讲求速度

---

① 王平：《"隐秘的流行"路在何方——"字幕组"翻译面面观》，《电影评介》2009年第17期。

的视频网站常常也要延迟一两天才能发布出成品,而字幕组高效率的工作往往能在第一时间满足观众的需要。

综上所述,水平不高的国产文化产品、译制质量和数量都不尽如人意的官方海外引进剧以及国内观众日益增长的精神文化需求形成了一股合力,大大推动了网络字幕组的发展和壮大。

二 字幕组的跨文化传播特点

作为海外文化产品和国内观众的"中间人",字幕组实现的是一种显著的跨文化传播过程。

(一)传播过程:高效且单向性强

以 YYeTs 字幕组对《越狱》第二季第一集从国外 BT 资源提供下载开始到国内受众可下载的整个流程为例,如图 1 所示。

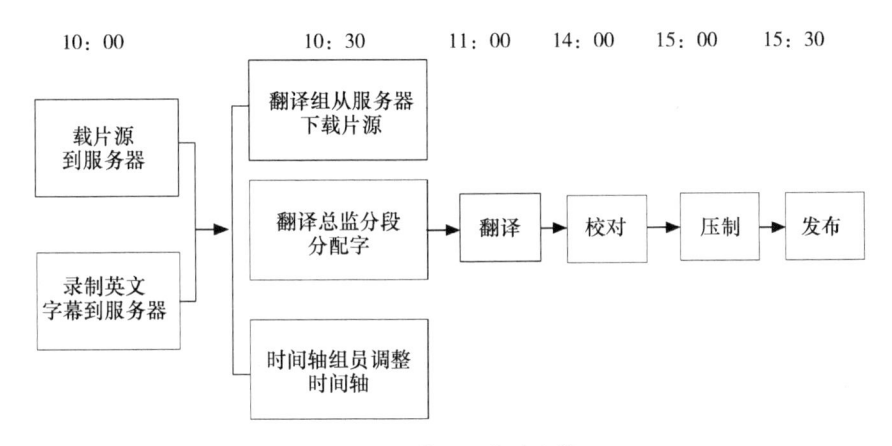

图 1 字幕组工作流程①

图 1 展示出一条完整高效的传播路径。如图 1 所示,从国外服务器放出片源,到中国受众在网站上收看译制完成的作品,这一整套流程,人人字幕组的中文字幕版《越狱》只用了 5 个半小时,且每个分流程被分割

---

① YYeTs+人人影视的博客:《中国字幕组以及 YYeTs 字幕组的历史简介》,http://blog.sina.com.cn/s/blog_ 57036da80100d9gr.html,2015 年 11 月 9 日。

得清晰明确，均有专人负责。这条高效传播路径的实现，一是字幕组市场化竞争的结果，据悉国内各个同类型字幕组之间存在争夺片源和观众的竞争关系，这就促使各大字幕组不断优化译制模式，形成一条完整高效的译制链条，在时效性和翻译质量上脱颖而出；二是得益于字幕组成员强大的资源搜集能力和译制能力。据笔者调查得知，各大字幕组的成员虽然均来自民间，但不乏国内知名大学的语言精英，甚至包括许多海外留学人员，这就保证了片源的稳定性和译制的质量及速度；三是字幕组成员个人的动力驱使。字幕组成员大多是所译剧集忠实的爱好者，乐于将其分享给其他粉丝，虽然没有物质报酬，但这些成员可以得到相应论坛中虚拟的威望奖励和字幕组专用的会员下载账号，以及在网友中的高威望、高人气，一些成员已经拥有了个人的贴吧、论坛，这些对于字幕组成员来说也是不可小觑的动力。

另外，图1也显示出字幕组的传播路径主要出现在国内互联网，具有很强的单向性。由于字幕组的出现主要是为了满足国内观众对海外文化产品的需求，因而决定了字幕组只能取得单向对内的传播效果，缺乏面向海外的反馈和反向输出。由此可见，字幕组虽然完成了海外文化产品对国内的跨文化传播过程，但缺乏对本国文化产品在海外的推广传播机制。

（二）翻译特点：贴近原文且本土性强

翻译是字幕组传播过程的核心，其翻译特点与国内官方翻译具有显著的差异。首先，体现在其翻译工作完全尊重、依附于片源原文，不会出现诸如国内官方译制作品中删改情节和原文的情况；另外秉承着为外语学习者提供学习平台的精神，字幕组的翻译不配音且保留英文字幕，很大程度上保证了作品的原汁原味。这种翻译特点和字幕组本身的民间性质以及作为传播介质的互联网的开放性密切相关，由于并不受官方的审查和监督，字幕组的翻译能最大限度地呈现出作品本来的面貌。

其次，字幕组的翻译较为灵活，本土化强，并不像国内官方翻译受正统翻译标准和规则的约束。"本土化语境字幕的创作，是一种相比与早期翻译更深一层的跨文化的文本重构行为，即在理解原有影视文化意义内涵的基础上，借助于本土文化中社会性能指与所指语言符号体系对外来的语言文化所进行的自主性的再创作，通过文化背景与文化逻辑上的对接，以期实现跨越语言的深层文化沟通"①。其一方面表现在字幕组的翻译语言多用日常口语、最新流行语，切合观众实际生活，多有调侃的意味。如很多字幕组把剧中的"Twitter"翻译成"新浪微博"，把"PhotoShop"翻译成"美图秀秀"，美剧《生活大爆炸》中的经典句"I wasn't even listening"被某字幕组翻译成"我是路过打酱油的"，《越狱》里的名句"Preparation can only take you so far"被某字幕组言简意赅地译为"谋事在人，成事在天"等，可见字幕组的翻译语言中国特色浓厚，本土化强。这种语言翻译特色的形成源于字幕组成员本身草根化的特点，并不拘泥于传统翻译的规格规范，另外互联网传播特有的时新性和娱乐性也决定了字幕组翻译的基本格调；另一方面则体现在字幕组在一些中国观众很难理解的对话台词旁添加了简洁明了的中文注释，如拗口的名词、经典的西方典故和地名人名等，这些注释的添加一方面提升了观众的观影体验，另一方面普及了许多其他文化的知识，受到了受众的热烈欢迎。

（三）产业特点：公益性的免费分享

目前国内字幕组产业最为突出的一个特点就是公益性，大多数字幕组都秉承着免费、共享、交流、学习，不以所制作的东西进行商业盈利的精神和宗旨。以人人字幕组为例，截止到停止运营前，"该字幕组的全部'财产'只有一个网站。每年约6万元的运营费用主要用于服务器维护，除4万元广告收入之外，其他均来自于成员的赞助"②。而各大字幕组在招聘成员的时候往往会强调"无实际金钱收入"，可见字幕组产业以一种公益性、分享主义的运作方式运行，完全依靠成员对这个行业的热爱而维持下去，受众因此可以得到免费的跨文化传播成果。字幕组公益性、免费性产业特点的形成一方面源于我国观众对文化产品有免费使用的习惯和偏好，不愿意为此支付成本；另一方面字幕组创始人及成员对所翻译的海外剧集以及翻译工作本身具有特殊的热情和感情，愿意无偿将其分享给更多的人。

---

① 高坤：《新媒体时代网络字幕组的跨文化传播研究》，《东南传播》2012年第9期。
② 吴晓芳：《字幕组：美剧"汉化"的背后》，《世界知识》2011年第1期。

三　字幕组跨文化传播中的编码与解码

（一）编码与解码理论

"编码与解码"理论最初由英国社会学家霍尔在莱斯特大学的一次演讲中提出，他将研究的核心置于符号（code）中，把人类传播的过程具体解析为编码与解码的过程。霍尔认为编码是生产者依据符号规则将事件或信息符号化的过程，而消费者在一定社会关系中对于该信息的接受和解读构成了编码的行为，无论是编码还是解码都不是客观发生的，都是在一定条件下对原有信息内容的再生产、加工的过程。字幕组的文化生产和传播过程以及其受众的解读行为均可依据"编码与解码"理论阐释。

（二）字幕组在跨文化传播中的双重身份

字幕组在整个跨文化传播的过程中同时担任着两个角色——编码者与解码者，在对海外文化产品进行译制与再生产之前，字幕组成员首先要以普通受众的身份对所要译制的文本进行接受和解读，也就是所谓的"解码"行为，根据霍尔的理论，"解码"发生在一个开放的意义空间，受众由于个体的差异性将对所接受内容进行不同的"意义授予"，这取决于他们的语言水平、鉴赏能力、政治信仰等条件，所以每一个字幕组成员对于所要译制的文本有着不同的解读方式，而这就使他们在译制过程中，也就是对剧集进行符号化编码的过程中掺杂大量的主观性信息，由于"编码者"和"解码者"之间不对称的地位关系，受众很容易被字幕组的解读方式主导。为了防止文化产品被错读或误读，字幕组应当形成更为严谨的译制和纠错系统，并且适当接收受众的反馈。

利用"编码与解码"理论分析字幕组跨文化传播过程，能够使我们在微观层面上认识到字幕组传播身份的二重性，作为两种文化之间的连接者，字幕组既要具有本民族文化强烈的认同感，也要对海外文化进行客观解读。

四　对字幕组的客观评价

（一）跨文化传播有利有弊

字幕组作为海外文化产品和国内观众之间的桥梁，其跨文化传播作用毋庸置疑，当然客观来看，在字幕组跨文化传播过程中，也存在一些值得注意的问题。

字幕组作为跨文化传播的中介，其作用和贡献首先体现在给予许多观众免费接受语言及其他课程教育的机会和资源。早在字幕组兴起之初，很多字幕组就针对外语学习者特别制作了学习版字幕，即出四条独立字幕，包括中文、英文、中英文、中英加注释字幕，方便切换；并在论坛上开放"看美剧学英语"版块，发布对热门美剧的详细翻译解说，以帮助那些通过看美剧提升英语水平的受众。除了语言学习，一些字幕组还推出了国外名校公开课的发布和翻译，大大降低了国内观众接受世界顶尖教育的门槛，一定程度上缓解了教育资源分布不均衡的问题。其次体现在大大开阔了国内观众的文化视野，丰富了他们的文化娱乐生活，也在无形中促进了多元文化的碰撞与融合。字幕组的成员中，很大一部分成员具有高学历甚至是海外留学的教育背景，一方面他们深受本土文化环境的影响，能够设身处地地对自身文化做出诠释；另一方面他们又都掌握着较为出色的语言综合能力，对于不同文化能够以一种更加开放的心理状态去对待，一个曾经离我们十分遥远的国家，通过文化产品输入的方式，其日常生活场景、人际交往模式以及礼仪习俗等各个方面直观地展现在面前。

另外，字幕组的跨文化传播活动也存在问题和弊端。一是字幕组仅仅依据国内观众的偏好来选择译制会导致引进来的文化产品质量良莠不齐，其中不乏存在一些血腥、暴力甚至色情的作品，而在互联网开放的氛围下，国内各个年龄段的观众都能接触到字幕组译制的这些文化产品，对青少年等特殊群体在一定程度上会产生不良的影响和导向。二是字幕组成员具有海外产品的受众和传播者双重身份，其翻译过程受到自身主观影响较大，又因为字幕组是民间公益性组织，因为翻译质量无法得到监督和保障，质量不高的翻译作品可能会令观众对剧集和海外文化产生理解上的偏差。三是字幕组跨文化传播过程中无形中输入了西方国家价值观和意识形态，并且随着国内市场的扩大有不断强化的趋势，这不但对本土文化产生一定的冲击与影响，同时也会对自身文化中长期以来所秉承的价值观和思想体系产生模糊和淡化的效果，一定意义上是一种文化入侵现象。

（二）共享经济和知识产权之矛盾

2014年年底，字幕行业最具代表性的平台射手网和人人网涉嫌版权问题被迫暂时关站，影响的不仅仅是它们的粉丝，还有它们的下游链条——字幕组。事实上，在字幕组诞生之初就一直在法律的灰色地带游走，虽然字幕组发布的影片开头或结尾基本上都会出现类似"仅用于网友试看、外语学习之用，请于下载后24小时内删除，若喜欢本作品，请购买正版，如因私自散布造成的法律问题，本字幕组恕不负责"这样的话语，但从法律的角度分析，这些措施并不能真正的免责。北京市东易律师事务所知识产权部首席律师赵虎表示："字幕组在未经海外影视作品版权所有方同意的情况下，通过非正规渠道将其作品引入国内，首先便侵犯了影视作品著作权所有人的权益。其次，在未经著作权人允许的情况，对其作品进行翻译，并在网络上传播，属于明显的侵权行为。"而字幕组"仅供学习交流之用"的理论也并不能成立，一方面字幕组不能保证每个下载影片的网友不用其盈利；另一方面，个别规模较大的字幕组已经开始盈利，如之前的人人字幕组曾尝试与第三方合作直接参与分成，人人影视与惠普联手举办"1000G世界名校公开课任你拷"活动，推广移动硬盘，这已经是法律意义上的盈利行为。

而从另一个角度来说，互联网提供了更加开放和包容的平台，因而分享经济以其强大的便利性和丰富性惠及了越来越多的人，作为互联网时代分享经济的一种形态，字幕组确实与现行的知识产权制度发生了纠纷，然而其免费共享的运行模式可能预示着互联网时代文化产业发展的新趋势，绝大部分网友和一部分业界人士更多地把字幕组当作一个公益性的分享组织，而不是侵权者，因而政府、社会是否应该对字幕组持更为开放和宽容的态度是互联网时代的一个难题。而免费分享和知识产权之间的矛盾不单单体现在字幕组这个特有的产业上，而是互联网时代文化产业各个领域都将要面临的，如何协调、处理好这个矛盾对未来文化产业的发展有着至关重要的意义。

（三）对中国文化产品出口的借鉴意义

网络字幕组贴近原文且本土化强的翻译特点，对我国文化产品出口海外的翻译问题有很强的借鉴意义。中国文化自成一家，作为其载体的中国文化产品在大多数国家都会产生"水土不服"的症状，因而在跨文化翻译的过程中必须注重本土化策略，即借助译语的文化维度对原语的文化进行加工、重构和输出，以达到文化传播的最佳效果。

笔者认为，我国文化产品出口海外的翻译本土化要注重以下几个问题：

一是需要大量同时具有中西方背景或者极其熟悉中西方文化的专业译制团队。上文提到字幕组的翻译团队拥有大量具有海外背景或者熟知海外文化的成员，这保证了他们的翻译既能充分理解原文的意思，也能在本国语境下找到高度对应的译句。而我国官方的跨文化翻译团队在译制过程中对不同文化的差异性和共通性理解不够，因此翻译的成品仍然使海外观众难以理解。

二是跨文化翻译需要紧跟海外文化变迁的潮流。字幕组的译制由于是实时性的，因为在本土化翻译过程中常常紧跟国内时事、新鲜名词、文化现象的变迁，既幽默又便于国内观众理解。我国文化产品的跨文化翻译也应当更为灵活，对海外文化持有开放发展的眼光，译制模式不应该是刻板、陈旧的，要善于吸收海外文化中新鲜的部分。

三是可以适当地对较难理解或者无法准确翻译的词汇、句子添加注释。如字幕组在一些中国观众很难理解的对话台词旁添加了简洁明了的中文注释，我国文化产品的跨文化译制也可以效仿，一方面便于海外观众更准确地理解影片内容，另一方面有利于普及中国文化。

五　网络字幕组发展新趋势

中国网络字幕组经历了十余年的发展历程，面对版权问题和商业化冲击，已经走到了发展方向的岔路口。当前一些网络字幕组的生存状态发生了新的变化，走上了商业化转型之路。很多知名字幕组如"凤凰天使韩剧社"选择与国内视频网站进行合作，各大网站从国外电视台引进产品版权，雇用字幕组成员进行有偿译制。这种合作避免了版权之争，然而字幕组的译制时间、标准也受到了严格的限制，从前标志性的"神翻译"已经不复存在。另外，以"人人影视"为代表的字幕组，完成了企业化结构转型，转型后的"人人美剧"最大的特点就是没有下载资源，更多的是一个讨论和交流的平台，其后甚至推出了留学服务。其站长表示未来会不遗余力寻找正版资源进行合作，目前这类企业的盈利前景还并不明朗。网络字幕组发展的新趋势是纯粹理想主义和现实主义相博弈的真实写照，从辩证的角度看，网络字幕组商业化的转型并不完全是一种妥协，反而是避免被大众文化控制、分化而做出的新尝试。然而字幕组借助正版引进趋势获取商业价值很难形成稳定的模式，未来网络字幕组的发展趋势仍然有待探索。

（张思楠：首都师范大学文学院传播学硕士研究生，指导老师：李艳）

编 后 语

本卷学刊的编纂工作即将完成的时候，照例有几句话要向关心、支持学刊的朋友、作者、读者诸君交代。

本卷学刊是第6卷，也是开始由首都师范大学创意产业与传媒文化研究中心主办的第一卷。虽然主办者在名义上有变化，但实际上为此付出努力的仍然是首都师范大学从事文化产业研究与教学的各位同仁。我们这个团队非常棒，整体上非常年轻并富有朝气。大家不计辛劳，在教学科研工作之余，为学刊的发展贡献力量，可以说学刊的努力与坚持，体现了我们这个团队的意志与力量。特别是几位青年教师，充分发挥个人力量，约到了一批好的稿件，使学刊的内容质量保持在一个相对较高并且稳定的水平上。与大约同时期创刊并坚持创办下来的几个同类刊物相比，我们可以自信地说：我们的办刊宗旨不仅明确而且持之以恒，我们的学术质量和水平是我们学刊的生命，在这一点上，不容许有任何的懈怠与放松。因此，学刊诞生六年来，把内容的创新性和学术质量放在首位，得到了文化产业业界与学界不少同仁的首肯。

本卷学刊在坚持办刊宗旨的同时，努力出新。其中，台湾文创产业、新型城镇化与文化产业是本卷学刊的两个亮点。台湾文创产业虽然规模不大，但很有特点，它的特色发展之路不仅受到大陆学者的关注，也为台湾本地的学者关注。新型城镇化是我国"十三五"时期国民经济发展的重点，本卷学刊结合山东大汶口古城镇文创产业开发，编辑了一组论文，其目的就是要为我国的新型城镇化建设稍尽绵薄之力，强调文化创意是新型城镇化建设不可或缺的一部分。

在本卷学刊即将出版的时候，我们谨对长期支持学刊发展的首都师范大学校院领导、各界朋友表示衷心感谢，没有你们的支持，学刊就不能走到今天。作者永远是学刊的灵魂，你们的辛勤耕耘，是学刊生命力的保障。我们谨向长期以来为本刊提供优质稿件的专家、学者表示衷心感谢，希望你们一如既往地支持和关心学刊的建设。

最后，特别感谢中国社会科学出版社的郭沂纹编审和安芳编辑，你们的支持、友谊，为我们继续前行提供了动力。

编者谨记

2016年1月

《燕京文化创意产业学刊》
2016年卷(总第7卷)稿约

《燕京创意文化产业学刊》自第6卷起由首都师范大学"文化创意与传媒文化研究中心"主办,其办刊宗旨是立足首都北京,面向国内外文化创意和传媒产业、高等院校和研究机构、政府部门,发表科研、教学、管理等方面的优秀科研成果,积极推进文化创意产、学、研三者的深度融合,为繁荣我国文化创意产业做出应有的贡献。

《燕京文化创意产业学刊》(第7卷)以文化创意产业的发展历史、现状、趋势和问题为主要研究对象,同时兼及传媒文化领域的发展问题,介绍并分析世界先进国家和地区文化创意产业发展经验。以窗口形式集中反映首都文化创意产业研究者、管理者、从业者的最新研究成果。以一定篇幅反映文化创意产业学科建设的学理性思考和成就。以一定篇幅反映创新平台孵化的成果。

第7卷学刊的征稿重点侧重如下问题:(1)文化创意产业发展的"新常态"问题;(2)媒介生产、经营和市场问题;(3)传统媒体在移动互联网时代面临的困境及其创新与发展问题;(4)移动互联网时代人的发展问题。

衷心欢迎您将相关未发表的最新研究成果惠寄我们。论文字数控制在8000—10000字,特约稿不受此限。论文摘要150—200字。关键词3—5个。请您务必提交作者简介(姓名、出生年月、供职单位、职务或职称、学术研究方向与主要成就)。来稿请寄:首都师范大学文化产业系(请写明:北京海淀区西三环北路83号,首都师范大学文学院文化产业系包晓光老师收。邮编:100089),同时请务必将稿件电子版发送到 yjwhcy-cyxk2009@sina.com。请注明真实姓名、工作单位、职称、职务、通信地址、邮政编码、电子邮件地址等信息。来稿请自留底稿,未用稿一律不退,三个月内未收到录用通知,作者可自行处理。《燕京文化创意产业学刊》2016年卷(总第7卷)**截稿日期为2016年12月31日**。

为提高研究生培养质量，鼓励研究生从事相关领域科学研究，本刊在《创意孵化器》栏目，面向在读研究生征集优秀论文稿件，论文篇幅一般不少于5000字，其他要求与一般学术文稿相同。自本卷学刊起，凡研究生稿件，一律附导师推荐意见，文后附署指导老师名字。

附：来稿格式要求

1. 中文注释

原稿中的引文注释，格式要保持统一。一般要求写成脚注，每页重新编号，不采用随文注和集中注。脚注要按照学术规范注明出处（作者、书名、卷次、译者、出版社、出版年份、页码）。例如：

（1）乌家培等：《经济信息与信息经济》，中国经济出版社1991年版，第145—146页。

（2）高铭暄主编：《刑法学原理》第3卷，中国人民大学出版社1994年版，第516页。

（3）［德］黑格尔：《美学》第一卷，朱光潜译，商务印书馆1979年版，第323页。

（4）张敏：《培养创新意识和创新能力》，《光明日报》1998年9月23日。

（5）黄蓉：《自有云霄万里高》，《中国图书评论》1998年第4期。

（6）许慎：《说文解字》，四部丛刊本，卷六上，第9页。

2. 英文注释

英文注释格式与中文注释的要求基本一致，只有一些技术上的差别。英文注释的文章名用引号，书名和期刊名用斜体。再次引用同一外文文献，只需注明作者姓名、文献名和页码（请注意斜体部分）。

（1）专著

Michael S. Werner (ed.), *Concise Encyclopedia of Mexico*, Chicago and London, Fitzroy Dearborn Publishers, 2001, p. 366 (pp. 890 – 892).

（2）论文

Peter Kingstone, "Elites, Democracy, and Market Reforms in Latin America", *Latin American Politics and Society*, Vol. 43, No. 3, Fall 2001, p. 139.

（3）文集中的文章

David William Foster, "Tango, Buenos Aires, Borges: Cultural Production and Urban Sexual Regulation", in Eva P. Bueno and Terry Caesar (eds.), *Imagination Beyond Nation: Latin American Popular Culture*, Pittsburgh, University of Pittsburgh Press, 1998, pp. 167—168.

3. 互联网资料

（1）如果资料来源于互联网，请注明详细网址。如果网址太长，可注上一级网址，但应使读者能够方便查找。要注明进入时间。例：www//：……，×××年×月×日。

（2）引文。文稿中引用他人著作或文章中的言论，必须认真核对原文（包括标点符号），并注明原文具体出处。一篇论文中引用同一书名，第二次及以后出现时可省略出版社与出版年代；若引用报刊，第二次及以后出现时可省略报刊名、出版年、期、月、日等。请各位作者务必按照原文认真核对引文，确保无误。

（3）标点符号。一律按照国家技术监督局1995年12月13日发布（1996年6月1日起实施）的《标点符号用法》，准确地使用（请使用中文状态下的标点符号）。

（4）其他要求。正文用五号宋体字。脚注用小五号宋体字。一级标题用三号黑体字，居中。副标题用四号宋体字，加粗。页边距取默认值。论文提要不超过150字，字体用五号宋体。关键词3—5个，字体用五号宋体。论文篇幅在8000—12000字。

同一页原稿中有两个以上注释时，按其出现的先后，顺序编列序号①，②，③……（仅有一个注释时，编"①"）。若引用完整的一段话，句号在引号内；若引用不完整的一段话，即引文出现在行文的从句中，句号在引号外。引文内句子后面的问号、感叹号均在引号内。引文内若有省略（含引文里的注或其他符号），请注上省略号。

声明：本刊提倡严谨的学术规范与学术道德，在此方面有瑕疵者，一经发现即取消采用资格。凡投稿给本刊者，本刊视为同意此项要求并自愿受此约束。鉴于本刊人力有限，无法逐句、逐段、逐篇进行检索，如出现剽窃等违反学术规范与学术道德行为，由作者自行承担责任。凡涉嫌违反四项基本原则、违法、违纪的言论，本刊一概不予发表。

本刊不收作者版面费。在本刊发表的论文不支付稿酬。

首都师范大学创意产业与传媒文化研究中心
《燕京文化创意产业学刊》编辑部
2016—01—11